21世纪高等院校教材

湖南省高等教育教材建设资助项目

中国旅游地理

（第四版）

主　编　杨载田
副主编　刘天曌　徐　美　戴学军

湖南省普通高校新世纪教改重点项目（湘教通〔2001〕178号）后续成果
湖南省高等教育21世纪课程教材建设项目（湘教通〔2002〕2号）后续成果
湖南省首批精品课程续建项目（湘教通〔2011〕314-145）成果

科学出版社
北　京

内 容 简 介

本书是作者30多年来从事高校中国旅游地理教学和教材建设的成果，是在《中国旅游地理》（第一至第三版）基础上的修订版。全书共3篇14章。上篇为中国旅游地理基础，共2章，对中国旅游地理的一般理论与实践、旅游开发与规划进行了精要阐述。中篇为旅游地理总论，共4章，对中国的旅游资源、环境、产品、市场、旅游地理分区，以及中国旅游业的可持续发展问题进行了分析和归纳。下篇为中国旅游地理分论，共8章，为全书的主体和重点。主要对中国的八大旅游协作区及34个旅游省（市、区）的旅游资源与环境特征、旅游开发与规划概要、主要旅游区建设进行了逐一概括和总结；同时，每章章前有学习提示，章后有职业技术能力训练的"实践演练"知识板块。全书结构规范严整，内容具有很强的时代创新特色和地域特色，理论深浅得宜，图式活泼，语言文字清新简练。

本书既可作为高校旅游、地理、经济等专业教材，又可供旅游工作者和旅游爱好者自学，同时对广大旅游者出行也具有参考价值。

图书在版编目(CIP)数据

中国旅游地理/杨载田主编. —4版. —北京：科学出版社，2014.8
21世纪高等院校教材
ISBN 978-7-03-041462-5

Ⅰ.①中… Ⅱ.①杨… Ⅲ.①旅游地理学-中国-高等学校-教材 Ⅳ.①F592.99

中国版本图书馆CIP数据核字（2014）第167253号

责任编辑：杨 红/责任校对：刘亚琦
责任印制：赵 博/封面设计：陈 敬

科学出版社出版
北京东黄城根北街16号
邮政编码：100717
http://www.sciencep.com
保定市中画美凯印刷有限公司印刷
科学出版社发行 各地新华书店经销
*
1999年2月第 一 版 开本：787×1092 1/16
2004年6月第 二 版 印张：18 3/4
2010年2月第 三 版 字数：488 000
2014年8月第 四 版 2018年1月第二十二次印刷

定价：39.00元

（如有印装质量问题，我社负责调换）

主编介绍

杨载田，湖南益阳人，湖南交通工程学院和衡阳师范学院教授（二级），并有中国徐霞客研究学会学术委员、全国丹霞地貌旅游开发研究会理事、全国都市农业协会理事、湖南省旅游协会首席专家团专家、湖南休闲农业协会特聘专家等社会兼职。曾主持湖南省普通高校重点建设专业、精品课程，以及湖南省社会科学规划项目“21世纪湖南旅游可持续发展研究”、湖南教改重点项目“中国旅游地理课程创新研究与实践”、湖南高校“九五”重点教材《中国旅游地理》和21世纪课程教材《中国旅游地理》等省、部级科研教改课题16项，参与国家自然科学基金项目、国家社会科学基金项目及全国教育科学规划项目等课题研究7项；有《徐霞客及其游记研究》、《湖南旅游研究》、《湖南乡村旅游研究》、《简明人文地理学》、《现代中国经济地理》、《旅游客源国概论》、《现代旅游学概论》、《乡土地理的理论与实践》、《徐学研究纵横》、《南岳名山文化》、《中国旅游地理课程的精品化建设探索》等18部专著和教材，公开发表学术论文200余篇；获省部级教学、科研优秀成果奖8项及优秀教材、科研论文及教学课题优秀研究成果奖10项。由于在教书育人及科学研究等方面成绩较为突出，曾获全国优秀教师、曾宪梓教育基金教师奖、市级学科带头人和有突出贡献的科技人才奖，以及校级“十佳授课教师”、“教学名师”等荣誉称号，并经国务院批准享受政府特殊津贴。

《中国旅游地理》（第四版）

编 委 会

主　编：杨载田

副主编：刘天曌　徐　美　戴学军

参　编：李　佳　熊平生　张红艳　胡　最　刘春腊

编　委：刘沛林　邱国锋　谢　莉　彭保发　许春晓

李秀霞　李陇堂　郭盛晖　邓运员　孙峰华

第四版序

推动生态文明，建设美丽中国，并在2020年全面建成小康社会，进而建成富强和谐的社会主义现代化国家，实现中华民族伟大复兴的中国梦，已成为全国人民的共同追求，也为世界人民所瞩目。中国的现代旅游业自改革开放以来，一直处于快速稳定发展之中，中国已成为世界著名的旅游大国。但要将其培育成为国民经济战略性支柱产业和人民群众更加满意的现代服务业，仍需付出极大艰辛。为了最大限度激发中国公民更加热爱自己美丽的家园，也让世界人民更加了解中国、向往中国而前往中国旅游，就需要为其服务的中国旅游地理能最大限度地展示美丽中国的多彩自然人文风光、悠久丰厚的历史文化和灿烂辉煌的社会主义现代化建设成果。

该教材的最大特点就是要为教师提供优质教学资源，为学生提供优质学习资源。一本优质教材不仅要求内容上要高质量，体现学科发展前沿，理论上具有一定深度，应用上科学适用，而且要内容体例合适，学生好学，教师好教。这就要求编著者要有深厚的学术底蕴，有长期在教学第一线工作的经历，既了解学科的重点难点问题，也了解学生的需要，并要有教材编写经验，熟悉教材编写的规律。杨载田教授从事高校的中国旅游地理教学和研究三十多年，先后主持过“中国旅游地理课程创新研究与实践”、普通高校“九五”重点教材建设项目《中国旅游地理》、普通高校21世纪课程建设项目“中国旅游地理”，以及省级精品课程建设项目“人文地理学”等省部级相关课程与教材建设项目7项，主编出版过五个版本的《中国旅游地理》教材，尤其是由其主编、科学出版社出版的《中国旅游地理》第二版独具匠心。诚如我国已故著名地理学家、中国科学院资深院士陈述彭先生为其所作第二版序中所评价的，《中国旅游地理》深入浅出，雅俗共赏，它不仅是按照教学大纲编写的教科书，同时也是系统了解中国旅游资源、产业与文化的自学参考书，细细阅读，也可无师自通，自学成才，成为旅游界的一位“中国通”。事实证明，该书的引用率和发行效益，在其同类各版本教材中均处于领先地位，而且其英文版权还被Taylor & Francis集团下属的美国CRC出版公司购买。《中国旅游地理》第二版之后又经历了第三版，其第四版又即将出版，认真品读，发现又有了更多创新，教与学以及科研的测度和功能把握得更准确，时代面向性与地域特色性更强，更适用。

《中国旅游地理》第四版，由三篇共14章构成。上篇阐述了中国旅游地理的一般理论与实践；中篇则以中国的旅游资源、环境、市场、产品以及中国旅游地理区划为主要内容；下篇对中国的八大旅游区及其区内各旅游省（市、区）的旅游资源环境概貌、旅游开发与规划概要及其主要旅游区建设进行了归纳和总结。全书以旅游可持续发展为理论主线，以自然文化为主导因子，以中国区域旅游地理及其旅游省（市、区）为重点。在旅游省（市、区）和地方性旅游区中，又以旅游中心城市为依托，以旅游景区景点建设为主要内容。每章开头有学习提示，章后有技术技能训练的"实践演练"板块。整体上脉络清晰，层次分明，语言文字简练，图片系统生动适用，有利于学生综合素质的全面发展和教学质量的提高。

我长期从事祖国的水利科学工作，今又在为 Geopark（地质公园）建设献力，这些均有涉现代旅游科学建设。今捧读杨载田教授力作，觉得其的确是一本值得大力推荐的好书，故愿为青年学子导读，兹此为序。

中国科学院院士　刘昌明

2014 年 6 月 26 日

第四版前言

《中国旅游地理》1～3版经历了市场考验后，又迎来了第四版的面世。我们深切体会到这是广大读者的鼓励和支持、科学出版社的精心组织、一大批专家学者热情指导的结果。更不可忘怀的是著名地理学家、中国科学院资深院士陈述彭教授生前为其第二版作序。《中国旅游地理》第四版今又得到了原国际地理联合会副主席、中国地理学会副理事长和中国科学院资深院士刘昌明教授的亲切指导，并为之作序。我们也没有忘记《中国旅游地理》的创作和发展，应以"全面建成小康社会，进而建设富强民主文明和谐的社会主义现代化国家、实现中华民族伟大复兴的中国梦"为总目标；同时我们也深深懂得现代中国旅游地理教材的建设，应以职业需求为导向、以实践能力培养为重点、以培养技术技能应用型人才为取向，并受师生欢迎的精品教材。为此，我们集体攻关，全身心投入，使本版教材又有了更多创新特色。

1. 技术技能得到高度重视

为适应普通高校转型职业教育，培养国家急需的技术技能型应用人才，回归中国旅游地理本来的应用性特点，促进产教研的深度融合，本版教材特意构建了一个包括旅游地理野外考察与实践、旅游地图及其应用、区域旅游地理研究论文创作、旅游环境问题及其保护、中国旅游地理区划与实践等在内的实践教学体系。同时在每一个大章之后又创设了一个包括旅游线路设计、旅游项目策划、旅游事件评价等在内的"实践演练"知识板块，从而使培养学生职业素质和职业能力落到了实处。

2. 时代面向性更加突出

为使教材能更主动服务于国家旅游强国战略和人才兴旅工程，特意将国家关于旅游业发展的最新政策以及"中国旅游业的标志"、"中国旅游日"、《中国国民旅游休闲纲要》、《中华人民共和国旅游法》等新的重大旅游事件，"全国休闲农业与乡村旅游示范县"和"示范点"，国家自然保护区、国家森林公园、国际重要湿地、"海洋蓝色旅游区"等生态旅游事物，沈阳"9.18事变博物馆"、卢沟桥及其"中国人民抗日战争纪念馆"、"台儿庄大捷及李宗仁史料馆"、"侵华日军南京大屠杀纪念馆"、"衡阳抗战纪念城"等抗战爱国主义教育文化进行了全面的展示和丰富。为提高国民海洋国土意识，中国的海洋、海岛及其海洋旅游、邮（游）轮旅游等成为了教材的重要内容。总体上生态文明建设及其生态旅游、爱国主义教育及其红色旅游得到加强，从而使教材更具时代面向性。

3. 地理科学性得到展现

为使教材具有区域地理的固有特性，本教材运用区域比较法、统计图表法等地理学方法，在其总论中，通过对中国旅游环境、资源、产品、市场等方面的分析归纳，充分展示出中国旅游业的区域整体性和综合性。又通过其分论对每一个区及其旅游省中所特有地域风光、风貌、风俗、风物以及旅游业发生发展的个性特征概括，展示了其区域差异性。使教材呈现在国内外游客面前的既是古老、文明、美丽、富饶的社会主义中国整体，又呈现出各地区各民族五彩缤纷的区域差异。同时创建了一个包括区域旅游地图、经济统计图表、旅游景观图片等在内的相对完整并能反映地理科学特性的图形图片系统。不仅因图文并茂而提升了教材的文化品位，而且有利于学生区域空间概念和看图解意能力的培养。

4. 旅游信息全新而量大

为保证教材具有足够旅游信息量，为给学生未来旅游职业生涯提供更多知识储备，故而对所有的国家级风景名胜区、国家5A级旅游景区、国家级历史文化名城、中国优秀旅游城市、国家级历史文化古村镇、世界遗产名录地、世界地质公园、国际重要湿地等高品位旅游景区都进行了精炼展示，并在第三版基础上又增加了三沙市、阿克苏市、库车县、牡丹江市、白山市、葫芦岛市、宁安市、怀柔区、介休市、河池市、新北市、那曲县等几十个重要旅游城市（区、县）和“钓鱼岛”、“巴马长寿之乡”、“北极乡”、“关东文化园”、“中澳皇家游艇城”、“诺恩渔业生态园”、“禾木村牧家乐”、古北口村、昔阳大寨村、杏花村、碛口镇、罗店镇、台儿庄等特色旅游村镇和景点上百处。同时对马踏飞燕、中国旅游日与“中国游圣”徐霞客等旅游大事件也收录其中。

5. 改革创新的目标十分明确

中国大学出版社协会于2009年11月26日在厦门主办的以“改革 创新 发展”为主题的论坛，重点研究了精品教材及其建设问题。一大批具有远见卓识的学者纷纷建言：“是不是精品？要看教材的发行范围和能真正为学生所欢迎，即市场说了算”（中国人民大学出版社社长贺耀敏）；“评价精品教材的标准不应是行政性的指派，而是教材使用的主体——教师和学生”（浙江大学出版社副总编辑樊晓燕）；“适应性应成为衡量其是否是精品教材的标准”（机械工业出版社副总编辑林松）。的确，教材是供教师教、学生学的，故而教材改革创新的目标除了做到内容正确、教学资源丰富、符合教育教学改革的新观念和有利于技术技能应用型人才培养外，还应真正做到教师好教，学生好学。为此，我们坚守教学第一线、广泛征集师生的意见和要求，精心修改，不断完善，书稿历经多次反复修改直到较为满意才交付出版社。

《中国旅游地理》（第四版）书稿完成之际，最为深刻的体验是：一是要学习研究先行。目前面世的《中国旅游地理》教材版本数量甚丰，而其相应研究成果却相对较少，这也许就是学者们在“厦门论坛上”所指出的当代高校教材“品种泛滥，低水平重复”（中国人民大学出版社前总编辑周蔚华）的重要原因。

“精品教材不仅是好的教材，而且是通俗的好的学术著作”（北京师范大学出版社高等教育分社饶涛）；“精品教材要由一流的教育教学专家来写，他们应该是潜心教学多年，对学科和学生有多年研究的学科专家”（浙江大学出版社副总编辑樊晓燕）等卓见，表明中国旅游地理教材建设要有专攻。二是要努力实践。唐代杜甫之所以成为“诗圣”，就在于其有“读万卷书，行万里路”的实践；古代著名旅行家徐霞客之所以成为“游圣”，也是因为其毕生从事于祖国的地理科学考察事业。作为教材《中国旅游地理》的创作者，也应该坚持进行旅游考察。三是要与时俱进，不断创新，而其目标就是要使其修订版能以最优化的体例、内容和方法，最大限度地服务于国家旅游经济建设。

本版教材的修订由杨载田主持，刘天曌、李佳、徐美、戴学军、熊平生等协助完成。在修订过程中得到了作者所在学校领导的支持和北京大学于希贤教授、南京师范大学张忍顺教授、辽宁师范大学李锐铮教授、华东师范大学陆心贤教授的指导，也得到了刘俊国、王冰、张红艳、向东辉等老师和文姗、曹帅强、文章鹏等同学的帮助，在此表示诚挚谢意。

鉴于教材建设是一项繁复的系统工程，基于能力和水平所限，不足之处仍请广大教者和读者赐教。

杨载田于衡阳西苑

2014年4月

第三版前言

中国现代旅游业自20世纪80年代以来，一直处于持续、快速发展之中，因此为之服务的中国旅游地理教材建设也要与时俱进，不断创新。为此我已先后主编出版了三个版本的中国旅游地理教材，即全国高师地理教学改革研究会协作教材《中国旅游地理》（广东地图出版社，1994）、“湖南省高等教育‘九五’重点教材”《中国旅游地理》（科学出版社，1999）、“湖南省高等教育21世纪课程教材”《中国旅游地理》（第二版）（科学出版社，2004）。我们把握住时代的脉搏，也较好地处理了继承性与创新性、认识性与客观性、现实性与前瞻性、学科性与兼容性、科学性与实用性等关系问题，所以每个版本都有所突破和发展，也曾获得省级优秀教材和优秀社科成果奖等奖项。特别是《中国旅游地理》（第二版），得到旅游、地理学界的好评，教材使用单位遍布全国，其英文版权已经由Taylor & Francis集团下属的美国CRC出版公司购买。

《中国旅游地理》（第三版）在第二版的基础上又丰富了许多内容，注入了不少新的成分，特色也更为突出。第一，体系更加完整。为使本书既适合于高校旅游、地理、经济专业学生使用，又能满足其他专业学生学习及广大旅游爱好者自学的需要，特增加中国旅游地理基础篇，对旅游和旅游地理的最基本理论知识进行必要的阐述。第二，图表直观生动。为了培养学生看图解意的思维能力和发扬数千年来中国读书人“左图右书”的传统，书中使用了多幅图表来直观表达。第三，时代面向性增强。为使本书真正实现其价值和使用价值，书中的旅游产品开发、旅游区建设、中国的旅游市场和产品等内容均来自国家旅游局和各省（市、区）的旅游发展“十五”、“十一五”计划和2015年、2020年远景目标等政策性文件；同时，对新增加的国家重点风景名胜区、国家级历史文化名城、世界遗产名录、世界地质公园等高品位旅游景区和旅游城市进行补充；对乡村旅游、都市旅游、海洋旅游、工业旅游、农业旅游、会展旅游、红色旅游、探险旅游，以及奥运场馆、世界园艺博览园区等新兴旅游产品都有展示。第四，旅游信息量大。本书既有必不可少的理论阐述，也有实用的实践指导；同时，对全国所有国家重点风景名胜区、国家级历史文化名城、国家级历史文化古村古镇、世界遗产名录、世界地质公园、国际重要湿地名录等高品位旅游景区和旅游城市都进行一一展示；在分论部分，专题研究的旅游城市有293个、旅游景区景点有927处，所涉及的旅游城市数目和景区景点数目在目前国内出版的同类教材中是最多的。第五，重点突出。全书以旅游可持续发展为理论主线，以自然和文化为主导因子，以旅游地理协作大区及旅游省和地方性旅游区为重点，地方性旅游区又以旅游中心城市为依托、以旅游景区景点为主体内容。这样，既科学规范，又符合当代中国旅游业发展的实际。

本书是多所高校合作的成果、集体智慧的结晶。除杨载田、谢莉、郭盛晖为第二版的原作者外，为集思广益、创造品牌，本书新版又增加了宁夏大学李陇堂教授、湖南文理学院董明辉教授、鲁东大学孙峰华教授、南阳师范学院刘长运教授、惠州学院戴学军博士等学者。全书的修改理念和框架由杨载田、刘天曌、谢莉、董明辉、孙峰华、李陇堂和刘长运等集体研究确定。具体分工为：杨载田担任主编，全面负责出版策划、作者联络、统稿、定稿等工作；刘天曌、董明辉、谢莉担任副主编，对主编工作予以协助；孙峰华、李陇堂、刘长运负责审稿；黄东蛟、林坤协助收集资料、文稿汇集等工作。各章的修订工作：第一章、第三章、第六章、第七章、第九章和第十二章由杨载田完成；第二章由杨载田和郭盛晖共同完成；第四章由刘天曌完成；第五章由杨载田和刘天曌共同完成；第八章由刘长运和孙峰华共同完成；第十章，四川省由杨载田完成，其余由董明辉完成；第十一章由戴学军和郭盛晖共同完成；第十三章由谢莉完成；第十四章由谢莉和李陇堂完成。所有区域地图由胡最、邓美容和宋锟完成。

在本书创作过程中，湖南省教育厅高等教育处的领导一直高度关注并热情支持；衡阳师范学院的刘沛林院长以及其他作者单位的领导也给予了关心；衡阳师范学院邓育武、欧阳学勇和黄东蛟，也协助做了不少工作；湖南经济地理研究所所长和《经济地理》编辑部主任魏晓研究员、湖南师范大学翟辅东教授和郑焱教授、北京大学于希贤教授、南京师范大学张忍顺教授、华东师范大学陆心贤教授、辽宁师范大学李锐铮教授对本书的创作给予了指导；同时，本书的创作还借鉴了不少同行专家的研究成果。在此一并表示诚挚的谢意。鉴于教材建设是一项系统工程，基于我们的能力和水平有限，书中不足之处在所难免，仍有待于今后进行更为严密的逻辑构建和科学概括。

特别要说明的是，在本书即将完稿之际，中国科学院资深院士、中国地理学会原理事长陈述彭先生与世长辞。噩耗传来，令人心碎！陈先生百忙之中曾为《中国旅游地理》（第二版）作序，字里行间体现了老一辈地理学家对中国现代旅游业发展的深切关注和对中国旅游地理教材建设的热情支持。为了表达对陈先生的深切怀念，本书新版仍采用陈先生的第二版序，让他所期盼的事业更加辉煌。

杨载田

2009年10月于湖南科技经贸学院

第二版序

旅游是一项重要的经济产业，同时又兼备社会、文化、生态和环境的内涵。当前正是中国全面建设小康社会，加速推进现代化的太平盛世，自然也是发展旅游产业的有利时机。

不论是拥有众多不发达国家的非洲，还是现代化与落后并存的亚洲，旅游业在战胜贫困方面，都取得了很大的进展。

政府间的世界旅游组织，有141个正式成员，7个联系会员和321个附属会员国参加。2003年11月7日世界旅游组织正式成为联合国的专门机构之一，它的重要性等同于劳动力、教育、工业与农业部门，成为国际活动的重要组成部分。

世界旅游组织认为：中国今后将成为世界主要的旅游目的地之一。估计到2020年，每年可能有1亿中国人到国外去旅游，居世界第四位；同时，也将有1.2亿外宾来中国观光，占整个世界旅游市场的8%，有可能带来3020亿美元的收入，占国内生产总值的8%～11%。旅游市场，前景美好。

中国的旅游资源，得天独厚，独具特色：隆起的世界屋脊、高山冰川，广袤无垠的温带荒漠和草原，四季分明的季风气候，孕育着多样的物种。自然景观绚丽，风景这边独好。尤其是别树一帜的华夏文明，源远流长，底蕴深厚。瓷都、铜陵、丝路、长城……高峡平湖、青藏铁路……无一不是世界奇迹！三五百年的砖木结构的古建筑群，完好如初。两千多年前的水利、运河工程，营运至今！华夏文明，辗转传播，在日本、南亚谓为大中华文化圈，在世界产生深远影响。部分旅游景点已经列入世界自然、文化遗产名录，誉满全球！中国的旅游资源，有许多都是世界顶级的，而且是独一无二的。来中国旅游，不仅是寻根问祖，发思古之幽情，更重要的是得到人类社会可持续发展的希望和启示。生活在信息、交通如此发达，时空尺度如此紧缩的地球村里的人们，不了解中国，就有愧于21世纪的世界公民！

中国人民认识自己祖国的锦绣河山和熣璨文化，也是日新月异的。以伟大的古代旅行家徐霞客（1587—1641）为例，他在51岁以前的旅游，主要是在五岳的范围之内，踏着前人的足迹，观赏名山大川；而51岁以后，他开始探险旅游，到中国的南方和西南地区，去描述丹霞、岩溶景观，去论证金沙江、珠江的源流。20世纪50年代，新中国成立以后，革命圣地延安、井冈山、韶山冲、西柏坡、雨花台、红岩……相继开放成为旅游的新景点。接着，九寨沟、张家界、丽江雪山、海螺沟冰川等过去交通阻塞的偏远山区，也由于自然景观保存较好，民俗风情纯朴，被开发成为举世瞩目的旅游景区。民族政策和宗教政策逐步得到贯彻和落实，修缮庙宇、拆迁违章建筑、设置自然保护区、提高旅游服务设施，让许多名胜古迹重新焕发魅力。旅游资源，与日俱增，热情好客的中国人，毫不吝啬，愿与世界各国人民，共享丰满的旅游“大餐”。我们从来就认为旅游资源是全世界人民共同的财富。我们并不只是盯着海外游客的钱袋子，我们希望得到的回报，主要是沟通文明，让世界更多地了解中国，就像中国人正在努力了解世界一样！

衡阳师范学院杨载田教授编著的这部《中国旅游地理》，深入浅出，雅俗共赏。它不仅是按照教学大纲编写的专业教科书；同时也是系统了解中国旅游资源、产业与文化的自学参考书。细心阅读，也可能无师自通，自学成才，成为旅游界的一位“中国通”。

我童年就学于长沙，春游衡山，饱餐南岳秀色，细品寺庙楹联，印象深刻，写成游记。青年再读《徐霞客游记》，启迪更多，立志攻读地学。而今耄耋之年，有幸捧读杨载田教授力作，浮想联翩，愿为青年学子导读，爰为序。

中国科学院院士　陈述彭

2003年岁末（[illegible]）

第二版前言

实施创新教育，培养创新人才，使学生具有创新精神和实践能力，是21世纪知识经济时代人才培养的首要目标。教育部在“高等教育面向21世纪教学内容和课程体系改革计划”取得阶段性成果的基础上，为突出教学改革的整体性、综合性和实践应用，现在又正在实施“新世纪高等教育教学改革工程”，21世纪课程教材的创新和优化正是这一工程的核心内容之一。随着中国现代化旅游的腾飞，笔者已主编出版过全国高师协作教材《中国旅游地理》（广东地图出版社，1994）和“湖南省高等教育‘九五’重点教材”《中国旅游地理》（科学出版社，1999），这次又主编了“湖南省高等教育21世纪课程教材”《中国旅游地理》；与此同时，我多年主持的衡阳师范学院地理科学专业被列为湖南省普通高等教育重点建设专业和湖南省社会科学研究重点基地，我本人也主持了湖南省普通高校教育教学改革研究重点项目“中国旅游地理课程建设创新研究与实践”和湖南省高等教育重点建设课程“人文地理学”等项目，并已调院教学工作水平评估办主持日常工作。因此，本教材成果便具有多方面的意义。我和我的同仁们怀着“与时俱进，开拓创新”的精神，以极大的热情进行了较为艰苦的创作工作，使本书的改革力度更大。其中最为突出的特色，一是拓宽了教材的服务对象。为了适应全面建设小康社会及其小康旅游，使教材既适合于旅游、地理专业的学习，又能照顾到不开设旅游地理理论课程的其他专业学生乃至广大旅游爱好者学习，特增设了一定的旅游学和地理学的有关理论和实践知识。二是强调教材的实际应用性。为了使课程教材能更好地为社会经济服务，加大了旅游省知识的份量，而且旅游省的基本内容以各个省（市、区）的“十五”旅游业发展规划纲要为基本依据，使理论性与实际应用性得到较好结合。三是时代特色性。教材中的理论观点和知识内容都尽量运用最新研究成果，如旅游资源的分类体系便是以2003年颁布的国家标准为基本依据；所有统计数据也是以最新公布的为准，如2003年“十一”黄金周假日旅游刚公布的统计数据便收入了教材。四是以旅游可持续发展理念为主线，特别注意旅游资源的可持续利用和各旅游区域的协调发展，尤其增加了西部各旅游省的教材份量，并特意设立了“中国旅游业的可持续发展”、“中国西部的旅游开发”、“中国的‘黄金周’假日旅游发展”等重大热点课题的专题研究。鉴于教材建设是一项复杂的系统工程，限于我们的能力和水平，问题和不足依然不少，有待于今后进行更为严密的逻辑构建和科学概括。

本版中国旅游地理是湖南省高等教育课程教材建设资助项目，湖南省教育厅高等教育处和省教育科学研究院高等教育研究所的领导一直高度重视和关注，并给予了直接指导；衡阳师范学院的许金生院长以及周辉湘院长助理，教务处张登玉、聂东明、阳文凤三位领导以及资环旅游系的田亚平主任也都给予了热情关心和支持；科学出版社给予了积极支持，吴三保教授还进行了具体指导；衡阳师范学院的钟顺清先生和廖慧、蔡林雄女士也付出了很多心血，在此均致以诚挚谢意。本书编著过程中借鉴了不少同行专家、学者的研究成果，在此亦表示衷心感谢！尤其令人振奋的是中国科学院资深院士陈述彭先生在百忙之中为本书作序，充分体现了老一辈科学家对中国现代旅游业发展的关注和旅游教材建设的关心、扶持。

本书共3篇15章，杨载田全面负责统稿、定稿等主体工作，并撰写了第四至第十一章和第十三章；郭盛晖撰写了第三、十二章；谢莉撰写了第十四、十五章；第一、二章由杨载田、郭盛晖合作撰写；书中的10幅地图除中国旅游地理分区图由邓运员完成以外，其他9幅均由郭盛晖完成。

杨载田

2003年11月于衡阳师范学院

目　　录

下篇　中国旅游地理分论

上篇　中国旅游地理基础

第一章　中国旅游地理的一般理论与实践

学习提示

本章是中国旅游地理学习的基础和前导。从旅游地理的视角，既要掌握旅游、旅游要素系统及旅游者、旅游资源、旅游业、旅游客源地、旅游目的地、旅游交通连接、旅游环境等基本的旅游知识与理论；也要掌握旅游地理学的研究对象、内容、属性、方法及其发展等基本学科理论；还要求掌握旅游地理的野外考察与调查、旅游地图及其应用、区域旅游论文创作等基本技能。

第一节　旅游与旅游系统

旅游是人类现代社会、经济生活中一种特殊的地域活动，涉及地理学科的诸多领域。而"旅游地理学是研究人类旅行游览、休憩疗养、康乐消遣同地理环境以及社会经济发展相互关系的一门学科"（郭来喜，1984）。

一、旅游的科学概念

旅游（tourism）一词由来已久，但最具现代科学概念的是1991年世界旅游组织（UN-WTO）对旅游的新定义，即"旅游是人们为了特定的目的而离开他们惯常的环境，前往某些地方并作短暂停留（不超过一年）的活动，其主要目的不是为了从访问地获取经济收益。"这个定义的科学性主要在于肯定了旅游的短期性（在外地的暂时停留不超过一年）、异地性和旅游的目的是获取经济收益之外的其他原因，有利于统计和法律上的管理。1995年，联合国统计委员会采纳了这一定义，并在全世界进行推广。

二、旅游系统及其要素构成

旅游是因旅游资源与旅游环境的地域差异梯度力而引发的旅游客源地与旅游目的地通过旅游通道相互作用的一种空间系统。旅游客源地、旅游目的地和旅游通道为其空间构成要素；同时，旅游也是旅游者在旅游活动中以旅游资源为对象、以旅游业为媒介、由旅游客源地到达旅游目的地游览后再回到旅游客源地的一个过程。而且旅游者、旅游资源、旅游业与旅游空间系统相互作用联结为一个统一整体，又受那些与旅游活动产生相互影响的自然、文化、社会、经济、政治和技术等构成的外部环境的影响，共同构成了一个独特的旅游系统，如图1.1所示。

三、旅游系统各基本要素的概念

1. 旅游者

旅游者（tourist），是旅游的主体，是旅游活动中最活跃的因素。国际上一般将旅游者

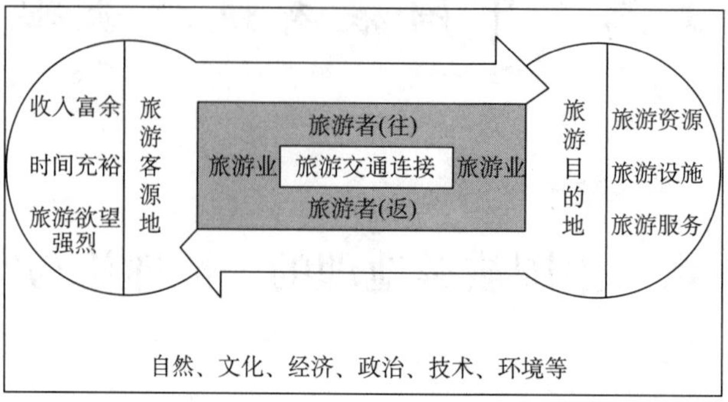

图 1.1　旅游系统示意图

分为国际旅游者和国内旅游者。1963 年，在罗马召开的联合国国际旅游会议（简称罗马会议）提出了游客、旅游者和短程游览者的概念；1991 年世界旅游组织对游客的概念规范为："任何一个到他惯常以外的地方去旅行，连续停留时间不超过 12 个月，并且其旅游的目的不是通过所从事的活动从访问地获取报酬的人。"根据是否跨越国界，游客可划分为国际游客和国内游客。无论是国内游客还是国际游客，又可划分为过夜的"旅游者"和不过夜的"一日游游客"。随着各国国内旅游业的发展，世界旅游组织又提出："任何以消遣、闲暇、度假、体育、商务、公务、疗养、学习和宗教等为目的，不论国籍如何，而在其居住国境内进行 24 小时以上、一年之内旅行的人视为国内旅游者"。根据我国的特有国情，国家旅游局和统计局将国际旅游者解释为："来我国参观旅行、探亲、访友、休养、考察或从事贸易、业务、体育、宗教活动、参加会议等的外国人、华侨和港澳台同胞"；国内旅游者是指"国内居民离开惯常居住地，在境内其他地方的旅游住宿设施内至少停留一夜，最多不超过 12 个月的国内游客"；而国内一日游客是指"离开惯常居住地 10km 以上，出游时间超过 6 小时而不足 24 小时，并未在境内其他地方的旅游住宿设施内过夜的游客"。无论国际旅游者还是国内旅游者，都具有异地性、暂时性、享受性、回味性，以及求新、求知、求乐的共同心理特征。

2. 旅游资源

旅游资源（tourism resources），是旅游活动的客体，是指旅游地吸引旅游者的所有因素的总和。我国旅游标准化技术委员会于 2003 年发布的《旅游区（点）质量等级的划分与评定》(GB/T 17775—2003) 中所规定的旅游资源概念，是指"自然界和人类社会凡能对旅游者产生吸引力，可以为旅游业开发利用，并可产生经济效益、社会效益和环境效益的各种事物和因素"。对旅游资源的理解必须从外延和内涵两方面去进行，即既可把现今地理圈中一切有形实体和相关环境囊括在内，同时也要对旅游资源进行必要的限定。例如，必须对旅游者产生吸引力，可以为旅游业开发利用，开发利用后应产生经济效益、社会效益和环境效益等。旅游资源一般具有空间分布上的集中性，时间分配上的季节性，吸引功能的垄断性、易损性和不可移动性等特点。

旅游资源类型多样，一般依据其吸引强度可分为世界级、国家级、地方级三个层次；按其形成和属性可分为自然和人文两个类型；根据功能可分为观光游览型、参与体验型、购物型等；按资源的客体属性可分为物质性、非物质性、物质与非物质共融性三种；按资源可持续利用潜力可分为可再生性旅游资源与不可再生性旅游资源。全国旅游标准化委员会将旅游资源分为 8 个主类，31 个亚类，155 个基本类（详见第二章表 2.1）。

3. 旅游业

旅游业（tourism），是旅游休闲活动的媒介，是具有服务性质的特殊行业。广义的旅游业是指以旅游者为对象，为旅游休闲活动创造便利条件并提供其所需商品和服务的经济性产业。具有综合性、劳动密集性、涉外政策性、脆弱性等特点。旅游业直接或间接涉及许多经济部门和非经济部门，其中最直接的部门是旅行社业、旅游交通运输业和以旅游饭店为主体的住宿业，加上以旅游景点为代表的游览场所和各级旅游管理组织，合称为旅游业构成的五大部门。旅游业所出售的商品，是一种固有的有形设施和无形的服务，向旅游者提供吃、住、行、游、购、娱等方面的综合服务。其中，旅行社在旅游供求活动中，是发起旅游、招徕和接待旅游者和组织旅游活动的中介组织，是向旅游者提供旅游信息、旅游路线、导游等服务的行业；旅游饭店是指向旅游者提供食宿的场所，按现有建设规模、设备条件，一般可分为高档（五星、四星）、中档（三星、二星）、一般（一星）五个档次，另有五星级之上的铂金级等；旅游交通是指旅游者利用某种手段和途径，实现从一个地点到另一个地点的空间转移过程，其任务是解决旅游者从居住地与旅游目的地之间的往返，以及从一个目的地到另一个目的地和同一目的地内的各地区之间便利往来的交通问题。

4. 旅游客源地

旅游客源地（tourist resource），是指产生旅游者的地域。在国际旅游中，旅游客源地一般指游客来源的国家和地区；在国内旅游中，一般指旅游省、旅游城市或旅游地区，即国内旅游者来源的区域。旅游客源地的形成，是一个国家社会经济发展到一定程度和水平的结果。凡社会经济发展水平高的国家和地区，人们可以获得足够的旅游经济支付能力、充足的闲暇时间和强烈的旅游欲望。例如，西欧、北美和以日本、韩国为代表的东亚太地区，都是世界著名的国际旅游客源地；长江三角洲地区、环渤海湾地区和珠江三角洲地区，都是中国最为主要的国内旅游客源地。随着区域经济的发展，无论国际旅游客源地还是国内旅游客源地都处在不断发展壮大之中。例如，欧洲的俄罗斯、东亚太的东盟五国、中东各石油输出国、非洲的南非等都是新兴的国际旅游客源地。旅游客源地与旅游目的地具有对应性，两者的互动便会产生旅游客流与相应的流量流向。旅游客流流向的增强和流量的扩大，都有赖于旅游客源地与旅游目的地的相互培育。

5. 旅游目的地

旅游目的地（tourist destination），是能够使旅游者产生旅游动机并追求旅游动机实现的各类空间要素的组合（魏小安，2002）。其内涵包括五个方面：一有独特的旅游吸引物，而且这种吸引物必须对应特定的旅游目标市场和客源群；二有足够的市场开发价值和相应的市场开发空间，足以支持旅游业的规模开发和经营；三有产业基础和服务能力，有完备的旅游服务和旅游设施；四有当地居民的认同、参与，并提供各种支持，保障营造良好的旅游环境；五有一定的旅游可管理性，以规范旅游业的运行模式和维护旅游者利益（王晨光，2005）。

旅游目的地按空间尺度和地域大小，可分为国家、区域、城市和景区四种类型；按照从客源地到目的地的距离所花费的时间，可分为近程、中程和远程三种类型；按照形象和特点，可分为安全、友好、高质、特色四类等。

6. 旅游交通连接

旅游交通（tourism traffic），是旅游通道的主要内容，不仅是连接旅游主体和客体的纽带，而且也是联系旅游客源地和旅游目的地的桥梁，在旅游空间系统中属于通道要素。旅游交通也像一般交通运输一样，主要由旅游交通线路、旅游交通工具、旅游交通节点和旅游交通方式四个基本要素构成，并形成合理的旅游交通结构和旅游交通运输网络（罗明义，2002）。

旅游交通线路，是指连接旅游客源地和旅游目的地的旅游道路及设施，包括公路、铁路、河道及航空交通线路等，要求安全、舒适、快捷和经济实惠；旅游交通工具，是指实现旅游者空间位移的各种运载工具，包括飞机、火车、轮船、汽车、畜力车、帆船、汽艇、索道缆车等；旅游交通节点，一般是指集散旅游者的交通场所，主要包括各种车站、港口、机场、码头等，要求区位适宜，规模适度，建筑形式新颖以及方便、美观、舒适等；旅游交通方式，是指根据不同的旅游交通线路，依托不同的旅游交通节点所组成的交通运输方式；旅游交通结构，一般是指交通要素的构成关系和组合比例，要求形式多样，组合协调实用；旅游交通网络，是指在一定的空间范围内，由各种旅游交通线路、工具、节点及设施所组成的综合体，要求分工合理、相互衔接、相互联合协调。

7. 旅游环境

一般意义上的旅游环境（tourism environment），是指旅游目的地影响旅游活动行为的各种因素。包括自然环境、政治环境、社会文化环境、旅游气氛等，即自然、经济、政治、文化、技术诸要素，是旅游目的地发展的基础要素，也是对旅游者的重要吸引要素之一。尤其是自然生态环境的原生态状况，政治稳定状况，社会治安，人民的生活态度和友善程度，信息和流通领域状况，出入境手续繁简程度，是否有满足旅游者要求的个性化“经历型”产品等，都是影响旅游业发展的重要因素。

旅游目的地的自然生态环境是地貌、空气、水体和动植物等生态因子的总体，它们的有机结合构成了旅游目的地的优美环境和愉悦意境。只有优美的自然生态环境才是人们绿色消费、自然回归的理想场所。但自然生态环境具有一定的脆弱性，既有自然衰败问题，又容易遭受人为的破坏。因此，凡旅游目的地都有一个合理的环境容量或承载力问题。旅游目的地如果长期超容量接待游客，人满为患，拥挤不堪，不仅旅游气氛散失，而且会引起生态环境恶化、旅游资源破坏，即所谓的环境问题。在整个旅游系统中，环境地位很重要，尤其要重视自然生态环境的保护。

第二节　中国旅游地理学的学科理论与方法

一、旅游地理学的研究对象、内容与属性

1. 中国旅游地理学的研究对象

旅游地理学（geography of tourism）是伴随着旅游及旅游业的发展而逐步兴起的一门新兴学科。由于各国社会经济发展水平的不同，以及学者们对旅游概念的不同理解，在国际上，旅游地理学又有游憩地理学、闲暇地理学、观光地理学、娱乐地理学或康乐地理学等别称。名称虽有不同，但其研究对象却基本一致，即旅游地理学是研究人类旅行游览、休闲娱乐、康乐消遣等活动与地理环境以及社会经济发展相互关系的一门学科。

按照学科体系，现代旅游地理学分为理论旅游地理（或称通论旅游地理）、区域旅游地理和应用旅游地理。中国旅游地理属于区域旅游地理学的范畴。中国旅游地理学是研究中华人民共和国这个特定地域范围内人类旅游活动与地理环境以及社会经济相互关系的一门学科。

2. 中国旅游地理学的研究内容

旅游地理学的研究内容取决于本学科所研究的对象。英国人皮尔斯认为：旅游地理学的研究内容是供给的空间模式、需求的空间模式、旅游地地理、旅游流、旅游影响、旅游空间模型6个方面。中国学者多认同旅游地理学的研究内容应包括旅游产生的条件及地理背景、旅游者行为规律、旅游流（旅游需求）预测、旅游通道、旅游资源评价、旅游地及演化规律和重要旅游地研究、旅游环境容量、社区旅游、新兴旅游、旅游开发的区域影响、旅游规划11个方面（保继刚和楚义芳，2012）。作为区域旅游地理范畴的中国旅游地理研究，不仅应有旅游地理的一般理论指导，更多的应该有区域实践。因此，中国旅游地理学研究的主要内容应包括旅游地理学的一般理论与实践、旅游开发与规划、中国的旅游环境资源、旅游市场与旅游产品、中国旅游可持续发展问题、中国旅游地理区划与实践、中国区域旅游地理7个方面。由于旅游地理学所研究的内容具有很强的社会经济性，受政治体制、思想意识等多种主客观因素的影响，因此中国旅游地理的研究内容必须一切从实际出发，结合本国国情，参照国内外研究探索的新成果，把中国旅游地理研究内容和任务探索引向既有深度和广度，又有现实作用的轨道，更好地为中国旅游业的发展服务。

3. 中国旅游地理学的学科属性

（1）综合性部门地理学。旅游地理学是从地理学角度研究人类旅游活动与地理环境以及社会经济发展相互关系的一门学科，无疑属于地理科学范畴。从旅游活动的行为性质看，旅游是一种文化活动，被视为部门人文地理学。由于旅游业是一项经济产业，又可视为部门经济地理学。旅游地理学与自然地理学关系很密切，尤其研究自然旅游资源离不开自然地理学。因此，中国旅游地理学是处于人文地理学、经济地理学和自然地理学三者之间的一门综合性区域地理学。

（2）新兴的边缘学科。旅游地理学是伴随着旅游业的发展而发展起来的学科，是介于地理学和旅游学之间的边缘学科；同时，旅游地理学研究涉及的范围，除地理学各大分支外，还与社会学、民俗学、心理学、考古学、历史学、建筑学、园林学、环境学和经济学等关系密切。而中国旅游地理学是一门具有综合特点并与上述各门学科有内在联系的新兴边缘学科。

（3）应用性学科。旅游地理学应旅游业的发展需要而产生并直接服务于旅游业，因此特别注重其应用性研究。欧美一些旅游业比较发达的国家，直接把旅游地理作为训练从事旅游职业人员的基础教材。中国旅游地理随中国现代旅游业的兴起而发展，直接为中国现代旅游业的可持续发展服务，其应用性属性更鲜明。

二、中国旅游地理的主要任务

1. 服务于中国旅游可持续发展

当代具有较高文化素养的中国旅游者，在推动生态文明，建设美丽中国的大背景下，更加崇尚自然、追求绿色享受。为此，追求资源、环境与发展的协调，实现可持续发展，便成为我国21世纪旅游业发展战略的唯一模式选择和最终目标，也是中国实现世界旅游强国的有效保障。目前，最为紧迫的任务之一就是要如实了解、掌握和宣传中国的旅游国情。中国旅游地理正是以中国特定地域为研究对象，全面研究中国旅游资源形成的环境、特点、分布及其开发利用和发展规律，研究国际、国内旅游活动与我国旅游地理环境相互作用和相互协调发展的学科，是正确认识中国风光、中国风貌、中国风俗、中国风味和中国风物，即中国特色的重要途径。中国旅游地理也就成为制定中国旅游可持续发展战略与方针政策、拟订中国旅游可持续发展和建设规划、制定符合可持续发展思想的旅游管理措施的科学依据。中国旅游地理教育也就成为旅游工作者树立旅游可持续发展意识，为旅游可持续发展服务，推动旅游可持续发展的有力保证。

2. 全面提高国民旅游素质

随着小康社会的即将建成和国民旅游休闲纲要的颁发，旅游休闲已成为中国人民社会经济生活中必不可少的内容。而旅游的可持续发展不仅需要有高素质的旅游从业成员，也需要有高素质的旅游者。中国旅游地理教育可以展示我国源远流长的历史文化和独具风采的自然、人文景观，并揭示它们形成、发展的奥秘，从而激发人们的爱国热情，增强民族的自豪感，引发旅游动机，树立旅游意识。丰富的旅游地理知识，可以帮助人们依据不同的经济和时间支配能力以及自己的偏好，科学地选择旅游线路和内容，制定旅游消费计划；还可以提高对旅游景观的鉴赏能力，使其不仅知其然，而且知其所以然，增加建设美好未来的责任感，从而自觉地维护旅游环境，爱护旅游设施，保护名胜古迹。

3. 发展旅游地理学科的理论与实践

中国旅游地理还很年轻，其理论和实践同国际水平仍有一定差距，用库恩的科学哲学"范式"理论来考察，现阶段中国旅游地理学仍处于"前范式"（pre-paradigm）阶段。一门科学要走向成熟，必须走向"范式"。只有对中国及各区域的旅游地理进行深入透彻的探讨，才能提出既符合中国国情和具有中国特色而又符合国际标准的科学规范的旅游地理学理论体系。对各个不同专业和层次的学生进行旅游地理教育，不仅可使大批旅游地理教学力量加入中国旅游地理研究行列，而且可使更多未来的社会经济工作者和中学地理教师在旅游资源的分布、评价、分类、利用、保护，旅游小区规划、建设、开发、布局，以及旅游客源地、旅游者的流量、流向、特点等研究领域，找到他们的用武之地，共同为中国旅游地理的发展作贡献，使中国旅游地理的研究和实践具有更加深厚的根基。

三、中国旅游地理学习和研究的主要方法

现代中国旅游地理经过三十多年的研究和实践，已发展成为了一门理论性和实践性都很强的新兴学科，并已形成了具有本学科特色的学习和研究方法体系。

1. 中国旅游地理的理论观点和方法论基础

马克思主义的辩证唯物主义和历史唯物主义，是科学的世界观和方法论，是指导我们进行科学研究的方法论基础。人类旅游活动的空间分布及其地域系统是一种十分复杂的社会经济现象，涉及自然、技术、经济和社会诸因素，而这些因素又是相互联系、互为制约的，并处于时间、空间物质统一体的不断发展变化和运动的过程之中。因此，马克思主义关于物质运动的观点，空间和时间统一的观点，矛盾对立统一和相互联系与互相制约的观点，以及历史唯物主义的观点，都是中国旅游地理学习和研究的基本观点。这就要求我们开拓创新、与时俱进，正确运用马克思主义理论的基本原理和科学发展观对客观事物进行全面、综合的分析，才能揭示旅游产业分布与旅游地域系统形成、发展的内在规律性。

2. 中国旅游地理的传统方法

学习和研究中国旅游地理的传统方法包括实地考察、文献资料分析、统计图表、旅游地图、区域对比、技术经济论证等方法。

（1）实地考察法。为获取旅游资源、环境、景区景点和旅游线路的第一手资料，实地考

察是基本方法之一。实地考察包括全面考察、重点考察、典型考察、抽样考察等形式。通过实地考察能加深对旅游地理的感性认识，并有助于升华为理性认识。明确实地考察任务、掌握实地考察技能和编制实地考察报告，是旅游工作者应具备的基本功之一。

（2）文献资料分析法。此方法是运用充分占有的资料进行科学理论分析，以说明各个区域旅游现象的时空分布特征及区域差异性特点，以制定相应的旅游发展战略和策略的一种方法。文献资料包括考察报告、统计数据、工作总结、区域社会经济发展规划和历史文献等，可通过实地搜集、官方提供和文库采集等途径获取。

（3）统计图表法。此方法是把大量繁杂的统计数据整理汇编加工成统计图表，用以说明旅游发展过程及其内在联系的一种方法。统计图表在形式上包括统计表和统计图。统计表根据主次结构又可分为简单表、分组表和复合表。统计图是利用几何图形、地理略图等来说明统计资料的图件，可分为几何类、象形类和统计地图三种类型。旅游地理研究中常用的几何图形有柱状图、圆形图和曲线坐标图等。

（4）旅游地图法。此方法是将各类景物、景点及旅游路线、设施等内容，用特定符号表现于地图上的一种方法。旅游地图包括导游图、旅游文通路线图、资源图、综合图和各类专题图等类型，是旅游开发、管理、研究及旅游者的必备工具，从中可以了解旅游资源地域分布规律和差异、旅游资源开发进程、旅游业发展状况等。

（5）区域对比法。此方法是运用旅游学观点，把各种风景形态特征进行分析比较，以把握其本质属性及其异同的一种方法。中国旅游地理是一个庞杂的知识系统，只有通过区域对比分析，才能把握区域发展的地位和特色。例如，按其旅游景观的吸引力大小，可分成绝景、胜景、中景、小景；按其吸引对象可分成综合类、专门类（游泳、登山、狩猎）等。

（6）技术经济论证法。此方法是对各种旅游开发利用布局方案进行经济效果计算和分析，然后择优选用，以获取最大经济、社会和生态效益的一种方法。其论证内容包括旅游资源开发利用的技术经济论证、区域旅游总体布局的技术经济论证、具体区位方案的技术经济论证、旅游交通运输方案选择技术经济论证和旅游规模的技术经济论证等。

3. 现代科学技术和方法

鉴于传统的现象描述和定性解释的局限，难以解决地理学中所面临的大量实践课题，20世纪50年代末、60年代初曾掀起了一场“地理革命”，把数学方法和计算机技术引进地理学领域，有些学者试图进行地理学的“理论化”和“数量化”，建立一门真正的“科学”；同时，尝试以数学计量方法进行理论归纳，以可以应用、操作的数学模型表达区域社会经济现象的相互关系，使模型中的各个组成部分的相互关系和理论、现象各要素之间的关系相互吻合。中国旅游地理工作者把握住了地理学的这一发展方向，80年代以来便在旅游地理研究中，引入了数学计量方法，用数学模型对旅游活动演化或变化趋势进行预测和判断，以对旅游开发和旅游活动进行调控和管理。同时，在技术手段上也广泛采用遥感方法、自动制图、计算机、电子信息、数码技术、虚拟技术等现代科学技术，从而使中国旅游地理的研究视野扩大、周期缩短、精度提高，服务更适合于现代旅游业发展的需要。

中国旅游地理的研究在方法上已经历了现象描述、定性解释、模型化和计量化三个阶段。而定性描述并未过时，定量分析也需逐步发展和完善，其发展趋势是二者的有机结合。

第三节　旅游地理实践

一、旅游地理的野外考察与实践

1. 野外考察与调查的内容

传统的野外考察与调查是地理工作者获取第一手资料不可替代的方法，故而在旅游研究中被广泛采用，同时也是旅游者进行行为抉择的一种重要依据。

（1）旅游资源调查。旅游资源野外考察与调查，主要是通过实地量测和访问，将旅游资源的类别、质量、规模、成因、位置和开发条件等全部查清。

旅游资源质量　包括资源类别、质地、形态、色彩、意境、协调性、技术性、稀有性等内容。其类别主要依据有关资源分类标准，比照查明其形态，常用长度、宽度、厚度、高度、角度、坡度、透明度、曲率和直径等统计数据；色彩主要通过观察，查明其色泽本底及其变化；意境主要由审美联想，调查不同旅游者对其所产生的感受度；协调性主要是地域组合状况；技术性主要讲资源的科技含量和文化品位；稀有性主要指很少见的特性。

旅游资源规模　即实地查明旅游资源的数量特征，要求调查者采用实地测量、推算等数学量化手段，查明旅游资源的历史或地质（层）年代、面积、长度、宽度、高度、厚度、深度、流量、种数、个数、层数、体积、容积、含量和重量等。调查其规模时，还应查明景点地域组合状况和景区容纳力（单位面积所能容纳的游客数）。

旅游资源成因　任何旅游资源都是在特定的自然环境或人文环境中产生的。查明旅游资源的成因，有利于旅游资源的合理开发，实现旅游地的可持续发展。自然旅游资源的成因调查，一般是调查、推测旅游地的地质地貌状况、岩层性质、该地的内外营力状况及地史演变；人文旅游资源成因调查，包括确定历史年代、形成的历史原因和社会背景等。

旅游资源位置　主要包括相对位置和绝对位置。相对位置是指旅游资源相对于某一熟知地物的方向、距离和高度，是旅游资源考察定位常用的指标；绝对位置的主要指标是经纬度和海拔高度，多用于测定体积较大的旅游资源或旅游地区。

旅游资源开发条件　主要指所在地的区位条件和区域条件。区位条件指旅游资源所在地可及性和与其他旅游地的关系，要求实地查明联结客源地的交通条件、与客源地间的距离、与附近旅游地类型的异同、与附近旅游地间的距离；区域条件要求搜集调查当地的经济、自然生态、用地等条件与城镇分布、基础设施和游乐设施等。

（2）旅游业发展状况调查统计。参照联合国制订的《国际产业划分标准》，结合旅游经营实际情况，旅游业主要由旅游饭店、旅行社、旅游交通和旅游开发经营管理部门组成。旅游业发展状况调查，要求对其进行调查统计。

旅游饭店及其利用调查统计　就是要实地查明旅游饭店的分布、数量、规模（建筑面积、客房数、床位数、投资额）、档次（星级、设施配备）、利用率、排污（废气、废水、垃圾）情况。查明这些内容后，才能评价其布局是否符合旅游地规划规模和档次，是否适应旅游者的需求，利用率、经济效益是否达到设计要求，排污是否符合当地环保标准。

旅行社经营情况调查　主要是调查旅行社位置、类别、等级、导游队伍、语种、服务对象和经营计划指标完成情况。旅行社的计划指标主要包括接待人数、接待人天数、平均日流量、营业额、成本、利润和劳动生产率等。旅行社在旅游六大要素（吃、住、行、游、购、娱）上的经营情况能综合反映当地旅游业的发展状况。

旅游交通情况调查　一是宏观交通，是为旅游者提供的从客源地到旅游目的地之间往返的交通设施及服务；二是微观交通，即为旅游者在旅游目的地各处旅游活动而提供的交通设施及服务。学科野外调查要求查明旅游地的交通种类构成和运力，如座位数，班次，车、船、索道数量，线路质量，站、港吞吐能力等。

旅游开发、经营管理情况调查　旅游开发经营管理部门包括各级旅游管理组织和游览场所经营部门，是旅游业最直接的组成部分。调查内容主要有已开发的风景区、游览线、游乐场所数量和类型结构；旅游人数、人天数、旅游者构成、变动情况、旅游者消费额、消费构成、旅游收入、收入构成、旅游价格及其构成和价格与收入变动情况，等等。

（3）旅游者调查。为了对旅游市场进行准确的定位和预测，以及为旅游决策提供科学依据，必须对旅游者人群即旅游客源市场进行调查分析。对旅游者的野外调查，主要是进入景区，实地调查旅游者对旅游地的感知、旅游动机、旅游活动行为层次，以及旅游流的起源、流向、流量及其空间分布规律。

（4）旅游后效调查。旅游后效调查，主要是调查旅游活动对旅游地的区域政治、经济、社会、文化、环境等诸多方面所产生的一系列明显的影响和变化。

旅游政治后效调查　主要包括因旅游而产生的民间外交情况；旅游对开放、改革的促进情况；因旅游而产生的和平与发展情况；对政治舆论的影响；对国家政策的影响；国家机密在旅游中的泄漏情况；进入禁区情况；游客之间、游客与当地居民、从业人员的纠纷情况等内容。

旅游经济后效调查　主要包括改善收支平衡情况；吸引外资情况；增加税收情况；经济布局与结构变更情况；旅游走私情况；物价影响；资源耗费等内容。

旅游社会后效调查　主要包括旅游对社区文明程度的影响；对社会道德观、价值观的影响；对生活方式和水平的影响；对家庭关系的影响；对人们行为的影响；对宗教的影响；对语言传播的影响；对人们健康的影响等内容。

旅游文化后效调查　主要包括文化交流与嫁接；吸引文化人情况；区域文化成果；特色文化保护、发掘、完善和利用情况；名人题记情况等内容。

旅游环境后效调查　主要包括建筑后效；基础设施利用与变化情况；交通堵塞情况；对植被的影响；对水质的影响；对大气质量的影响；对野生动物的影响；对地形、地貌的影响等内容。

2. 野外考察与调查的方法

旅游地理野外考察和调查的方法较多，传统的考察方法和现代空间信息采集技术，都可用作旅游地理的野外考察和调查。

（1）根据考察和调查的区域范围划分。有定点、线路、区域三种形式。

定点考察　是指根据考察目的对一个考察点进行多时相观测，或在一个区域内布置若干考察点，进行多点横向比较观察，类似于定位观测，一般利用1∶1万比例尺地形图和相应的航片，进行布点。在考察点上，可利用感官或望远镜、海拔仪、经纬仪、测距仪、照相机、摄像机、采访机、笔记本电脑等仪器设备采集和存储所需信息。

线路考察　一般根据1∶20万或1∶5万比例尺地形图并参照相应比例尺的卫片，沿着主要交通干线进行沿途踏勘和调查。例如，孙文昌等就曾在考察长白山旅游线路时，利用了线路考察法选择了北线、南线和中线三条线路。其结论是北线可开辟为民族风情旅游线，中线可开辟为火山风光旅游线，南线可开辟为人文古迹旅游线。

区域普查 是对某一既定区域内的旅游状况进行普遍考察与调查，有单因子普查，也有多因子综合普查。无论何种普察，都要根据国标《旅游资源分类、调查与评价》方案，对照分类表中的每一种基本类型制定相应的调查图表：旅游资源基本类型调查表、旅游景区（点）开发现状与开发条件调查表、旅游资源区域环境调查表、旅游资源地图图例，即所谓“三表一图”，并进行资料和数据征集。

（2）根据考察方式划分。可分为徒步踏查、实地访问和表格征询三种方法。

徒步踏查 又叫人工踏勘，即在一定范围内，以步行的方式采集所需的信息资料。首先要界定被考察地区的地理范围，并将该地区所有考察要素列出清单；其次对该地区进行徒步踏查，以一一查证核实，然后写出调查结果的总结报告。

实地访问 是事先设计问题，然后到实地询问征答的收集信息的方法。这种方法，要尽可能精确地确定调查的内容，仔细推敲措词，使问题能引出恰如其分的答案。调查的对象包括旅游目的地的政府、企业和当地居民，以及各类游客，并要做好记录，事后认真整理。

表格征询 是将许多要收集的信息列成表格，向当地成群的被调查者散发，填写后收回的野外信息采集方式。例如，为了解游客对旅游点的偏好，便按需要设计征询表格，去旅游点分时段散发，当场填好收回整理。这种方法简便易行且效果好，从而运用最多。

（3）根据录入信息方式划分。大致可分为文字记录、图表记录等五种方式。

文字记录 是野外最简便的考察、调查方法，它是将野外所见所闻，以文字的方式记录下来的一种考察、调查方式。文字记录的考察简便易行，但却粗略主观，科学性较差。因此记载要尽量做到客观、科学、适用。

图表记录 是事先设计空白图表（或称底图、底表），再赴野外采集所缺信息的考察、调查方法。所用的基础底图，即为印有等高线、河流、道路等基础地物的空白图，然后通过实地调查、考察，将各旅游景区（点）及主要景观要素的分布位置用象形符号表示于底图上。

旅游地理素描 是用铅笔、钢笔、毛笔等较为单纯的工具和单一的色彩在纸面上描绘学科野外考察对象形态的方法。与其他图表法不同的是，这种方法在野外考察前无需准备底图，但却需要准备画具和材料，分析考察对象的图片资料。

声像记录 这是应用现代声像摄录手段进行野外信息采集的较为先进的方法，包括野外采访录音、照相、摄像以及航片、卫片的利用，等等。考察调查录音就是将被调查者的言语声音直接录下来；野外照相就是将生动的旅游景观直接拍摄下来；野外摄影考察就是用电视摄像机记录其声音和图像；航片和卫片，是野外考察和调查的重要背景资料。

计算机录入信息法 是利用笔记本电脑到野外录入信息的考察和调查方法。笔记本电脑体积小、容量大、功能强，能将野外考察和调查采集的数字、文字、图表信息录入，并能快速而便捷地对信息进行检索、更新、管理和分析处理。

3. 野外考察与调查的步骤

旅游地理野外考察和调查步骤，基本上是“室内—室外—室内”三部曲，室内准备与策划、野外踏查与征询、室内分析与总结。

（1）室内准备与策划。室内准备与策划，是野外考察与调查的前期准备工作。其主要工作内容，首先要通过调查相应文献资料；其次要制定出周密计划；最后要做好相关野外考察的物质准备。

查阅相关资料 主要包括前人在本学科或相近学科领域对该地区考察研究的状况。主要查阅调查区内的大比例尺地图、航片、卫片、地质图及考察调查报告、地貌图及考察调查报告、国土规划报告、动植物名录、水文气象资料、地方志，以及各种社会、经济、环境统计等资料；旅游及其发展方向的资料，如风景区规划、旅游收入水平、旅游基础设施状况、考古资料、诗词游记以及其他旅游方面的文章和影视作品等。

制定考察和调查计划　包括确定考察和调查的目的、目标和内容，以及考察的时间安排、地域计划等。其目的是要采集野外某区域某一方面的信息，即必须是前人未曾收集到的新信息，必须是学科建设、经济建设所需要的有用信息；目标是野外采集信息要求达到的数量和质量指标；内容是野外采集信息的细目，如普查范围、行政隶属、地理坐标及海拔、基本数据、环境背景、保护与管理等，一般以表格的方式显示。

准备有关用具和材料　使用用具一般是：地质包、地质锤、测距仪、罗盘、经纬仪、海拔仪、望远镜、数码照相机等，有条件的单位还可准备摄像机、笔记本电脑、全球定位系统（GPS）等先进设备。所需材料主要是纸张、表格、胶卷、录像带、录音带、绑腿、日常医药救护用品，等等。

（2）野外踏查与征询。野外踏查与征询是野外考察和调查的实质性工作和中心工作，也是野外考察和调查的关键步骤，有许多艰苦细致的工作要按事先计划进行。

选线布点　就是结合当地实际情况，科学合理地选择考察调查路线和观测点，要考虑三方面因素：一是地域的典型性，即所采集信息要具有代表性，大多选在旅游活动或旅游资源较集中的地域；二是目标的精确性，即要求根据野外考察调查的精度要求，确定调查路线和观察点的数量和密度；三是观测的可达性，即观测点设置地要往返方便，以减少观测困难，能定时观测。

踏查实测　是在设置好的野外考察调查路线、观察点上，利用感官或借助仪器设备进行信息摄取的过程，要求到位守时、认真仔细、清醒敏锐、周到安全。到位守时就是严格按照规定的时间，到达已经选好的观察点；认真仔细指考察调查时，对调查项目的单值、规模、过程、率值等特征数据要准确读数；清醒敏锐即要求考察调查者在野外工作时，时刻保持清醒的头脑、敏锐的目光和较强的洞察力；周到安全就是指每次考察和调查应事前考虑周到，考察全过程稳妥安全。

记录填绘　野外采集到的信息，必须及时准确地记录在案或填绘于图表中，或录入仪器设备。记录填绘必须客观精确，忠于事实，保持“原汁原味”。野外考察和调查所得的第一手资料，最珍贵之处就在于它的真实性，即使不符合已发现的“规律”，也不要按习惯思维定式去“纠正”。许多老规律被推翻，新规律被创立，往往都是这样产生的。记录填绘考察调查结果，必须在观测点当场完成，不能随后追记。很多记录填绘工作，必须与踏查实测同时完成。

整理核实　是对多人或多次观察的结果进行去粗取精、去伪存真、归纳分类的信息处理过程。此工作要在观测点上完成，以便现场核实、复查、补漏。每天也应将当天不同线路与考察点的考察调查结果汇总起来，以便查小遗漏和重复，及时调整工作方法。

（3）室内分析与总结（撰写考察调查报告）。野外考察调查，不是一蹴而就的简单工作，需做大量的准备、周密的安排，付出艰辛而有创造性的劳动，所以，应及时加以总结得失和经验，巩固成果，通盘分析处理野外考察调查的数据，发现新情况，找出规律性。总结的形式很多，但一般都要求撰写野外考察和调查报告。

4. 野外考察和调查报告的撰写

野外考察和调查，往往会发现许多新东西，以修正以前的错误认识，产生新的体验，这就需要及时加以整理，使之系统化，对考察、调查结果及时写成考察和调查报告。

(1) 野外考察和调查报告的要求。野外考察调查报告就是将人们深入实地，对野外某地、某个问题进行深入细致的考察调查后所取得的第一手资料，经过认真分析研究写成的一种书面材料。具有其自身的特点和要求。

针对性　是指人们对某旅游地或某个问题进行考察和调查后写的针对性报告。例如，海南重新核实旅游方案价格后的市场效用、福建土楼民居旅游开发对环境的影响等调查报告，针对性很强。没有针对性的考察和调查报告，就无法回答旅游实践迫切要求解决的问题，对区域旅游的发展就没有指导意义。

典型性　是指在分析典型区域、典型问题时，把调查时的地理环境，与现实存在的倾向性问题结合起来，使考察和调查报告反映的内容更具有现实意义和指导作用。例如，对武陵源景区人文建筑环境的后效考察，其“人文建筑的现状及其后效”，实质上是武陵源人的旅游开发理念及对世界遗产保护态度的一种反映，故而对其他自然风景区建设、世界遗产的保护与利用，具有普遍意义和指导作用。

客观性　是指考察和调查报告要求事实真实，数据尽量准确，不能夸大或缩小，更不能分析加估计，虚构编造。报告中所使用的概念、词句、术语必须准确无误。报告一定要全面、发展地看问题，防止片面性和绝对化，要体现严肃的态度，严谨的学风，严密的方法。客观性与科学性是联系在一起的，它是考察和调查报告最基本的要求，是一切科技文章的灵魂和生命。

说理性　野外考察和调查报告，不仅要求数据、事实确凿可靠，还要就事论理，在实践中发现问题，分析问题，提出解决问题的方案；反映事物本质，发现规律，提出新观点、新思想、新策略，给人以启示。

(2) 野外考察和调查报告撰写。其方法大致有三个。

分析、整理野外考察和调查资料　因时间和地点等多种因素的限制，野外考察和调查中的事实记录、数据记载，常常显得零乱潦草，没有头绪。因此，在野外考察和调查之后，要及时将所得到的第一手数据、资料进行逐个核实，分类归纳，整理成便于查看、比较的考察和调查原始材料。然后进行分析研究，鉴别提炼，分清现象与本质、偶然与必然，从中引出规律性的东西。

紧密结合旅游实际选择主题　为科学指导旅游开发实践就必须从已分析、整理的野外考察和调查资料中敏锐地发现实际运作中存在的问题和情况，预测旅游新趋势，选定考察报告或调查报告的主题，确立贯穿报告始终的主题思路。

运用典型材料　就是选择与主题相关的典型材料，提出报告的中心论点。要善于围绕中心论点，运用有说服力的数据，层层剖析，逐步论述自己的观点。论述时，材料宜精不宜多，但又不能只用一两个手头资料，以偏概全，而要在详尽地占有资料，精心地分析资料之后，进行去粗取精的筛选，选择有典型性、能说明问题的材料，进行精辟的论述。

(3) 考察和调查报告的基本格式。考察和调查报告一般由以下几部分构成。

标题　考察和调查报告的标题有两种：公文式标题和文章式标题。

公文式标题由地名、内容、文种三部分构成。通过标题，把野外考察和调查的区域，考察和调查的内容明确而具体地表明出来，如《福建平潭县旅游资源普查》、《颐和园旅游者来源地调查》等。文章式标题可分为单标题和双标题。单标题为一句话标题，一般直接揭示文章主题或概括主要内容，如《中国旅游资源开发警示录》等；双标题由正副标题组成，正标题一般表示调查的主题，副标题则补充说明调查的地点和内容等，如《新旅游地开发的几个问题——武陵源旅游开发调查》。

摘要　摘要又称概要、内容提要。摘要是以提供考察报告内容梗概为目的，不加评论和补充解释，简明、确切地记述考察报告主要内容的短文。其基本要素包括研究目的、方法、结果和结论。摘要应具有独立性，并且拥有与调查报告同等量的主要信息，即不阅读全文就能获得必要的信息。

正文　正文一般由开头、主体、结尾三部分构成。开头简明扼要地概述考察或调查的目的意义、调查时间和区域基本情况；主体主要是把考察和调查的内容、经过、问题等阐述详尽；结尾是考察和调查报告的结束语，回答考察和调查所提出的问题，是对野外所见现象作科学分析后所做的结论。

二、旅游地图及其应用

旅游地图是研究旅游地理的重要手段，是旅游空间信息的图形表达形式，是旅游地理考察和调查成果表达的重要手段。学习旅游地理就必须认识旅游地图，应用旅游地图。

1. 旅游地图的基本概念

（1）旅游地图及其发展。旅游地图是旅游要素空间关系的表象或抽象，是以视觉的、数字的或触觉的方式表达旅游地理信息的工具。旅游要素包括吃、住、行、游、购、娱六大要素。旅游要素的空间关系，指六要素的空间分布和地理特征。一般采用摄影、摄像、绘画、多媒体技术等手段，客观表现重点要素的形象特征和空间联系；强调数字形式与信息的获取、处理和利用；现代旅游地图除视觉表象外还产生了供黑夜或盲人判读的触觉地图。例如，近几年出现的以光盘为介质在计算机屏幕上显示的电子地图，以数据库为工具的旅游地图信息系统，以及研究中的从人造卫星获取资料，显示在电子地图上，使用户能准确知道所处位置并指导用户沿着预定旅游路线到达目的地的智能旅游地图。

（2）旅游地图基本的要素。包括数学要素、地理要素和专题要素。数学要素包括地图投影、地图比例尺、地图图廓和控制点。除了小比例尺大区域旅游地图外，一般不全部标明上述数学要素；地理要素通常包括地形、水体、境界线、居民点、交通线，交通港和政治、经济、文化中心等，常用图例在左下角列出；专题要素包括旅游资源要素和旅游设施要素。旅游资源要素一般放在旅游地图的第一印刷层面上突出表示。为了使表示的旅游资源直观形象，便于识别，根据制图区内旅游资源赋存状况，可以分成若干类型，如名山、风景湖、岩洞、瀑布、峡谷、名泉、自然保护区、长城、古城堡、古园林、公园、游乐场、古陵墓、寺观宫殿、名人故居和祠庙等。旅游设施要素是旅游地图表示的为旅游者提供吃、住、行、游、购、娱等项服务的设施要素，包括旅游饭店、旅行社、景区内游览交通线及附属设施、餐厅、饮食点、野炊地、休疗养区、医院、影剧院、体育场馆、交易会、购物中心、商业区、问询处和邮局等。

（3）旅游地图的类型。旅游地图种类繁多，一般按其用途可分成：旅游交通图、导游图、旅游行业地图等。

旅游交通图　主要表示区内的交通种类、交通路线、交通站（点）、售票处等。一般附有大区长途交通路线图。旅游交通图往往测绘精确、印刷数量大、功能多、更新快。几乎所有大中城市，均有旅游交通图。

导游图　主要表现旅游资源与旅游产品的数量、分布、类型，以及与旅游者密切相关的吃、住、行、游、购、娱等信息的旅游地图。其主要类型有城市公园导游图、风景区导游图、区域性导游图、专题性导游图等。

旅游行业地图　主要有旅游资源分布图、旅游环境图、旅游区划图、旅游客流图等。其中，旅游资源图是按照普查到的旅游资源的类别、等级、数量、质量、开发利用程度等，编绘的综合或单项旅游资源分布图。

2. 旅游地图的特点和作用

（1）旅游地图的特点。

形象直观　旅游地图运用符号系统、摄影艺术、绘画艺术表述旅游要素的形态特征，一目了然，直观形象。旅游地图所使用的专门符号系统、景点照片等，图形简明、概念明确、形体很小，可将无形或隐蔽的事物显示出来，也可将事物的数量特征和质量特征直接显示，同时还可显示物体的立体特征。

科学精确　旅游地图制作依据一定的数学法则，使地图平面上的点与地球曲面上相应的点之间建立严密的数学和方向关系，可以在旅游地图上以必要的精度来量算地面上景物的实际距离、面积、方向和点的空间位置，从而为游客提供准确的旅游空间信息和行为指导。

通俗实用　旅游地图尤其是需求量大的导游图，对旅游要素和服务要素的表示多采用公共场合惯用的形象符号，力求底图简洁明了、要素形象醒目、注记清晰易读而且旅游六要素的表示完备准确，开本规格携带方便，折叠展合顺当。

精美艺术　旅游地图款式精美、新颖脱俗、布局活泼、装帧精美。在色彩上着意体现旅游区的地方特色，或鲜艳夺目、清晰明快、富于刺激，或沉着凝重、古朴典雅、寓意深邃，或恬静淡泊、清秀素丽、意境悠远。既供游客旅游活动实用，也可用于纪念收藏。

（2）旅游地图的作用。

导游服务　导游图的主导作用就是为旅游者提供导游服务。景区导游图和城市旅游交通图，主要表示景区景点名称、特征、分布，联系景区景点的交通线、交通方式，游览线路、游程安排、交通班次，最佳游览和观赏地点，以及为游客提供吃、住、行、游、购、娱等方面服务的设施位置、规模、档次等内容。游客一图在手，可明确自身的位置和即将游览的方向和目的。

决策参考　旅游地图能直观、形象、综合、全面反映区域内旅游要素状况的参考材料，旅游资源分布图、旅游区划图、旅游发展规划图、旅游路线组织图、旅游市场分布图、旅游客流图及旅游设施布局图等，都能够直观、便捷地为研究人员和管理人员提供准确的旅游空间信息，以作为决策的信息载体，是执行决策的依据。

宣传广告　设计新颖、印制精良的旅游地图，以地理为背景，以旅游为对象，集地图艺术、摄影艺术、绘画艺术、文学艺术、广告艺术等多种艺术形式之大成，在咫尺方寸之间，展现旅游天地的风采，用地图语言表述旅游活动的吃、住、行、游、购、娱及相关要素的空间分布，展示旅游产品的自然美、社会美和意境美，是最好的宣传广告媒体之一。

3. 旅游地图的应用

对于旅游者来说，旅游地图具有重要的提示和向导作用。本书从景区游览示意图的判读和旅游交通图的使用两方面来介绍旅游地图的应用。

（1）旅游景区游览示意图的判读。为指导游客游览，每个景区一般都设有游览示意图。

游览示意图通常是绘制在景区入口或景区内主要路口的标示牌上，或者印制在门票上，或者制作成专门的小册子。不管形式如何，其内容是将景区内各游览线路，游览点，主要旅游功能区的范围、布局及各类旅游服务项目和设施（如餐饮点、小卖部、厕所、停车场、码头、保卫处、电话亭等）要素，以文字、图案的形式绘制成图。判读游览示意图时，首先，要辨识示意图的方位，明确自己所处的位置；其次，从示意图上了解景区各功能分区的面积、位置、景观特色，以便于根据自己有所取舍地安排游览活动；最后，熟悉示意图中各类图标的含义，如图 1.2 所示，以便充分利用其资源、设施，获取愉悦的旅游体验。

图 1.2　旅游公共信息图形符号

（2）旅游交通图的应用。与景区游览图相比，旅游交通图包括更大的区域空间、遵循更科学的制图原理、拥有更完善的旅游要素，图中各要素具有可测量性。旅游交通图通常将区域内各景区、交通线路、宾馆饭店等要素准确地绘制到地图上。其内容广泛涉及景区的类型、特色、数量、位置，交通线路的排布、规格、类别、密度、港口、车站及车次，宾馆饭店的数量、级别等。

阅读和使用旅游交通图，首先，游客可以根据区域内各景区的资源特色，确定旅游内容和游程，从而明确到哪些旅游区去旅游，旅游的时间顺序如何；其次，可根据景区间的距离和交通状况因地制宜地选择交通工具，如果选择火车，可以通过旅游交通图明确到哪里乘坐火车，坐什么时间的火车；最后，根据区域内食宿设施的布局情况，分析宾馆饭店与旅游区的距离、相对位置，从而确定在哪里住，在哪里吃。此外，游客还可以利用旅游交通图，了解旅游区的气候、地形、风土人情、土特产等知识。

三、区域旅游地理研究论文创作

大学生区域旅游地理专题研究论文主要有课程论文，大学生科技创新活动论文，毕业生学士学位论文等形式。无论何种形式，都是运用旅游地理基础理论知识和基本技能，对区域旅游地理课题进行研究的一种综合性科学研究实践活动，对于培养大学生独立研究的能力、收集处理信息的能力、获取新知识的能力、分析和解决问题的能力、语言文字表达能力和社会活动能力等方面都具有重要意义。区域旅游地理研究论文创作实践主要包括选题、备料、定纲、撰写等环节。

1. 区域旅游地理创新研究论文的选题

选题就是选定研究的方向与范围，是解决“写什么”的问题，是论文创作的关键。因此，有人说选好科研课题，论文就算成功了一半。区域旅游地理研究课题有自然的、人文的或综合的，也有县域的、省域的，或某一局部地域的，可以说题材丰富多样。其关键是要从社会的需要出发，从社会主义现代化的总目标出发，选择与现实生活密切相关的区域旅游课题；从科学技术或社会经济发展与所学地理、旅游等专业的要求出发，选择具有一定学术或实用价值的课题；从个人实际出发，选择有利于自己展开研究的课题。总之，选题要把主观愿望与客观需求结合起来。科学或社会经济发展中亟待解决的区域旅游问题、现代化建设中的短缺及空白区域旅游问题等应是重点。题目大小、难易要适当。总之，选题一定要遵循客观性、创造性、科学性、可能性等原则。

2. 区域旅游地理创新研究论文的材料准备

材料准备就是如何搜集选择材料。材料的搜集是区域旅游地理研究论文论据体系的来源，是论点形成的基础。故而选题做好之后就要着手搜集、选择和提炼材料，以便从中了解国内外前人在自己所要进行的课题研究工作方面做了哪些研究工作？做到了什么程度？取得了哪些研究成果？留下了哪些有待解决的问题？了解国内外目前还有哪些学者也正在开展与自己课题相近或相关的研究工作？然后在此基础上制定出自己的切实可行的科学研究方案。获取材料一要通过实地考察与调查，通常是通过开会、访问和现场踏勘等，以解决“是什么—为什么—怎么办”的问题；二要通过室内文献调研。例如，查阅有关文献资料或利用互联网查取最新信息。前者称为直接获取材料，后者称为间接获取材料。材料搜集必须遵循目的明确、注重新颖、着眼价值、力求真实准确的原则。

3. 区域旅游地理创新研究论文提纲的拟定

拟定论文提纲是论文撰写前的必要准备。编写提纲的过程，就是研究者构思谋篇的过程，提纲有利于研究者理顺思路，即形成有规律、有条理，且具有一定连贯性的思维发展脉络。这就要求研究者根据其论题的需要，将所搜集到的材料与所形成的观点有机结合起来进行精心、周密、细致的思考，以形成一条条理论清晰、系统性强的论文粗线条框架结构。提纲也有利于作者谋篇布局，一篇区域旅游地理研究论文便是一个系统工程，在论文中要提出什么问题，分析什么问题，解决什么问题；怎样提出，围绕中心论点分几个部分展开，各占什么地位，相互关系如何；哪些该详写，哪些该略写；如何进行论证，有步骤、有层次、有说服力地解决问题；怎样一环扣一环，层层紧逼，触及核心；怎样删繁就简，突出重点，把中心问题分析得精辟入理，令人信服。这些问题只有通过事先编写提纲，通盘考虑，才可能处理得当。论文提纲是由序码和文字组成的逻辑结构图，有了它，论文结构的全局才容易把握，才容易使论文中心突出，层次分明，结构紧密，有较强的逻辑性。

4. 区域旅游地理创新研究论文的撰写

区域旅游地理创新研究论文的创新过程包括起草、修改和定稿三大环节。

(1) 撰写初稿。区域旅游地理研究论文创作的研究课题及提纲确立之后，接着就是撰写初稿（又称草稿），这是起草阶段的成果，也是论文撰写的主体工作，大致由题目、内容提要、关键词、主体内容、参考文献等部分组成。

题目 题目又称标题，是论文最显眼的有机组成部分。它是对论文思想内容最集中、最鲜明、最精练、最高度的概括，对于突出论文主旨、表达思想内容、吸引读者注意都有重要的意义。论文的题目应该精练、明确、准确地直接概括描述该项目研究实践的主要内容和结果，要求贴切、醒目、新颖、简洁。

内容提要 在论文主体之前，用200～300字概要介绍本论文的内容、采用的方法和得到的主要结果。论文提要本身应该是一个对科学实践内容、方法和结果的完整的概括说明。论文提要中不应引用正文中的结果，也不应有所引用的文献，也一般不使用第一人称的语句。

关键词 依次列出3～5个与本论文内容关系密切的关键词，其顺序按与本论文内容紧密的程度排列。关键词应列于内容提要之后。正文题目、内容提要、关键词都应该翻译成英文，一般都置于整个论文的最后，即置于参考文献之后。

主体内容 区域旅游地理专题研究论文的主体内容一般由引言、正文、总结和讨论三大部分组成。引言一般包括本课题问题的提出、前人在该问题有关领域已经做过的工作和成果的概述、本课题的内容和采用的方法、本论文的结构说明等。正文是科学实践工作和成果的系统总结报道，是论文最重要的部分，在整个论文中占的篇幅也最大。根据论文的实际需要，可以分成几个部分来撰写，每一个部分都可以有自己的标题。总结和讨论是对科学实践的成果进行概括总结，并在此基础上进行讨论，但这一部分要十分精要、明确、扼要、集中。论文篇幅不宜太长，一般5000～8000字为宜。

参考文献 论文创作中参考了前人的研究成果，应该在论文中反映出来，在论文中要按行文涉及时的先后排列参考文献，其数目一般应在6项以上。在论文主体中涉及有关内容处，要用上标形式列出参考文献的序号，并在论文主体部分之后的参考文献部分按序号顺序逐个列出。参考文献一般来自正式的学术期刊、学术会议文集、图书、报章，特殊情况下科学论文的预印本，内部专题科学报告，硕士、博士学位论文也可以作为参考文献列出。

另外，根据需要还可在研究论文之后或首页下首用小体字写上致谢词，主要对论文创作过程中曾给予指导、帮助的导师或其他人致谢。如果论文属于立项研究项目，还应在首页最下首注明基金项目的名称、立项号。

(2) 论文的修改。是指论文初稿完成后，对其进行冷静思考、反复审查、严格把关、精修细改的过程。我国古代学者唐彪曾说："文章频改，功夫自出"。事实证明，好的论文就是修改出来的。其修改方法有四个要点。一要统观全文，着眼全篇，对于各种大大小小的修改，都要从是否有利于更正确、更有力地表现论文主题进行衡量；二要朗诵推敲，尽量做到字、词音节和谐，感人上口；三要搁置琢磨，即初稿完成后暂时搁置一段时期，待头脑冷静下来再拿出来仔细琢磨修改，往往能够比较客观地发现毛病和问题；四是征求意见，互相切磋，也就是要将初稿请人评审或者相互讨论并虚心听取他人意见。

论文内容的修改包括思想和形式两个方面。前者主要是对主题、观点和材料的进一步斟酌、变动、增删；后者则是指结构的调整、语言的润色和表达方式的改换。尤其要审视主题的提炼是否正确，是否达到了应有的思想高度，主题表达是否鲜明、集中；论文结构是否严整，引论、本论、结论三部分构成是否齐全。如果论文存在层次不清楚，段落不分明，划分和安排不合理，用词不当、句法错误等问题，则必须修改论文。

（3）论文的定稿。通过了反复修改后的论文，就可以定稿了。定稿的构成形式如下：一是论文的标题；二是内容提要；三是关键词；四是正文；五是参考文献；六是题目、内容提要和关键词的中译英。必须补充的是，为了形象直观地说明自己的观点、意图，区域旅游地理专题研究论文要尽量使用可视性或经数据处理的地图、图片、照片、曲线图或数据表等。凡用图或表格说明问题的，一定要在行文中对图（包括地图、曲线图、照片）或表格给予解释，图或表在文中要分别统一编号，要排在相应位置，其大小要适当，要与行文相协调。

实践演练

一、思考与练习

1. 对中国近十年国际入境旅游的游客规模、创汇水平、游客构成的发展变化试设计相应的统计图表。

2. 通过互联网下载区域旅游期刊论文 3～4 篇，分析其结构特点、行文特征，在教师指导下创作一篇区域旅游小论文。

3. 精读《徐霞客游记》开篇《游天台山日记》，并在地图上确认天台山的地理位置。

二、学习与理解：加强旅游人才队伍建设的“发展思路”

未来五年，我国旅游业正进入新一轮发展黄金期，同时也将进入深度改革和产业转型升级的关键期，承担着把我国旅游业培育成国民经济的战略性支柱产业和人民群众更加满意的现代服务业等两大战略目标的责任，特别是要实现产业融合和产业发展方式由过度依赖资源消耗和资本投入向主要依靠技术和管理创新、人才资源素质提高的根本转变，我国旅游业对人才资源需求的紧迫程度前所未有。面对新形势新任务，我们必须提高认识，抢抓机遇，统筹规划，锐意进取，坚定不移地走人才强旅、科教兴旅之路，大力开拓旅游业人才发展新局面。要以旅游产业发展需求为导向，实施“人才强旅，科教兴旅”战略，确立人才的优先发展地位；建立新型的旅游人才培养与发展机制，全面提升旅游教育质量；加强旅游科研，尽快形成能够支撑和引导产业发展新要求的旅游基础理论和应用理论体系（摘自《中国旅游业“十二五”发展规划纲要》第十七章，并稍加整理）。

三、体验与探研

1. 旅行家徐霞客与中国旅游日。

徐霞客是中国明代杰出的旅行家和地质地理学家。一生不入仕途，不求名利，毕生从事祖国的地理科学考察事业，跋山涉水，其足迹遍及相当于现今 19 个省（区）。其热情讴歌祖国壮丽河山胜景的考察实录《徐霞客游记》，古人评价为“真文字，大文字，奇文字”；中国科学院院士侯仁之先生评价徐霞客为“拓荒的巨人，时代的先驱”；前国家主席李先念为纪念徐霞客诞辰四百周年题词“热爱祖国，献身科学，尊重实践”，如图 1.3 所示；伟大领袖毛泽东曾两次倡导学习徐霞客，并说“我有这个志向，很想学徐霞客……”。旅游界公认徐霞客为中华之“游圣”，如图 1.4 所示。2011 年 4 月国务院批复同意每年的 5 月 19 日为“中国旅游日”，即为徐霞客于明万历十四年三月三十日（1613 年 5 月 19 日）首游浙江天台山的日子。徐霞客

《游天台山日记》记载："癸丑之三月晦，自宁海出西门，云散日朗，人意山光，俱有喜态。"为其开篇第一句。自此，开启了徐霞客毕生从事地理科学考察事业的一生。中国旅游日的设立，是中国旅游业发展史上的里程碑，也表明了徐霞客在中国现代旅游业中的崇高地位（摘自杨载田《徐学研究纵横》）。

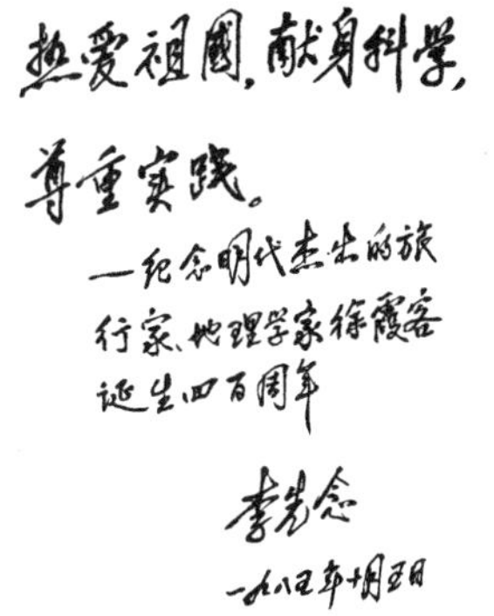

图 1.3 前国家主席李先念题词

图 1.4 中华世纪坛徐霞客雕像

· 探研：①徐霞客元素成为构建"中国旅游日"的原因；②设立中国旅游日的意义。

2.《国民旅游休闲纲要》与全面建成小康社会。

2012 年，全国国内出游人数近 30 亿人次，已是全球最大的国内旅游市场和第一出境旅游购买力国家，也将成为国际第一旅游目的地国家。同时，2012 年，我国人均 GDP 已超过 5400 美元，公共假期每年已有 115 天，这些数据均足以证明中国人的旅游消费已进入了新的发展时期，《国民旅游休闲纲要（2013—2020 年）》（简称《纲要》）由此而出台。

《纲要》提出国民旅游休闲发展目标："到 2020 年，职工带薪年休假制度基本得到落实，城乡居民旅游休闲消费水平大幅增长，健康、文明、环保的旅游休闲理念成为全社会的共识，国民旅游休闲质量显著提高，与小康社会相适应的现代国民旅游休闲体系基本建成。"《纲要》以满足人民群众日益增长的旅游休闲需求为出发点和落脚点，推广旅游休闲理念，提出保障国民休闲时间、改善休闲环境、建设基础公共设施、完善公共服务等工作任务，明确了落实带薪休假、提升休闲共识、提高休闲质量等一系列发展目标。《纲要》的颁布实施，不仅促进了国民休闲发展，也反映了国家加快建成小康社会的国家战略和全局思维，顺应了让各族人民过上美好生活的新期待，契合了全面建成小康社会的宏伟目标（刘天婴整理）。

· 探研：①《国民旅游休闲纲要》颁发的时代背景；②《国民旅游休闲纲要》颁发的现实意义。

第二章　旅游发展规划

学习提示

旅游发展规划是一项系统工程，它涉及旅游者活动行为、旅游资源价值等领域。本章以人为本，对旅游者活动行为层次内容及其形成机制、旅游者的决策行为及其影响因素和旅游者引发的空间行为类型进行了分析；对旅游资源评价和开发利用进行了探讨；在旅游发展规划一般理论的基础上，对旅游景点和旅游线路的设计与开发进行了探讨。

第一节　旅游者活动行为分析

一、旅游者的活动行为层次及其形成机制

1. 旅游者活动行为层次的内容

旅游者活动行为层次从低到高依次可分为四个层次，每个层次都有其行为特点。一般说来，较高层次的旅游行为的出现是在较低层次的旅游行为之后，但往往各旅游行为层次同时并存，如图 2.1 所示。

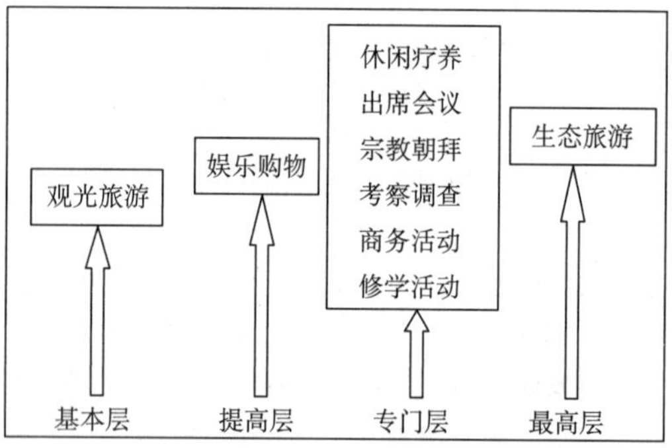

图 2.1　旅游行为层次关系图

（1）基本层次。其行为特点为观光游览，以参观、欣赏自然景观和民俗风情为主要内容，其目的是陶冶情操、增长知识，获得美的享受。

（2）提高层次。其行为特点为娱乐和购物。旅游者去参加游泳、垂钓、打猎、滑冰等野外旅游活动和参加舞会、音乐会，以及进茶馆、咖啡厅等室内休闲娱乐活动，同时在旅行活动中购买和欣赏一些精美旅游纪念品、工艺品和日用品。

（3）专门层次。其行为特点主要有休养和疗养旅游、出席会议、宗教朝拜、考察调查、商务活动、修学活动等特殊旅游活动，具有对旅游目的地的较强选择、需要特殊服务、旅游花费大等特点。

（4）最高层次。又称旅游文蕴，即旅游者通过丰富多彩的旅游活动，从悦目、悦身、悦心，达到悦志的境界，也就达到了超脱意识境界的旅游，其具体形式多种多样，但其内涵和本质就一个，即生态旅游。

2. 影响旅游活动行为层次的主要原因

影响旅游活动行为的原因是多方面的，概括起来有内动力、外动力和中间条件等三部分。

（1）内动力。即旅游动机，是激励人们去旅游的心理原因。常以愿望、兴趣、爱好等形式表现出来，从而促使人们产生旅游行动。

动机产生于人的需要，旅游需要是人们全部需要的一部分。美国人本主义心理学家亚伯

拉罕·马斯洛（Abraham Maslow）将人的需要分为五个层次：①基本的生理需要，即衣、食、住等人类生存最基本的需要；②安全的需要，即需要稳定、安全和受保护；③爱的需要，即情感、集体荣誉感、感情联系等；④受尊重的需要，即需要自尊、声望、成就，能受别人尊敬；⑤自我实现的需要，即出于对人生的看法，需要实现自己的理想。马斯洛的这五个层次是相互联系并逐个提高的，旅游是一种特殊的高层次消费形式，旅游动机当属高层次的需要。然而旅游动机丰富而复杂，美国著名学者罗伯特·麦金托什将旅游动机分为身心动机、文化动机、交际动机、地位与声望动机四类。

（2）外动力。由于自然景观和人文景观均具有鲜明的地域差异性，形成了地域间的一种差异梯度力。追求领略异乡风情、异质文化的旅游者，便会从客源地奔向他们觉得需要去的旅游地，同时引起物质、货币的空间移动，构成了客源地和旅游目的地空间的相互作用。一般说来，时空距离越大，产生相互作用的阻力越大，但其地域差异梯度力可以增强或削弱其阻力。

（3）中间条件。即收入、闲暇时间和交通条件。优厚的可自由支配收入、充足而集中的带薪假期和发达的交通运输条件，是促使旅游者进行旅游必不可少的条件。

二、旅游者的决策行为及其影响因素

旅游者在外出旅游之前，根据自己所收集的各种信息，并结合自己的主观偏好作出旅游决定的过程，称为旅游决策行为。影响旅游者决策行为的主要因素有：感知环境、最大效益原则和旅游偏好。

1. 感知环境

地域间的环境差异是导致旅游行为的重要因素。但只有当旅游者对旅游目的地整体环境形成深刻印象，即感知环境后，才能产生旅游动机，付诸旅游行动。感知环境的途径有二：一是通过旅游宣传品对旅游目的地的了解；二是旅行者的直接介绍。

2. 最大效益原则

旅游者作旅游决策时倾向于追求在资金和闲暇时间限制下的最大旅游效益，即希望以最少的花费、最有限的时间，获取更多更美的享受。旅游者在选择旅游目的地时一般倾向于选择知名度最大且自然环境和人文环境反差也最大的旅游胜地或旅游城市。

3. 旅游偏好

因受个性或心理类型的影响，不同年龄、性别、职业、学历的旅游者对旅游地类型会有不同的选择，所谓“仁者乐山，智者乐水”，就是这个道理。

三、旅游者的空间行为类型

旅游者的空间行为是指旅游者在地域空间上进行旅游和游玩的过程，根据其涉及的空间大小可划分为大、中、小三个尺度。

1. 大尺度空间行为

大尺度空间行为所涉及的范围为省际、全国和国际，其空间行为特点如下。

（1）力图到级别较高的旅游点去旅游。主要表现：一是倾向于选择有高级别旅游点的旅游地域作为旅游目的地。例如，湖南旅游者去京、津、唐地区旅游，其首要目标一定是北京。二是到达目的地后，往往只选游玩目的地附近较高级别的旅游点，如北京的故宫、颐和园、八达岭长城等。

（2）尽可能游玩更多的高级别旅游点。一般说来，大尺度的远程旅游者常常只游览目的地中具有国家级和国际级的旅游点；如果时间和资金等条件许可，他们往往不会仅在原目的地游览较低级别的旅游点，而是迁徙到其他目的地，去游览较高级别的旅游点。

（3）力图采用闭环状路线旅游。当旅游目的地不止一个时，旅游者总试图选择闭环状路线进行旅游，以免走回头路。例如，旅游者到长江三角洲地区旅游，一般除游览大都市上海外，还想游览一些高级别旅游地。其选择线路一般以上海为起点或终止点，向南游览杭州后，乘古运河“杭州—苏州”游轮至苏州，然后乘沪宁铁路火车游览无锡、南京后乘游轮游览长江、黄浦江回上海；或反其道行之。

2. 中、小尺度的旅游空间

中尺度空间行为所涉及的空间范围为省内、地区（市）内；小尺度空间行为所涉及的空间范围为县（市）内、风景区内。中、小尺度的空间行为除同时具有大尺度空间行为的一般特征外，另外还有两个明显特点。

（1）采用节点状路线旅游。由于旅游者一般不愿在外地留宿，一是花费大，二是心理上对长住地有特殊的归属感，所以在附近旅游的中长距离游客会尽可能在一天之内完成游程，而且往往表现为数次向不同方向做一日往返游，这样就表现为空间上的节点状路线。

（2）旅行路线影响旅游效果。大尺度空间旅游给旅游者的印象是长途跋涉，对旅游者常住地与旅游目的地之间的线路要求便捷快速，不合理的迂道路线会削弱旅游者的旅游兴趣。但中、小尺度空间旅游的旅游者会对旅行路线附近的景色感兴趣，平淡无奇的旅游路线会影响旅游效果。

第二节　旅游资源评价

一、旅游资源评价的分类系统

旅游资源内涵丰富、外延广泛，分类方法多样。但作为旅游资源考察和调查及以此为评价和开发的依据，必须采用《旅游资源分类、调查与评价》（GB/T 18972—2003）国家标准方案，见表2.1。

表2.1　中国旅游资源分类系统（2003）

主类	亚类	基本类型
A 地文景观	AA 综合自然旅游地	AAA 山丘型旅游地 AAB 谷地型旅游地 AAC 沙砾石地型旅游地 AAD 滩地型旅游地 AAE 奇异自然现象 AAF 自然标志地 AAG 垂直自然地带
	AB 沉积与构造	ABA 断层景观 ABB 褶曲景观 ABC 节理景观 ABD 地层剖面 ABE 钙华与泉华 ABF 矿点矿脉与矿石积聚地 ABG 生物化石点
	AC 地质地貌过程形迹	ACA 凸峰 ACB 独峰 ACC 峰丛 ACD 石（土）林 ACE 奇特与象形山石 ACF 岩壁与岩缝 ACG 峡谷段落 ACH 沟壑地 ACI 丹霞 ACJ 雅丹 ACK 堆石洞 ACL 岩石洞与岩穴 ACM 沙丘地 ACN 岸滩
	AD 自然变动遗迹	ADA 重力堆积体 ADB 泥石流堆积 ADC 地震遗迹 ADD 陷落地 ADE 火山与熔岩 ADF 冰川堆积体 ADG 冰川侵蚀遗迹
	AE 岛礁	AEA 岛区 AEB 岩礁

续表

主类	亚类	基本类型
B 水域风光	BA 河段	BAA 观光游憩河段 BAB 暗河河段 BAC 古河道段落
	BB 天然湖泊与池沼	BBA 观光游憩湖区 BBB 沼泽与湿地 BBC 潭池
	BC 瀑布	BCA 悬瀑 BCB 跌水
	BD 泉	BDA 冷泉 BDB 地热与温泉
	BE 河口与海面	BEA 观光游憩海域 BEB 涌潮现象 BEC 击浪现象
	BF 冰雪地	BFA 冰川观光地 BFB 长年积雪地
C 生物景观	CA 树木	CAA 林地 CAB 丛树 CAC 独树
	CB 草原与草地	CBA 草地 CBB 疏林草地
	CC 花卉地	CCA 草场花卉地 CCB 林间花卉地
	CD 野生动物栖息地	CDA 水生动物栖息地 CDB 陆地动物栖息地 CDC 鸟类栖息地 CDE 蝶类栖息地
D 天象与气候景观	DA 光现象	DAA 日月星辰观察地 DAB 光环现象观察地 DAC 海市蜃楼现象多发地
	DB 天气与气候现象	DBA 云雾多发区 DBB 避暑气候地 DBC 避寒气候地 DBD 极端与特殊气候显示地 DBE 物候景观
E 遗址遗迹	EA 史前人类活动场所	EAA 人类活动遗址 EAB 文化层 EAC 文物散落地 EAD 原始聚落
	EB 社会经济文化活动遗址遗迹	EBA 历史事件发生地 EBB 军事遗址与古战场 EBC 废弃寺庙 EBD 废弃生产地 EBE 交通遗迹 EBF 废城与聚落遗迹 EBG 长城遗迹 EBH 烽燧
F 建筑与设施	FA 综合人文旅游地	FAA 教学科研实验场所 FAB 康体游乐休闲度假地 FAC 宗教与祭祀活动场所 FAD 园林游憩区域 FAE 文化活动场所 FAF 建设工程与生产地 FAG 社会与商贸活动场所 FAH 动物与植物展示地 FAI 军事观光地 FAJ 边境口岸 FAK 景物观赏点
	FB 单体活动场馆	FBA 聚会接待厅堂（室）FBB 祭拜场馆 FBC 展示演示场馆 FBD 体育健身馆场 FBE 歌舞游乐场馆
	FC 景观建筑与附属型建筑	FCA 佛塔 FCB 塔形建筑物 FCC 楼阁 FCD 石窟 FCE 长城段落 FCF 城（堡）FCG 摩崖字画 FCH 碑碣（林）FCI 广场 FCJ 人工洞穴 FCK 建筑小品
	FD 居住地与社区	FDA 传统与乡土建筑 FDB 特色街巷 FDC 特色社区 FDD 名人故居与历史纪念建筑 FDE 书院 FDF 会馆 FDG 特色店铺 FDH 特色市场
	FE 归葬地	FEA 陵区陵园 FEB 墓（群）FEC 悬棺
	FF 交通建筑	FFA 桥 FFB 车站 FFC 港口渡口与码头 FFD 航空港 FFE 栈道
	FG 水工建筑	FGA 水库观光游憩区段 FGB 水井 FGC 运河与渠道段落 FGD 堤坝段落 FGE 灌区 FGF 提水设施
G 旅游商品	GA 地方旅游商品	GAA 菜品饮食 GAB 农林畜产品与制品 GAC 水产品与制品 GAD 中草药材及制品 GAE 传统手工产品与工艺品 GAF 日用工业品 GAG 其他物品

续表

主类	亚类	基本类型
H 人文活动	HA 人事记录	HAA 人物 HAB 事件
	HB 艺术	HBA 文艺团体 HBB 文学艺术作品
	HC 民间习俗	HCA 地方风俗与民间礼仪 HCB 民间节庆 HCC 民间演艺 HCD 民间健身活动与赛事 HCE 宗教活动 HCF 庙会与民间集会 HCG 饮食习俗 HGH 特色服饰
	HD 现代节庆	HDA 旅游节 HDB 文化节 HDC 商贸农事节 HDD 体育节
数量统计		
8 主类	31 亚类	155 基本类型

注：如果发现本分类没有包括的基本类型时，使用者可自行增加。增加的基本类型可归入相应亚类，置于最后，最多可增加两个。编号方式为，增加第 1 个基本类型时，该亚类两位汉语拼音字母＋Z、增加第 2 个基本类型时，该亚类两位汉语拼音字母＋Y

二、旅游资源评价的内容

旅游资源是旅游业发展的基础，也是确保旅游开发成功的必要条件之一。在旅游开发与规划过程中，一般要先对被开发地区的旅游资源进行综合评价，从而为旅游地性质的确定、旅游地开发规模的确定提供依据。

1. 旅游资源价值评价

旅游资源评价主要体现在七个方面。

（1）美学观赏性。主要指旅游资源能提供给旅游者美感的种类及强度。凡是美的事物都能使旅游者爽心悦目，陶冶性情。旅游资源的美有形态美、形式美、色彩美、韵律美、嗅味美、动态美、意境美等，是自然美和人文美的综合体。

（2）历史文化性。一是指旅游资源是否与重大历史事件、历史人物相关，其遗留文物古迹的数量和质量；二是指旅游资源是否具有或体现着某种文化特征，是否与某种文化活动或文学艺术作品、神话传说等有密切关系。一般来说，旅游资源产生的时代越久远，规模越宏大，保存越完好，越是珍贵稀有；越是出自名家或与名人相关，其地位越高、价值越大。

（3）科学性。是指旅游资源的某些特性在自然科学、社会科学和教学科研方面具有什么样的地位，能为科学工作者和探索者提供什么样的条件和帮助。例如，自然保护区、森林公园、地质公园是人们进行珍稀动植物、特殊地质地貌、气候演变等研究的良好场所和基地；博物馆、纪念地、寺庙殿堂则对培养人们的科学兴趣、增长知识，进行思想道德教育具有重要意义。

（4）奇特性。是指旅游资源的特色、个性，也就是“与众不同”、“唯我独有”、“人有我优”、“人优我特”的特征。奇特性越突出，其旅游吸引力就越大，凡能够产生奇特感的客体景观，或因其稀少难遇，或因其特色显著，或因其互相配合构成出乎预料的景观，从而具有较高的旅游价值。

（5）规模与组合状况。旅游资源的规模是指景观对象数量的多少、体量及占地面积的大小等；旅游资源的组合，一是自然旅游资源与人文旅游资源的结合与补充情况，二是指各要素的组合及协调性，三是指景观的集聚程度。只有在一定区域内，旅游资源密度较大、类型丰富、搭配协调，形成了一定规模的旅游资源才具有较高的旅游价值。

（6）旅游功能。是指旅游资源能够满足某种旅游活动需求的作用。例如，美学观赏性强的旅游资源可以用来开展观光旅游；文化科学价值高的旅游资源可以开展修学旅游、探险旅游等。如果一项旅游资源兼有两种或两种以上的旅游功能，宜于开展多种旅游活动，那么其价值就高。

（7）旅游环境容量。又称旅游承载力，或旅游饱和度，是指在可持续发展前提和一定的时空条件下，旅游资源所能承受的旅游及其相关活动在规模和强度上极限值的最小值。它受旅游资源特性、功能、方式、偏好等因素的影响，涉及旅游者心理需求、资源保护、生态平衡、社会经济效益等方面的问题。在一定时空范围内，并非接待的游客越多越好，超过了合理的容量只会得不偿失。

2. 旅游资源开发条件评价

（1）区位条件。主要是指旅游资源所在区域的地理位置、交通条件等。旅游资源是否接近中心城市、交通干线和人口稠密区，将直接影响旅游地的可进入性和门槛游客量，如果旅游资源地处偏僻，交通不便，可进入性差，那么即使资源本身质量非常高，也难以成为旅游胜地。反之亦然。

（2）自然环境条件。是指旅游资源所在地的地形、气候气象、水文、土壤、空气等自然因子。优越的地形条件可以减少开发工程量，节省投资；优越而适宜的气候气象条件本身就具有很大的旅游吸引力，从旅游经营角度讲，气候温和、阳光充足的旅游地最具吸引价值。自然环境本身是一个统一的自然综合体，景象丰富，尤其是富于变化的自然环境，能激发游客兴致，提高旅游活力。

（3）经济条件。是指旅游资源所在地的经济发展水平、劳动力数量与素质、基础设施建设等条件。经济发展水平高，财力雄厚、资金充足，有利于旅游资源的开发。当地人熟悉本地情况，充分使用当地人和本地物资，既可以节约成本又可以调动当地人的积极性。基础设施条件是指水、电、邮政、通信等市政建设状况，直接影响旅游资源开发和旅游服务质量。

（4）社会文化条件。是指旅游资源所在地的政治局势、政策法令、社会治安、政府和当地居民对旅游开发的态度、开放程度及风俗习惯等。如果当地社会治安条件好，政府重视旅游业的发展，并有倾斜政策，卫生保健状况好，当地文化传统较开放，人们热情好客，能使旅游者有宾至如归之感，那么就会对旅游资源开发和旅游业的发展起促进作用。

三、旅游资源评价的一般方法

旅游资源评价方法有定性评价和定量评价两种基本方法，但在旅游活动中，多通过人们的感性认识，对旅游资源作描述性的定性评价和分级，一般无具体数量指标。

1. 卢云亭的“三三六”评价法

“三三六”评价法，即对旅游资源的“三大价值”、“三大效益”和“六大开发条件”进行描述性评价。

（1）三大价值，即指风景资源的艺术欣赏价值、历史文化价值和科学考察价值。艺术欣赏价值是分析景观环境与景物的艺术特征、审美特征以及能否确保旅游者得到美的享受，而雄伟、奇特、险峻、秀丽、幽深、旷远、古朴、生动等方面往往成为其外部表现；历史文化价值主要分析其类别、年代、规模、保存状况、历史上的独特地位及社会影响等方面；科学考察价值侧重于旅游资源在某些自然科学或社会科学各类研究中的地位和作用能否成为科学研究的依据和对象。

(2) 三大效益，即社会效益、经济效益和环境效益。社会效益是指旅游资源对人类智力开发、知识储备、思想教育，以及旅游者对风景资源地的社会意识所带来的影响等方面的功能；经济效益是预测风景资源开发利用后，能否获得十分可观的经济收益；环境效益是指风景资源的开发是否会对环境、资源造成破坏。

(3) 六大开发条件，就是指旅游地点地理位置和可进入性、景象景点地域组合度、旅游地基础设施、自然条件、旅游环境结构、市场客源条件。如果这六大方面都能满足一定时期内现代旅游业发展的需要，并能取得最大的社会效益、经济效益和生态效应，可称为最富开发潜力的旅游资源和旅游地。但在实际生活当中是很难有这种情况的，只能相对比较和权衡。

2. 一般体验性评价

一般体验性评价是评价者根据自己的亲身体验对某一旅游资源或旅游地就其整体质量进行定性评估。其结果可以形成一个评价序列。这种评价方法的显著特点是评价的项目很简单，甚至根本没有评价的细项，只要求就旅游资源或旅游地进行印象式的评估，或在问卷上按序号填上评价者认定的旅游资源或旅游地即可。“中国十大名胜”和“羊城八景”就是这种评价方法的产物。

3. 美感质量评价法

美感质量评价是一种专业性的旅游资源美学质量评价，一般是基于对旅游者或专家体验的深入分析，建立规范化的标准模型，评价的结果多是具有可比性的定性尺度或数量值。其中，对于自然风景质量的视觉美评估技术已经比较成熟，并形成了专家学派、心理物理学派、心理学派和现象学派四大学派。他们认为，凡符合形式美原则的风景都具有较高的风景质量，因而对风景的分析基于其线条、形体、色彩和质地四元素，强调多样性、奇异性、协调统一性等形式美原则在风景质量中的主导作用。其评价过程由训练有素的专业人员完成，评价方法突出地表现为一系列的分类分级过程。

第三节　旅游发展规划

一、旅游发展规划的一般理论知识

1. 旅游发展规划的概念与任务

旅游规划是指在调查评价旅游地资源的基础上，基于满足旅游者旅游体验的本质需求，以及当地居民、旅游开发商、当地政府等相关利益主体的需求，形成一定的价值判断，确定旅游发展目标规范，并研究其实现途径的动态过程。旅游规划分旅游发展规划和旅游区规划两个层次。而旅游发展规划则是根据旅游业的历史现状和市场要素的变化所制定的目标体系，以及为实现目标体系在特定的发展条件下对旅游发展的要素所做的安排。旅游发展规划按规划的范围和政府管理层次分为全国旅游发展规划、区域旅游发展规划和地方旅游发展规划。地方旅游业发展规划又可分为省级旅游业发展规划、地市级旅游业发展规划和县级旅游业发展规划等。旅游发展规划的主要任务是明确旅游业在国民经济和社会发展中的地位与作用，提出旅游业的发展目标，优化旅游业发展的要素结构与空间布局，安排旅游业发展优先项目，促进旅游业持续、健康、稳定发展。

2. 旅游发展规划的主要内容

旅游发展规划内容，主要包括全面分析规划区旅游业发展历史与现状、优势与制约因素及其与相关规划的衔接；分析规划区的客源市场需求总量、地域结构、消费结构及其他结构，预测规划期内客源市场需求总量、地域结构、消费结构及其他结构；提出规划区的旅游主题形象和发展战略；提出旅游业发展目标及其依据；明确旅游产品开发的方向、特色与主要内容；提出旅游发展重点项目，对其空间及时序作出安排；提出要素结构、空间布局及供给要素的原则和办法；按照可持续发展原则，注重保护开发利用的关系，提出合理的措施；提出规划实施的保障措施；对规划实施的总体投资分析，主要包括旅游设施建设、配套基础设施建设、旅游市场开发、人力资源开发等方面的投入与产出分析。

3.《中华人民共和国旅游法》（简称《旅游法》）中关于旅游发展规划的相关条款

《旅游法》中关于旅游发展规划中的有关条例在第三章的旅游规划和促进中，共 5 条，即第十七条——国务院和县级以上地方人民政府应当将旅游业发展纳入国民经济和社会发展规划。国务院和省、自治区、直辖市人民政府以及旅游资源丰富的设区的市和县级人民政府，应当按照国民经济和社会发展规划的要求，组织编制旅游发展规划。对跨行政区域且适宜进行整体利用的旅游资源进行利用时，应当由上级人民政府组织编制或者由相关地方人民政府协商编制统一的旅游发展规划。第十八条——旅游发展规划应当包括旅游业发展的总体要求和发展目标，旅游资源保护和利用的要求和措施，以及旅游产品开发、旅游服务质量提升、旅游文化建设、旅游形象推广、旅游基础设施和公共服务设施建设的要求和促进措施等内容。根据旅游发展规划，县级以上地方人民政府可以编制重点旅游资源开发利用的专项规划，对特定区域内的旅游项目、设施和服务功能配套提出专门要求。第十九条——旅游发展规划应当与土地利用总体规划、城乡规划、环境保护规划以及其他自然资源和文物等人文资源的保护和利用规划相衔接。第二十条——各级人民政府编制土地利用总体规划、城乡规划，应当充分考虑相关旅游项目、设施的空间布局和建设用地要求。规划和建设交通、通信、供水、供电、环保等基础设施和公共服务设施，应当兼顾旅游业发展的需要。第二十一条——对自然资源和文物等人文资源进行旅游利用，必须严格遵守有关法律、法规的规定，符合资源、生态保护和文物安全的要求，尊重和维护当地传统文化和习俗，维护资源的区域整体性、文化代表性和地域特殊性，并考虑军事设施保护的需要。有关主管部门应当加强对资源保护和旅游利用状况的监督检查。第二十二条——各级人民政府应当组织对本级政府编制的旅游发展规划的执行情况进行评估，并向社会公布。

二、旅游景点规划

旅游景点是旅游区中的基本层次，由一个以上的景物组成，并有相应的旅游服务设施。一个旅游区的吸引力和旅游生产力的大小，主要取决于旅游景点的开发程度和管理水平。通常情况下，旅游景点产品仅指旅游景区产品中的一个单点，但有时也可单独存在。因此在实践应用中，旅游景点和旅游景区往往被视为同一个概念。

1. 旅游景点规划设计与开发原则

旅游景点的规划属微观工程范畴，项目必须在时间和空间上有明显结论，并有初步设计，做出效果图或制成模型。为此，必须遵循一定的原则。

（1）创意要新。创意，即在旅游景点开发前有一个中心主题，而且这个主题的确定是从市场需求、资源特色、区位和环境条件分析得出来的结论。例如，深圳世界之窗，其创意是将世界各地的知名景点集中展示，让游人在短时间内了解世界各国的自然人文景观和文化特点。

（2）人工美与自然美的统一。即在旅游产品开发设计中，以自然为主、人工为辅，人工建筑与环境融为一体。景点开发中，风景、名胜和文化是核心，人工建筑只有在限定的环境中表现个性才能得以存在。在风格特点、造型体量、比例尺度、色调对比上要服从环境整体，力求顺应自然、点染自然。

（3）维护和创造生态平衡。是指自然界中，生物与生物间、生物与非生物环境间处于相互依存、相互作用中，其物质交换和能量转化在一定条件下达到相对稳定的平衡状态。旅游景点在未开发前，生态平衡处于相对平衡状态，一旦进行旅游开发，这种平衡就可能受到破坏，而成功的景点开发应该对环境进行绿化、美化，以改善生态平衡。

（4）经济效益原则。即在景点设计中除公益性项目外，一般应优先选择投资少、回收快、效益高的项目。对于那些能持续利用、自然天成、无需过多投入就能产生经济效益的资源，如霞光、海滩、林地、湖水等，应充分开发利用。在景点非观光项目建设时，应尽量做到一点多用，最大限度地发挥其综合使用价值。

2. 旅游景点规划设计的方法

（1）提炼法。提炼是一个突出、显露主题的过程，就是将那些与主题无关、甚至影响主题显露的素材去掉，而将与主题密切相关的素材提炼出来，以集中塑造。例如，梁山水浒景区，现存的自然物中只有梁山而无水泊，且梁山也不高、不险、不大。在这种情况下，只有借助众人皆知的水浒传中的英雄人物和故事来突出主题，仿造建设聚义厅、李逵像等人工场景，淡化水泊场景。

（2）点景引人法。是指在景观布点上以一个较突出的点景去引导客人的方法。一个空旷的原野，一个平淡无奇的峰岭，一般很难引起游人的兴趣，但如果在显耀的位置上设计了建筑物，如造型独特的亭子、宝塔等，就会使原来杂乱无序的自然空间变成了被建筑物限定的、有一定美感的空间。在我国许多著名景点中，如延安宝塔山上的宝塔、峨眉山金顶上的金殿等，都是典型例子。

（3）借物立意法。风景建筑物的布点和建设不仅要符合所在地区的地形地势，也要与景点的意境或喻意相符合，或直接以某种建筑物来塑造意境。在许多旅游区中，几乎每一个景物都有传说或神话，在开发设计时，可以通过对自然物的包装或人工建筑引发游客对其特定喻意的联想和思考。例如，杭州西湖景区，通过断桥的建造，人们便会联想到许仙和白娘子美丽动人的爱情故事。

（4）充实法。自然景观如果没有人文内容，总会给人一种单调感和不满足感，若能按照自然规律，把握住区域文脉，经过人工修饰，增加文化内涵，则会使景观特色更加突出，内容更丰富。例如，在以水景为主的园林景观中，可以利用修堤、堆岛、筑桥、建亭等方法，丰富、充实水景。

（5）强化法。就是对不引人注目的风景，配之以一定的风景建筑的手法来突出其景色，强化风光点，使其成为引人注目的重要景点。例如，重庆忠县的石宝寨景点便非常成功地运用了此法。石宝寨位于玉印山上，玉印山是长江上游的一个小山丘，海拔仅 230m，相对高度 35m，毫不起眼，可是在沿江的一面建设起 9 层楼高的“石宝寨”后，楼阁与山浑然一体，重阁叠楼，十分雄伟。

（6）配伍法。就是用不同景物进行搭配，使其起到互相衬托、互相补充的作用，从而形成景物之间的协调美、完整美，使意境更加深邃、更加奥妙无穷。配伍法的实质就是在自然景观的特殊部位因地制宜地设置一定造型的建筑或雕塑。具体地说，在山顶、山脊、山麓、峭崖、水体等地方有选择性地建造塔、楼、亭、台、榭、舫等。

三、旅游线路规划

1. 旅游线路的一般概念及其类型

旅游线路一是指在旅游区内游客参观游览所经过的路线，它仅仅是一个行动的轨迹，在这种意义上它与“游览路线”同义；二是指在较大的地域范围内旅游部门针对目标市场，凭借旅游资源、设施和服务，遵循一定原则，专为旅游者进行旅游活动而设计，并用交通线把若干个旅游区、旅游城市和客源地合理贯穿起来的线路网络，在这种意义上它与“旅游产品”同义，其内容包括旅游活动全过程中旅游者享用的涉及吃、住、行、游、购、娱六大要素在内的服务。旅游线路类型多样，如按旅游者的旅游目的，可分为普通观光线、探险考察线、文化旅游线、宗教旅游线等；按旅游线路跨越的空间尺度，可分为大中尺度线，或国际旅游线、国家级旅游线、省级旅游线和区内旅游线；按旅游者在旅途中的时间，可分为一日游线、二日游线、多日游线；按旅游活动的内容，可分为“三国旅游线”、“丝绸之路线”、“红军长征线”等；按旅游者所乘交通工具，可分为徒步旅游线、自行车旅游线、水上旅游线、飞机旅游线、豪华快车旅游线等；按旅游者的行为和意愿，可分为“周游型”线、“逗留型”线等；按旅游组织形式，可分为传统旅游线（面向包价旅游的线）和“灵便式”旅游线（面向散客旅游的线）等。无论何种旅游线路的安排，都是为了增强旅游活动组织的科学性，提高旅游组织的效能；为了方便游客，使其获得满意的旅游体验。

2. 旅游线路设计与开发的原则

（1）市场原则。旅游线路作为旅游商品向社会推出，其设计开发的关键是适应市场需求，最大限度地满足旅游者的需要。旅游者对线路的基本要求是花最少的时间和费用而获取最大的旅游体验。因此，旅游线路一定要符合旅游交通安全、舒适、便利、快捷、经济、高效的要求，而且交通设施要多样化，安排的项目产品特色化。

（2）特色性原则。特色是旅游线路形成吸引力的关键性因素，旅游线路设计和开发要求突出特色，形成有别于其他线路的鲜明主题。旅游线路上的各个景区（点）不仅要具有特色，而且所联结的景区（点）要有群体规模，而且要在食、住、行、游、购、娱等方面选择其相应的表现形式。

（3）热点、冷点兼顾原则。即要把热点、冷点有机地搭配起来组织旅游线路，这样，既可使一贯客流量大、游客集中的旅游热点不致人满为患，也可使一贯游客少，旅游设施闲置的旅游冷点不致无人问津，以提高整体经济效益。

（4）不重复原则。即旅游线路要尽可能设计成环状和网状，避免行程上大的迂回往返和不必要的重复，不走回头路。这样就能够在有限的时间和经济花费条件下，不仅能使旅游者获得更多更美的享受，而且便利于游客在旅游沿途采购和携带更多的旅游产品。

（5）张弛有序原则。即要求线路的设计开发，要重视将游客心理、兴致与景观特色分布结合起来，注意高潮景点在线路上的分布、布局，要在一定的时间和空间间距上出现旅游高潮，尽量做到跌宕有致，节奏感强。一条成功的旅游线路，至少要有三个高潮：出发不久有一个高潮，使游客对本次旅游充满喜悦之情；中间一个高潮，使游客兴趣大增；最后一个高潮，使其流连忘返。

（6）安全性原则。即旅游线路设计中要注意游客的安全因素。一方面要避免线路小导致游客拥挤、碰撞、线路阻塞的结果，甚至造成事故；另一方面要避免线路通过气象灾害区、地质灾害区和人为灾害区（如战争、宗教纠纷地）。同时，要注意在旅游线路上设置必要的安全保护措施。

中国幅员辽阔，具有旅游资源丰富而又分散等特点，过去一直习惯于包价旅游，有组织接待，以观光周游型旅游线路为主。面对旅游线路销售方式的多样化、线型的多样化和逗留型旅游线路增长迅速的国际旅游业发展趋势，中国旅游线路的组织必须根据市场的发展不断改进和更新。

实践演练

一、思考与练习

1. 以 GB/T 18972—2003 和旅游资源评价赋分表，在教师指导下，设计旅游资源普查表、游客旅游需求问卷调查表、旅游资源定量评价表各一份，并就近选择旅游景区进行短途旅游考察与调查，填好三个表并写一份简要的考察报告。

2. 以学校所在城市为起点和终点，依据旅游者大尺度空间行为，设计一个包括三个以上中国优秀旅游城市和三个国家级风景名胜区的闭环状旅游线路图。

二、学习与理解："十二五"旅游发展目标

《中国旅游业"十二五"发展规划纲要》在"十二五"发展主要目标中，提及到"十二五"期末，旅游业初步建设成为国民经济的战略性支柱产业和人民群众更加满意的现代服务业，在扩内需、调结构、保增长、惠民生的战略中发挥更大功能；我国旅游业在世界旅游业格局占据更重要的地位，在国际旅游事务中的影响力进一步提高，向建设世界旅游强国迈出坚实步伐。旅游服务质量明显提高，市场秩序明显好转，可持续发展能力明显增强，力争到2020年我国旅游产业规模、质量、效益基本达到世界旅游强国水平（摘自《中国旅游业"十二五"发展规划纲要》第四章，并进行了稍加整理）。

三、探研与体验

图 2.2　马踏飞燕雕像

1. 中国旅游标志——"马踏飞燕"。

"马踏飞燕"又名"马超龙雀"、"铜奔马"，为东汉青铜器，1969 年出土于甘肃武威雷台墓，现藏甘肃省博物馆。"马踏飞燕"身高 34.5cm、身长 45cm、宽 10.1cm，自出土以来一直被视为中国古代高超铸造业的象征。

1985 年"铜奔马"以"马踏飞燕"这个名称，被国家旅游局确定为中国旅游业的图形标志，如图 2.2 所示。"马踏飞燕"作为汉代艺术家的经典之作和中国古代雕塑艺术的稀世之宝，只见其马头顶花缨微扬，昂首扬尾，尾打飘结，三足腾空，右后足蹄踏一飞燕，惊愕回首，将凌云飞驰、骁勇矫健的天马表现得淋漓尽致，体现出汉代奋发向上、豪迈进取的精神，也似乎预示着中国现代旅游业的腾飞（李佳整理）。

• 探研：①仔细观察"马踏飞燕"造型，联想其寓意；②以中国旅游标志的确立，谈一谈对中国国花、国鸟、国酒、国服确定的启示。

2.《中华人民共和国旅游法》是中国旅游发展的里程碑。

酝酿 30 多年，历经 3 次审议，《中华人民共和国旅游法》（简称《旅游法》），于 2013 年 4 月 25 日十二届全国人大常委会第二次会议上通过，2013 年 4 月 25 日中华人民共和国主席令第 3 号公布。《旅游法》分总则，旅游者、旅游规划和促进旅游经营、旅游服务合同、旅游安全、旅游监督管理、旅游纠纷处理、法律责任、附则共 10 章 112 条，自 2013 年 10 月 1 日起施行。旅游是关乎我国人民福祉的大事，要使其健康发展，必须要用法律来做保障，《旅游法》的颁布，显得十分必要。中国的这部《旅游法》（图 2.3），体现了三大特色：综合法、人本法（以保障旅游者合法权益为主线）、衔接法（充分与现行法律和国际通行做法衔接）。因此，《旅游法》是我国旅游业发展的里程碑（杨载田、李佳整理）。

• 探研：①全面学习，认真领会《中华人民共和国旅游法》；②《旅游法》颁布的背景及其深远意义。

图 2.3　《旅游法》读本

中篇　中国旅游地理总论

第三章　中国的旅游环境与旅游资源

学习提示

本章对中国的旅游环境与旅游资源特征进行了高度概括和总结。得天独厚的旅游环境和数量丰富的旅游资源是建设世界旅游强国的必要前提和基础。本章根据国家旅游局颁布的《旅游资源分类、调查与评价》国家标准，对中国旅游资源的主类、亚类和基本类的形成、主要特征及其分布进行了分析，同时对中国旅游环境问题及其保护进行了探索。本章内容经典，地位重要，必须重点掌握。

第一节　中国的旅游环境与资源特征

一、中国的旅游环境特征

人类的一切活动都离不开地理环境，并受地理环境的制约和影响，旅游活动同样如此。作为现代旅游活动客体的旅游资源，不仅是地理环境的重要组成部分，也是地理环境孕育的产物。丰富多样并独具特色的中国旅游资源，源于我国优越而复杂多样的地理环境。

1. 优越的地理位置和辽阔的国土空间

中国位于亚欧大陆的东部，太平洋的西岸，海陆兼备，陆地国土面积960万km^2，并有海洋国土300万km^2。幅员之辽阔仅次于俄罗斯和加拿大，但比俄罗斯和加拿大纬度位置低，南北跨度大，约90%的国土位于温带和亚热带。陆地疆界长2.28万km，同朝鲜、俄罗斯、蒙古、哈萨克斯坦、吉尔吉斯斯坦、塔吉克斯坦、阿富汗、巴基斯坦、印度、尼泊尔、不丹、缅甸、老挝、越南14个国家相邻；中国的大陆海岸线长达1.8万km以上，加上大小6300多个海洋岛屿的海岸线，总长达3.2万km以上。渤海、黄海、东海、南海以及台湾东岸太平洋海域、台湾海峡、琼州海峡环列于大陆海岸线外侧。隔海与日本、菲律宾、文莱、印度尼西亚和马来西亚相望。优越的地理位置和广袤的国土空间，不仅使我国拥有复杂多样的自然地理环境和多种自然景观旅游资源，而且孕育了我国独具特色的人文旅游资源。

2. 复杂多样的自然地理环境

(1) 错综复杂的地貌结构。中国地貌的总轮廓是地势西高东低，呈梯级分布。东部由低山、丘陵、平原构成，西部分布着一系列巨大的山地、高原和盆地，山区约占全国国土总面积的69%。除有山地、高原、丘陵、平原、盆地五种常态地貌外，另发育有喀斯特、丹霞、山岳冰川、干旱荒漠等地貌类型。各种地貌类型不仅各有其分布规律，而且往往交错或叠加在一起。例如，高原上卧伏着大山，平原上镶嵌着低山、丘陵，山地里怀裹着平原、盆地。盆地中又有平原、丘陵，形成错综复杂的地貌结构。与此相应，还有许多大河发源于高山，流经高原，穿越盆地和切穿峡谷，蜿蜒流淌于平原之上，然后注入大海；还有众多的流泉飞瀑和天然湖泊点缀在复杂的地貌之上，使本来变幻多奇的中国山水名胜，更增添了种种神秘色彩。尤其是从我国西部帕米尔高原往东南的喜马拉雅山—横断山和往东北的天山—阿尔泰山—萨彦岭—外兴安岭，形成了两道巨大而险峻的天然屏障，环抱着辽阔的腹地，形成了古代相对隔绝的地理环境，孕育了独具特色的中华古老文明。

(2) 复杂多变的气候环境。我国东部广大地区属季风气候，不仅为农业和森林植被带来雨露的惠泽，而且使得我国不少旅游资源具有季相变化特征，显得多姿多彩。西北地区由于深处内陆，又受高山阻隔，海洋湿润气流难以深入，形成气温年较差和日较差大而又干旱少雨的典型温带大陆性气候；平均海拔在4500m以上的青藏高原，则形成了极为独特的高寒气候。中国气候的地域结构表现出自北向南依次有寒温带、中温带、暖温带、北亚热带、中亚热带、南亚热带、边缘热带、热带和赤道带9个温度带；从东南到西北大体上分为湿润、半湿润、半干旱和干旱4个干湿区；不少山地具有明显的垂直气候变化特征，往往出现“山下百花山上雪”、“一日居然四季同”的现象。其自然景观同样呈现出相应变化。例如，东部广大地区自北向南依次出现寒温带针叶林景观、中温带针叶与落叶阔叶林景观、暖温带落叶阔叶林景观、亚热带常绿阔叶林景观、热带雨林和季雨林景观等。如此，孕育出多种多样的自然景观旅游资源和多种旅游气候环境。

(3) 多姿多彩的陆地水域。我国是一个河川纵横、湖泊星罗棋布、泉眼众多、冰川雪原丰富的国家。全国流域面积在100km^{2}以上的河流有5000多条，超过1000km^{2}的大江大河79条，另有数以万计的小溪小涧遍布全国各地。水域面积在1km^{2}以上的天然湖泊全国有2800多个，另有数以千计的人工水库。中国的湖泊可分为内流区湖泊和外流区湖泊。前者多为咸水湖和盐湖，后者为淡水湖。其面积大者数千平方千米，小的仅数公顷；其高程最大的在海拔5000m以上，低的在海平面以下155m。全国已发现天然泉眼10万多处，分布广泛，类型齐全。西部高山的现代冰川和永久积雪面积达4.4万km^2，分布在许多江河源头，不仅对河流水源具有补给调节作用，而且高山冰雪奇观令人神驰。它们同我国辽阔的海域共同构成了极富活力的水域景观旅游资源。

(4) 得天独厚的动植物资源。我国的动植物资源具有类型多样、种属丰富、地理成分复杂、多特有种和孑遗种，以及受人类影响深刻等特点。现有高等植物353科，3184属，27 150多种，仅次于马来西亚和巴西，居世界第三位。而且相对集中，仅云南一省就有高等植物10 200种，是整个欧洲总和的2倍。我国所特有的植物达196属，其中水杉、鹅掌楸、银杏（白果树），只有中国长江流域有其自然分布，被称为世界三大“活化石”。拥有陆栖脊椎动物2000多种，占世界的10%。其中兽类414种，鸟类1160种，爬行和两栖类511种。大熊猫、金丝猴、白鳍豚、白唇鹿、褐马鸡、丹顶鹤、扬子鳄等为我国所特有。举世闻名的大熊猫在地球上目前仅分布在我国的四川、甘肃和陕西交界的山区，极为稀贵。在人类长期经济活动中，许多野生植物被育为栽培植物，许多野生动物被驯化为家养禽畜，丰富了我国的动植物种类，也孕育了极富活力的生物旅游资源。

3. 独具特色的人文地理环境

(1) 悠久的历史、古老的文明。我国是人类历史文明的发源地之一。考古研究表明，早在170万年前的旧石器时代，我国的史前文化就已形成了华北和华南两大文化谱系。其中包括著名的元谋文化、蓝田文化、许家窑文化、丁村文化等。到距今9000～4000年的新石器时代，中国形成了旱地农业、稻作农业和狩猎采集三个史前文化区。其中距今7000～4600年黄河流域的仰韶文化、大汶口文化和长江流域的马家窑文化等，已经显示出此时期农业已有了相当的进步和发展，定居村落已四处可见。距今4600年的黄河下游文化，不仅出现了铜器和发达的制陶业，而且出现了卜骨和巫师，即出现了宗教和国事活动。公元前16世纪的商代出现了甲骨文，并有了进步的文字记载。周代形成了以礼、乐为中心的政教系统，并达到鼎盛时期。乃至春秋、战国时期出现了以儒、墨、道、法为代表的诸子百家争鸣，学术空前繁荣的崭新局面，把我国文化推到了高峰，并使其一直延续发展经秦、汉至明、清。

（2）高度发达的文化艺术。在我国5000～6000年的历史长河中，留下了多姿多彩的文化艺术和古迹。例如，中国的诗歌，最终形成韵律铿锵、形式严谨的五言、七言律诗。律诗从隽永凝练的内容到长短齐整的形式，显然与西方阶梯式自由形式和内容偏重直率叙事与浪漫抒情的古典诗歌不同，形成了自己独有的鲜明特色。我国的绘画最早出现在战国，后来逐渐发展出人物、山水、花卉、禽鸟、虫鱼等画科。在表现技巧上重视笔、墨的运行与线条造型，并且有工笔、写意、勾勒、设色、水墨等技法形式，还运用勾皴点染、浓淡干湿、阴阳向背、虚实疏密和留白手法来谋篇构图、描绘物象、取景布局，视野开阔。同时，中国画与书法篆刻关系密切，形成了诗、书、画、印相结合的形式，与西洋画相比，显示出了中华民族的特色。至于我国的园林艺术、陶瓷工艺以及戏曲、音乐、舞蹈、杂技、魔术，无不以其独创性屹立于世界文化艺术之林。我国还创造了伟大的物质文明，如万里长城、秦始皇陵兵马俑、古运河等伟大工程艺术奇迹；造纸术、印刷术、指南针、火药四大发明等。

（3）民族大家庭和丰富多彩的民族风情。中国是一个由56个民族组成的多民族国家，民族风光和图腾文化极富旅游价值。据何光岳《南蛮源流史》的汇总论证，我国很多少数民族都与“三皇五帝”的神话体系有一定的渊源，或为夏、商、周的外围部落几经迁徙才逐渐演变为现今的少数民族。说明中华民族各族，大多是炎黄子孙，具有共同的文化渊源。同时，各个民族由于所处客观环境的差异或经历了不同的历史发展过程，形成了各自鲜明独特的习俗。早在汉代就有“十里不同风，百里不同俗”的说法，至今各民族仍在居住、饮食、服饰、生产、交通、婚丧、岁时、家庭、村落、宗教、道德、礼仪、禁忌乃至语言文字、文学艺术等方面，反映出强烈的地域特色和民族风格，成为我国人文地理环境中富有活力的景观，为广大旅游者所向往。

二、中国旅游资源的基本特征

中国旅游资源既有广泛性、地域性、时代性、变异性、季节性等一般特征，又具有中国独特地理环境下所形成的特殊个性。

1. 类型齐全，数量丰富

在中国复杂地理环境和悠久历史文化条件下，旅游资源的数量和质量在世界堪称丰饶。根据国家旅游局2003年颁布的《旅游资源分类、调查与评价》国家标准中的8主类，31亚类，155基本类（表3.1），在中国都可以找到其典型代表，而且每个类型如楼阁就可分为酒楼、茶楼、戏楼、城楼、钟楼、箭楼、筒楼、风雨楼、观景楼、藏书楼、藏经楼、过街楼等；奇花异草中仅观赏性菊花就有3000多种，兰花2000多种，梅花200多种，充分显示出中国旅游资源的多样性和丰厚性。

2. 文明古老，风格独特

我国是世界四大文明古国之一，其历史发展5000年血脉相承，一直保持着自己的独特风格，历史遗存、文物古迹、风土人情、风味食品、文化艺术等无不打上古老文明的印记。在已发掘的古人类遗址中，云南禄丰石灰坝发现的800万年前的古猿化石，是世界上发现的晚中新世到早上新世古猿中第一个古猿头骨；在湖南道县玉蟾岩发掘出土的一万年前的古栽培稻种子，说明这里是迄今发现的世界上最早的农耕文明遗址；古长城修筑历史延续 2500 余年，为“世界新七大奇迹”之一；中国的园林艺术始于轩辕黄帝时代；养蚕取丝织绸的历史已有 4000～5000 年。独特性是中国旅游资源的又一特征，如世界上最大的广场天安门广场，最大宫殿建筑北京故宫、最大的皇家园林承德避暑山庄、最大的石雕佛像乐山大佛等，无不具有垄断性特征。

3. 分布广泛，相对集中

我国丰富多样的旅游资源，遍布全国各城乡和海洋。即使在被称为“地球第三极”的珠穆朗玛峰，也有冰峰可供旅游者攀登探险；在最低的艾丁湖面有盐池景观可供旅游者观赏；偏远山区小县也有所谓“八景”或“十景”，广阔的海疆也有钓鱼岛、永兴岛、黄岩岛等美景。同时，我国旅游资源又具有相对集中的特点。如果从黑龙江的黑河镇至云南的瑞丽连一条直线，正好把全国分成面积相等的两部分。从宏观上看，此线以东集中了我国的七大古都、五岳、四大佛教名山、四大道教名山、三大古建筑群、江南三大名楼，以及全国著名的园林都市、绝大部分国家重点风景名胜区和历史文化名城；而西部地区却相对集中了盆地、谷地、绿洲以及较为低缓的山地、高原等。

4. 季节性鲜明，地域性强烈

由于中国绝大部分地区位于季节性变化明显的温带和亚热带，故自然景观上，春季草长莺飞，百花吐艳；夏季高温高湿，万象峥嵘；秋季天高气爽，果木飘香；冬季雨雪纷飞，山河露骨。夏季，北方的海滨、草原、林区和中纬度地区的山地，气候宜人，宜于避暑度假；冬季，海南岛及其南海诸岛温暖如夏，利于人们避寒度假。观泰山日出以冬春二季最佳；看黄山云海最好是春夏之交。我国不少人文旅游资源同样具有明显的季节性。例如，南岳衡山的“香市”以金秋八月最旺、内蒙古草原的牛羊以夏秋季节最肥，以及五月端午划龙舟、八月中秋看明月等，无不显示出季节性特征。受地理环境影响，不同地域的旅游资源风貌迥异。例如，桂林以岩溶山水风光见长，福建武夷山却以丹霞取胜，张家界的砂岩塔状峰林为世界独有；民居有北京的四合院、陕北的窑洞、云南一颗印、广西干栏、福建客家土楼、晋中的大院等，均显示出强烈的地域性特征。

第二节　中国旅游资源的基本地域类型

中国旅游资源的地域类型是个庞大的系统，仅根据 2003 年颁布的《旅游资源分类、调查与评价》国家标准，择其要进行归纳总结，如图 3.1 所示。

一、地文景观旅游资源

地文景观旅游资源是由内营力和外营力长期共同作用而形成的各种地质地貌景观形态，具有原生性和基础性的特点，并以其原始天然、姿态万千的特点而成为重要旅游资源。

1. 综合自然旅游地

（1）山岳型旅游地。是指体量巨大，或绝对高度和相对高度大，且具有一定切割深度的山地。但最具旅游价值的还是那些自然风光秀美、景物奇特且渗透着人文景观的名山。

按照美学特征和视觉效果，名山可分为海拔 5000m 以上，相对高度 1000m 以上，主峰明显的极高山；海拔 5000m 以下，相对高度 1000m 以上，坡大而陡，主峰明显的高山；相对高度 1000m 以下，主峰不明显，群峰竞秀，植被葱茏或具典型历史、科学、文化价值的低山丘陵。按历史文化价值划分，中国有“五岳名山”、“佛教名山”、“道教名山”，以及太

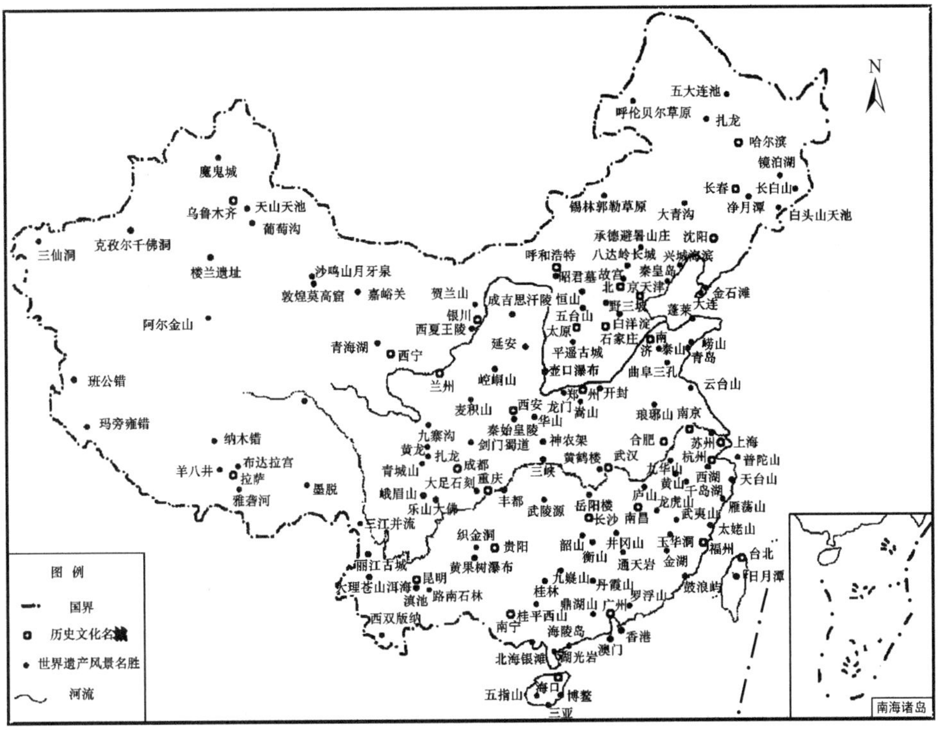

图 3.1　中国主要旅游资源分布示意图

姥山、敬亭山、尧山、舜皇山、神农架等历史文化名山和井冈山、宝塔山等革命名山。

（2）谷地型旅游地。两边高中间低的地貌形态称为谷地或峡谷地。有山谷和河谷之分，但河谷最具旅游景观美学价值。河谷是地壳不断上升中，伴随河流不断下切侵蚀而形成的地貌景观。它们以雄、奇、险、壮的气势和景色为旅游者所向往。我国名峡众多，如长江三峡、黄河壶口龙门峡、重庆大宁河小三峡、四川嘉陵江小三峡、云南丽江的长江虎跳峡、广东北江小三峡、广西桂平县的黔江大藤峡、青海的黄河龙羊峡以及河南黄河三门峡、西藏墨脱的雅鲁藏布江底杭峡等，都是极为壮观的大峡谷。

（3）沙砾石旅游地。包括沙地和砾地。沙地又称为沙漠，以沙丘链和金字塔最具景观美学价值。流沙区的定向风，把沙粒从上风处吹来堆积成沙包，沙包背风坡所产生的回旋风使坡底沙粒旋转到两翼而形成如“新月”的沙丘，多条新月形沙丘相互衔接便形成沙丘链；流沙区是在多风向风作用下形成的多棱面汇聚成的高大锥体沙丘，形似埃及金字塔，成为沙漠中的奇观。砾地又称砾漠、石漠或戈壁，是地表由砾石覆盖的大面积地区，主要分布于内陆盆地边缘，其景色十分荒凉，却使人有野旷辽阔之感，并有海市蜃楼幻景。沙漠戈壁在我国西北内陆地区分布广泛。

（4）奇异自然现象。由于受到人类科学认识水平的局限，对大自然中的一些自然现象暂时还无法认识，或者已经能够进行科学解释，但还未被大多数人所认识，如云南“吊鸟山”、“蝴蝶泉”，湖南衡山的“群蛙朝圣”等，都属于奇异自然现象，极具神秘性，而吸引旅游者观光探索。只要深入调查研究，各地都会有这类自然奇观。

2. 沉积与构造

（1）断层景观。由于地质构造运动，使地层断裂而形成的地貌景观，称为断层。因断层类型和位移的方向不同，又分为断层崖、断层谷、断块地貌等断层景观类型。尤其是大型断层谷往往形成深切峡谷，地势险要，如太行山东坡、天山北坡、喜马拉雅山南坡等即属于此种类型，形成不少风景名胜地。大型断块山地往往伴随出现断层盆地，一般山坡陡峻，边线平直，与相邻盆地常常急转直下，地势极为险峻。例如，泰山、华山、衡山、庐山等花岗岩名山，多属此种类型。

（2）地层剖面。某一地区所有出露的岩层，按照时代形成的先后顺序所建立的剖面称为地层剖面。按照剖面形态特征可分为一般地层剖面、标准地层剖面和成层地层剖面，其中最具旅游美学价值和科学考察价值的应为标准地层剖面。标准地层剖面是指地层出露齐全，与上覆下伏地层单位密切，年代确定具有较大厚度和标准化石的地质剖面，称为标准化地层剖面。云南昆阳梅树村前寒武纪地层剖面，天津蓟县元古代地层剖面，长江三峡震旦纪到新近纪地层剖面等都是典型标准地层剖面。

（3）钙华和泉华。在石灰岩分布区，岩洞的形成和扩大过程中，在洞穴底部沉淀下来的层状碳酸钙沉积称为石灰华，主要有石笋、边石坝等形态。在岩溶泉水出露的地方，由于温度的增高和 CO_2 分压力的降低而沉积下来的碳酸钙沉积称为泉华。无论钙华和泉华，均以其独特造型而成为珍贵旅游资源。钙华和泉华等岩溶地貌形态在我国分布非常广泛，但以广西、贵州、云南最为典型。

（4）生物化石点。生物化石是地质时期存在于地层中的生物遗体、遗骸及其活动的遗迹、遗物的总称。例如，四川自贡的恐龙化石，种类繁多，形成壮观的恐龙世界；山东临朐山旺，经鉴定并定名的动物化石有 400 多种、植物化石 130 多种，是我国乃至东南亚地区最大的中新代动植物化石群。

3. 地质地貌过程形迹

（1）孤峰、峰林、峰丛、石林。均为岩溶地貌形态景观。孤峰又名独秀峰，是单独竖立于平原上的灰岩山峰，相对高度 100m 左右，如桂林独秀峰等；峰林是成群分布的灰岩山峰，而峰丛是一种连座峰林，基部相连，顶部分散成一个个山峰，如广西桂林—阳朔一带；石林是一种非常高大的石芽，其间的溶沟相对深度可达数十米，以石芽排布如林而得名，以云南石林最为典型。

（2）奇特与象形山石。是蚀余景观中造型突兀奇特、拟人状物惟妙惟肖，或孕有寓意故事的微型地貌景观。象形山如四川乐山的卧佛山、桂林的象鼻山；象形石如黄山的“梦笔生花”、鼓浪屿的“水操台”、张家界的“夫妻岩”等。

（3）丹霞。是由中生代到新近纪红色岩系，经新构造运动上升，再经外力风化、切割、溶蚀，形成姿态万千，景相丰富、碧水丹霞、赤壁巨崖如城如堡的奇峰及单斜山等地貌形态景观，称为丹霞。广东丹霞山、福建武夷山、湖南崀山、安徽齐云山、江西龙虎山等，都是具有典型景观美学价值的丹霞名山。

（4）雅丹。雅丹是维尔语“雅尔当”的变音，即“陡壁小丘”，是干旱荒漠中一种最具观赏价值的地貌景观，为中生代或新生代早期河湖相岩层经风力“雕琢”形成的大片险峻崎岖地形。我国的雅丹以新疆的罗布泊洼地、准噶尔盆地北部的乌尔禾镇和东部的将军戈壁最典型。

（5）岩石洞与岩穴。岩石洞与岩穴统称洞穴。我国各种地质作用形成的地下洞穴，富有迷人的色彩，令人神往。我国洞穴类型多样，数量丰富。

喀斯特溶洞　由石灰岩分布区地壳上升，地下河水位下降干涸而形成。一般规模大，洞形复杂，洞厅中钟乳石、石幔、石笋、石柱、石蘑菇等石灰华发育，晶莹绮丽，多姿多彩。例如，桂林芦笛岩、贵州织金洞、浙江灵栖洞、北京的石花洞，等等。

丹霞岩洞　是岩相和岩性差别大的红层区，因差别侵蚀和溶蚀而形成近于水平的层状岩洞。一般开口高大而不深邃，有形如楼阁的额状崖，洞穴结构简单，没有或很少有钟乳石之类的化学沉积物。如武夷山水帘洞、丹霞山“梦觉关”、赣州洞天岩等，多被宗教利用，文化内涵丰富。

花岗岩洞穴　有些花岗岩山地，构造发育，在花岗岩峰林内部形成构造岩洞，曲折幽深，长达数十米，甚至数百米。例如，福建太姥山的通海洞、七星洞等。

我国洞穴种类还有海蚀洞、熔岩洞等。

(6) 岸滩。是分布于河岸、湖岸、海岸的滩地，以沙质细软、海水清澈、阳光充足、无污染的海滨沙滩最具旅游价值。我国大连金石滩、北戴河海滩和北海“银滩”、普陀山千步沙、三亚湾海滩等，都是著名的海滨沙滩景观。海南岛的海口、文昌以及深圳、珠海、北部湾等地海岸分布着典型的红树林海滩，红树林浓荫苍郁，树姿奇特，同样具有观光游览价值。

4. 自然变动遗迹

(1) 地震遗迹。地震灾害发生后，自然遗迹及人为保留下来的遗迹称为地震灾害遗迹。例如，发生于1605年的海南琼州大地震，沉没村庄72处，低潮时至今仍可见绝尾沟等6个古村露出水面。1976年唐山大地震后，特意保留的吉祥路错动树行、河北矿冶学院震坏的图书馆楼等七处地震遗迹确定为国家重点保护项目。2008年四川汶川大地震，国家正拟在映秀镇地震遗迹建地震博物馆。

(2) 火山与熔岩。地壳内部的高温物质快速喷发，称为火山爆发。火山喷发的冷却凝结堆积物称为熔岩。由此而形成的火山堆、火口湖、堰塞湖、火山熔岩石林和洞穴、温泉等，统称为火山与熔岩景观。我国台湾、云南、海南岛、长白山区及小兴安岭等，都有火山与熔岩景观分布。这种地貌因形态奇特，且多伴有温泉，而具有很高的观光、休闲度假和科学考察价值。

(3) 冰川堆积体和冰川侵蚀遗迹。冰川有大陆冰川和山岳冰川之分，我国是世界上山岳冰川的主要分布区；按其形成的历史年代又有古代冰川和现代冰川之别，我国二者兼备。作为自然变动遗迹的冰川地貌景观是指古代冰川或称第四纪冰川。古代冰川有羊背石、鼓丘、冰碛堤等冰川堆积地貌和冰斗、槽谷等冰川侵蚀地貌，以及冰川侵蚀湖、冰川堰塞湖等。古代冰川在我国西部山地、高原区和东部一些山地均有分布，而现代冰川，仅存在于西部山区。

5. 岛礁

(1) 岛区。是岛和岛群的统称。四面环水的陆地称为岛屿。按其分布有海岛、江心岛（洲）、湖岛（湖心洲）之分；按其成因有大陆岛、冲积岛、火山岛、珊瑚岛（礁）之别。中国有数以万计的岛屿，它们或以山水取胜，或以沙水为景，或自然人文兼备，而成为现代旅游者观光游览、疗养度假或科学考察的向往之地。例如，浙江普陀山的“海天佛国”、岱山的“海上蓬莱”、福建鼓浪屿的“海上花园”、青海湖中的鸟岛、辽宁大连渤海湾中的蛇岛、海南猴岛，以及南海中数以千计的珊瑚岛，等等。我国的海南岛正在建设“世界生态旅游岛”。

(2) 岩礁。在热带海区温暖的海水（16～36℃）、良好的光照、适宜的盐度环境下，有利于珊瑚的生长和繁殖。造礁珊瑚的骨骼与少量石灰质海藻和贝壳胶结形成的大块有孔隙的钙质岩体称为岩礁，由岩礁形成的海岸叫珊瑚礁海岸。珊瑚礁海岸依其特征可分为岸礁、堡礁和环礁。我国的海南岛、雷州半岛和北海沿岸分布着多姿多彩的岸礁。在岸礁地区的海滩下方，往往有宽广平坦的礁平向海面延伸，退潮时露出水面，是开展水上、水下运动和海洋生物考察旅游的佳所。

二、水域风光旅游资源

水是自然界中最活跃的因子，以其形、声、光、影、色、味及其动静态等美学特征而成为最具诱人魅力的旅游资源。尤其是它那综合性的造景功能，使山得水而活，林得水而秀，天得水而神。我国的水文景观、景类、景型多种多样。

1. 河段

（1）观光游憩河段。是指具有观赏价值和游憩功能的河段。大致包括大江大河非峡谷风景河段、小溪小涧风景河段和漂流河段。

大江大河非峡谷风景河段　是指有着开阔视野，有利于观光的河段，如长江、黄河等发源于高原地区的上游源头河段和流经平原地区的中下游河段。上游江源河段流，河水清澈，河曲发育，有利于观光。中下游河段壮阔，如长江中游有着“楚地阔无边，苍茫万顷连”的壮景；下游有着“孤帆远影碧空尽，唯见长江天际流”和黄河下游“白日依山尽，黄河入海流”的阔景等，均具旅游价值。

小溪小涧　小溪小涧多居江河上源，随山就势而流。它们多以青山为托，以清泉为源，形成集山、水、林于一体，融雄、奇、险、秀、幽、古于一炉的“人间仙境”，如有“美人河”之称的湖南益阳桃花江、陶渊明热情颂赞过的桃花源等，都是脍炙人口的自然人文胜景区。

漂流河段　水深流急，然而又可同两岸构景，能给人以奇险感受，可供漂流的河段称为漂流河段。例如，漂流胜地湘西猛洞河，沿途石壁高耸、峡谷幽深、洞穴纵横，并有王村古镇、土家吊脚楼、猴群等绝景；武夷山九曲溪下游河段有碧水九曲、三十六峰、九十九崖等。

（2）暗河河段。是岩溶地区潜入地下的天然河道，又称地下河、阴河或伏流，是地下水沿着可溶性岩石的各种构造面，逐渐溶蚀和侵蚀形成洞穴的基础上逐渐发育而成的。因暗河多与地面河相通，一般水源充足，可开发为极具神秘色彩的暗河乘船游览项目。例如，张家界黄龙洞、本溪水洞、桐庐“瑶林仙景”（仙灵洞）、云南建水燕子洞等。

2. 天然湖泊与池沼

（1）观光游憩湖区。地面上充满水的洼地，大型的称为湖泊，小型的称为池沼。那些湖水清澈，景色秀美，或附有历史故事和人文传说的湖泊，最具旅游价值。我国的鄱阳湖、洞庭湖、太湖、洪泽湖、巢湖、青海湖以及昆明滇池、大理洱海、杭州西湖等都极具盛名。我国的风景湖泊以长江中下游地区、青藏高原、云贵高原最为集中。

（2）沼泽与湿地。通常把比较平坦或稍为低洼而过度湿润的地面称为沼泽。沼泽中生长着各种喜湿植物，并有泥炭层。沼泽按其所处的地貌及水分养分状况，可分为湖滨洼地沼泽型、阶地沼泽亚型、闭流宽谷沼泽型。国际上称沼泽与海涂为湿地，水生生物丰富，草灌及芦苇草生长茂密，是鸟类，特别是候鸟的繁育地和越冬地。我国有沼泽 1000 万 hm^2、海涂 200 万 hm^2，构成了多样化湿地系统。

3. 瀑布

从地貌上讲，瀑布是河床纵剖面上水流的不连续现象。落差大的称为悬瀑，落差小的称为跌水。

(1) 悬瀑。悬瀑是水流从河床纵剖面相对高差很大的陡坎或悬崖处垂流直下所形成。陡坎或悬崖的相对高差越大，悬瀑的气势便越大。悬瀑以银白色的练带自天而降，形成雷鸣般的巨响，飞溅的水珠雨雾蒙蒙，与蓝天、白云、青山、峰洞、名胜古迹等自然人文景观构成有动有静、有声有形的画卷。贵州黄果树瀑布、黄河壶口瀑布、庐山香炉瀑布、雁荡山龙湫瀑布、镜泊湖吊水楼瀑布等都是我国著名的瀑布。我国的瀑布多分布于云贵高原、长白山地及东南部山地丘陵区。

(2) 跌水。跌水是一种低水头瀑布，与悬瀑相比规模相对要小，但多级跌水同样具有景观美学观赏价值。例如，福建九龙溪由跌水形成的五级瀑布，层层梯落，蔚为壮观。跌水高差不大的河段，还可开展富有刺激的漂流。例如，湖南常宁的天堂山西江漂流，橡皮艇是从一个 3m 高的陡坎上随跌水下落而有惊无险。

4. 泉

地下水的天然露头称为泉，根据泉的水温有冷泉与地热温泉之分。

(1) 冷泉。水温与外界气温相当的泉称为冷泉；具有特殊美学价值和使用功能的冷泉称为名泉。在我国名泉中，有安徽寿县闻人喊声而涌的喊泉和无为县闻人拍手或谈笑而翻滚如同笑声的笑泉、四川广元缩水洞投石而退的含羞泉、湖南嘉禾的珍珠泉、云南大理的蝴蝶泉以及山东济南的趵突泉等。其中有的具特殊酿造功能，如酿造青岛啤酒的崂山神水泉、酿造“五粮液”的宜宾金鱼泉等；具沏茶功能的如“七大名泉”中的镇江中冷泉、无锡惠山泉、杭州虎跑泉、上饶陆羽泉、扬州瘦西湖泉、庐山招隐泉、怀远白乳泉。我国的冷泉相对集中于云南、台湾、广东、广西、福建、四川、湖南等省区。

(2) 地热与温泉。从地层深处喷出而水温高出外界气温的泉，称为地热或温泉。我国西藏羊八井地热田气柱高达 50～60m，水温近 90℃。全国温泉已探明的有 2600 多处，以台湾、云南、西藏、分布最多。温泉水一般含有多种矿物质，具有保健作用。例如，台北的北投、重庆的南北温泉、内蒙古的阿尔山、黑龙江的五大连池以及北京小汤山等，都是著名医疗矿泉。

5. 河口与海面

(1) 观光游憩海域。是指具有观光、体育健身和休闲疗养功能的海域。海洋及海风、潮汐、海市蜃楼、海洋生物变幻等自然现象，不仅具有使人们开阔胸怀、激发情感、健身强体等特殊功能，而且是开展多种科学考察活动和观光游览的广阔天地。那些与海岸、海岛构景的风景海域，更是集海陆景观于一体、融自然人文景观于一炉。

(2) 涌潮现象。是发生于大型喇叭形河口潮差很大的海潮。由月球和太阳的引力引起的海面周期性升降现象，称为潮汐。海面升高，海水涌上海岸，叫做涨潮；海面下降，海水从岸区后退，叫做落潮；涨潮与落潮之间的潮差以入海河口段最大。例如，浙江省钱塘江入口为一特大型的喇叭形河口，涨潮时，海水从 100km 的江口涌入，受两旁窄狭江岸约束，至海宁缩为 3km 宽，形成“涌潮”奇观。涌潮又受拦门沙坝的拦阻，波涛前涌后推，形成了一道壁立 3m 多高的水墙，潮差最高可达 8.9m，奔腾澎湃，潮声如雷，这就是千古奇观“海宁潮”。

6. 冰雪地

（1）冰川观光地。是指能进行冰川观光的冰川地带。高山和高纬度地区，缓慢流动的固体冰河，称为冰川。我国的冰川集中分布于西部极高山和高山区，属于山岳冰川。不少冰川具有冰柱、冰塔、冰桌、冰墙、冰帘、冰丘、冰蘑菇等奇丽多姿的冰蚀地貌景观。例如，嘉峪关对岸祁连山的“七一”冰川、四川的海螺沟等，已辟为游览观光区；有的冰川正在进行缓慢流动，并有明显的冰溶现象，具科学考察价值。例如，乌鲁木齐河上源天山位于海拔3900m处的1～5号冰川，是中国科学院冰川科研基地，也可接待旅游者观光。

（2）冰雪景。下雪和结冰往往使大自然形成银装素裹的冰雪景观。我国南岭以北的广大地区每年冬季均有长短不一的冰雪期。冰雪与其他自然构景可以形成“西山晴雪”（北京）、“太白积雪”（太白山）、“断桥残雪”（杭州）、“江天暮雪”（长沙）以及东北的“林海雪原”等胜景。冰雪景还可以开展冰雪体育运动和冰灯、冰雕等旅游活动。辽宁的棋盘山、吉林松花湖和黑龙江亚布力等地都建设了设施全、规模大的综合性滑雪场。具有“冰城”之称的哈尔滨，每年“冰雪节”的冰灯和冰雕雪雕活动，别开生面。

三、生物景观旅游资源

生物界是自然环境中最为活跃、最富有生机的有机因子。它不仅是人类生存和发展必不可少的条件，而且是净化、美化、活化人类环境的主角。有许多动、植物，以其特有的形态美、色彩美和动态美而使旅游者赏心悦目。

1. 树木

木本植物为树木，树木的集合体称为树林，在高温高湿生态环境下所形成的茂密树林称丛林；树木的独株体称为独树。丛林一般难以通行，旅游开发以观光为主。风景树林和丛林中的古树名木旅游景观美学价值最大。

（1）风景林。稠密生长，主要由乔灌木组成，并保持较好生态系统，具有观赏和休闲、疗养功能的林地称为风景林。例如，庐山、衡山、三清山的“林海松涛”；青城山和峨眉山的苍劲老林；“蜀南竹海”（四川长宁、江安）、浙江的“安吉竹海”、湖南的“益阳竹海”，各以幽奇、秀雅的风光，成为旅游者观赏索趣或康复度假的胜地。

（2）古树名木。古老名贵的树木称为古树名木。按其树龄和珍贵程度划分为300年以上树龄和特别珍贵的为一级；100年以上和300年以下，一般珍贵的为二级。个体高大、造型奇特的古树以及与知名人物或历史事件有关的古树，更为名贵。例如，湖南芷江树荫如盖、明代就列为“沅州八景”的重杨树；黄帝陵前“轩辕柏”（相传黄帝手植）和“挂甲柏”（相传汉武帝挂过战甲），孔庙内的“孔子桧”（相传孔子手植）以及“剑阁柏”（张飞所植）、“系马槐”（赵匡胤系过马）和“遮荫侯”（乾隆皇帝赐封）等。我国的古树名木多分布于庙宇、陵园、古宅及风景名山等地。

2. 草原与草地

（1）草地。又称草原，是草本植物覆盖的广阔地面，主要分布于我国的内蒙古高原、青藏高原及新疆、宁夏等地。分布于山地的草地，一般称为草山、草坡，多分布于我国南方山区；分布于沼泽、湿地的草地称为草甸。有牧业经营活动，或色彩丰富，景色优美，或具有浓郁民族风情者，称为风景草地。内蒙古的锡林郭勒草原，新疆天山四季牧场，湖南城步南山牧场等，都久负盛名。

（2）疏林草地。国际上一般专指南美洲、非洲热带草原气候地区的稀树草原景观。在我国可以理解为半湿润半干旱地区的温带树林草原景观。例如，河北省的张北草原、丰宁草原、吉林省的通榆草原等。南方山地森林退化后形成的迹地草山草坡，仍有稀疏树木生长，亦可称稀疏草地。

3. 花卉地

花卉具有美化、绿化、香化环境的功能。它既可野生，又可人工培育。花卉地按其生态环境可分为草场花卉地，林间花卉地和人工花卉地。

（1）草场花卉地。一般指在草场环境下成片盛开多种野生花卉的草地，如野百合花、马缨花、龙胆紫、报春花、野菊花和战地黄等成块成团生长，色彩丰富，使草原一派生机。

（2）林间花卉地。一般指在森林环境下成片生长的各种花卉林地，如山茶花、杜鹃花、野檵木和木芙蓉等花卉成片成带分布，形成山花烂漫，繁花似锦的世界。如湖南郴州的百里杜鹃花长廊。

（3）人工花卉地。花圃、花园、花卉生产基地等是指人工培育的花卉集中地。例如，我国的观赏花草，既有为古人们所寓意的“花草四雅”（水仙、菖蒲、兰草、菊花）等名贵花草，也有逾越千年栽培历史的“十大名花”，见表 3.1。以经营和观赏花草为主要旅游活动的昆明世界园艺博览会、广州花博会、洛阳和菏泽的牡丹花节等，都盛况空前。

表 3.1 中国十大名花一览表

花名	誉称	栽培历史/年	主要产地
牡丹	花王	1500	洛阳、菏泽
芍药	花相	2000	菏泽、扬州
月季	花中皇后	1000	北京、常州
菊花	花中隐士	3000	北京、上海
兰花	空谷佳人	2000	广州、福州
荷花	花中君子	3000	杭州、武汉
梅花	空中高士	3000	杭州、无锡
海棠	花中仙女	1000	成都、昆明
山茶	花中妃子	1000	昆明
水仙	凌波仙子	1000	漳州

4. 野生动物栖息地

一种或多种野生动物常年或季节性栖居的地方称为野生动物栖息地。按照所栖息的野生动物类型，可分为水生动物栖息地、陆生动物栖息地、鸟类栖息地和蝶类栖息地等 4 种类型。野生动物数量大或种类繁多的高度栖居地和珍禽异兽栖居地，都是极珍贵的旅游资源。例如，黑龙江伊春桃山和湖南郴州五盖山，就是因为集中了种类多、数量大且繁殖快的野生动物，而成为国际性的大型狩猎场；每当夏秋季节便有数以万计南下候鸟栖居的大连老铁山，集中栖居丹顶鹤（国家一类保护动物）等 6 种鹤类的齐齐哈尔扎龙，以及青海湖鸟岛、大连蛇岛、海南猴岛、卧龙大熊猫保护区等野生动物栖居地和北京、广州等地的野生动物园，都是开展科学考察、观赏、摄影等活动的综合性旅游胜地。

四、天象与气候现象旅游资源

1. 光现象

天文的最大概念是宇宙。宇宙中的许多天文现象如繁星、日食和月食等天文景观，以其遥远神秘及其强烈的地域性和周期性而对旅游者形成独特的吸引力。我国神秘奇特的天文景观丰富多彩。

(1) 日月星辰观察地。“旭日东升，霞光万丈”的日出奇景，月亮的阴晴圆缺以及星移斗转，不仅都是神秘性自然景观，其不同的变化形态和时间环境也会给旅游者带来不同的心理感受。例如，月到“中秋分外明”，中秋赏月已成为中国人民的传统习俗。明月同观月地与地方风物构景便形成了“洞庭秋月”、“卢沟晓月”、“二泉映月”、“二十四桥明月”、“三潭印月”、“风花雪月”、“罗池夜月”等，说明在平静的湖、池、泉以及江河等平静水域及高山之巅观月效果最佳。又如观日出，秋高气爽的晴朗凌晨为最佳时间，海滨或山峰为最佳观察地。泰山日观峰、庐山汉阳峰、峨眉山金顶以及荣成成山角、蓬莱丹崖山、秦皇岛等，都是我国观日出的最佳地点。

(2) 光环现象观察地。光环又称佛光或金光，是早晨或傍晚阳光斜射，大气中细微水滴将阳光分解成七色，再通过大气近距离折射成彩色光环。面对光环，观赏者的身影投射于彩色光环中，便形成具神秘感的佛光。峨眉山、庐山、泰山、黄山等地均有“佛光”，尤以峨眉山最著名，故有“峨眉宝光”之誉。

(3) 海市蜃楼多发地。海市蜃楼也称海市、蜃景。在稳定晴空条件下，太阳光穿透不同密度的大气层，经远距离折射，将远处景物显示在空中或海面上空的一种幻影。海湾、沙漠和山岳顶部，均可能出现海市蜃楼景象。连云港海州湾、渤海长岛、蓬莱蓬莱阁、庐山五老峰以及塔克拉玛干沙漠等地，都是观看海市蜃楼的最佳地点。尤以蓬莱阁观看海市蜃楼次数最多，最奇幻。

2. 天气与气候现象

一个地方短时间内冷、暖、干、湿、风、云、雨、雪、雾等大气物理学变化过程，称为天气；气候是指一个地方多年的天气变化特征。但是作为旅游资源应是指具有造景、育景和观赏功能，并能给旅游者特殊心理感受的天气和气候变化及环境。

(1) 云雾多发区。云雾是大气中的一种水汽凝结现象。当潮湿气流沿山坡上升达到一定高度，水汽冷却凝结产生坡地雾，缭绕于山腰或坡谷，形成静如练，动如烟，轻如絮的云雾景观。我国的山地一般比较容易见到云雾景观，尤以号称为长江流域四大“雾山”的黄山、庐山、峨眉山、衡山为多发区，而且“黄山云海”，“庐山云海”、“峨眉云海”、“衡山云海”最具风景美学价值。雾凇是云雾的特殊形式。吉林松花湖等地，雾天低温条件下雾滴附着于低温物体，冻结或凝结成一层乳白色外壳的雾凇景观，因其千姿百态而与“桂林山水”、“长江三峡”、“云南石林”并称为我国“四大自然奇观”。我国南方一些山地如衡山、黄山、庐山、峨眉山，亦可形成山地雾凇冰雪奇观。

(2) 避暑与避寒气候地。一般说来，气温在18～23℃，相对湿度为65%～85%，日照光线中含有较多紫外线，空气中含负氧离子1000～15 000个/cm^3，使人最感舒适。每当盛夏暑气难当之时，具有类似气候环境的地方往往成为避暑胜地；冬季具有类似气候环境的地方可以避寒。我国的庐山、雁荡山、莫干山、峨眉山、崂山等名山，北戴河、青岛、三亚、台湾沿海等滨海地区，江苏太湖、浙江千岛湖、安徽太平湖等湖滨，以及黑龙江、内蒙古、新疆、青海等省（区），均具避暑度假功能。冬季，热带、亚热带的海滨如广西北海、海南三亚等地，气候温暖如春，是避寒的理想场所。

（3）空气负离子气候环境。据研究和实测，空气的负氧浓度达 700 个/cm^3 以上时便可增进身体健康，1000 个/cm^3 可以对多种疾病产生辅助疗效，10 000 个/cm^3 以上具有自然痊愈力。因此空气负离子号称“空气维生素”。在海滨、湖畔、溪边及跌水、瀑布区空气负氧离子超过 1000 个/cm^3，甚至高达 100 000 个/cm^3；森林、乡村、旷野郊区为 1000～5000 个/cm^3，城市公园为 400～1000 个/cm^3，而城市居室仅 100 个/cm^3。为满足旅游者健身、休闲等需要，利用空气负氧离子高浓度区开发旅游休闲健身项目渐成热点。例如，广东肇庆鼎湖山的“品氧谷”、湖南郴州东江水库龙景公园的“天然氧吧”等，已成了人们去品氧换肺的新兴旅游景点。

五、遗址遗迹旅游资源

1. 史前人类活动遗址

概指旧石器和新石器时代人类活动的遗址、文化层、文物散落地、原始聚落等，所展示的是人类起源及其发展的古老景观形态，令人有奇妙、神秘之感。

（1）古人类活动遗址。包括古人类栖居的洞穴、住房、文化层等，遍布全国各地，但我国以黄河流域最为集中。目前已发现和发掘的著名人类活动遗址有旧石器时代的云南“元谋人”遗址、陕西“蓝田猿人”遗址、北京周口店“北京猿人”遗址；新石器时代的河南渑池“仰韶文化”遗址、山东泰安“大汶口文化”遗址、陕西西安“半坡遗址”、浙江余姚“河姆渡文化”遗址、西藏昌都的卡若遗址等。按其栖居形态有岩洞式的周口店龙骨山岩洞，干栏式的“河姆渡”遗址，穴居式的河南偃师沟泉沟遗址，地面间架式的半坡遗址等。

（2）原始聚落。是指原始人造屋定居而形成的村落，如陕西西安城东的半坡遗址，便是一座反映距今约 5700 多年前的母系氏族原始村落遗址。半坡遗址大厅约 2000m^2，房屋有圆形和方形，屋门均向南，屋中间有烧火坑；住房近处还有用于存放食物的“储藏窖”；居住中心为一座议事聚会之类的大房屋。又如浙江余姚的河姆渡遗址，同样是一个原始村落，是把住房架设在桩柱上的“干栏”式建筑，梁柱间用榫卯结合，地板用企口板密拼，反映了六七千年前中国原始社会的人群不仅住居有序，而且有了相当的民居建筑技术水平。

2. 社会经济文化活动遗址遗迹

概指历史时期人们从事社会活动的场所以及从事贸易、文化、科学、教育活动和工矿、交通等遗址。它们能代表当时技术工业水平，能反映主要生产过程和特点及对全国和地区历史文化发展的影响。

（1）历史事件发生地。中国曾发生过许多对历史发展进程有重大影响的历史事件，其遗址遗迹往往令人产生联想，富有启示和教育意义。例如，越王勾践卧薪尝胆的会稽山、虎门销烟的东莞虎门滩、中国工农红军北上抗日的遵义会议旧址、解放战争时期百万雄师渡长江的渡江遗址等，均具传奇色彩。

（2）军事遗址与古战场。在中国社会的发展过程中，军事征战频繁，留下许多为防御外来入侵的军事工程如海岸要塞、边境要塞、古炮台、军事城堡以及发生重大战争的古战场遗址等，它们是进行历史考察、凭吊怀古等旅游活动的重要胜地。例如，东莞虎门炮台、天津大沽口炮台等，都是中国人民反抗外来侵略而奋勇自卫的历史见证。又如河南荥阳市广武山、河南中牟县的官渡、湖北赤壁市的赤壁等都是著名的古战场遗址等。

(3) 废弃生产地。是指历史时期曾兴盛一时但后来被废弃了的生产遗址，具有较高科学考察价值而成为珍贵旅游资源。例如，景德镇、岳阳等地的宋代瓷窑遗址，湖北大冶铜绿山宋铜矿遗址，广东肇庆端溪砚坑遗址，北京平谷采金洞遗址，福建泉州古码头遗址，云南大理的大理石采石遗址等。

(4) 古城和古城遗址。我国现存各类古城和古城遗址，是中华民族古老文明的象征之一。仅经国务院批准的历史文化名城就有122座。其中最为著名的有古都城市如北京、南京、西安、杭州、洛阳、开封、安阳；商贸城市如平遥、扬州；封国都邑或少数民族王城如江陵、苏州、长沙、银川、成都；交通军事重镇如武威、阆中；与历史名人有关的城市如曲阜、韩城、邹城等。还有些历史时期曾显赫一时，而今已只剩下其遗址如四川的三星堆，湖南的城头山，新疆的楼兰等。但仍具有重大历史文化价值。

(5) 长城遗迹和烽燧。我国人民自古热爱和平，在历史时期的重大军事斗争中总是进行防御，至今留下一些重要军事防御体系遗址。如被评为“世界新七大奇迹”之一的万里长城可称典范。它东起辽宁鸭绿江畔的虎山，西至甘肃嘉峪关、全长7350km，工程之艰苦，气势之雄伟，为世界罕见，从而成为中华民族的象征。八达岭、慕田峪、古北口金山岭以及山海关、嘉峪关城楼等均为古长征遗迹，经修复基本保持原有风貌。烽燧又称为烽火台，有敌情白天燃烟、晚间放火。燃烟曰燧，放火曰烽，是内部相互联络的一种信号。周代就已广泛使用，至今仅少量保存于长城沿线。

六、建筑与设施旅游资源

1. 综合人文旅游地

综合人文旅游地内容广泛，门类繁多。但那些功能齐全而具鲜明民族地域特色的综合人文旅游最具旅游价值。

(1) 教学科研实验场所。名牌高校和科研实验机构，能反映国家教育和科学技术的研究水平，如北大、清华、中国科学院、长沙水稻育种栽培实验中心、酒泉航天城、雅安大熊猫繁殖中心等，它们以其幽雅的环境、先进的科研设施和突出成果，为不少旅游者所向往。

(2) 康体游乐休闲度假地。是指拥有优雅自然生态环境和为康体健身和休闲度假提供必要服务体系和设备的休养院、疗养院和度假区等。按其功能，我国的休、疗养院如浙江天目山森林康复中心、黑龙江五大连池矿泉疗养院、吐鲁番沙疗康复中心、无锡太湖康复中心、河北保健气功医院等；旅游度假区按其区位可分为滨海、滨湖、高山滑雪和高山休养四大类型，按其服务标准和接待对象有国家级、省级和地方级三种，如三亚亚龙湾、上海佘山、北海银滩、苏州太湖、大连金石滩等十三大国家级旅游度假区；西安曲江、黑龙江亚布力高山滑雪场（风车山庄）、武汉龙阳湖、四川乐山、湖南灰汤等大批省级旅游度假区。

(3) 宗教与祭祀活动场所。宗教徒修行及举行宗教仪式的场所，称为宗建建筑；帝王或民间为祭祀祖先和神祇而建筑的庙坛建筑物称为礼制建筑。

寺庵 是寺和庵的合称。中国寺庙一般有三门殿（寺庙大门）、天王殿（供大肚弥勒佛）、大雄宝殿（供佛祖释迦牟尼及其弟子像）、观音殿、藏经殿、罗汉堂等殿堂。各主殿一般布局在一条纵轴线上，如此有利于引导信徒有秩序地观赏全部寺庵建筑，以达到信仰高潮。全国仅汉族地区修复开放的寺庵就有200多座，其中142座属全国重点寺庵。各大风景名山、古丝绸之路沿线以及西藏、青海、内蒙古等地，都形成了庞大的寺庵建筑群。

道观 是道教徒祀神和做法事的场所。道观原是一种楼阁建筑，源于“仙人好楼居”。

在建筑布局上由神殿、膳堂、宿舍、园林四部分组成；建筑为宫殿式土木结构，讲究天圆地方，阴阳五行；装饰图案除“八仙”故事外，还有八卦太极、四灵、暗八仙及动物中的鹤、鹿、龟和植物中的灵芝、仙草等；选址重视山水相邻，重点突出“成仙”或“清修”意境；楼台池榭，山石林宛，刻意追求自然、虚静和人在云端“天人合一”的艺术效果，形成了特有宗教园林艺术。龙虎、齐云、青城、武当等道教名山，都是道观林立之地。

清真寺　是伊斯兰教的寺庙，一般为宫殿式，也有尖塔圆顶式。主要由大殿、望月楼、宣礼楼、经堂、浴室等组成。它外观华丽宏伟、殿内空旷，墙壁素洁淡雅，形成一种“安拉无所不在”的气氛。在我国分布较为普遍，泉州清真寺、广州怀圣寺、沧州清真寺和济宁清真寺，被称为全国四大名寺。

基督教堂　是基督教举行宗教活动的场所。我国比较著名的基督教堂主要有北京南堂和北堂、上海徐家汇天主教堂、天津望海楼教堂等。

坛庙　是坛和庙的合称。坛是帝王为祭祀神祇的建筑。如北京的社稷坛、天坛、地坛、日坛、月坛、先农坛和先蚕坛等。其设计都充满象征主义的构想，多追求典雅、纯正，寓有“国泰民安、五谷丰登”之意，天坛是我国现存最大的“坛”建筑。庙是帝王或民间祭祀祖先的建筑。皇家建筑群中的庙，称祖庙，我国现存唯一的祖庙建筑是北京太庙，为明、清两代的皇家祖庙。帝王和民间为祭祀先师圣贤的建筑也称庙。例如，祭祀孔子的孔庙（又称文庙），祭祀蜀汉名将关羽的关庙（又称武庙）等，其共同特征是附有园林绿化场所，可使游人瞻仰、凭吊和观赏园林之胜。

宗祠　是我国封建社会时期一族一姓为祭祀祖先的建筑，遍及城乡。有些大族、望族的祠堂规模宏大，建筑精美。广州陈家祠是我国现存宗祠建筑中保存最完整、规模最大、艺术价值最高的一处。

（4）园林游憩区域。园林是以自然地形为基础，通过改造自然，种植花草树木和点缀人工建筑等手段而形成文化内涵丰富的立体空间艺术实体。中国园林按其占有者的身份，可分为皇家园林、宅第园林、宗教园林，风景名胜区园林等；按其地域性质和艺术风格，可分为北方型园林、江南型园林、岭南型园林和少数民族园林。北方园林多为皇家园林，规模宏大，利用真山真水建造园林，集名山之胜景，汇建筑之精华，多豪华建筑，风格粗犷，雄伟豪放。承德避暑山庄、北京颐和园是其典型代表。江南型园林多为宅第园林，规模小而明媚奇丽，淡雅朴素，富有田园情趣。苏州、杭州、扬州、南京等江浙城市都是江南型园林的荟萃之地。岭南型园林，集中于潮汕地区和珠江三角洲一带。其造园艺术师从北方园林与江南园林吸收了不少选林方法，同时也吸收了西方园林造林手法，风格融中西南北于一体，洗练简洁，轻盈秀雅，表现“岭南之新”的园林建筑特色。少数民族园林具有浓厚的地方色彩和宗教气氛，以拉萨的罗布林卡最具典型性。

（5）动物和植物展示地。多以动物园和植物园形式出现，因具生命活动，备受旅游者青睐。搜集、种植各种植物，以科研为主，并进行科普教育和游客观赏的园林，称为植物园。我国的植物园综合性的如北京植物园、南京植物园、广州植物园等；专科性植物园如西双版纳热带植物园、杭州亚热带植物园等。建于1930年的南京中山植物园为我国最早的植物园；拥有3000多种植物的北京植物园，为全国规模最大的植物园。专门饲养各种动物供展览观赏，并进行科普教育与科学研究的场所，称为动物园。我国城市动物园以北京、上海、广州、台北四大动物园规模最大，驯养的动物最多。另有一些露天野生动物园，如广州番禺香江野生动物园等；也还有一些专门性动物园，如大连蛇岛，武夷山蛇园、上海海洋水族馆等。

（6）城市公园与主题公园。现代城市公园是供人休闲游览的园林处所，即是在一定地域内通过改造地形，种植树木花草，营造建筑和布置路径创作而成的优美自然环境或游憩境域。包括庭园、宅园、小游园、花园、盆景园及一般性公园，遍布全国各地。例如，北京北海公园、杭州西湖公园、昆明西山公园、长沙烈士公园等。主题公园是指充分利用现代科学技术和雄厚的投资条件，依据其特别构想，围绕一个或几个主题创造一系列有特别环境和项目的人造旅游吸引物，一般分为大型主题公园和小型（微型）主题公园。其具有个性强烈、主题鲜明、高投入、高门票、高消费，但游客重游率低、生命周期延长靠项目不断更新等特点。主题公园全国各大城市都有分布。深圳的“锦绣中华”、“中华民俗文化村”、“世界之窗”，都是我国大陆最早最典型的人造主题公园。

2. 单体活动场馆

单体活动场馆是为满足娱乐健身而设置的场馆，以体育健身场馆和歌舞游乐场馆最为常见。

（1）体育健身场馆。包括体育中心和运动场馆。前者主要指设备完善，容量大，场馆类型多，功能齐全，可进行综合性或专项性体育比赛的建筑群。综合性的莫过于北京奥运体育中心，尤其是其中的主体场馆国家体育场“鸟巢”工程，可容纳12万观众；其规模为世界之最；专门性的如湖南郴州女排训练基地，西藏拉萨的长跑训练基地、河北正定的乒乓球训练基地、黑龙江亚布力滑雪训练基地等。运动场馆是体育中心或其他地方的单个运动场所，如田径场、射击场、球场、跑马场、棋馆、滑雪场、游泳场、旱冰场、水上运动场等。例如，北京的国家游泳中心“水立方”、青岛帆船竞赛场、香港沙田马术中心等。

（2）歌舞游乐场馆。游览娱乐行业为旅游业的五大构成之一，拥有多种现代化或富有趣味性的娱乐设施，进行各种商业性活动的场所称为游乐场所。歌舞游乐场馆即其中重要内容之一，世界最为知名的莫过于奥地利维也纳的金色剧场，澳大利亚的悉尼歌剧院。我国的歌舞游乐场所分布广泛，但具有各种不同层次，以北京中国国家大剧院最大最先进。

3. 景观建筑与附属型建筑

景观建筑是一个民族所创造物质文化的重要组成部分，是反映一定时间条件下一个民族在科学技术和文化艺术上所达到的水平。我国的景观建筑及其附属型建筑类型多样，地域特色鲜明、建筑技艺高超。

（1）佛塔。起源于印度，意译为“高显处”或“方坟”，音译为“浮屠”、“塔婆”等。原用于供佛、藏经和存放舍利，后演变为寺庵的标志性附属建筑。我国现存古塔3000多座。最为著名的有应县木塔、大理千寻塔、开封铁塔、杭州六和塔、北京白塔、苏州虎丘塔、景洪飞龙白塔，以及登封少林寺塔林、青铜峡塔群等，尽皆隽雅挺拔，具有很高的艺术和观赏价值。

（2）楼阁。楼阁是具有藏书、远眺、巡更、饮食、娱乐、休憩、景观、装饰等功能的房屋式木构建筑物。从文化内涵看，楼含蓄隽永，最具联想力。例如，登岳阳楼，联想到范仲淹《岳阳楼记》中的“忧国忧民”情操，令游人景仰。楼往往以文人诗文传世而闻名。如范仲淹与岳阳楼；崔颢与黄鹤楼；王之焕与鹳雀楼等。嘉兴烟雨楼、昆明大观楼等都是古今名楼。阁的内涵是一种崇拜神秘、虚无缥缈的宗教文化。例如，山东“蓬莱阁”，世称“蓬莱仙阁”，濒临大海，极目远眺，海市蜃楼时隐时现，有身临仙境之感；颐和园万寿山佛香阁，是清时老佛爷慈禧太后佛仙合一的象征。南昌的滕王阁、宁波天一阁等，均为名阁。

（3）石窟。是开凿于悬崖绝壁上的一种寺阉建筑，多源于印度，汉代传入中国并发展成为融合中外文化的一种艺术建筑。石窟中刻有许多佛像和反映佛教活动及民间故事的壁画、彩塑等。中国石窟多分布于古“丝绸之路”沿线和长江流域。莫高窟、云冈石窟、龙门石窟、麦积山石窟，被誉为我国“四大石窟”，连同永靖县炳灵寺石窟、济南千佛崖石窟、邯郸响堂山石窟、广元千佛崖、剑川石钟山石窟、新昌大佛寺石窟、屯溪花山石窟以及拜城克孜尔千佛洞等30多座石窟，被列为全国重点文物保护单位。

（4）摩崖字画。就是利用悬崖峭壁的自然走向而将书法和画像雕刻于上的字画。我国摩崖书法在各大风景名胜区几乎都有分布，尤其泰山、黄山、华山、衡山、昆明西山、福州鼓山等景区更具特色。广西融水真仙崖摩崖书法刻于下临融水的悬崖绝壁之上，以书法好、环境险而称奇，徐霞客《粤西游日记》中有专门记载。湖南祁阳浯溪，唐代著名古文学家元结所撰写的“大唐中兴颂”，由著名书法家颜真卿书写，刻于濒临湘江的悬崖之上，以其独特的历史文化价值和书法艺术价值而被“摩崖三绝”。

（5）碑碣。古代把长方形的刻石称“碑”，把圜首形或形在方圆之间、上小下大的刻石叫“碣”，现代将凡被立碑刻字者统称碑碣。我国现存具有丰富历史文化价值、科学研究价值和书法美学艺术价值的古碑碣不少。我国最早的原始碑文是现存于北京国子监周文王时的“石鼓文”，其次是秦代李斯手书的“泰山秦刻石”。西安碑林是我国最大的碑林群，保存碑石2300多件；湖南祁阳浯溪碑林为我国最大的露天碑林，保存有碑刻530多块；我国最大最怪的碑碣是湖南衡山岣嵝峰上的“禹碑”，上刻77字典蝌蚪文，至今谁也无法辨认。

4. 居住地与社区旅游资源

居住地和社区，是一地自然人文风貌的集中反映，具有独特的民族特色和地方风格。

（1）传统聚落与乡土建筑。系指民间建造的具有浓厚地方特色的建筑物。例如，具有典型人文背景或历史文物价值的乡村古聚落、古民居和古衙署等。

传统聚落　是历史时期形成的集镇或村落，具有古老性、独特性、科学性和民族风格等特点，是形式多样、造型优美、与自然界融为一体的自然人文景观。中国的传统聚落多以“七星八斗”、“文房四宝”立意构思，从自然现象的概括中寻求象征吉祥的抽象概念，创造出有激发力和想象力的乡土环境的独特意境，充分体现中国古代耕读社会文化的形态特征。在建筑特色上有由众多院落组合、规模宏大、装饰豪华的晋中“豪宅型”；“雕梁画栋、描金绘彩”的皖南“商业型”；“白墙黛瓦、朴实素雅”的浙江温州“耕读型”；“城堡式”和“围垅式”的闽粤赣边地区的“客家防御型”等。传统古聚落遍布全国，但以晋中、苏南、皖南、湘南、闽南、粤北最为集中。

古民居　民居是各地区、各民族居住形式和居室结构的总称，类型多样。如汉族分布地区多为上栋下宇式木构架结构的院落住宅，但北方多为坐北朝南的四合院；南方丘陵山区多为高低错落的台基式院落住宅；闽粤赣边的客家人为城堡式生土楼院落或围垅屋住宅；云南为“一颗印”住宅；黄土高原广泛使用窑洞式住宅等。各少数民族地区如南方壮、傣、布依、黎等族至今保留着干栏式住宅；蒙古族的圆形毡房（蒙古包）；鄂温克族的伞形“希楞柱”；鄂伦春族的圆锥“仙人柱”；羌族的寨子等。还有渔家住居的船舟舍，林区猎户的棚屋等。但作为古民居应该是指历史时期创造、至今仍保护完好，并具有居住实用和科学考察及观赏价值的民居。例如，皖南黟县的宏村、西递，浙江永嘉县的苍坡村和芙蓉村的明清式古民居，以及闽粤赣历史时期保留至今的各式客家土楼民居。

官署　古代各级官员办理公务的衙署，称为官署。例如，河南内乡县衙古建筑群始建于元大德八年（1304年），现存坐北朝南建筑百余间，沿一条南北中轴线依次分布着照壁、宣化坊、大门、仪门及主体建筑大堂、二堂、三堂及其相应的厢房，花厅、狱行等建筑功能完整；孟连宣抚司署建筑群建于明朝永乐二年（1404年）、坐落于孟连县城娜允镇的半山腰。由衙门议事厅，左右厢房，正厅、粮仓、厨房、监牢、围墙等组成，利用汉族建筑文化包装，内部保留傣族传统建筑文化特征，是多元建筑文化奇葩。

（2）特色街区。城镇中保有较多代表某一时代风貌的店铺、商肆、民居、建筑小品等的街区称为特色街区。例如，四川资中县的“新正街”，有保存清代风格最完整的街巷；安徽屯溪古城老街是比较完整的以宋代建筑风格为主，又亦有明清江南徽派建筑艺术特点的一条古民宅商业街；山西平遥古城的城西大街和祁县的余古街，都是保留有清代建筑风格的商业金融古街；江苏的周庄、同里，浙江的乌镇等，保留有明清江南水乡特色风格的古民居商业街，以及哈尔滨的“中央大街”、天津的“文化街”、上海的南京路等，均以其特有风貌为旅游者所青睐。至于各地修复或仿古性街区如汉街（长沙）、唐街（西安）、宋街（开封、杭州）等，同样为旅游者所欢迎。

（3）纪念地。主要包括名人故居和历史纪念性建筑地。在社会历史和经济文化发展中有过重大影响的著名人物，因备受后人崇敬和缅怀而建有纪念地及其他纪念性建筑，如屈原故里秭归县屈坪，今尚存屈原庙、吟诗台等古迹，而抱石沉江以殉国的汨罗市尚有屈子祠、独醒亭、晒尸墩等古迹；司马迁故里韩城市的太史祠和太史公墓，淄博蒲松龄的聊斋，淮南吴承恩故居，成都西郊的杜甫草堂，中山市的孙中山故居，韶山毛泽东故居，淮安周恩来故居，韶兴的鲁迅故居等。革命遗迹如民族英雄郑成功收复台湾的屯兵营地和挥师东渡的出发地厦门鼓浪屿，林则徐及虎门人民禁烟销烟地东莞虎门镇的虎门，红军长征路、革命摇篮井冈山，革命圣地延安等都修建了纪念馆、纪念碑等纪念性建筑，皆富有教育意义。

5. 归葬地

（1）陵区陵园。为纪念先烈、历史人物而设的建筑群，以历代帝王陵寝、革命先烈的陵园最具特色。我国帝王陵寝除黄陵（陕西黄陵县）、炎陵（湖南炎陵县）、尧陵（山西临汾市）、舜陵（湖南宁远县）、禹陵（浙江绍兴市）是后人根据传说修建的一般规模不大、建筑特色不突出的陵园外，其余自周代至明清的历代帝王大多盛行厚葬，形成规模宏大、建筑讲究、各具特色的庞大陵区。例如，秦陵位于西安临潼，工程浩大，地上有陵寝，下有墓穴，陵区附近有兵马俑和铜车马从葬坑；西汉帝王陵多在咸阳北塬及长安附近，规模巨大，陵前设石像生，创陵邑制；唐陵分布于乾县、礼泉县一带，“因山为陵”，气势壮观；明、清两代陵寝都选址于“风水宝地”，设集中陵区，各陵依皇位先后依次排列，各陵区宏伟壮观，多被列入《世界文化遗产名录》。

（2）墓（群）。是指单个坟墓或葬地，那些体量巨大、造型精美、地位突出的历史名人或具历史价值的墓冢墓室等，最具旅游价值。我国的历史名人古墓葬也很多，如呼和浩特的昭君墓、长沙西汉马王堆汉墓、徐州汉代龟山楚王陵、曲阜孔林（陵）、杭州岳飞墓、南京中山陵、岳麓山的黄兴墓和蔡锷墓等。为纪念革命先烈的陵园有南昌方志敏烈士墓、衡山掩埋抗战阵亡将士的“忠烈祠”、沈阳抗美援朝烈士陵园、徐州淮海战役烈士陵园等。

（3）悬棺。又称觚板、架壑舟，是存留于深壑悬崖峭壁高处岩洞中的棺木，宛似悬于崖壁上，故称悬棺。以南方丹霞地貌分布区最为多见，如福建武夷山就有船棺16处、江西龙虎山有40多处。这些悬棺基本认定为古越人、巴人的一种特有墓葬。为什么要葬那么高，在古代没有现代起吊设备的情况下又是怎么安置上去的，至今仍为不解之谜，极富神秘色彩。

6. 交通建筑旅游资源

交通建筑景观有古代的如古桥梁、古渡口、古码头、古驿站、古栈道，也有现代的如现代车站、航空港和大型的港口、码头等。

（1）桥。是架在水上或空中以便通行的建筑物，有古桥和现代桥梁之分。在桥梁史上占有重要地位、影响深远的名桥如河北赵县的安济桥、建于公元12世纪的福建漳州虎渡桥、建于南宋的福建晋江安平桥等。我国的古代遗存下来的名桥以东部最集中，仅苏州一市就有380多座，形成“人家尽枕河”、“小港小桥多”的奇观。我国的现代大型桥梁以其数量多、规模大、技术先进、造型美观而知名世界。例如，武汉长江二桥与举世闻名的黄鹤楼和雄伟的龟山电视塔遥相挺立，以高超的技术和优美的造型成为武汉市的新景观和标志性建筑；上海的杨浦大桥、南浦大桥、卢浦大桥，以其高超的技术和独特的造型，成为世界奇观；杭州湾跨海大桥，跨越长江口的苏通大桥，更是创造了世界大桥奇迹。

（2）车站、港口与航空港。都是现代化交通工具始发或停靠的场所性建筑。一般以规模巨大、技术设备先进、造型美观且使旅客能安全、舒适、快速、便捷进出站的港站建筑最具旅游价值。我国的北京火车南站、北京首都机场第三航站楼就是其典型代表。

（3）栈道。是在悬崖绝壁上凿孔支架木桩，铺上木板、设了护栏的窄路，以工程艰巨、路途险要而具观赏功能，并能给探险者历险的经历。在古代交通建筑技术落后的情况下，在一些山岭阻隔的必经之地，古人们只得以愚公精神于峡谷地带修筑栈道。这种栈道最为著名和至今保存较为完整的要算四川的剑门蜀道和明月栈道。旅游者不仅可从这里看到历史的足迹，而且可以追索“武王伐纣，蜀亦从行”、张良“焚栈迷羽”、韩信“明修栈道，暗度陈仓”等典故。

7. 水工建筑旅游资源

具有灌溉引水、通航、养鱼等功能的水利建设工程遍布我国各地，但最具旅游价值的还是那些可供观赏游憩的风景水库、水井、灌区等水工建筑。

（1）水库观光游憩区段。因人工筑堤蓄水而形成的大型水域称为水库或人工湖泊。大多位于河流中上游，生态环境一般较好，淹没区所形成的湖湾、库叉、湖中岛与库周其他景观往往形成“山—水—岛”或“山—水—城”等特有的库区风光。浙江的千岛湖、湖南的东江湖、福建的金湖、安徽的太平湖、广东的新丰江水库、河南与山西之间的小浪底水库、甘肃刘家峡水库，以及吉林的松花湖等，都是我国著名的游览观光水库区。长江三江水利枢纽工程的库区，以其巨大规模、高密度和高品位的景区景点著称，更有东方“日内瓦湖”的美誉。

（2）水井。从地面往下凿成的取水深洞称水井，一般用于饮用灌溉，遍布全国城乡。对于那些所处环境优美，或开凿历史久远，或井的建筑装饰奇特，或已被湮没而经现代发掘保存有文物的古井均具有价值。例如，被称为21世纪最大考古发现的湘西龙山里耶古镇的1号古井，竟出土了36 000多枚秦简和众多的青铜器。干旱区人民创造的一种大型引用地下水的灌溉工程坎儿井，由地下暗渠、竖井和明渠三部分组成，每条长数里至数十里，以新疆吐鲁番盆地坎儿井最为典型，现仍存1100多条。分布于风景名胜区的井更具旅游价值。例如，山西太原市晋祠南侧的“不老泉”等。

（3）水利工程。指有利于航运、灌溉、水能利用、或防止水患的水工建筑，有古代和现代之分。例如，都江堰，为战国时期秦国蜀郡守李冰主持兴修，设计之科学，灌溉效益之大为世界罕见；灵渠，又称为湘桂运河，由秦始皇命史禄主持兴建，沟通湘漓二水，并筑有“陡门”提高水位以利通航，是世界上最早的运河船闸；京杭大运河，是我国与万里长城齐名的又一伟大工程，为历代漕运要道。长江三峡水利枢纽工程、河南林州的红旗渠、山西的引黄济汾工程、河北的引滦入津工程等，都是现代著名水利工程；正在实施的“南水北调”东线、中线工程更为世界之创举。

七、旅游商品

旅游商品又称旅游购物品，是供旅游者作为纪念品、实用品和馈赠品而购买带着走的产品，具有精美、精巧、珍贵、便于携带等特点。目前一般将可直接供旅游者直接享用的产品，也被列在旅游商品的统计范围内。

1. 菜品饮食

孔子说：“食不厌精”。因此，精美菜肴和风味小吃最具旅游价值。

(1) 地方菜肴。我国精巧烹饪技艺所制作的精美菜肴，以其选料讲究，刀工精细，配料奇巧，色、香、味、形、器俱佳而享誉世界。中国地方菜系最著名的有川、鲁、粤、淮(扬)、浙、闽、湘、徽“八大菜系”，而且各具有特色。例如，川菜以酸、辣、麻见胜；鲁菜以清鲜，脆嫩、原汁原味著称；粤菜以选材奇杂、口味鲜爽滑嫩而引人入胜等。名菜中还有过去由帝王家传入民间的“宫廷菜”，如西安唐菜、北京满菜、曲阜“孔膳”等；以新鲜味美素菜为原料，模仿荤菜式样而风味独特的“素菜”以及将药物和食物配合食用的“药膳”等。各地还有各种不同风味的特产。如宿州符离集烧鸡，河南滑县道口烧鸡、常熟叫花子鸡（煨鸡）、北京烤鸭、金华火腿、无锡肉骨头、广州烤乳猪、湘西土匪肉（熏肉）、益阳松花皮蛋等，香港、台北更有“美食天堂”之誉。

(2) 风味小吃。由于特殊的加工工艺，各地涌现出不少具有强烈地域特色的风味小吃。例如，上海五芳斋的点心和老人房的糕点，成都的担担面、都江堰市白菜鲜花饼，广州的波纹面饼、北京大顺斋糖火烧、无锡小笼包和南京的蟹黄汤包以及昆明的“过桥米线”、长沙的臭豆腐、天津的“狗不理包子”。

2. 地方农林产品及其制品

中国地大物博，又具有5000年的农业文明史，所培育及其进行特色加工的地方农林产品及其制品丰富多彩，但最具国际比较优势的是名酒、名茶、名果及名优中草药材。

(1) 名酒。中国有五千多年的酿酒历史，已形成白酒、黄酒、葡萄酒、果酒、啤酒、配制酒六大系列以及名目繁多的地方名酒。贵州的茅台酒、董酒、四川的五粮液、泸州老窖、剑南春，山西的汾酒、竹叶青，湖南的长沙白沙液、湘西酒鬼酒，山东烟台的白兰地、味美思和红葡萄酒，以及古井贡酒、洋河大曲、绍兴加饭酒等，都是公认的名酒。其中，茅台酒、汾酒曾在1915年和1951年两度荣获巴拿马万国博览会金质奖；绍兴加饭酒获1925年巴拿马万国博览会银质奖。

(2) 名茶。中国是茶叶的故乡，有着悠久的制茶和饮茶历史，形成了中国特有的茶文化。由于各地特殊的自然环境和加工工艺而形成了许多享誉国内外的名茶。绿茶中的杭州西湖“龙井茶”、苏州太湖“碧螺春”、六安“瓜片”、岳阳君山“银针”、黄山“毛峰”、信阳“毛尖”、太平“猴魁”、庐山云雾茶、雅安“蒙顶茶”和长兴“顾渚茶”，被称为“中国十大名茶”；红茶名品有祁门红茶、宜宾红茶等；乌龙茶名品有武夷山“大红袍”、安溪“铁观音”等；苏州的茉莉花茶、普洱的紧压茶、益阳的伏砖茶、台湾的虫茶等也很名贵。

(3) 名果。中国果树栽培历史源远流长，地方品种全国至少在1万种以上。其中最为著名的名果中，苹果有山东烟台的青焦、辽东半岛的国光、宝鸡地区的红富士等；梨有山东莱阳梨、天津鸭梨、新疆库尔勒香梨等；柑橘如浙江黄岩蜜橘、福建闽江红橘、四川广柑、湖南新宁脐橙、广西沙田柚等；葡萄有新疆吐鲁番无核白葡萄、北京玫瑰香葡萄、山西清徐黑鸡心葡萄等；桃有山东肥城佛桃、河北深州蜜桃等；红枣如山东乐陵金丝枣、河南新郑鸡心枣、陕西大荔圆枣等。香蕉、荔枝、龙眼、菠萝、椰子等为我国著名的热带水果，名品有广东龙牙蕉、台湾仙水蕉、广东增城“挂绿”荔枝、福建莆田龙眼等。

（4）中草药材及其制品。中国采集、栽培、加工和使用中草药历史极为悠久，驰名中外的名贵中草药材如东北三省的人参和鹿茸、宁夏的枸杞、甘肃的黄芪、山西的党参、青海的大黄和冬虫夏草、云南的三七和当归、四川的麝香和贝母、云贵川的天麻、广西的砂仁、山东的阿胶、台湾的樟脑等。

3. 传统手工产品与工艺品

中国人民心灵手巧，传统手工产品和工艺品素以工艺精湛、品种丰富、风格独特及其具有观赏性和实用性等特点而享誉世界。

（1）刺绣。是典型的中国民间传统手工艺品。苏绣、湘绣、蜀绣、粤绣为国内“四大名绣”。苏绣以绣工精细，针法活泼，图案秀丽，色泽以雅洁著称；湘绣以着色富于层次，案面色彩明快，图景画面逼真而闻名；蜀绣以针法严谨，色彩明快，图案秀雅为特色；粤绣以构图丰富，风格活泼欢快，色彩浓厚鲜艳称绝。中国织锦与刺绣齐名。南京云锦、苏州宋锦、四川蜀锦为我国“三大名锦”。此外，北京京绣，温州瓯绣，开封汴绣，贵州苗绣，湖南瑶绣、土家绣，广西壮绣，云南傣绣，海南黎绣，也都各有特色。

（2）陶瓷。中国有“陶瓷古国”之称，最著名的有江苏宜兴陶、广东石湾陶、安徽界首陶、山东淄博陶、湖南铜官陶等。宜兴有“陶都”之称，新产紫砂陶制品以工艺精细，色泽淡雅，形制古朴而饮誉世界。中国瓷器以坯体洁白、细密、音响清澈而有别于陶器。江西景德镇、浙江龙泉、河南禹州（古称均州）和临安（古称汝州）、湖南醴陵、福建德化等，都是优质瓷产地。景德镇所产瓷器以“薄如纸、声如磬、白如玉、明如镜”而驰名。

（3）漆器。是用我国天然生漆和特种工艺漆成并具有透明、发亮、防腐、耐酸、耐碱的一种装饰品。我国的漆器以造型古朴典雅、做工精巧细致、色彩和谐绚丽的扬州漆器和工艺精细、制品轻巧美观的福建脱胎漆器最著名。四川漆器和贵州大方漆器等，也都是我国漆器中的上品。

（4）雕塑。牙雕、玉雕、石雕、木雕、竹雕、椰雕、骨雕、蛋雕、泥塑、胶塑、面塑以及冰雕雪塑等雕塑艺术在我国有着极为悠久的历史，且工艺超凡，地方特色浓烈。尤以牙雕技术最为突出，如北京牙雕以古装仕女、花鸟取胜，上海牙雕以小件人物见长，广州则以精雕象牙球著称。它们的共同特点是技艺精湛，能在微型物体上雕刻出融诗词、书法、绘画于一体的宏观场景画面。

（5）文房四宝。纸、墨、笔、砚是中国书画必备用品，历史悠久，名品众多。安徽泾县（古称宣州）的宣纸，浙江湖州的湖笔，安徽歙县和休宁（古称徽州）的徽墨，广东肇庆（古称端州）的端砚，素称中国的“四宝”。

（6）其他。上海珐琅，北京景泰蓝，山东潍坊风筝，河北人造琥珀和固安柳编，天津杨柳青画，内蒙古银器具，河南洛阳“唐三彩”（陶器）和麦秆画，浙江西湖绸伞，广东佛山剪纸，湖南浏阳花炮和岳阳羽毛扇，黑龙江玛瑙和麦秆工艺盒，四川瓷胎竹编和竹丝垒扇，贵州安顺和湖南凤凰的蜡染织品，湖北武汉陶制戏剧脸，陕西扎染制品和秦俑制品，新疆和田地毯和民族小花帽，宁夏鼻烟壶，海南黎锦荷包等，都是富于地方特色的绝招产品。

八、人文活动旅游资源

人文活动是指以人为主体的各种社会经济文化活动，内容丰富多彩，形式生动活泼，往往情景交融，富有感染力。

1. 人事记录

人事记录包括人物与事件。在中国古今的社会生活中，产生过不少对历史进程有重大影响的历史人物和事件，或记载于史传，或简存于方志、或凿石勒铭、或以口碑流传于民间，但最具诱人魅力的还是那些富于传奇色彩的人物与事件。例如，秦皇汉武，唐宗宋祖，成吉思汗，康熙乾隆，乃至近代的孙中山，现代的毛泽东、周恩来等名人的传略；“鸿门宴”，“玄武门之变”，“国共合作”，“卢沟桥事变”等历史事件，均为旅游者喜闻乐谈。

2. 文学艺术作品

艺术是用形象来反映现实但比现实有典型性的社会意识形态。而其中的文学艺术作品又是通过形象反映生活、表现思想感情所达到的准确、鲜明、生动程度以及表现技巧程度的作品。旅游生活中以自然山水为对象的山水诗词、山水楹联和山水游记最富感人魅力。

（1）山水诗词。景以诗传，许多风景名胜地，都留下了不少增辉添色的名篇佳句。例如，苏轼的“水光潋滟晴方好，山色空蒙雨亦奇”，简练而深刻地描绘了西湖的形象之美；李白的“飞流直下三千尺，疑是银河落九天”，直接渲染了庐山瀑布的宏伟气势；韩愈的“江作青罗带，山如碧玉簪”，白居易的“绿浪东西南北路，红栏三百九十桥”等名句，分别对桂林山水、苏州园林作了画龙点睛的描写。旅游者在饱览这些地区风光的同时，欣赏脍炙人口的千古绝唱，得到的是趣味无穷的享受。情景交融的意境诗也耐人寻味。例如，张继的“月落乌啼霜满天，江枫渔火对愁眠。姑苏城外寒山寺，夜半钟声到客船”（《枫桥夜泊》）；王之涣的“白日依山尽，黄河入海流。欲穷千里目，更上一层楼”（《登鹳雀楼》）；杜甫的“风急天高猿啸哀，渚清沙白鸟飞回”（《登高》）；柳宗元的“孤舟蓑笠翁，独钓寒江雪”（《江雪》）；叶绍翁的“春色满园关不住，一枝红杏出墙来”（《游园不值》）；白居易的“日出江花红胜火，春来江水绿如兰”（《忆江南》）；以及王安石的“春风又绿江南岸，明月何时照我还”（《泊船瓜洲》）；陆游的“山重水复疑无路，柳暗花明又一村”（《游山西村》）等名篇佳句中所造的各种意境，扣人心弦，发人深省。

（2）山水楹联。是一种别具风格的文学书法艺术形式，其中写景楹联可使自然风光锦上添花，给旅游者添欣赏情趣。例如，济南大明湖楹联“四面荷花三面柳；一城山色半成湖”，描绘出大明湖“荷花吐艳、翠柳如烟、山色如染、水波粼粼”的美好山水风光。楹联佳句配名胜古迹，可深化意境，启迪后人。例如，黄帝陵联“大哉黄祖丰功洪德震中外；传矣民魄浩气雄风励古今”；南京陶行知墓联“千教万教教人求真；千学万学学做真人”，均令人情舒意爽，奋发为怀。还有一些楹联写景抒情，以长取胜。如昆明大观楼长联：

> “五百里滇池，奔来眼底。披襟岸帻，喜茫茫空阔无边！看东骧神骏，西翥灵仪，北走蜿蜒，南翔缟素。高人韵士，何妨选胜登临，趁蟹屿螺洲，梳裹就风鬟雾鬓，更蘋天苇地，点缀些翠羽丹霞。莫辜负四周香稻，万顷晴沙，九夏芙蓉，三春杨柳。
>
> 数千年往事，注到心头。把酒凌虚，叹滚滚英雄谁在？想汉习楼船，唐标铁柱，宋挥玉斧，元跨革囊。伟烈丰功，费尽移山心力，尽珠帘画栋，卷不及暮雨朝云，便断碣石残碑，都付与苍烟落照。只赢得几杵疏钟，半江渔火，两行秋雁，一枕清霜。”

上联描绘了滇池及其周围的秀丽景色，四季风光；下联概括云南历史沧桑，风云变动。情景交融，气势磅礴，被称为“海内第一佳长联”，毛泽东曾称赞长联“从古未有，别创一格”。

（3）山水游记。是古今文学家描绘祖国山河、古迹，采录民情、民风、抒发爱国、爱美常用的一种文学形式。优秀的散文游记作品把大自然的秀美之景、劳动人民的纯朴之情和由此产生的高尚情感统一起来，给人以丰富的精神享受，并从中得到启迪，获取新知。优秀的散文游记作品本身还是一种深受旅游者喜爱的“卧游”对象和旅游“向导”。我国北魏郦道元的《水经注》、唐代柳宗元的《永州八记》、宋代欧阳修的《醉翁亭记》、王安石的《游褒禅山记》、苏轼的《石钟山记》、陆游的《过小孤山大孤山》以及明代伟大旅行家徐弘祖的《徐霞客游记》和现代文学家郁达夫的《钓台的春昼》、郭沫若的《飞雪崖》、叶圣陶的《游了三个湖》、朱自清的《松堂游记》、秦牧的《逛东陵》、杨朔的《香山红叶》、丰子恺的《上天都》、臧克家的《镜泊湖》、李大钊的《五峰游记》等，皆以清秀的笔墨展示了锦绣的祖国山河，开卷可使人神游于千峰万壑，领略风土民情。

3. 民间习俗

（1）地方风俗与民间礼仪。这是一个地区或民族积久相沿而形成的风尚、习俗及礼节、礼仪。我国地域辽阔，早在汉代就有“百里不同风，十里不同俗”之说。但越是地方的、民族的，便越是世界的，越具旅游价值。我国的地方民俗反映在居住方面如北京市的“四合院”、上海的“石库门”、延安的窑洞、山西的大院、闽粤赣边客家人的土楼和围垅屋、傣族的竹楼等；反映在穿戴服饰方面如北方男子穿宽袍大褂，南方妇女喜着绣花裙，瑶族妇女喜戴盆形蓝布缠头饰，白族妇女喜戴有白缨穗的轮巾；在饮食方面如北方人喜食饺子，南方人喜食米饭，藏族人喜食糌粑和酥油茶等。在礼仪习俗方面如汉族人对待贵客多杀鸡打鸭、买肉买酒；壮族迎客设鸡宴，敬交杯酒；苗族迎客敬“牛角酒”，宴前跳民族舞蹈；藏族向客人赠哈达、敬青稞酒和酥油茶；水族设鱼宴待客，侗族的“拦门酒”；等等，尽皆隆重热烈，意趣横生。

（2）民间节庆。是指城乡各地定期举行的各种节日庆祝活动。据不完全统计全国各民族的重大传统节庆活动达67个，其中最具有价值的还是那些具有国际和全国意义的大型活动及具有浓厚地方特色和民族风情的节庆活动。例如，汉族春节燃放烟花和耍龙灯、清明节祭祖和扫墓、端午龙舟竞赛和中秋赏月。少数民族的大理白族“三月街”进行赛马、歌舞、演戏、篝火等；苗族吃新节的芦笙盛会、斗牛；延边朝鲜族年节唱歌跳舞、田间点火、荡秋千、跳板、长鼓舞；壮族歌圩节男女情歌互答、抛绣球、碰彩蛋、抢花炮等，尽皆引人入胜。

（3）庙会。是在寺庙节日或在寺庙所在地举办的具有宗教活动、民间游乐等多种性质的聚会。我国现存的大型寺庙有300多个，每个庙宇都有自己的特定节日。例如，南岳庙会，即每年农历八月十三日为南岳圣帝的生日，全山各寺庙僧侣要做法事，省内及邻省集众最多可达30万。庙会一般为3～5天，此期间有抬地故事、斗鸡、耍龙灯、踩高中跷等重大民间活动，并兼有商贸旅游活动，热闹非凡；福建湄洲妈祖庙的妈祖节、辽宁鞍山玉佛苑的玉佛节等，同样盛况空前。

4. 现代节庆

节庆一般是指传统的庆祝或祭祀日子所举行的重大活动，因为它的影响力大、吸引力强，故而现代不少的经贸洽谈、商品展销、旅游观光，也往往借助节庆这种形式进行所谓的

“旅游搭台、经贸唱戏”现代节庆活动，其主要形式有旅游节、文化节、商贸农事节、体育节等。长沙的中国金鹰文化艺术节、哈尔滨的冰雪文化节、北京国际文化旅游节、郴州的生态文化旅游节等都是内容丰富、形式生动活泼、地方特色和民族风格浓郁的著名现代节庆活动。现代旅游节庆已成为21世纪中国旅游业的一大亮点。

第三节　中国旅游环境问题与保护

以建设美丽中国为目标，强化生态文明建设，走环境友好型、资源节约型的现代旅游可持续发展之路已成为时代最强音。因此，国家“十二五”旅游发展规划明确：必须继续坚持环保与节能，牢固树立保护开发的原则，牢固树立旅游开发服从保护的原则。但长期以来，以牺牲环境为代价，片面追求经济效益的低水平旅游开发使其产生了较为严重的环境问题。

一、旅游环境与旅游环境问题

一般意义上的旅游环境是指旅游地影响旅游活动行为的各种因素，包括社会环境、自然生态环境、旅游气氛和旅游资源等。旅游环境问题是指由于外界作用使上述因素受到影响和破坏，使旅游者旅游活动的满足程度受到影响。

旅游地的自然生态环境是其地貌、空气、水和动植物等生态因子的总称。这些生态因素的有机结合构成了旅游地的优美环境和愉悦意境。从人类审美的需求看，自然景观美是基础，在一个空气、水体、土地遭受污染的环境中，旅游者无法领略、欣赏、体会具体游览对象的各种美学特征，只有优美的自然生态环境才是人们旅游、回归大自然的理想场所。从这个意义上分析，旅游地自然生态环境的本身，就是一种极具吸引力的旅游资源。旅游气氛环境是指旅游地所特有的地方特色、历史、民族风情及与之相适应的外部氛围。旅游环境美是形象与意境的双重美，而每一具体的游览对象，其对旅游者旅游活动行为的激发，在很大程度上反映出其特殊的历史、地方、民族特点或一种异国、异地的特殊情调。因此，必须充分认识旅游环境问题对旅游及其持续发展的影响。目前我国旅游业面临的主要环境问题有：相当一部分热点旅游地水体污染，空气质量下降，局部生态环境恶化，旅游资源遭受破坏等；旅游地垃圾、污水、污物随处可见；部分热点旅游地长期超容量接待游客，旅游气氛丧失；旅游开发建设项目与旅游地整体环境不协调。

二、旅游环境问题产生的原因

1. 自然衰败

大自然的发展变化有可能使旅游环境发生优化，但更多情况下，会使之衰败。根据影响程度和速度，又可分为突发性破坏和缓慢性破坏两种。

（1）突发性破坏。自然界中突然发生的灾变，如地震、火山喷发、飓风、海啸、洪水、泥石流、滑坡等，会突然直接改变一个地区的自然面貌，毁坏部分甚至全部的旅游资源及旅游环境。例如，历史时期黄河频繁地决堤改道，形成了不少黄河古道。

（2）缓慢性破坏。自然界的寒暑变化、风吹雨打、生物作用都会导致旅游环境形态和性质发生缓慢的改变，任何名胜古迹及其外围环境都时刻受到自然机械风化的威胁。

2. 人为破坏

（1）战争破坏。战争对旅游环境的破坏是巨大的，其损失往往也是无法挽回的。例如，英法联军对我国发起的侵略战争，造成圆明园等众多文物古迹的损毁和流失。

（2）经济活动不当。首先表现在经济发展过程中，工业生产排放的“三废”和噪声污染了旅游地的自然环境，扰乱了旅游地应有的宁静；其次，毁林开荒、地下水过度开采、开山炸石等不合理的资源利用与落后的生产方式破坏了旅游地的生态平衡等，如世界自然遗产地张家界景区内酒店林立，所排放的“三废”使其自然生态环境破坏严重，曾一度受到联合国教科文组织的黄牌警告。

（3）开发建设不当。在旅游开发利用过程中，因为缺乏科学的规划和严格的可行性论证，有关项目和设施建设与旅游地整体环境不协调，造成对旅游环境的破坏。例如，古迹复原处理不当；新建项目与旅游地景观不协调；改变或破坏了旅游地原有的应保留的历史、文化、民族风格和气氛；忽视旅游环境的整体协调，造成景点的不伦不类等。

（4）经营管理失误。经营管理失误主要表现在：一是环境观念淡薄、环保意识差、管理机构不健全、管理人员素质低；二是短期行为思想，只顾眼前利益，不顾长远利益，长期超载，导致旅游地的污染或拥挤，使旅游生态环境失调；或因拥挤嘈杂而破坏旅游气氛。

（5）旅游活动行为不当。由于游客的不良习惯和不文明的行为方式，在旅游区内践踏花草、攀树折枝、随意刻画、乱扔垃圾、随地大小便等，致使旅游区卫生状况差，景观资源遭受破损。

三、旅游环境的保护

旅游环境的保护是一项复杂的系统工程，除进行环境保护科研、环境保护技术实施、环境保护立法和环境保护宣传等措施、途径外，从旅游地理的角度出发，可从以下几个方面进行努力。

1. 坚持保护第一的原则，强化旅游开发中的环境保护要求

在开发前对开发活动进行环境评价、分析、识别建设与经营过程中可能造成的影响，提出相应的减免对策，把可能对旅游环境造成的负面影响降低到最低程度。旅游开发阶段，要科学规划，合理确定旅游景区的旅游环境容量，明确环境要素专项保护措施，对水资源保护、水污染处理、水土保持、大气保护以及环卫设施配套需进行专门规划。

2. 严格贯彻和落实国家环境影响评价法，做好旅游环境规划

造成旅游环境问题的主要原因是人类经济活动的不当，因此需要制定具有科学性、严谨性和预见性的旅游环境规划，用于组织、管理旅游业及保障其正常发展，以防破坏旅游环境活动的发生，从而克服经营发展生产、扩大旅游规模与旅游地环境保护之间的矛盾，使其协调一致。为旅游环境规划的落实，还必须配备数量足够的环保人员，建立或健全相应的管理机构和有效措施，并严格执法。

3. 坚持生态理念，发展生态旅游

要强化“没有良好的生态环境，就没有旅游可持续发展”的生态理念，积极发展环境友好型的生态旅游。从广义上讲，生态旅游的真正含义是指对环境和旅游地文化影响小，有助于创造就业机会，促进保存野生动植物的多样性，对生态和文化有着特别感受的带有责任感的旅游。从狭义上讲，生态旅游是指人们为追求融进大自然奇特环境的刺激性，所进行的一种冒险性生态空间的跨越行为和过程，同时也是保持环境质量、维护生态平衡和促进人类与生物共同繁荣承担责任的旅游活动。无论广义或狭义，其共同的目标都是保护旅游地的自然环境，保护未来旅游赖以生存的环境质量等。

4. 坚持绿色环保，开展低碳旅游

游客的文明程度在很大程度上决定着旅游景区的环境质量。游客乱扔垃圾，随地吐痰，乱涂乱画，高声喧哗等不文明习惯的改变之日，就是我国旅游环境改善之时，对此要加强宣传教育，同时配之以严格的处罚规定。要保证我们国家的大好河山和千古名胜永葆青春，必须与不文明旅游行为告别，否则，我国旅游业资源即使再丰富，也是难以维持可持续发展的。同时，旅游景区也要用好、用足国家现有节约减排、循环经济等政策与资金，坚持绿色环保，开展低碳旅游，为广大游客提供进行文明旅游的环境氛围。

实践演练

一、思考与练习

1. 对照《旅游资源分类、调查与评价》(GB/T 18972—2003) 及教材对中国旅游资源的基本类型所进行的归纳总结，试自举 1～2 个例证。

2. 利用课余时间试对学校所在的城市或就近景区进行一次初步旅游环境问题调查，并简要分析其原因，探讨其对策。

3. 网上欣赏我国固有领土钓鱼岛、南海诸岛风光，了解中国海洋及其相关岛屿主权史实。

二、学习与理解："积极支持生态旅游发展"与"全面推动乡村旅游"

为"实现保护资源环境，实现可持续发展"，国家新的旅游发展规划提出了积极支持生态旅游发展的要求，要求坚持生态理念，强化"没有良好的生态环境，就没有旅游业的可持续发展"的意识。积极发展环境友好型的生态旅游，提升生态脆弱区居民生态保护意识，引导游客减少对环境的破坏，变"被动"保护环境为"主动"保护环境，自觉保护资源和环境。通过加大资源保护项目建设与投入，强化生态环境监管，有效发挥旅游业生态效益，促进我国生态环境向优化可持续方向发展。鼓励社会各类投资主体开发生态旅游项目，积极开展生态旅游试点示范，建立一批国家生态旅游示范区，推动生态旅游健康发展。同时，为满足消费者需求，完善产品体系，提出了全面推行推动乡村旅游的建议，并要充分利用乡村的生态环境和民俗文化等资源，在妥善保护自然生态、原居环境和历史文化遗存的前提下，开展各具特色的农业观光和体验性旅游活动。进一步推进乡村旅游发展和社会主义新农村建设的结合。合理利用民族村寨、古村古镇，建设一批集居住、观光、购物、娱乐等功能为一体的特色旅游村镇，打造一批乡村旅游示范村（摘自《中国旅游业"十二五"发展规划纲要》第九章和第十二章，并稍加整理）。

三、探研与体验

1. 湖南省省长谈"两型社会"建设。

2011 年 5 月 4 日，《人民日报》发表长篇通讯"两型巨轮出湘江"（人民日报采访组）。2007 年年底，长株潭城市群被国务院批准为"全国'两型社会'建设综合实验区"。三年多来（相对于 2011 年而论），借力"两型"先行先试长株潭快速崛起。当时的省长徐守盛（现任湖南省省委书记）说："两型绝不仅仅是一个生态目标，随着资源节约、环境友好的要求落实到经济发展各个环节，它必将引起思维方式、发展方式、生产方式、生活方式和政府管理方式的巨变"。

2012 年 11 月 10 日，《湖南日报》刊登"推进'两型社会'建设，实现可持续发展——湖南省人民政府省长徐守盛答《学习时报》（中共中央党校主办）记者问"。当记者（中共中央党校报刊社社长兼总编辑肖勤福）问及湖南提出"四化两型"战略，这在全国是独到的。"四化"是大家都知道的现代化战略，你们为什么要加上"两型"，有什么样的战略考虑？省长徐守盛说："'四化两型'是科学发展观的应有之义，是科学发展观的具体化。我们的落脚点是全面建设小康社会，这也是我们的着眼点和总体目标"，并说："湖南是山清水秀、人杰地灵的鱼米之乡，也是有色金属之乡、非金属矿产之乡。有色金属的开采、冶炼，有一百多年的历史，尤其是新中国成立后，湖南有色金属产业的发展，为湖南工业体系的建成和军工企业的发展作出了巨大贡献。不可避免的是，留下了尾矿库、累积性重金属污染等问题，对保护生态环境带来了较大的压力。与此同时，湖南要赶上全国平均发展水平，满足老百姓的期盼，必须保持较快的发展速度。

这就是说，在加快发展的时候，即使加快产业升级换代，经济社会发展的资源需求也必然呈刚性增加态势。这就加剧了湖南本就缺煤、少电、无油、无气的资源供给紧张状况。在资源需求增加、环境保护压力增大的背景下，我们要实现较快速度的发展，就必须走资源节约型、环境友好型的路子。按照中央部署，2007 年 12 月，我们开始在长株潭城市群建设资源节约型、环境友好型社会试点，推动转型创新发展、城乡统筹发展、集约节约发展，最终实现绿色发展和可持续发展。转型创新发展方面，就是要转到资源节约型和环境友好型上。要加快建立和完善湖南自主创新体系，增强自身的创新动力，把资源节约型、环境友好型社会的基础，牢牢建立在创新发展之上。党的十八大把生态文明建设纳入中国特色社会主义建设及“五位一体”的总体布局中，把两型社会建设作为全面建设小康社会的重要目标，标志着“两型社会”建设由湖南推向了全国（杨载田、李佳整理）。

图 3.2　长株潭城市群生态“绿心”昭山

• 探研：①“两型社会”建设与中国旅游可持续发展的关联性；②在国际游客接待 15 强省中，湖南长期处于第 15 位，2012 年已上升至第 13 位，这与湖南“两型社会”建设有何联系；③为什么说长株潭城市群生态“绿心”昭山（图 3.2）是两型社会建设的标志性工程。

2. 名人咏名花诗赋选。

古代文化名人中偏爱花朵为数不少，故描绘花儿的千古诗赋众多，如描写牡丹的“庭前芍药娇无格，池上美蕖净少情，唯有牡丹真国色，花开时节动京城”（刘禹锡：赏牡丹，图 3.3）；描写芍药的“倚竹家人翠袖长，天寒犹着薄罗裳。扬州近日红千叶，自是风流时是妆”（苏轼：《题赵昌芍药》）；描写月季的“一番花信一番新，伴属东风伴属尘。唯有此花开不厌，一年常占四季春”（张新：《月季花》）；提到菊花的“秋丛绕舍似陶家，遍绕篱边日渐斜。不是花中偏爱菊，此花开尽更无花”（元稹：《菊花》）；咏兰花的“兰草堪同隐者心，自荣自萎白云深。春风岁岁生空谷，留得清香入素琴”（汪士慎：《空谷幽兰图》）；咏杏花的“应怜屐齿印苍苔，小扣柴扉久不开。满园春色关不住，一枝红杏出墙来”（叶绍翁：《游园不值》）；咏桃花的“人间四月芳菲尽，山寺桃花始盛开。长恨春归无觅处，不知转入此中来”（白居易：《大林寺桃花》）；等等，数之不尽（摘自卢云亭《观光农业》）。

图 3.3　花王牡丹（国花）

图 3.4　“空中高士”梅花（国花）

• 探研：①试找出几首描写梅花（图 3.4）的诗词，并找出相关芍药、月季、菊花、兰草、杏花、桃花的景观片；②谈谈名花佳木在游客旅游生活中的价值。

第四章　中国的旅游市场与旅游产品

学习提示

中国已快速地进入了世界旅游大国行列，而且2012年已经成为全球最大的国内旅游市场规模和第一出境旅游购买力国家，也将成为国际第一大旅游的目的地国家。为把握21世纪的发展机遇，争取更大发展，本章对中国国际入境旅游市场、国际出境旅游市场和国内旅游市场，以及旅游产品的形成、发展进行了回顾，对于中国各大旅游市场及旅游产品的特点、发展趋势等方面，进行了分析、归纳和总结。但旅游市场和旅游产品都在不断的发展变化之中，我们要与时俱进，不断学习和总结。

第一节　中国的旅游市场

一、旅游市场概述

1. 旅游市场的基本概念

现代旅游活动中既出现了旅游需求者即旅游者，又出现了旅游供给者即旅游企业，以及二者的交换，便形成了旅游市场（tourism market）。狭义的旅游市场仅指旅游产品交换的场所；广义的旅游市场则是指旅游产品交换过程中所反映的旅游者与经营者之间各种经济行为和经济关系的总和。从现实看，旅游市场实际上是由旅游者、旅游经营者、旅游产品、交换媒介等构成的旅游产品交换活动的具体形式，集中反映了旅游产品生产和交换的内在联系和本质特征。但通常所说的旅游市场，一般仅指旅游产品的经常购买者和潜在购买者，即旅游客源市场。当代旅游者需求已呈现出决策理性化、旅游需求精致化、旅游形式动和静的两极化、出游方式多样化和个性化等新特点。加强旅游市场调研，有利于针对性地开发旅游产品。

2. 旅游市场的一般划分

旅游市场划分标准多种多样，但旅游地理特别注重其区域划分，即按照旅游产品的购买者或潜在购买者的地理区域属性划分为国际旅游市场和国内旅游市场两大类。国际旅游市场又可以分为世界大区、国家和地区；国内旅游市场可以分为地区、省、市等。世界旅游组织根据各地旅游发展情况和客源集中程度，将全世界分为欧洲、美洲、东亚及太平洋、非洲、中东和南亚六大区域旅游市场。各旅游接待国则往往根据旅游者的来源而按国别或地区将其划分为不同的市场，如我国将入境旅游者按国别划分为港澳台市场、日本市场、韩国市场、东盟五国市场等。有时还根据其距离分为远程旅游市场和近程旅游市场；根据旅游者的年龄、性别、职业等特点，划分为老年人市场、教师市场、学生市场等。

3. 旅游市场的特点

（1）多样性。由于旅游者的需求动机、消费形式和层次、逗留的时间和空间，旅游经营者的能力水平、提供旅游产品的形式，以及旅游交换关系的方式方法等都表现出多样性、多层次性的特点，旅游市场也就相应表现出多样性特征。

（2）广域性。随着金融全球化、资本国际化、国际信息网络化的发展，以及旅游者休闲时间的增加和经济支付能力的提高，凭借发达的现代交通条件，国际旅游活动已迅速扩展到全球范围内。长距离、大尺度的国内旅游发展也十分迅速。

（3）敏感性。旅游者外出旅游都希望满足其最美的需求，对自然、社会、经济和政治等外部环境都会显示出很强的敏感性。例如，对气候的敏感，便会出现旅游目的地旅游市场的淡旺季节之分；自然灾害、经济波动、战争和恐怖活动等，都会使旅游需求市场和旅游供给市场在特定时间内产生波动。

（4）地域性。表现为旅游市场内部的相对一致性和区域旅游市场间的差异性。例如，西欧、北美、东亚太三大国际需求市场和地中海、加勒比海、东南亚、阿尔卑斯山、肯尼亚五大国际供给市场，以及中国的环渤海湾、珠江三角洲、长江三角洲三大国内市场，其旅游资源环境、旅游需求、出行或接待规律等，都表现出区内的相对一致性和区域间的差异性。

二、中国的国际入境旅游市场

1. 中国国际入境旅游市场的形成和发展

近代中国，是鸦片战争后西方资本主义国家对中国进行商品输出为基因的被迫对外开放，其国际旅游需求及其入境旅游者多以投资、贸易、经商为目的，而且随着经济的迅速增长，国际入境旅游市场也呈现出发展趋势。新中国成立后，由于政治因素的影响，1949～1963年，所接待的国际入境旅游者，外国人中来自原苏联和东欧各民主国家的旅游者占全部入境外宾的80%左右；1963年后，来自西欧、美国等资本主义国家的旅游者占80%以上。1978年后，中国的国际入境旅游市场才逐步走向多元化，且呈稳步上升趋势，我国入境旅游接待人数从1978年的181万人次，增长到2012年的1.32亿人次，增长近75倍；入境旅游外汇收入从1978年的2.6亿美元，增长到2012年的485亿美元，增长近186倍；接待过夜旅游者人次数和入境旅游外汇收入的世界排名分别从1980年的第18位和第34位上升至2012年的第3位和第4位，见表4.1。

表4.1　中国入境旅游发展情况一览表（1980～2012年）

年份	入境人数/万人次	过夜游客		入境收入	
		人数/万人次	世界排名	亿美元	世界排名
1980	570.25	350	18	6.17	34
1982	792.4	392.4	16	8.43	29
1984	1 285.2	514.1	14	11.31	21
1986	2 281.9	900.1	12	15.31	22
1988	3 169.5	1 236.1	10	22.47	26
1990	2 746.18	1 048.4	11	22.18	25
1992	3 811.5	1 651.2	9	39.47	17
1994	4 368.45	2 107	6	73.23	10
1996	5 112.75	2 276.5	6	102	9
1998	6 374.84	2 507.29	6	126.02	7
2000	8 344.39	3 122.88	5	162.24	7
2002	9 790.83	3 680.26	5	203.85	5
2004	10 903.82	4 176.14	4	257.39	6
2006	12 494.21	4 991.34	4	339.49	5
2007	13 187.33	5 471.98	4	419.19	5

续表

年份	入境人数/万人次	过夜游客		入境收入	
		人数/万人次	世界排名	亿美元	世界排名
2008	13 002.74	5 304.92	4	408.43	5
2009	12 647.59	5 087.52	4	396.75	5
2010	13 376.22	5 566.45	3	458.14	4
2011	13 542.35	5 758.07	3	484.64	4
2012	13 240.53	5 772.49	3	500.28	4

资料来源：《中国旅游统计年鉴》

2. 中国国际入境旅游市场的特点

（1）入境旅游客源市场的总构成分为三部分。在统计口径上，1988 年后为港澳同胞、台湾同胞和外国人。1988～2012 年，我国入境旅游客源结构随时代发展而变化，其份额以港澳同胞最大，且多年来相对比较稳定，但总体呈变小的趋势；外国人比例次之，且呈不断增长的趋势，如 1988 年为 5.12%，到 2012 年增长到 20.54%；台湾同胞入境旅游总数量保持了一定的增长，但所占比例不断缩小，如从 1988 年的 12.16%下降到 2012 年的 4.03%（图 4.1 和图 4.2）。

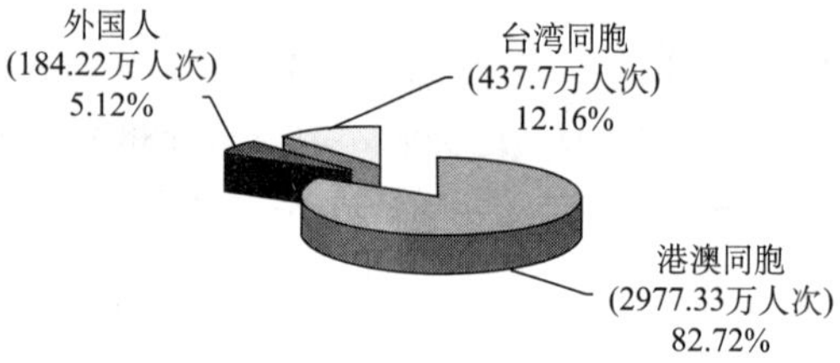

图 4.1　1988 年中国入境旅游市场结构

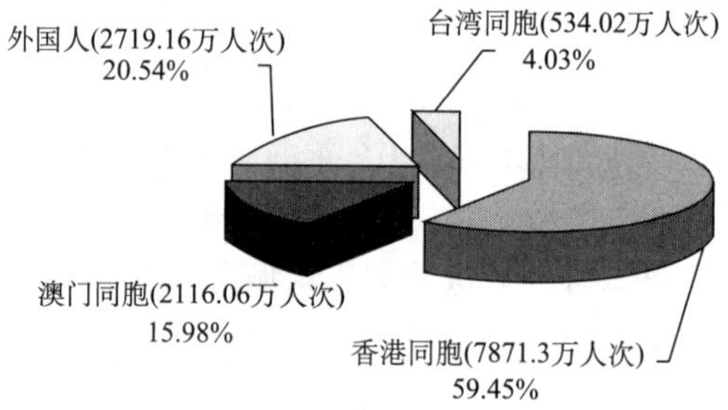

图 4.2　2012 年中国入境旅游市场结构

（2）入境旅游客源市场中外国人的洲籍构成较稳定。从 2001～2012 年来看，一直以亚洲为主体，欧洲和美洲为两翼，大洋洲、非洲的旅游所占份额较小，但呈不断增长的趋势，见表 4.2。

表 4.2　来华旅游市场的洲籍构成（2001～2012 年）

市场分布	2001 年		2007 年		2012 年	
	来华人数/万人次	份额/%	来华人数/万人次	份额/%	来华人数/万人次	份额/%
总计	1122.64	100	2221.03	100	2719.16	100
亚洲	698.23	62.2	1159.6	61.21	1664.88	61.23
欧洲	256.73	22.9	527.18	23.7	592.16	21.78
美洲	127.84	11.4	240.58	10.83	317.95	11.69
大洋洲	31.02	2.8	63.85	2.88	91.49	3.36
非洲	7.33	0.6	29.38	1.32	52.49	1.93
其他	1.49	0.1	0.43	0.02	0.19	0.01

资料来源：《中国旅游统计年鉴》

（3）入境旅游市场的国别构成以洲内国家和环亚太经济发达国家为主，但表现出相对分散的趋势。从对历年前15位旅游客源国入华旅游者所占的份额分析，都是洲内客源国家最多，其次是环亚太的美洲和大洋洲，欧洲传统的经济发达国家所占比重越来越低，如2012年，德、英都排在10位之后，法国已经跌出前15位，见表4.3。

表4.3　中国前15位客源国份额及排位一览表（1980～2012年）

排序	1980年	份额/%	1990年	份额/%	2000年	份额/%	2012年	份额/%
1	日本	31.4	日本	26.5	日本	21.7	韩国	15.0
2	美国	19.2	美国	13.3	韩国	13.9	日本	12.9
3	澳大利亚	5.4	苏联	6.3	俄罗斯	10.6	俄罗斯	8.9
4	英国	5.4	菲律宾	4.5	美国	8.8	美国	7.8
5	菲律宾	4.3	英国	4.5	马来西亚	4.3	马来西亚	4.5
小计	—	65.7	—	55.1	—	59.3	—	49.2
6	法国	2.9	新加坡	4.1	新加坡	3.9	越南	4.2
7	德国	2.8	泰国	3.9	蒙古	3.9	新加坡	3.8
8	新加坡	2.8	德国	3.2	菲律宾	3.6	蒙古	3.7
9	泰国	2.4	法国	2.9	英国	2.8	菲律宾	3.5
10	加拿大	2	澳大利亚	2.9	泰国	2.4	澳大利亚	2.8
小计	—	12.9	—	17	—	16.6	—	18.1
11	朝鲜	1.5	加拿大	2.7	德国	2.4	加拿大	2.6
12	意大利	1.3	马来西亚	2.1	加拿大	2.3	德国	2.4
13	瑞士	0.9	朝鲜	1.6	澳大利亚	2.3	泰国	2.4
14	苏联	0.9	印尼	1.5	印尼	2.2	印尼	2.3
15	印度	0.8	意大利	1.5	法国	1.8	英国	2.3
小计	—	5.4	—	9.4	—	11.0	—	12.0
—	其他	16	—	18.5	—	13.1	—	20.7
总计	52.9万人次		174.73万人次		1016.04万人次		2719.16万人次	

资料来源：《中国旅游统计年鉴》

3. 21世纪中国国际入境旅游市场定位

一个国家或地区的国际入境旅游客源市场，根据其旅游客源量和旅游消费量的份额，通常分为一、二、三级市场。

（1）一级旅游客源市场。又称核心市场，一般是指经济发展水平高，旅游出游率高，或与旅游接待国邻近，在历史时期和当代都有较为密切的经济文化联系，而又对其现实的旅游资源或产品有着强烈兴趣的国家或地区，这是一个国家或地区旅游发展的根基和首要目标。从以往发展的实际和未来发展预测，亚洲的韩、日两国，东盟国家，南亚的印度，欧洲的英、德、俄、法，美洲的美、加两国，大洋洲的澳大利亚，都是我国21世纪所要重点开拓的一级旅游市场。从海外旅游客源市场的角度衡量，港澳台也是重要的一级海外客源市场。尽管华侨作为我国入境旅游客源市场中所占的份额很小，但其木本水源之心，对祖国社会经济建设一直发挥着积极作用，今后仍应作为一级海外客源市场积极开拓。但必须注意的是当代日本右翼为加速军国主义的复活，将矛头直指中国，煽动日本国民的反华情绪，日本旅游市场可能会受到一定冲击。

（2）二级旅游客源市场。是指来华旅游已有一定发展，而且还具有相当潜力的市场。一般经济发展水平也比较高，或属于周边邻近国家，也有着相当历史文化和经济联系的国家或地区，在旅游客源市场中的客源总量和旅游消费总量中占一定份额，如南欧的意大利、西班牙、西欧的荷兰，北欧诸国，中亚的哈萨克斯坦。二级市场其综合客源量和消费量与一级市场相差较大，但蕴含有巨大潜力，可以进一步拓展，仍有很大发展空间。

（3）三级旅游客源市场。又称为机会市场或边缘市场，是现有来华游客中所占份额小的国家或地区，但具开发潜力。可以说，除我国入境旅游的一二级市场外，其余均可作为我国21世纪需要大力开拓的三级旅游市场。例如，土耳其已进入世界旅游接待大国行列，出境旅游也有相当规模；墨西哥、巴西、阿根廷、智利、委内瑞拉五国，中东各石油输出大国，只要能针对其市场需求，消除各种制约因素，其市场开发前景十分可观。据预测，未来国际远程旅游客源市场的发展将大大快于近程的旅游客源市场。因此，我国21世纪旅游客源市场战略应该是稳定发展洲内市场，重点开拓欧洲和北美市场，积极发展拉美、非洲和大洋洲市场。

4. 中国国际入境游客接待的地区分布

中国大陆入境游客接待的省（市、区）相对集中，据对接待入境游客的前15强分析，其历年前15强接待的人数量都超过全国总份额的85%以上，其中60%以上又高度集中于前5强，尤其是环京津唐地区的北京，长江三角洲地区的上海、江苏、浙江，珠江三角洲地区的广东，以及海峡西岸的福建始终位处前列地位；云南、辽宁、山东、黑龙江、内蒙古的发展速度也很快，如图4.3和图4.4所示。

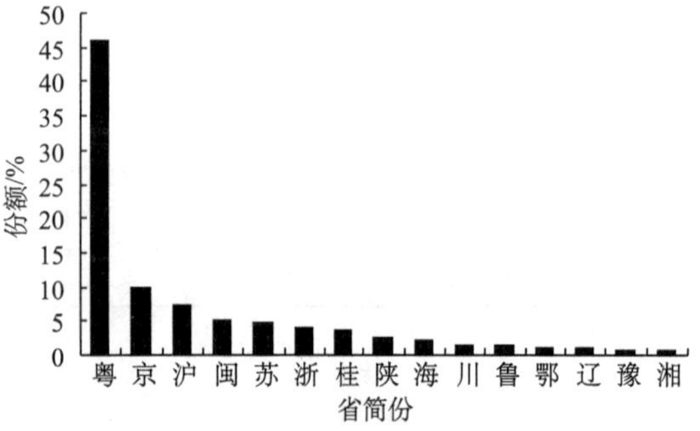

图4.3　1991年我国国际游客接待15强省（市、区）

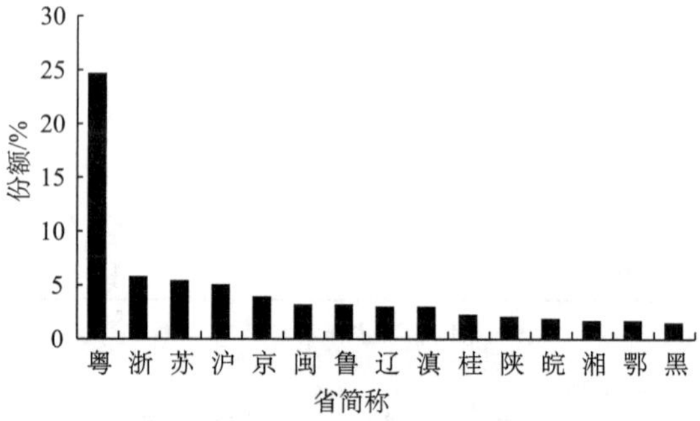

图4.4　2012年我国国际游客接待15强省（市、区）

分析中国入境游客接待如此格局形成的原因，京津唐地区、长江三角洲地区、珠江三角洲地区都有着特殊的政治、经济、交通和区位等优势；云南得益于澜沧江—湄公河国际经济协作区的发展和昆明—曼谷直航包机的开通；辽宁得益于大连国际花园城市的建设和日本市场的发展；山东得益于青岛、烟台等沿海城市的崛起和韩国国际市场的发展；福建得益于台海两岸的经济合作和台湾市场的发展；黑龙江和内蒙古则得益于俄罗斯市场的发展。

三、中国的国内旅游市场

1. 中国国内旅游市场的兴起和发展

旅游是当今世界消费者选择的最为重要的消费项目之一，一般在解决温饱后人们就会产生国内旅游动机。贫穷落后的旧中国，只有少数上层人物以及一部分高级职员才能成为旅游者。由于上海现代工商业发展早，民族资本集中，交通便捷，与之邻近的苏州、杭州、南京、无锡又是自古闻名的风景名胜之地，也就成为了旧中国最大的国内旅游客源地。早在1924年就有过赴杭州游览和赴海宁观潮的团体观光旅游之举；还有过少数上层人物赴庐山、北戴河、莫干山、鸡公山等风景名胜区的避暑度假旅游，以及层次不高的商务旅游。新中国成立后，限于特殊的国际国内政治经济环境和艰苦创业的国策，国内旅游客源市场难有发展。真正具有现代旅游业特征的国内旅游市场，是伴随着改革开放和国际入境旅游市场的发展兴起的。随着国民经济的快速发展，国民可支配收入增多；双休日、黄金周长假、清明、端午、中秋等传统节日放假和职工带薪假期等的实施，使人们享有更多的休闲时间；国家对国内旅游的政策也实现了从“不鼓励，不支持，不反对”到“积极发展”、“全面发展”的转变，使得我国的国内旅游市场自20世纪90年代以来便呈现出迅猛发展的局面。

2. 中国国内旅游市场的特点

(1) 出游规模大，旅游收入总量多。1985年，我国国内游客数量就达到了2.4亿人次，国内旅游收入为80亿元人民币；到2012年，国内出游人数达29.6亿人次，国内旅游收入2.27万亿元，分别增长了12.3倍和283.8倍，总体上呈现出持续高速发展的态势，如图4.5所示。

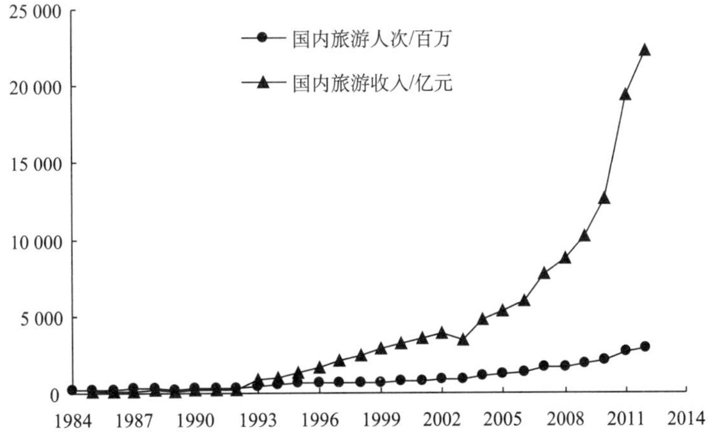

图4.5 中国1984～2014年国内旅游人次和旅游收入

(2) 国内旅游市场地域差异大，但逐步缩小的趋势明显。我国各地社会经济发展不平衡，国内旅游市场也反映出同样的规律。农村和城市是我国国内旅游市场的两大基本板块，但城市居民目前仍是市场主体，相对出游率高、旅游花费高。随着社会主义新农村建设的深入，农民可自由支配的收入增多，城镇居民与农村居民的个人旅游消费差距不断缩小，已由20世纪90年代中期的7.5∶1，降至2012年的3.3∶1，出游人次结构也发生了较大变化，农民出游人数的比重不断上升，如农民出游人数占国内旅游总人数的比重从2002年的27%上升到2012年的37%。

东部沿海地区和中西部地区是国内区域旅游市场构成的两个主要方面，而沿海经济发达，构成了我国国内旅游市场的主体。例如，2012年，人均GDP位于前10位的省（市、区），其中有9个（天津、北京、上海、江苏、浙江、辽宁、广东、福建、山东）分布在沿海地区。因此，国内旅游人数位于前10位的，其中有7个属于沿海地区；国内旅游收入位于前10位的，有8个属于沿海地区。中西部地区相对落后。

（3）国内旅游市场结构优化，消费档次提高。21世纪以来，国内旅游市场结构已发生了很大变化。例如，以观光度假为出游目的的纯旅游者已成为市场主体；出游距离除短程旅游者外，中程、远程旅游者的份额明显增多；出游目的地由一地（一个城市、一个风景名胜区、一个省）向多地发展；出游形式灵活，团体旅游比重大，但以个人出游、亲朋结伴同游的散客市场发展迅速；旅游客源地除三大都市圈以外，省会城市和其他副省级城市市场份额提高，沿海发达地区农村、中西部地区大中城市郊区旅游客源市场活跃；客源群体多元化，银发族（离退休人员）、工薪族、白领族、学生族等，都已成为国内旅游市场的重要组成部分；旅游方式上，家庭度假、奖励旅游、运动游、新婚游、主题公园游等均已成为国内旅游市场的新卖点；消费水平也正在向入境旅游市场靠近，如国内旅游出游的人均花费已由1995年的218元、2002年的418元，提高到2012年的767.90元，整体上呈现出加速提高的趋势。

3. 中国国内旅游市场发展的趋势与对策

21世纪是我国进入全面建设小康社会，加快推进社会主义现代化建设的新阶段，国内旅游必将更加持续稳定发展。为主动适应国内旅游发展的新需求，我国旅游业也应有相应的发展措施。

（1）继续实施政府主导型战略。旅游业一直受到了我国政府的高度重视，制定了一系列大力发展旅游业的优惠政策，尤其是20世纪90年代以来，国家将旅游业列为了加快发展的第三产业的重点之一，并制定了“适当超前发展”、“一手抓国外旅游，一手抓国内旅游”、“国内抓建设，国外抓促销”的基本方针。正因为如此，政府在调动全社会发展旅游业的积极性，促进省区间资源共享、优劣互补、省区联动等方面都发挥了不可替代的作用。21世纪的国内旅游业任重而道远，更需要继续实施政府主导型战略。尤其在增加旅游投入、制定支持和鼓励政策，发展旅游服务设施，培育和发挥国内旅游市场等方面，更需要政府发挥主导作用。

（2）加强国内旅游产品体系的建设。在搞好规划的基础上，要面对国内旅游需求市场，重点开发一系列中心城市周边度假休闲旅游设施，适应家庭度假，青年求知，老年康复的需要；面向国内的传统旅游产品要提高档次，配套搞好环境、道路和厕所建设，做到经济、卫生、舒适。假日旅游主要是以国内旅游市场为主体，规模大，集中性强，因此特别要重视假日旅游产品的建设。每当“黄金周”时期，东部一些旅游景区、景点人满为患时，应该分流一部分到我国广阔的西部地区去，因此要加速西部旅游产品的开发建设，这也是对实施西部旅游开发战略的具体落实。

（3）加强国内旅游的质量服务体系建设。随着国内居民物质文化生活水平的提高，国内旅游者同样需要高质量的旅游服务。为此，要适当提高档次，做到内容丰富健康，环境文明洁净，住宿设施要以中低档为主，餐饮娱乐要有地方特色；要加强国内主要客源地与旅游区之间的交通网络建设，旅游交通要快速安全舒适；要建立一个全国范围内的旅游服务信息系统，全面系统地为国内旅游者提供旅游线路、旅游价格、旅游设施、旅游景点等准确信息；要高度重视旅游安全工作，建立健全旅游紧急救援体系，以确保国内旅游者的生命、财产安全；要全面落实国家质量振兴纲要，深入开展旅游标准化工作，做到国内旅游服务与国际旅游服务接轨；要改进旅游投诉受理、信息咨询服务等机制，建立良好的旅游市场秩序，保障旅游者的正当权益。

四、中国的国际出境旅游市场

1. 中国出境旅游市场的形成和发展

在国际旅游研究中，出境旅游通常称为出国旅游，即一个国家的居民跨越国界到其他国家或地区开展的国际旅游活动。由于中国的特殊国情，中国公民的出境旅游目前包括港澳台游、边境游和出国游三部分，而且有因公出境与因私出境之别。

“港澳台游”是指内地居民到香港、澳门和台湾地区的旅游活动，起始于1984年国务院批准的开放居民赴港澳地区的探亲旅游，后发展为港澳台游；“边境游”是指中国居民到一些周边国家的旅游活动，起始于1987年国家旅游局和对外经贸部批准的辽宁丹东市对朝鲜新义州市的“一日游”，与传统的边境贸易相联系；“出国游”是指中国公民到别的国家的旅游活动，起始于1988年经国务院批准允许中国公民赴泰国探亲旅游，后相继增加新加坡、马来西亚和菲律宾，其明显标志是1997年7月1日由国家旅游局与公安部共同制定并经国务院批准发布的《中国公民自费出国旅游管理暂行办法》。至今，中国公民的出境旅游已经经历了“出境探亲”到“出国旅游”、“有组织、有计划、有控制”的“适度发展”到“规范发展”的过程。

2. 中国国际出境旅游市场的特点

（1）出境旅游的市场规模不断扩大。中国的出境旅游起步虽晚，但发展速度快、规模大，见表4.4。

表4.4　近10年中国出境旅游年度发展比较一览表（1998～2012年）

年度	出境总人数/万人次	比上年增加/%
1998	842	58.3
2000	1047	13.4
2002	1660	36.8
2004	1885	42.6
2006	3452	11.0
2007	4095	18.6
2008	4584	11.9
2009	4766	4.0
2010	5739	20.4
2011	7025	22.4
2012	8200	16.7

资料来源：《中国旅游统计年鉴》

我国的出境旅游统计始于1993年，至1997年间中国公民出境旅游人数便超过了日本，成为亚洲最大的客源输出国；2004年，中国的出境旅游人数便居世界第三位，旅游消费总支出居世界第七位，已成为世界上屈指可数的出境旅游大国之一；从2005～2011年，出境旅游消费总支出相继超过意大利、日本、法国和英国；2012 年，我国出境旅游消费总支出达到 1020 亿美元，一举超越长期排名第一、第二的德国和美国，成为世界上最大的旅游客源国。

（2）出境旅游客源地产出相对集中。国际出境旅游，一般停留时间较长，旅游花费较大，即使是较为便捷的港澳游、边境游也应有特有的边境口岸条件等优势，根据有关统计资料显示，中国公民出境旅游的客源省（市、区）中，处于前十位的是广东、云南、广西、辽宁、黑龙江、福建、上海、北京、内蒙古、浙江。但广东主要是港澳游，其次是出国游；上海、北京、浙江主要是出国游；云南、广西、辽宁、黑龙江、内蒙古主要是边境游；福建主要是台湾（金门、马祖）游。尤其是出国多日游游客的产出，有 2/3 的人次高度集中于环渤海湾地区、长江三角洲地区、珠江三角洲地区。

（3）出境旅游目的地不断扩大，但主要集中于亚太和欧美地区。在经济全球化背景下，世界人民不断来到中国，中国人也不断走向世界，截至到 2012 年年底，经国务院批准的中国公民出国旅游目的地国家和地区已达 144 个，其中已实施的有 111 个，遍及世界各大洲。中国公民出境旅游目的地国家和地区，目前主要集中于亚太和欧美地区，尤其是亚洲目的地国家和地区的份额最大，如 2012 年，我国公民出境列前十位的国家和地区依次是：中国香港、中国澳门、韩国、中国台湾、泰国、日本、柬埔寨、美国、马来西亚和越南；欧洲份额已超过 10%，主要是俄罗斯、德国、法国、英国、意大利；美洲约占 5%，主要是美国和加拿大。近年赴大洋洲的澳大利亚和新西兰的游客增长较快。由于中国公民出境旅游在目的地选择上具有一定的偏好性，故而首选之地近程多集中于中国香港、中国澳门、韩国、中国台湾、日本、俄罗斯、朝鲜以及东盟各国；远程集中于西欧、北美诸国以及澳大利亚、新西兰。

（4）因私因公出境旅游人数已发生结构性变化。中国公民出境旅游按其经费来源和出境目的可分为因公出境旅游（多为捎带式旅游）和因私自费出境旅游（多为观光游览和休闲度假）两部分，自 20 世纪 90 年代以来，二者所占出境旅游总人数的比例已发生了显著变化，见图 4.6 和图 4.7。从中可看出，1993 年，因公出境人数与因私出境人数的比例是 61∶39；2012 年，两者的比例为 7.4∶92.6，表明中国公民因私出境旅游活动后劲很足。

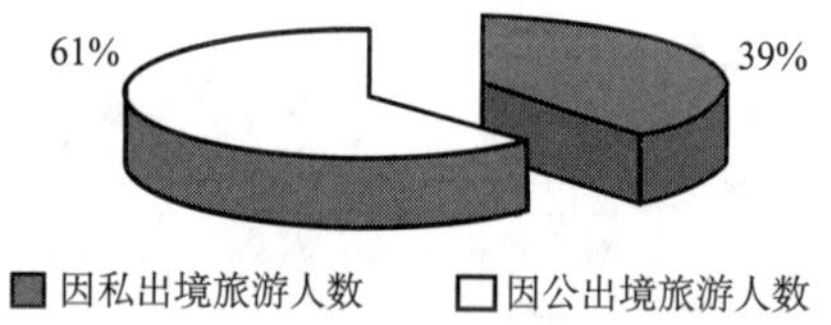

图 4.6　1993 年出境旅游人数结构图

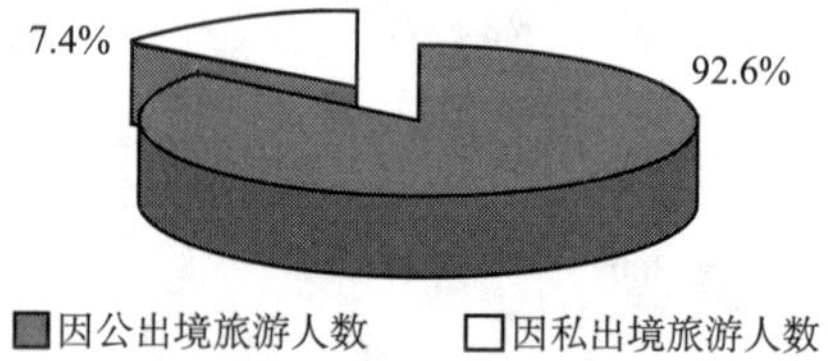

图 4.7　2012 年出境旅游人数结构图

3. 中国国际出境旅游市场发展的前景

出境旅游是一个国家经济发达程度的象征、国民生活质量水平的标尺，也是一个国家主动走向世界、认识世界的重要标尺；同时，也是国际社会对其政治经济实力及其国际地位的认同和主动接纳的重要标尺之一。随着中国未来政治经济实力的进一步强大和人民生活水平的不断提高，国民要求出境旅游的欲望会更强烈，中国政府对出境旅游政策将会更开放；同时也会有更多的国家申请成为中国公民出境旅游目的地。

中国出境旅游的快速发展，仍将会持续相当一段时期。据世界旅游组织预测，2010～2030 年，中国所处的东亚太地区国际旅游的年平均增长速度为 4.9%，是经济发达国家的两倍，占世界的市场份额由2010年的22%增长到2030年的30%。

目前主要的问题是出境旅游经营秩序较乱，质量、信誉和安全等方面的隐患和出现的问题较多。同时，还存在部分出境游客的不文明行为影响国家形象的问题；受“穷家富路”、“摆阔气”等传统观念的影响，相当一部分游客的消费水平过高等问题。其主要对策：一是规范发展。要大力治理和整顿出境旅游市场，并强化对出境旅游市场的监督、检查工作的力度。二是积极开拓。鉴于中国政治大国、经济大国的地位已经确立，国际贸易顺差已经很大，外汇储备已很雄厚，出境旅游应作为国家发展战略、平衡国际关系的主要内容，在“规范发展”的基本原则条件下，仍需进一步开拓发展。三是要对旅游者开展宣传教育活动，提倡文明旅游，提升中国游客在国际社会中的形象；树立正确的消费观念，增强把握市场和维护自我权益的意识。四是要做好旅游信息的服务和预警工作，避免突发事件的影响，保证中国公民出境旅游的安全。

第二节　中国的旅游产品

一、中国旅游产品的发展

尽管古老中华曾有过兴旺发达的经商贸易、宗教朝觐、文化漫游、学者考察等传统旅游活动，形成了“丝绸之路”、“茶马古道”等古典旅游产品；近代也有意识地开发过庐山、黄山等风景名胜地，但真正具有现代意义的旅游产品开发应该是新中国，而且大致经历了三个不同的发展阶段。

1. 艰难曲折的初创时期（1949～1977年）

中华人民共和国成立，百废俱兴，为迎接广阔国际社会的各种友好访问、国事访问、各式各样的走访、港澳同胞和侨胞回国探亲，遵照其时担任国家主席的毛泽东关于“打扫好房子再请客”的指示，先后成立了华侨旅行社、中国旅行社；其食宿除利用改造旧中国遗留下来的一些旧设施，如上海的国际饭店、和平饭店、上海大厦等外，各地还新盖了一些条件较好的国营招待所，显然这些属于国际入境旅游性质。但1960年前主要接待来自原苏联和东欧国家的旅游者，1960年后主要接待来自西方的旅游者，重点发展了城市观光旅游和购物旅游。1966年后，国内兴起“工业学大庆”、“农业学大寨”和革命圣地观光、伟人故里体验等参观访问活动，国家重点塑造了大庆、大寨、延安、韶山、井冈山等旅游产品，促进了国内旅游的发展。但总体规模小、水平低，多带有事业性质。

2. 积极发展时期（1978～1988年）

在“对内搞活，对外开放”的方针政策下，1978年国家颁布了“关于加强旅游工作”的文件；1979年，邓小平提出“旅游事业大有文章可做，要突出地搞，加快地搞”，并身体力行徒步登黄山；1981年，国务院发出《关于加强旅游工作的决议》，重申要“从中国实际出发，逐步走一条适合中国国情、日益兴旺发达的中国式旅游道路”，并制定了“积极发展，量力而行，稳步前进”的方针。为满足外国人对古老中华文化神秘色彩的体验和为百废俱兴的中国经济获取外汇收入，此时期重点发展国际入境旅游，并以团体旅游为主的方式，大力发展观光旅游产品，形成了以国际旅行社、中国旅行社、青年旅行社为主体的三大旅行社体系；在利用改造老饭店的同时，出现了如南京金陵、广州白天鹅等高星级涉外饭店；重点建设了一批国家级历史文化名城、国家重点风景名胜区和旅游城市，也开发了丝绸之路游、长江黄金水道游等高品位的旅游产品。但此时期整体质量和特色有限，地域分布不平衡。

3. 快速稳定发展时期（1990 年至今）

由于 1989 年的国内政治突发事件，中国的旅游业出现了一时的低谷，但很快就恢复了元气，并进入持续稳定发展时期。1991 年，我国正式明确旅游业为一项经济产业，并将其列为加快发展的第三产业的重点；1995 年，在《中共中央关于制定国民经济和社会发展九五计划和 2010 年远景目标的建议》中，进一步把旅游业确定为第三产业积极发展序列的第一位，并制定了一系列配套政策。与此同时，国家在西部大开发战略实施中，将旅游业列为区域产业优势之一予以重点扶持，先后实施了“黄金周”假日旅游制度和职工带薪休假制度，从而使中国一跃成为世界入境旅游大国。2009 年，为满足人民群众日益增长的旅游休闲需求，促进旅游休闲产业的健康发展，推进具有中国特色的国民旅游休闲体系建设，颁布了《国务院关于加快发展旅游业的意见》；2013 年，制定了《国民旅游休闲纲要（2013—2020 年）》，目标为：到 2020 年，职工带薪年休假制度基本得到落实，城乡居民旅游休闲消费水平大幅增长，健康、文明、环保的旅游休闲理念成为全社会的共识，国民旅游休闲质量显著提高，与小康社会相适应的现代国民旅游休闲体系基本建成。

旅游产品开发表现出三大特点：一是规模空前，截至 2012 年年底，全国纳入星级饭店统计管理系统的星级饭店共计 12 807 家，其中有 11 367 家完成了 2012 年财务状况表的填报，并通过了省级旅游行政管理部门的审核；二是新产品不断涌现，如工业旅游、农业旅游、红色旅游、奥运旅游、世博会旅游等；三是旅游产品优质化进程加快，仅全国优秀旅游城市就达 306 座等，并出现了北京中国大饭店、广州花园酒店、上海波特曼丽嘉酒店等铂金级酒店。但产品结构有待进一步优化、服务质量有待进一步提高。

二、中国旅游产品的特点

1. 旅游项目产品丰富多奇

中国旅游项目产品主要有观光旅游产品、度假旅游产品、商务旅游产品、购物旅游产品、节庆旅游产品、会展旅游产品、修学旅游产品、生态旅游产品、遗产旅游产品、保健旅游产品、体育旅游产品、特种旅游产品、观光休闲旅游产品、科技旅游产品、工业旅游产品，以及各种形式的文化旅游产品等。而且每种项目产品按其品位可分为国家级、省级和地方级；按其内容又可细分为多种亚型，如观光农业可分为观光种植业、观光牧业、观光林业、观光茶业以及农家乐等。通过对老产品的改造调整和新产品的创新设计和开发，如高科技农业观光、野生动物园乘车观光、影视旅游、明斯克航母游以及农博会、花博会、汽车博览会、航空博览园等使旅游者倍感新奇的产品层出不穷。

2. 旅游主题产品主导性很强

为了更好地促进全国各地旅游业的协调发展，从 1992 年起，国家旅游局每年推出“主题旅游”产品。1992 年首次推出了“92 中国友好观光年”，继而便是“93 中国山水风光游”、“94 中国文物古迹游”、“95 中国民俗风情游”、“96 中国度假休闲游”、“97 中国旅游年”、“98 华夏城乡游”、“99 生态环境游”、“2000 神州世纪游”、“2001 体育健身游”、“2002 中国民间艺术游”、“2003 中国烹饪王国游”、“2004 中国百姓生活游”、“2005 红色旅游年”、“2006 中国乡村游”、“2007 和谐城乡游”、“2008 中国奥运旅游年”、“2009 年中国生态旅游年”、“2011 年‘读万卷书、行万里路’”、“2012 年中国欢乐健康游”、“2013 中国海洋旅游年”、“美丽中国之旅——2014 智慧旅游年”，一年一个主题，每个主题都推出一批旅游产品。例如，“92 中国友好观光年”便推出 249 处旅游景点和 14 条专项旅游路线（长城之游、黄河之游、长江三峡游、奇山异水游、丝绸之路游、冰雪风光游寻根朝敬游、青少年修学旅行、新婚蜜月旅行、保健旅游、烹饪王国游、西南少数民族风情游、江南水乡游、佛教四大名山朝圣游），极富主导性和指导性。

3. 标准化进程加快

旅游产品标准化是科学规范旅游产品，发展旅游生产力的重要措施，也是使我国旅游产品与国际接轨的必要前提。中国旅游产品标准化工作以 20 世纪 80 年代中后期研究制定的《旅游涉外饭店星际划分与评定》标准为发端，以 1995 年 2 月正式成立的“全国旅游标准化技术委员会”为起点，并以该年出版的《中国旅游服务质量等级管理全书》为标志。至今经国家标准主管部门审定并颁布实施的标准有：《旅游服务基础术语》、《旅游饭店星际评定（修订）》、《内河游船星际评定》、《导游服务质量》、《旅游区（点）质量等级的划分与评定》、《游乐园安全服务质量》六个国家标准和《旅游公共信息图形符号》、《饭店客用品质量与配备》、《旅游汽车服务质量》、《国内旅游服务质量规范》四个行业标准和《旅游城市检查标准》等。为准确无误使用这些标准，一般又进一步制定和颁发了等级评定管理办法。例如，对于 2003 年颁布的《旅游区（点）质量等级的划分与评定》（GB/T 17775—2003），国家旅游局于 2005 年又公布了《旅游景区质量等级评定管理办法》（中华人民共和国国家旅游局第 23 号令），2009 年国务院公布了《旅行社条例》，2013 年 4 月第十二届全国人民代表大会常务委员会第二次会议通过了《中华人民共和国旅游法》，从而加快了中国旅游产品的标准化进程。

三、21 世纪中国旅游产品的发展趋向

1. 观光旅游产品精品化

欣赏异地风光，领略异域文化，是旅游者的永恒主题。我国丰富多彩而具有垄断地位的山水风光、民族风情、文物古迹是我国开发观光旅游产品的丰厚物质基础。但随着旅游业的深入发展，旅游者文化素质的提高，对一些观光产品大路货已不感兴趣，旅游者不再只满足于走马观花式的游览，而是在游览过程中加入了更多的文化内涵。例如，2008 年的北京奥运旅游，突出人文奥运、科技奥运、绿色奥运三大主题，并深度开发北京胡同游，推出“奥运人家”等品牌，不失为成功的范例。因此，提升景区的品位和档次，实施观光旅游产品的精品战略、品牌经营显得极为重要。21 世纪将是中国观光旅游产品的精品世纪。

2. 休闲度假产品大众化

据有关统计数据显示：2012 年，中国人均国内生产总值已达 6100 美元，城乡居民家庭恩格尔系数分别为 37.1%和 40.8%，表明中国人民已基本进入了“小康”生活水平。与此同时，中国人每年的假期已增加到 115 天，接近全年的三分之一。可自由支配收入、闲暇时间和消费模式三大促进因素，共同构成了中国大众化休闲度假旅游需求市场的产生，从而为大众化的休闲度假产品发展创造了条件。家庭休闲度假、环城市旅游度假、乡村休闲度假、海滨休闲度假、节假日和双休日休闲度假、自驾车旅游度假，乃至分时度假和出境休闲度假等各类休闲度假产品，逐渐成为市场的主流产品。

3. 专项和特种旅游产品常态化

专项旅游和特种旅游产品，是指为满足旅游者某方面的特殊兴趣与需要，定向开发的一种特色专题旅游产品。随着旅游市场的日渐成熟和细分化，各种旅游需求应运而生，为适应国际、国内旅游多种层次旅游者的需求，其主题明确，旅游者偏好突出，兴奋点集中，寻求更高层次自我满足和自我实现的专项和特种旅游产品，如生态漂流、海洋潜水、节庆旅游、

会议会展旅游、探亲访友旅游、宗教旅游、修学旅游、购物旅游、游船旅游、包机旅游、旅游专列、奖励旅游、高尔夫康乐游、北京奥运游、上海世博会游、杭州休闲博览会游等专项旅游产品将受到旅游者们的青睐，使得我国的专项旅游产品特点将会更加突出，产品种类将更加丰富，产品配套更加完备，将会形成一大批独具魅力和有相当知名度的专项旅游产品。

实践演练

一、思考与练习

1. 以本校师生为调查对象，通过访谈及问卷等方式，抽样调查当代大学生旅游、青年教师旅游、离退休教职工旅游三大细分市场的现状、特点及发展趋向，并写一个简要调查报告。

2. 根据搜索到的最新数据，模仿图 4.1 和图 4.2，试作中国出境旅游结构饼状图；设计中国国际入境旅游接待规模位处于前 10 位的旅游省（市、区）结构柱状图。

二、学习与理解：《中国旅游业“十二五”发展规划》主要指标

国家新的旅游发展规划指标：①国内旅游人数：2010 年为 21.5 亿人次，2015 年达到 33.1 亿人次，年均增长率为 9%；②国内旅游收入：2010 年为 1.15 万亿元，2015 年达到 1.9 万亿元，年均增长率为 11%；③入境旅游人数：2010 年为 1.32 亿人次，2015 年达到 1.53 亿人次，年均增长率为 3%；④入境过夜旅游者人数：2010 年为 5450 万人次，2015 年达到 6630 万人次，年均增长率为 4%；⑤外国人入境旅游者人数：2010 年为 2500 万人次，2015 年达到 3115 万人次，年均增长率为 4.5%；⑥旅游外汇收入：2010 年为 430 亿美元，2015 年达到 549 亿美元，年均增长率为 5%；⑦出境旅游人数：2010 年为 5200 万人次，2015 年达到 8375 万人次，年均增长率为 10%；⑧旅游业总收入：2010 年为 1.44 万亿元，2015 年达到 2.3 万亿元，年均增长率为 10%；⑨居民出游率：2010 年为 1.4，2013 年达到 2.25；⑩旅游业新增就业人数：2010 年旅游业直接就业人数为 1150 万人，2015 年达到 1525 万人，每年新增旅游就业 70 万人（摘自《中国旅游业“十二五”发展规划纲要》第四章并稍加整理）。

三、探研与体验

1. 专家谈好奇心、求知欲、审美感。

旅游者追求三个层次：第一个层次是好奇心，第二个层次是求知欲，第三个层次是审美感，获得了一种审美感受就达到了一个比较高的层次。也就是说要把旅游的过程作为一个审美体验的过程，作为一个审美感不断满足的过程。这里需要区分几个概念。第一个概念是“风景”。风景对应的是好奇心，也可以直接对应审美感。第二个概念是“风光”。风光是风景的总括，也包含了许多人文的内涵。例如，到了西北，你可以看到戈壁滩，可以看到胡杨林，可以看到沙漠，等等，把这些看到的元素概括起来就称之为“大漠风

图 4.8　大漠风光

光”（图 4.8），对“大漠风光”的把握就上升到一个审美的层次。第三个概念是“风情”。风情更主要的是一种人文意义，如果民族风情、民俗风情和风光结合到一起，这个地方的吸引力就更强了。第四个概念是“风物”。风物是对一个地方的自然、人文乃至特产等的综合。第五个概念是“风貌”。除了包含上述内容之外，风貌同时还体现出当地的人文精神，这也是旅游者到一个地方之后更深层次的感受。所以，如果旅游者对以上方面有一个全面了解的过程，比如说通过对风景的欣赏，达到对风光的认知，达到对风情的体会以及对风物的把握，最后达到对风貌的综合性的全面的审美体验，那么，他对这个地方一定会有非常深刻的印象（摘自魏小安：《中国旅游目的地发展实证研究》）。

• 探研：①旅游者在旅游活动中所追求的三个层次，对旅游产品开发的启示；②试举例对风景、风光、风情、风物、风貌等概念的理解。

2. 专家谈自然回归。

回归自然是城市人普遍的愿望，但问题是我们要回归什么样的自然？很多人认为，回归自然就是回归“原汁原味”的自然，实际上不对。回归自然有两类，对探险旅游者来说，追求的是一种原汁原味的自然；对大多数旅游者来说，追求的是一个人工的自然，在某种程度上还要求它是一个精致的自然。例如，内蒙古呼伦贝尔大草原是世界三大草原之一，面积为 6.7 万 km^2，“天苍苍，野茫茫，风吹草低见牛羊”（图 4.9），这首诗歌让每个人脑子里都会有一个想象。这个想象在呼伦贝尔草原得以实现，看到了呼伦贝尔草原每个人都很兴奋，但兴奋之后发现，不能太浪漫，在草原上你可以跑，但是不能打滚，因为左边有一摊牛粪，右边有一堆羊屎，烂漫全无。能不能开辟出一片草原让旅游者打滚？因为到了这个地方很多人很自然地就是希望在草原上打打滚，真正体会一下蓝天白云，绿草如茵。旅游者需要的是这样的一个自然，一个在某种程度上兼具城市生活实质和自然生活形式的自然，或者说在乡村的环境里享受城市的生活。在这种情况下如果只强调“原汁原味的自然”就不对。现在开展生态旅游的地方很多，“生态旅游”成了一个比较热门的题目，如果认为生态旅游就是“原汁原味”，在某种程度上实际就意味着是在破坏生态。如果能够做到一个人工化的自然，这才能够在一个更高层次上符合“生态旅游”的概念。例如，按“原汁原味”来说，就不应该设卫生间，人们漫山遍野随处“方便”才叫“原汁原味”，因为古人就没有卫生间。但是现在搞旅游，不把卫生搞好，行吗？卫生间搞不好，在某种程度上就是破坏自然（摘自魏小安：《中国旅游目的地发展实证研究》）。

图 4.9　风吹草低见牛羊

• 探研：①旅游者“自然回归”的真正涵义对旅游地开发建设的启示；②联系社会主义新农村建设，试述乡村旅游与休闲农业的“自然回归”。

第五章　中国旅游业的可持续发展

学习提示

可持续发展是现代旅游业发展的永恒主题和唯一选择，对于正在为实现旅游强国战略目标的中国政府和人民来说尤为重要，联合国环境与发展大会通过了世界上第一个包括旅游业在内的国家级可持续发展文件——《中国21世纪议程》，推出了《中国跨世纪绿色工程计划》，并在建立国家公园体系、加强对历史文化遗产保护、参加国际公约组织等方面，都取得了令人瞩目的成就。但任重而道远，应进一步加深旅游可持续发展理论的理解，强化旅游可持续发展理念，并在加强旅游资源环境保护、实施旅游精品战略、坚持区域旅游可持续发展等方面，更富成效。

第一节　中国旅游可持续发展的成果

中国政府对资源环境的合理开发利用和保护历来极为重视，自20世纪50年代以来，陆续颁布了文物保护、环境保护方面的法律，并制定了“经济建设、城乡建设和环境建设同步规划、同步实施、同步发展，实现经济效益、社会效益和环境效益统一”的战略方针，并采取了一系列重大措施。

一、建立国家公园体系，加强对旅游资源环境的保护

“国家公园”（national park）源自美国，其大概意思是由国家政府设立的体现自然之美的自然保护区。世界最早的国家公园，即美国的黄石国家公园，之后各国仿效。2008年我国也建立了第一个国家公园试点单位——黑龙江汤旺河国家公园。我国类似于国家公园的还有国家森林公园、国家自然保护区、国家风景名胜区、国家地质公园、国家水利风景区等。

1. 国家自然保护区

自然保护区（national nature reserve）是在通过政府认可或划定的区域内，对各种重要生态系统及其环境和自然遗址进行特殊管理和保护的特殊地域综合体。建立自然保护区是保护自然环境、自然资源和生物多样性的有效途径，是经济社会可持续发展的客观要求，是促进人与自然和谐发展的重要手段，是建设生态文明和环境友好型社会的重要内容。从1956年我国第一个自然保护区——广东鼎湖山自然保护区诞生，截至2012年年底，全国共建立各种类型、不同级别的自然保护区2669个，总面积约14 979万hm^2（其中自然保护区陆地面积约14 338万hm^2），自然保护区陆地面积约占全国陆地面积的14.94%。国家级自然保护区363个，面积约9415万hm^2，占全国自然保护区总面积的62.85%，占陆地国土面积的9.8%。中国的自然保护区面积占国土面积的比例超过了发达国家。

我国的自然保护区已经形成了包括自然生态系列、野生动物系列和自然遗产系列在内的三大系列9个类型，国家级、省级、市县级三个层次，并具有分布广泛、数量丰富、类型齐全的自然保护网络。目前我国各类自然保护区面积排名前10位的省（市、区）多位于中西部地区，见表5.1。

表 5.1　全国各级自然保护区面积位于前 10 位的省（区）一览表（截至 2012 年）

位序	省（区）	数量/个	面积/hm^2	自然保护区占陆地面积比例/%
1	西藏	47	41 368 882	33.91
2	青海	11	21 822 201	30.21
3	新疆	27	21 494 365	12.95
4	内蒙古	184	13 688 964	11.57
5	四川	167	8 974 274	18.54
6	甘肃	59	7 346 761	16.17
7	黑龙江	224	6 751 783	14.85
8	广东	368	3 552 658	6.73
9	云南	159	2 854 278	7.45
10	海南	50	2 735 320	6.97

资料来源：《2012 年中国环境状况公报》

2. 国家风景名胜区

风景名胜区（national park of China）是以富有美感的典型自然景观为基础，渗透着人文景观美的地域综合体。凡具有观赏、文化或科学价值，自然景物、人文景物比较集中、环境优美，具有一定规模和范围，可供人们游览、休息和进行科学文化活动的地域，可划为风景名胜区。按景物的观赏、文化、科学价值和环境质量、规模大小及游览条件，将风景名胜区划分为国家重点风景名胜区、省级风景名胜区、市县级风景名胜区三个层次。国家重点风景名胜区是中国最具美感的国土资源、最优美的自然景观与最富有历史文化内涵的人文景观荟萃之地，具有很高的美学观赏价值、文化价值和科学价值。

1982 年，我国首次设立风景名胜区，截至 2012 年 10 月，全国已设立风景名胜区 962 处，总面积约 19.75 万 km^2，占国土面积的 2.06%。国务院分别于 1982 年、1988 年、1994 年、2002 年和 2004 年、2005 年、2009 年、2012 年先后公布了八批国家级风景名胜区，共批准设立国家级风景名胜区 225 处（表 5.2），面积约 10.36 万 km^2。

表 5.2　国家级重点风景名胜区名单（第七批开始改为国家级风景名胜区）

省、自治区、直辖市	第一批（44 处，1982）	第二批（40 处，1988）	第三批（35 处，1994）	第四批（32 处，2002）	第五批（26 处，2004）	第六批（10 处，2005）	第七批（21 处，2009）	第八批（17 处，2012）
北京	八达岭—十三陵	—	—	石花洞	—	—	—	—
天津	—	—	盘山	—	—	—	—	—
河北	承德避暑山庄、秦皇岛北戴河	涞水野三坡、井陉苍岩山	赞皇嶂石岩	西柏坡—天桂山、崆山白云洞	—	—	—	太行大峡谷、响堂山、娲皇宫
山西	五台山、恒山	黄河壶口	北武当山、五老峰	—	—	—	—	碛口
辽宁	千山	鸭绿江、金石滩、兴城海滨、大连海滨—旅顺口	凤凰山、本溪水洞	青山沟、医巫闾山	—	—	—	—

续表

省、自治区、直辖市	第一批（44处，1982）	第二批（40处，1988）	第三批（35处，1994）	第四批（32处，2002）	第五批（26处，2004）	第六批（10处，2005）	第七批（21处，2009）	第八批（17处，2012）
吉林	—	松花湖、八大部—净月潭	—	仙景台、防川	—	—	—	—
黑龙江	五大连池、镜泊湖	—	—	—	—	—	太阳岛	—
江苏	太湖、南京钟山	云台山、扬州蜀岗瘦西湖	—	—	三山	—	—	—
浙江	杭州西湖、富春江—新安江、雁荡山、普陀山	天台山、嵊泗列岛、楠溪江	莫干山、雪窦山、双龙、仙都	江郎山、仙居、浣江—五泄	方岩、百丈漈—飞云湖	方山—长屿硐天	天姥山	大红岩
安徽	黄山、九华山、天柱山	琅琊山	齐云山	采石、巢湖、花山谜窟—渐江	太极洞	花亭湖	—	—
福建	武夷山	清源山、鼓浪屿—万石山、太姥山	桃源洞—鳞隐石林、金湖、鸳鸯溪、海坛、冠豸山	鼓山、玉华洞	十八重溪、永泰青云山	—	佛子山、宝山、福安白云山	灵通山、湄洲岛
江西	庐山、井冈山	三清山、龙虎山	—	仙女湖、三百山	梅岭、龟峰	高岭—瑶里、武功山、云居山—柘林湖	灵山	神农源、大茅山
山东	泰山、青岛崂山	胶东半岛海滨	—	博山、青州	—	—	—	—
河南	鸡公山、洛阳龙门石窟、嵩山	—	王屋山—云台山	石人山	林虑山	青天河、神农山	桐柏山—淮源、郑州黄河	—
湖北	武汉东湖、武当山	大洪山	隆中、九宫山	陆水	—	—	—	—
湖南	衡山	武陵源、岳阳楼洞庭湖	韶山	岳麓山、崀山	猛洞河、桃花源	紫鹊界梯田—梅山龙宫、德夯	苏仙岭—万华岩、南山、万佛山—侗寨、虎形山—花瑶、东江湖	凤凰、沩山、炎帝陵、白水洞
广东	肇庆星湖	西樵山、丹霞山	—	白云山、惠州西湖	罗浮山、湖光岩	—	梧桐山	—

续表

省、自治区、直辖市	第一批（44处，1982）	第二批（40处，1988）	第三批（35处，1994）	第四批（32处，2002）	第五批（26处，2004）	第六批（10处，2005）	第七批（21处，2009）	第八批（17处，2012）
海南	—	—	三亚热带海滨	—	—	—	—	—
广西	桂林漓江	桂平西山、花山	—	—	—	—	—	—
四川	峨眉山、黄龙寺、九寨沟、青城山和都江堰、剑门蜀道	贡嘎山、蜀南竹海	西岭雪山、四姑娘山	石海洞乡、邛海—螺髻山	光雾山—诺水河、天台山、龙门山、白龙湖	—	—	—
重庆	长江三峡、缙云山	金佛山	四面山	芙蓉江	天坑地缝	—	—	潭獐峡
贵州	黄果树瀑布	织金洞、㵲阳河、龙宫、红枫湖	荔波樟江、赤水、马岭河	—	都匀斗篷山—剑江、九洞天、九龙洞、黎平侗乡	紫云格凸河	平塘、榕江苗山侗水、石阡温泉群、沿河乌江山峡、瓮安江界河	—
云南	路南石林、大理苍山洱海、西双版纳	三江并流、昆明滇池、丽江玉龙雪山	腾冲地热火山、瑞丽江—大盈江、九乡、建水	—	普者黑、阿庐古洞	—	—	—
陕西	华山、临潼骊山	—	宝鸡天台山	黄帝陵	合阳洽川	—	—	—
甘肃	麦积山	—	崆峒山、鸣沙山—月牙泉	—	—	—	—	—
宁夏	—	西夏王陵	—	—	—	—	—	须弥山石窟
新疆	天山天池	—	—	库木塔格沙漠、博斯腾湖	赛里木湖	—	—	罗布人村寨
青海	—	—	青海湖	—	—	—	—	—
西藏	—	雅砻河	—	—	—	—	纳木错—念青唐古拉山、唐古拉山—怒江源	土林—古格
内蒙古	—	—	—	扎兰屯	—	—	—	—

资料来源：《中国旅游统计年鉴》

3. 国家森林公园

森林公园（national forest park）是以森林自然环境为依托，具有优美景色和科学教育、游览休息价值的一定规模的地域，是经科学保护和适度建设，为人们提供旅游、观光、休闲和科学教育活动的特定场所。森林公园是一个综合体，具有建筑、疗养、林木经营等多种功能；同时也是一种以保护为前提，利用森林的多种功能为人们提供各种形式的旅游服务和可进行科学文化活动的经营管理区域。森林公园的景观主体是森林植被，多为自然状态和半自然状态的森林生态系统，拥有比较丰富的生物多样性，而且该区域已由地方政府划出，给予特别的保护和管理。自国家林业局 1982 年在湖南张家界创立第一个国家森林公园，截至 2012 年年底，全国共建立森林公园 2855 处，规划总面积 1738.21 万 hm^2。其中，国家级森林公园 764 处、国家级森林公园旅游区 1 处，面积 1205.11 万 hm^2；省级森林公园 1315 处，县（市）级森林公园 775 处。广东等 9 个省中每个省的森林公园都超过了 100 处（表 5.3）。

表 5.3　我国森林公园总数超 100 处的省（区）

序号	省区	森林公园总数
1	广东	457
2	山东	239
3	福建	178
4	浙江	177
5	江西	162
6	河南	150
7	四川	119
8	湖南	113
9	山西	111

注：数据截至 2012 年年底，来自中国森林公园网

森林公园已经成为重要的旅游资源，森林旅游快速发展。2012 年，2372 处森林公园（含白山市国家森林旅游区）共接待游客 5.48 亿人次（其中海外游客 1541.6 万人次），占国内旅游总人数的 18.5%，直接旅游收入 453.3 亿元，分别比 2011 年度增长 17.1% 和 20.4%。其中，重庆南山国家森林公园接待旅游人次达 1298 万，超过 500 万人次的还有南京紫金山、湖南张家界等 6 家森林公园；浙江千岛湖森林公园旅游收入达 58.2 亿元，超过 10 亿元的还有浙江竹乡国家森林公园 、重庆小三峡国家森林公园等 6 家（表 5.4）。

表 5.4　我国 2012 年主要森林公园旅游接待情况

排名	森林公园名称	游客人数/万人次	排名	森林公园名称	旅游收入/亿元
1	重庆南山国家森林公园	1298.00	1	浙江千岛湖国家森林公园	58.20
2	南京紫金山国家森林公园	969.00	2	浙江竹乡国家森林公园	21.00
3	湖南张家界国家森林公园	837.00	3	重庆小三峡国家森林公园	17.40
4	贵州百里杜鹃国家森林公园	684.75	4	贵州百里杜鹃国家森林公园	14.07
5	江西云碧峰国家森林公园	678.00	5	江西柘林湖国家森林公园	12.59
6	重庆小三峡国家森林公园	501.00	6	浙江紫微山国家森林公园	12.20
7	贵州凤凰山国家森林公园	500.00	7	江西瑶里国家森林公园	11.71

续表

排名	森林公园名称	游客人数/万人次	排名	森林公园名称	旅游收入/亿元
8	重庆仙女山国家森林公园	485.00	8	湖南张家界国家森林公园	9.07
9	浙江竹乡国家森林公园	480.00	9	四川九寨沟国家森林公园	8.41
10	浙江千岛湖国家森林公园	479.80	10	重庆黄水国家森林公园	7.75
11	福建福州国家森林公园	430.00	11	江西明月山国家森林公园	7.23
12	山西五台山国家森林公园	406.00	12	江苏虞山国家森林公园	6.73
13	广东圭峰山国家森林公园	400.00	13	江西梅岭国家森林公园	4.70
14	江西明月山国家森林公园	376.50	14	四川海螺沟国家森林公园	4.29
15	辽宁本溪环城国家森林公园	361.40	15	四川剑门关国家森林公园	4.24
16	四川剑门关国家森林公园	350.00	16	辽宁长山群岛国家海岛森林公园	3.55
17	江西三爪仑国家森林公园	335.00	17	吉林拉法山国家森林公园	3.41
18	江苏西山国家森林公园	318.00	18	浙江溪口国家森林公园	3.01
19	河南嵩山国家森林公园	290.30	19	黑龙江北极村国家森林公园	2.88
20	浙江紫微山国家森林公园	270.00	20	山东泰山国家森林公园	2.65

注：数据来自中国森林公园网

4. 国家地质公园

国家地质公园（national geopark）是以具有特殊地质科学意义，稀有的自然属性、较高的美学观赏价值，具有一定规模和分布范围的地质遗迹景观为主体，并融合其他自然景观与人文景观而构成的一种独特的自然区域。地质遗迹是在地球形成、演化的漫长地质历史时期，受各种内、外动力地质作用，形成、发展并遗留下来的自然产物，它不仅是自然资源的重要组成部分，更是珍贵的、不可再生的地质自然遗产。地质公园由国家行政管理部门组织专家审定，由国土资源部正式批准授牌。地质公园按管理层次分为分四个等级：县市级地质公园、省地质公园、国家地质公园、世界地质公园。

我国自2001年确定云南石林、云南澄江、湖南张家界、河南嵩山、江西庐山、江西龙虎山、黑龙江五大连池、四川自贡恐龙、四川龙门山、陕西翠华山、福建漳州11处为我国第一批国家地质公园后，又于2002年、2004年、2005年、2009年和2011年总共公布了六批共218处国家地质公园，截至2013年年底我国共有九批45处国家地质公园成功入选世界地质公园名录（表5.5）。

表5.5　中国世界地质公园名录

批次	时间	地质公园名称
1	2004	黄山世界地质公园（安徽）、庐山世界地质公园（江西）、云台山世界地质公园（河南）、石林世界地质公园（云南）、丹霞山世界地质公园（广东）、武陵源世界地质公园（湖南）、五大连池世界地质公园（黑龙江）、嵩山世界地质公园（河南）
2	2005	雁荡山世界地质公园（浙江）、泰宁世界地质公园（福建）、克什克腾世界地质公园（内蒙古）、兴文世界地质公园（四川）
3	2006	泰山世界地质公园（山东）、王屋山—黛眉山世界地质公园（河南）、雷琼世界地质公园（广东）、房山世界地质公园（北京和河北）、镜泊湖世界地质公园（黑龙江）、伏牛山世界地质公园（河南）

续表

批次	时间	地质公园名称
4	2008	龙虎山世界地质公园（江西）、自贡世界地质公园（四川）
5	2009	秦岭终南山世界地质公园（陕西）、阿拉善世界地质公园（内蒙古）
6	2010	乐业—凤山世界地质公园（广西）、宁德世界地质公园（福建）
7	2011	天柱山世界地质公园（安徽）、香港世界地质公园（香港）
8	2012	三清山世界地质公园（江西）
9	2013	延庆地质公园（北京）、神农架地质公园（湖北）

5. 国家水利风景区

水利风景区（national water park）是以水域（水体）或水利工程为依托，具有一定规模和质量的风景资源与环境条件，可以开展观光、娱乐、休闲、度假或科学、文化、教育活动的区域，如水库、湿地、自然河湖、城市河湖、灌区、水保示范园等。水利风景区在维护工程安全、涵养水源、保护生态、改善人居环境、拉动区域经济发展诸方面都有着极其重要的功能作用。加强水利风景区的建设与管理，是落实科学发展观，促进人与自然和谐相处，构建社会主义和谐社会的需要。据统计，我国流域面积 100km^2 以上的河流有 5 万多条；水面面积 1000km^2 以上的湖泊有 13 个，10～500 km^2 的湖泊有 600 余个；还有大量的冰川、瀑布、泉点及遍布大江南北的湿地等。另有 8.5 万多座水库、3.9 万多座水闸、27 万 km 堤防，8 亿多亩①灌区，以及众多的水土流失治理区。

这些水利工程在发挥其基本功能的同时，也形成了大量的水利风景资源，从 2003 年开始进行国家水利风景区的评定审批，公布了第一批十三陵水库旅游区、黑龙江省红旗泡水库红湖旅游区、江苏省溧阳市天目湖旅游度假区、江都水利枢纽旅游区、浙江省海宁市钱江潮韵度假村、宁波天河生态风景区、奉化市亭下湖旅游区、安徽省龙河口水利旅游区、太平湖风景区、福建省福清东张水库石竹湖风景区、山东省沂蒙湖、河南省南湾风景名胜区、驻马店市薄山湖水利旅游区、广东省飞来峡水利枢纽旅游区、贵州省镇远舞阳河水利旅游区、织金恐龙湖水利旅游区、新疆兵团农八师石河子北湖旅游区、淮委石漫滩水库风景区共 18 处，截至 2012 年年底共批准十二批 518 处国家水利风景区。其中最为著名的有长江三峡水利枢纽工程、黄河三门峡大坝风景区、黄河小浪底水利枢纽、云南省珠江源风景区等。

二、建立遗产体系，加强对历史文化遗产的保护

1. 对重点文物和历史文化名城进行保护

文物是一定历史时期社会、经济和文化活动的产物，具有鲜明的时代特点，也具有很高的历史、艺术和科学价值。我国五千年灿烂辉煌的历史留下了极为丰富的历史文化遗产，文物古迹遍布各城乡。为了对祖国珍贵文物进行有效保护，新中国成立初期国家就提出了“既对文物保护有利，又对基本建设有利”的方针。1961 年，国务院公布了《文物保护管理暂行条例》，公布了第一批 180 处国家重点文物保护单位，1982 年，第二批 62 处“国保”公布。1988 年又有 258 处被公布为第三批“国保”。1996 年、2001 年和 2006 年，国务院又先

① 1 亩＝666.6m^2。

后公布了第四、第五和第六批“国保”，数量分别为250处、518处和1080处，2013年公布第七批共1943处“国保”，包括增补和对已有的合并，截至2013年5月，全国确定国家重点文物保护单位4295处。在地域分布上，文物大省山西以452处位居首位，河南358处、河北273处分居第二、第三位、其他陕西、江苏、浙江、四川、湖南等省份也位居前列。

历史文化名城是指“保存文物特别丰富，具有重大历史文化价值和革命意义的城市”，自1982年国务院公布第一批国家历史文化名城24座以来，已公布三批及增补城市，截至2013年9月共计122座（表5.6）。我国丰富多彩的文物古迹和众多的历史文化名城，以其特有的教育作用和感染力而成为我国旅游资源开发利用的一大富源。

表5.6　中国历史文化名城一览表

省、自治区、直辖市	第一批（24座）	第二批（38座）	第三批（37-1座）	增补（24座）
北京	北京	—	—	—
天津	—	天津	—	—
河北	承德	保定	正定、邯郸	秦皇岛山海关区
山西	大同	平遥	新绛、代县、祁县	太原
内蒙古	—	呼和浩特	—	—
辽宁	—	沈阳	—	—
吉林	—	—	吉林、集安	—
黑龙江	—	—	哈尔滨	—
上海	—	上海	—	—
江苏	南京、苏州、扬州	镇江、常熟、徐州、淮安	—	无锡、南通、宜兴、泰州
浙江	杭州、绍兴	宁波	衢州、临海	金华、嘉兴
安徽	—	歙县、寿县、亳县	—	安庆、绩溪
福建	泉州	福州、漳州	长汀	—
江西	景德镇	南昌	赣州	—
山东	曲阜	济南	青岛、聊城、邹城、临淄	泰安、蓬莱、烟台
河南	洛阳、开封	安阳、南阳、商丘	郑州、浚县	濮阳
湖北	江陵	武汉、襄樊（改为襄阳）	随州、钟祥	—
湖南	长沙	—	岳阳	凤凰
广东	广州	潮州	肇庆、佛山、梅州、海康	中山
海南	—	—	琼山	海口（合并琼山）
广西	桂林	—	柳州	北海
四川	成都	阆中、宜宾、自贡	乐山、都江堰、泸州	会理
重庆	—	重庆	—	—
贵州	遵义	镇远	—	—
云南	昆明、大理	丽江	建水、巍山	会泽
西藏	拉萨	日喀则	江孜	—
陕西	西安、延安	韩城、榆林	咸阳、汉中	—

续表

省、自治区、直辖市	第一批（24 座）	第二批（38 座）	第三批（37-1 座）	增补（24 座）
甘肃	—	武威、张掖、敦煌	天水	—
青海	—	—	同仁	—
宁夏	—	银川	—	—
新疆	—	喀什	—	吐鲁番、特克斯、库车、伊宁

资料来源：根据相关资料整理

2. 对历史文化名镇、名村进行保护

历史文化名村（镇），是由住房和城乡建设部和国家文物局共同组织评选的，保存文物特别丰富、且具有重大历史价值或纪念意义的，能较完整地反映一些历史时期传统风貌和地方民族特色的村（镇）；中国的历史文化名村名镇，分布广泛、数量丰富，地域类型多样，历史文化根基深厚，且地域特点、民族风格浓郁，是极具吸引功能的旅游资源。国务院于 2008 年特意发布了《历史文化名城名镇名村保护条例》，从 2003 年开始，截至 2014 年 3 月，已评选和公布了六批共 252 处中国历史文化名镇（表 5.7），276 处历史文化名村（表 5.8）。

表 5.7　我国历史文化名镇一览表

省、自治区、直辖市	第一批（10 个，2003 年）	第二批（34 个，2005 年）	第三批（41 个，2007 年）	第四批（58 个，2008 年）	第五批（38 个，2010 年）	第六批（71 个，2014 年）
安徽			肥西三河镇、六安市毛坦厂镇	歙县许村镇、休宁万安镇、宣城市水东镇		泾县桃花潭镇、黄山市徽州区西溪南镇、铜陵市郊区大通镇
北京				密云古北口镇		
天津				西青区杨柳青镇		
福建	上杭古田镇	邵武和平镇		永泰县嵩口镇	宁德霍童镇、平和九峰镇、武夷山五夫镇、顺昌县元坑镇	永定县湖坑镇、武平县中山镇、安溪县湖头镇、古田县杉洋镇、屏南县双溪镇、宁化县石壁镇
甘肃		宕昌哈达铺镇	榆中青城镇、永登连城镇、古浪大靖镇	秦安陇城镇、临潭新城镇	榆中县金崖镇	
广东		番禺沙湾镇、吴川吴阳镇	开平赤坎镇、珠海唐家湾镇、陆丰碣石镇	东莞石龙镇、惠州秋长镇、普宁洪阳镇	中山市黄圃镇、大埔县百侯镇	珠海市斗门区斗门镇、佛山市南海区西樵镇、梅县松口镇、大埔县茶阳镇、大埔县三河镇
广西		灵川大圩镇	昭平黄姚镇、阳朔兴坪镇			兴安县界首镇、恭城瑶族自治县恭城镇、贺州市八步区贺街镇、鹿寨县中渡镇

续表

省、自治区、直辖市	第一批（10个，2003年）	第二批（34个，2005年）	第三批（41个，2007年）	第四批（58个，2008年）	第五批（38个，2010年）	第六批（71个，2014年）
贵州		贵阳青岩镇	黄平旧州镇、雷山西江镇	安顺旧州镇、平坝天龙镇		赤水市大同镇、松桃苗族自治县寨英镇
海南			三亚崖城镇	儋州中和镇、文昌铺前镇、定安定城镇		
河北		蔚暖泉镇	永年广府镇	邯郸市峰峰矿区大社镇、井陉县天长镇	涉县固新镇、武安市冶陶镇	武安市伯延镇、蔚县代王城镇
河南		淅川荆紫关镇、禹州神垕镇	社旗赊店镇	开封朱仙镇、郑州市古荥镇、确山竹沟镇	郏县冢头镇	遂平县嵖岈山镇、滑县道口镇、光山县白雀园镇
黑龙江			海林市横道河子镇	黑河市爱辉镇		
吉林				四平市叶赫镇、吉林市乌拉街镇		
湖北		红安七里坪镇	洪湖瞿家湾镇、监利程集镇、郧西上津镇	咸宁汀泗桥镇、阳新龙港镇、宜都枝城镇	潜江市熊口镇	钟祥市石牌镇、随县安居镇、麻城市歧亭镇
湖南		龙山县里耶镇		望城靖港镇、永顺芙蓉镇	绥宁寨市镇、泸溪浦市镇	洞口县高沙镇、花垣县边城镇
江苏	昆山周庄、吴中甪直、吴江同里	姜堰溱潼、吴中木渎、太仓沙溪、泰兴市黄桥	高淳淳溪、昆山千灯镇、东台安丰镇	昆山锦溪镇、江都邵伯镇、海门余东镇、常熟沙家浜镇	苏州东山镇、无锡荡口镇、兴化沙沟镇、江阴长泾镇、张家港凤凰镇	苏州市吴江区黎里镇、苏州市吴江区震泽镇、东台市富安镇、扬州市江都区大桥镇、常州市新北区孟河镇、宜兴市周铁镇、如东县栟茶镇、常熟市古里镇
江西		浮梁瑶里	鹰潭上清镇	横峰葛源镇	吉安富田镇	萍乡市安源区安源镇、铅山县河口镇、广昌县驿前镇、金溪县浒湾镇、吉安县永和镇、铅山县石塘镇
辽宁		新宾永陵镇		海城市牛庄镇		东港市孤山镇、绥中县前所镇

续表

省、自治区、直辖市	第一批（10个，2003年）	第二批（34个，2005年）	第三批（41个，2007年）	第四批（58个，2008年）	第五批（38个，2010年）	第六批（71个，2014年）
内蒙古				喀喇沁旗王爷府镇、多伦县多伦淖尔镇		丰镇市隆盛庄镇、库伦旗库伦镇
山东				桓台新城镇		微山县南阳镇
山西	灵石静升镇	临县碛口镇	襄汾汾城镇、平定娘子关镇	泽州县大阳镇	天镇新平堡镇、阳城润城镇	泽州县周村镇
陕西				铜川市印台区陈炉镇	宁强青木川镇、柞水凤凰镇	神木县高家堡镇、旬阳县蜀河镇、石泉县熨斗镇、澄城县尧头镇
上海		金山枫泾镇	青浦朱家角镇	南汇新场镇、嘉定镇	嘉定南翔镇、浦东高桥镇、青浦练塘镇、金山张堰镇	青浦区金泽镇、浦东新区川沙新镇
四川		大邑安仁镇、阆中老观镇、邛崃平乐、宜宾李庄镇	双流黄龙溪镇、自贡仙市镇、合江尧坝镇、古蔺太平镇	巴中恩阳镇、成都洛带镇、大邑新场镇、广元昭化镇、合江福宝镇、资中罗泉镇	屏山龙华镇、富顺赵化镇、犍为清溪镇	自贡市贡井区艾叶镇、自贡市大安区牛佛镇、平昌县白衣镇、古蔺县二郎镇、金堂县五凤镇、宜宾县横江镇、隆昌县云顶镇
西藏			乃东县昌珠镇	日喀则市萨迦镇		
新疆		鄯善鲁克沁镇	霍城惠远镇			富蕴县可可托海镇
云南		禄丰黑井镇	剑川沙溪镇、腾冲和顺镇	孟连娜允镇	宾川州城镇、洱源凤羽镇、蒙自新安所镇	
浙江	嘉善县西塘镇、桐乡市乌镇	湖州南浔镇、宁波慈城镇、绍兴安昌镇、象山石浦镇	绍兴东浦镇、宁海前童镇、义乌佛堂镇、江山廿八都镇	仙居皤滩镇、永嘉岩头镇、富阳龙门镇、德清新市镇	景宁鹤溪镇、海宁盐官镇	嵊州市崇仁镇、永康市芝英镇、松阳县西屏镇、岱山县东沙镇
重庆	合川涞滩镇、石柱西沱镇、潼南双江镇	江津中山镇、酉阳县城关镇、渝北龙兴镇	北碚金刀峡镇、江津塘河镇、綦江东溪镇	九龙坡走马镇、巴南丰盛镇、铜梁安居镇、永川松溉镇	荣昌路孔镇、江津白沙镇、巫溪宁厂镇、	开县温泉镇、黔江区濯水镇
青海						循化撒拉族自治县街子镇

资料来源：根据相关资料整理

表 5.8　我国历史文化名村一览表

省、自治区、直辖市	第一批（12 个，2003 年）	第二批（24 个，2005 年）	第三批（36 个，2007 年）	第四批（36 个，2008 年）	第五批（61 个，2010 年）	第六批（107 个，2014 年）
安徽	黟县宏村和西递	旌德江村、歙县渔梁村	黄山潜口镇唐模村、歙县郑村镇棠樾村、黟县屏山村	黄山呈坎镇呈坎村、泾县桃花潭镇查济村、黟县碧阳镇南屏村	休宁县商山乡黄村、黟县碧阳镇关麓村	泾县榔桥镇黄田村、绩溪县瀛洲镇龙川村、歙县雄村乡雄村、天长市铜城镇龙岗村、黄山市徽州区呈坎镇灵山村、祁门县闪里镇坑口村、黟县宏村镇卢村
北京	门头沟爨底下村	门头沟灵水村	门头沟琉璃渠村		顺义区龙湾屯镇焦庄户村	房山区南窖乡水峪村
福建	南靖田螺坑村	连城县培田村、武夷山下梅村	晋江市福全村、武夷山城村、尤溪县洋桂峰村	福安溪潭镇廉村、屏南甘棠乡漈下村、清流赖坊乡赖坊村	长汀三洲乡三洲村、龙岩适中镇中心村、屏南棠口乡漈头村、连城庙前镇芷溪村、长乐航城街道琴江村、泰宁新桥乡大源村、福州亭江镇闽安村	龙岩市新罗区万安镇竹贯村、长汀县南山镇中复村、泉州市泉港区后龙镇土坑村、龙海市东园镇埭尾村、周宁县浦源镇浦源村、福鼎市磻溪镇仙蒲村、霞浦县溪南镇半月里村、三明市三元区岩前镇忠山村、将乐县万全乡良地村、仙游县石苍乡济川村、漳平市双洋镇东洋村、平和县霞寨镇钟腾村、明溪县夏阳乡御帘村
广东	佛山大旗头村、深圳鹏城村	东莞南社村、顺德碧江村、开平自力村	番禺大岭村、东莞塘尾村、中山翠亨村	恩平圣堂镇歇马村、连南三排镇南岗古排村、汕头隆都镇前美村	仁化石塘镇石塘村、梅县水车镇茶山村、佛冈龙山镇上岳古围村、佛山西樵镇松塘村	广州市花都区炭步镇塱头村、江门市蓬江区棠下镇良溪村、台山市斗山镇浮石村、遂溪县建新镇苏二村、和平县林寨镇林寨村、蕉岭县南磜镇石寨村、陆丰市大安镇石寨村
广西			灵山大芦村、玉林高山村	富川朝东镇秀水村	南宁江西镇扬美村	阳朔县白沙镇旧县村、灵川县青狮潭镇江头村、富川瑶族自治县朝东镇福溪村、兴安县漠川乡榜上村、灌阳县文市镇月岭村

续表

省、自治区、直辖市	第一批（12 个，2003 年）	第二批（24 个，2005 年）	第三批（36 个，2007 年）	第四批（36 个，2008 年）	第五批（61 个，2010 年）	第六批（107 个，2014 年）
贵州		安顺山屯村	锦屏隆里村、黎平肇兴寨村	赤水丙安乡丙安村、从江往洞乡增冲村、开阳县禾丰乡马头村、石阡县国荣乡楼上村	三都都江镇怎雷村、安顺大西桥镇鲍屯村、雷山县郎德镇上郎德村、务川县大坪镇龙潭村	江口县太平镇云舍村、从江县丙妹镇岜沙村、黎平县茅贡乡地扪村、榕江县栽麻乡大利村
海南					三亚崖城镇保平村、文昌会文镇十八行村、定安龙湖镇高林村	
河北		怀来鸡鸣驿村	井陉于家村、清苑冉庄村、邢台英谈村	涉县偏城镇偏城村、蔚县涌泉庄乡北方城村	井陉县南障城镇大梁江村	沙河市柴关乡王硇村、蔚县宋家庄镇上苏庄村、井陉县天长镇小龙窝村、磁县陶泉乡花驼村、阳原县浮图讲乡开阳村
河南		郏县临沣寨（村）		郏县李口乡张店村		
湖北		黄陂大余湾村	恩施市崔家坝镇滚龙坝村	宣恩县沙道沟镇两河口村	赤壁市赵李桥镇羊楼洞村、宣恩椒园镇庆阳坝村	利川市谋道镇鱼木村、麻城市歧亭镇杏花村
湖南	岳阳张谷英村		江永上甘棠村、会同高椅村、永州零陵区干岩头村		双牌理家坪乡坦田村、祁阳潘市镇龙溪村、永兴高亭乡板梁村、辰溪上蒲溪乡五宝田村	永顺县灵溪镇老司城村、通道侗族自治县双江镇芋头村、通道侗族自治县坪坦乡坪坦村、绥宁县黄桑坪苗族乡上堡村、绥宁县关峡苗族乡大园村、江永县兰溪瑶族乡兰溪村、龙山县苗儿滩镇捞车村
江苏			吴中陆巷村与月湾村		无锡市惠山区玉祁镇礼社村	苏州市吴中区东山镇杨湾村、苏州市吴中区金庭镇东村、常州市武进区郑陆镇焦溪村、苏州市吴中区东山镇三山村、高淳县漆桥镇漆桥村、南通市通州区二甲镇余西村、南京市江宁区湖熟街道杨柳村

续表

省、自治区、直辖市	第一批（12个，2003年）	第二批（24个，2005年）	第三批（36个，2007年）	第四批（36个，2008年）	第五批（61个，2010年）	第六批（107个，2014年）
江西	乐安流坑村	吉安渼陂村、婺源理坑村	高安贾家村、吉水燕坊村、婺源汪口村	安义石鼻镇罗田村、浮梁江村乡严台村、赣县白鹭乡白鹭村、吉安富田镇陂下村、婺源思口镇延村、宜丰天宝乡天宝村	吉安兴桥镇钓源村、金溪县双塘镇竹桥村、龙南县关西镇关西村、婺源县浙源乡虹关村、浮梁县勒功乡沧溪村	婺源县思口镇思溪村、宁都县田埠乡东龙村、吉水县金滩镇桑园村、金溪县琉璃乡东源曾家村、安福县洲湖镇塘边村、峡江县水边镇湖洲村
内蒙古		土默特右旗美岱召村	包头五当召五当召村			
宁夏				中卫市香山乡南长滩村		
青海			同仁年都乎郭麻日村		玉树县仲达乡电达村	班玛县灯塔乡班前村、循化撒拉族自治县清水乡大庄村、玉树市安冲乡拉则村
山东		章丘朱家峪村	荣成东楮岛村	即墨市丰城镇雄崖所村	淄博王村镇李家疃村	
山西	临县西湾村	介休张壁村、沁水西文兴村、阳城皇城村	平遥梁村、高平市良户村、阳城郭峪村、阳泉小河村	汾西僧念镇师家沟村、临县碛口镇李家山村、灵石夏门镇夏门村、沁水嘉峰镇窦庄村、阳城润城镇上庄村	太原晋源镇店头村、阳泉义井镇大阳泉村、泽州北义城镇西黄石村、高平河西镇苏庄村、沁水郑村镇湘峪村、宁武涔山乡王化沟村、太谷北洸镇北洸村、灵石两渡镇冷泉村、万荣高村乡阎景村、新绛泽掌镇光村	襄汾县新城镇丁村、沁水县嘉峰镇郭壁村、高平市马村镇大周村、泽州县晋庙铺镇拦车村、泽州县南村镇冶底村、平顺县阳高乡奥治村、祁县贾令镇谷恋村、高平市寺庄镇伯方村、阳城县润城镇屯城村
陕西	韩城党家村	米脂杨家沟村				三原县新兴镇柏社村
四川		丹巴莫洛村、攀枝花迤沙拉村		汶川县雁门乡萝卜寨村	阆中市天宫乡天宫院村	泸县兆雅镇新溪村、泸州市纳溪区天仙镇乐道街村
天津					蓟县渔阳镇西井峪村	
新疆		鄯善乡麻扎村		哈密市回城乡阿勒屯村	哈密市五堡乡博斯坦村、特克斯县喀拉达拉乡琼库什台村	

续表

省、自治区、直辖市	第一批（12个，2003年）	第二批（24个，2005年）	第三批（36个，2007年）	第四批（36个，2008年）	第五批（61个，2010年）	第六批（107个，2014年）
云南		会泽县娜姑镇白雾村	云龙县诺邓镇诺邓村	石屏县宝秀镇郑营村、巍山县永建镇东莲花村	祥云县云南驿镇云南驿村	保山市隆阳区金鸡乡金鸡村、弥渡县密祉乡文盛街村、永平县博南镇曲硐村、永胜县期纳镇清水村
浙江	武义郭洞村与俞源村		桐庐深澳村、永康厚吴村	龙游县石佛乡三门源村	建德大慈岩镇新叶村、永嘉岩坦镇屿北村、金华傅村镇山头下村、仙居白塔镇高迁村、庆元松源镇大济村、乐清仙溪镇南阁村、宁海茶院乡许家山村、金华汤溪镇寺平村、绍兴稽东镇冢斜村	苍南县桥墩镇碗窑村、浦江县白马镇嵩溪村、缙云县新建镇河阳村、江山市大陈乡大陈村、湖州市南浔区和孚镇荻港村、磐安县盘峰乡榉溪村、淳安县浪川乡芹川村、苍南县矾山镇福德湾村、龙泉市西街街道下樟村、开化县马金镇霞山村、遂昌县焦滩乡独山村、安吉县鄣吴镇鄣吴村、丽水市莲都区雅溪镇西溪村、宁海县深甽镇龙宫村
吉林						图们市月晴镇白龙村
上海						松江区泗泾镇下塘村、闵行区浦江镇革新村
重庆						涪陵区青羊镇安镇村
甘肃						天水市麦积区麦积镇街亭村、天水市麦积区新阳镇胡家大庄村
西藏						吉隆县吉隆镇帮兴村、尼木县吞巴乡吞达村、工布江达县错高乡错高村

资料来源：根据相关资料整理

3. 对人类口述和非物质文化遗产进行保护

人类口述和非物质遗产，简称非物质文化遗产，又称无形遗产。是相对于有形遗产，即可传承的物质遗产而言的概念，也是指各民族人民世代相承的、与群众生活密切相关的各种传统文化表现形式（如民俗活动、表演艺术、传统知识和技能，以及与之相关的器具、实物、手工制品等）和文化空间。非物质文化遗产蕴含着中华民族特有的精神价值、思维方式、想象力和文化意识，体现着中华民族的生命力和创造力。保护和利用好非物质文化遗产，对于继承和发扬民族优秀文化传统、增进民族团结和维护国家统一、增强民族自信心和凝聚力、促进社会主义精神文明建设都具有重要而深远的意义。

2001 年，我国评选出了第一批 19 个“人类口头与非物质遗产代表作”，后于 2006 年、2008 年和 2011 年国务院公布了三批共 1219 项国家级非物质文化遗产名录。这些项目包括民间文学、民间音乐、民间舞蹈、传统戏剧、曲艺、杂技与竞技、民间美术、传统手工技艺、传统医药、民俗等内容；与此同时，还公布了一批国家级非物质文化遗产扩展项目名录，各地也基本建立了省级非物质文化遗产名录；非物质文化遗产专题博物馆、民俗博物馆和传习所建设呈现良好态势。截至 2011 年 11 月，中国共有非物质文化遗产资源近 87 万项，共有 29 个项目列入世界代表作名录，7 个项目列入急需保护名录。进入国家、省、市、县四级非物质文化遗产名录体系的非遗项目有 7 万项。

三、参加国际公约组织，提升自然文化保护级别

1. 加入《保护世界文化和自然遗产公约》，申报世界遗产

世界遗产（world heritage）是指被联合国教科文组织和世界遗产委员会确认的人类罕见的、目前无法替代的财富，是全人类公认的具有突出意义和普遍价值的文物古迹及自然景观。世界遗产包括“世界文化遗产”、“世界自然遗产”、“世界文化与自然遗产”和“文化景观”四类。联合国教育、科学及文化组织大会于 1972 年通过了《保护世界文化和自然遗产公约》。中国于 1985 年 12 月 12 日加入了《保护世界文化和自然遗产公约》，截至 2014 年 6 月，已被批准列入《世界遗产名录》的世界遗产已达 47 处，其中世界文化遗产 30 处，世界自然遗产 10 处，世界文化和自然遗产 4 处，世界文化景观遗产 3 处（表 5.9）。

在非物质遗产方面，联合国教科文组织分别于 2001 年、2003 年和 2005 年宣布三批“人类口述和非物质遗产代表作”名单，共 90 项，其中我国 4 项，即昆曲、古琴、新疆的木卡姆民族歌舞和与蒙古国联合申报的长调民歌。2009 年，中国又有 22 个项目入选《人类非物质文化遗产代表作名录》，分别是中国蚕桑丝织技艺、福建南音、南京云锦、安徽宣纸、贵州侗族大歌、广东粤剧、《格萨（斯）尔》史诗、浙江龙泉青瓷、青海热贡艺术、藏戏、新疆《玛纳斯》、蒙古族呼麦、甘肃花儿、西安鼓乐、朝鲜族农乐舞、书法、篆刻、剪纸、雕版印刷、传统木结构营造技艺、端午节、妈祖信俗。2010 年，中医针灸、京剧被列入联合国教科文组织非物质文化遗产名录。2011 年，中国皮影戏列入该名录。其中水密隔舱福船制造技艺、活字印刷术、麦西热甫、羌年、中国木拱桥传统营造技艺、赫哲族独特说唱艺术伊玛堪等项被列入“急需保护的非物质文化遗产名录”。截至 2011 年年底，中国是世界上拥有世界非物质遗产数量最多的国家。

此外，我国还有大量的世界记忆遗产。世界记忆遗产又称世界记忆工程或世界档案遗产，是联合国教科文组织于 1992 年启动的一个文献保护项目，其目的是对世界范围内正在逐渐老化、损毁、消失的文献记录，通过国际合作与使用最佳技术手段进行抢救，从而使人

表 5.9　中国列入联合国《世界遗产名录》一览表

名称	类型、公布时间	名称	类型、公布时间
长城	文化遗产、1987	四川青城山和都江堰	文化遗产、2000
陕西秦始皇陵及兵马俑	文化遗产、1987	明清皇家陵寝	文化遗产、2000
甘肃敦煌莫高窟	文化遗产、1987	安徽古村落（黟县宏村、西递扩增遗产婺源汪口、理坑）	文化遗产、2000
北京故宫	文化遗产、1987		
周口店北京猿人遗址	文化遗产、1987	山西云冈石窟	文化遗产、2001
山东泰山	文化、自然双重遗产、1987	三江并流	自然遗产、2003
安徽黄山	文化、自然双重遗产、1990	中国高句丽王城、王陵及贵族墓葬	文化遗产、2004
四川黄龙风景名胜区	自然遗产、1992	中国安阳殷墟	文化遗产、2006
四川九寨沟国家级风景名胜区	自然遗产、1992	四川大熊猫栖息地	自然遗产、2006
湖南武陵源国家级风景名胜区	自然遗产、1992	中国南方喀斯特	自然遗产、2007
西藏布达拉宫	文化遗产、1994	开平碉楼与古村落	文化遗产、2007
河北避暑山庄及周围寺庙	文化遗产、1994	福建土楼	文化遗产、2008
山东曲阜孔庙、孔府、孔林	文化遗产、1994	江西三清山风景名胜区	自然遗产、2008
湖北武当山古建筑群	文化遗产、1994	山西五台山	文化景观遗产、2008
江西庐山风景名胜区	文化景观遗产、1996	河南登封天地之中古建筑群	文化遗产、2010
四川峨眉山—乐山风景名胜区	文化、自然双重遗产、1996	中国丹霞	自然遗产、2010
云南丽江古城	文化遗产、1997	杭州西湖文化景观	文化景观遗产、2011
江苏苏州古典园林	文化遗产、1997	中国澄江化石地	自然遗产、2011
山西平遥古城	文化遗产、1997	元上都遗址	文化遗产、2012
北京颐和园	文化遗产、1998	云南红河哈尼梯田	文化遗产、2013
北京天坛	文化遗产、1998	中国新疆天山	自然遗产、2013
重庆大足石刻	文化遗产、1999	中国京杭大运河	文化遗产、2014
福建武夷山	文化、自然双重遗产、1999	中国丝绸之路	文化遗产、2014
河南洛阳龙门石窟	文化遗产、2000		

类的记忆更加完整。世界记忆遗产是世界文化遗产项目的延伸。至 2013 年 6 月共有 100 个国家的 299 份具有世界意义的文献和文献集合入选了《世界记忆名录》，我国已有 9 份文献遗产入选《世界记忆遗产名录》，分别是：中国传统音乐录音档案（中国艺术研究院图书馆）、清朝内阁秘本档（中国第一历史档案馆）、清代大金榜（中国第一历史档案馆）、纳西东巴古籍文献（云南省社会科学院东巴文化研究所）、“样式雷”建筑图档（中国国家图书馆等）、《本草纲目》（1593 年金陵版），《黄帝内经》（1339 年胡氏古林书堂印刷出版）、侨批档案——海外华侨银信（广东省档案局与福建省档案局）、中国西藏元代官方档案（西藏自治区档案馆）。

2. 加入世界“人与生物圈保护”网络

“人与生物圈计划”简称 MAB，是联合国教科文组织科学部门于 1971 年发起的一项政府间跨学科的大型综合性的研究计划，为合理利用和保护生物圈的资源，保存遗传基因的多样性，改善人类同环境的关系，解决人口、资源、环境等问题，提供了有效的途径。生物圈保护区是MAB的核心部分，具有保护、可持续发展、提供科研教学、培训、监测基地等多种功能。生物圈保护区是一种新型的自然保护区，是根据“世界生物圈保护区网络章程框架”设立，在联合国教科文组织“人与生物圈计划”范围内得到国际上承认的地区。中国1973年加入世界人与生物圈计划，并于1978年建立了中国人与生物圈国家委员会，于1993年建立了“中国生物圈保护区网络”，截至2013年6月，已有136个自然保护区加入该网络，并且有30个自然保护区被批准为世界生物圈保护区网络成员，见表5.10。

表5.10　中国《世界生物圈保护区网络成员名录》一览表

自然保护区名称	批准时间	自然保护区名称	批准时间
吉林长白山自然保护区	1980	浙江南麂列岛自然保护区	1998
四川卧龙自然保护区	1980	广西山口自然保护区	2000
广东鼎湖山自然保护区	1980	甘肃白水江自然保护区	2000
贵州梵净山自然保护区	1986	四川黄龙自然保护区	2001
福建武夷山自然保护区	1986	云南高黎贡山自然保护区	2001
内蒙古锡林郭勒草原自然保护区	1987	河南宝天曼自然保护区	2001
湖北神农架自然保护区	1990	内蒙古赛罕乌拉自然保护区	2001
新疆博格达峰自然保护区	1990	黑龙江五大连池自然保护区	2003
江苏盐城自然保护区	1992	四川亚丁自然保护区	2003
云南西双版纳自然保护区	1993	西藏珠峰自然保护区	2004
浙江天目山自然保护区	1996	陕西佛坪自然保护区	2004
贵州茂兰自然保护区	1996	广东车八岭自然保护区	2007
四川九寨沟自然保护区	1997	黑龙江兴凯湖自然保护区	2007
黑龙江丰林自然保护区	1997	广西猫儿山国家级自然保护区	2011
内蒙古达赉湖自然保护区	1997	辽宁蛇岛老铁山自然保护区	2013

资料来源：中国自然保护区网（http://www.nre.cn/）

3. 加入国际湿地保护网络

湿地包括海岸地带的珊瑚滩和海草床、滩涂、红树林、河口、河流、淡水沼泽、沼泽森林、湖泊、盐沼及盐湖。湿地功能很多，如可作为直接利用的水源或补充地下水，能有效控制洪水和防止土壤沙化，能滞留沉积物、有毒物、营养物质，从而改善环境污染；能以有机质的形式储存碳元素，减少温室效应，保护海岸不受风浪侵蚀，故而被人们称为“地球之肾”。湿地还是众多植物、动物特别是水禽生长的乐园，同时又向人类提供食物（水产品、禽畜产品、谷物）、能源（水能、泥炭、薪柴）、原材料（芦苇、木材、药用植物）和旅游场所，是人类赖以生存和持续发展的重要基础。健康的湿地生态系统是一个国家或地区生态安全的重要组成部分和经济社会可持续发展的重要基础。因此，国际上1991年就有一个旨在保护和合理利用全球湿地的公约——《关于特别是作为水禽栖息地的国际重要湿地公约》，简称《湿地公约》，我国是该公约成员国之一，截至2012年年底，我国已有41个湿地分六批列入了国际重要湿地名录（表5.11）。其中黑龙江扎龙、辽宁双台河口、广西北海山口、杭州西溪、宁夏沙湖等十个湿地被评为“中国十大魅力湿地”。

表 5.11　中国《国际重要湿地名录》一览表

批次	列入时间（年）	数量	国际重要湿地名称
1	1992	7	黑龙江扎龙自然保护区、吉林向海自然保护区、海南东寨港自然保护区、青海鸟岛自然保护区、湖南东洞庭湖自然保护区、江西鄱阳湖自然保护区、香港米埔内后海湾拉姆萨尔国际重要湿地
2	2002	14	上海崇明东滩自然保护区、辽宁大连斑海豹栖息地湿地、江苏大丰麋鹿国家级自然保护区、内蒙古达赉湖湿地、广东湛江红树林湿地、黑龙江洪河湿地、广东惠东港口海龟栖息地、内蒙古鄂尔多斯湿地、黑龙江三江湿地、广西山口红树林湿地、湖南南洞庭湖湿地、湖南西洞庭湖湿地、黑龙江兴凯湖国家级自然保护区、江苏盐城自然保护区
3	2005	9	辽宁双台河口湿地、云南大山包湿地、云南碧塔海湿地、云南纳帕海湿地、云南拉什海湿地、青海鄂陵湖湿地、青海扎陵湖湿地、西藏麦地卡湿地、西藏玛旁雍错湿地
4	2008	6	上海长江口中华鲟湿地自然保护区、广西北仑河口国家级自然保护区、福建漳江口红树林国家级自然保护区、湖北洪湖湿地、广东海丰湿地、四川若尔盖湿地国家级自然保护区
5	2009	1	浙江杭州西溪国家湿地公园
6	2011	4	黑龙江七星河国家级自然保护区、黑龙江南瓮河国家级自然保护区、黑龙江珍宝岛国家级自然保护区、甘肃尕海则岔国家级自然保护区

资料来源：湿地中国网（http://www.shidi.org/）

4. 申报世界地质公园

世界地质公园是以地质科学意义、珍奇秀丽和独特的地质景观为主，融合自然景观与人文景观的自然公园，由联合国教科文组织组织专家实地考察，并经专家组评审通过，经联合国教科文组织批准的地质公园。1989 年联合国教科文组织（UNESCO）、国际地科联（IUGS）、国际地质对比计划（IGCP）及国际自然保护联盟（IUCN）在华盛顿成立了“全球地质及古生物遗址名录”计划；1997 年联合国大会通过了教科文组织提出的“促使各地具有特殊地质现象的景点形成全球性网络”计划，即从各国（地区）推荐的地质遗产地中遴选出具有代表性、特殊性的地区纳入地质公园；1999 年 4 月联合国教科文组织提出了建立地质公园计划（UNESCO geoparks），并确定中国为建立世界地质公园计划试点国之一，截至 2011 年年底，我国经联合国教科文组织批准并列入《世界地质公园名录》中的地质公园已达 26 处（表 5.5）。

第二节　21 世纪中国旅游可持续发展对策

一、强化旅游可持续发展理念

1. 全面提倡旅游业可持续发展思想

从中国目前的发展实际出发，最大限度地扩大旅游业经济效益仍然是当前发展旅游业的主要宗旨。但是，追求经济效益，绝不是以牺牲环境为代价，我们提倡的是社会、经济、生态三者都能兼顾的综合效益，即可以持续发展的旅游业。旅游可持续发展既体现在旅游产品的开发上，也体现在旅游的管理和经营上，甚至体现在旅游者的旅游活动行为上。不过，无论是旅游决策者、旅游管理者和经营者，还是旅游者，都应当以旅游可持续发展的思想、原则来规范和约束自己的行为，旅游可持续发展的目标才可能实现。为此，我们应当全面倡导旅游可持续发展思想，实施旅游可持续发展战略，规范旅游可持续发展行为，全面进行旅游可持续发展的宣传和教育，使全体国民都牢固树立积极进取的旅游可持续发展观念，提高旅游可持续发展素质。

2. 制定科学的旅游可持续发展规划

科学的旅游发展规划，是规范旅游业发展方向、实现旅游可持续发展的保障。只有高水平的规划才能把人们引入旅游可持续发展的轨道。旅游可持续发展规划，就是要用持续发展理论准确估价旅游业发展现状，总结经验和寻求与旅游持续发展目标间的差距，按照既要满足当代发展需要，又不危及后代发展的要求，制定能体现远期与近期规划有机结合、开发与保护并重的具有整体性和公开性的发展规划。旅游可持续发展规划必须考虑旅游业发展的区域性、空间性、时序性和约束性特点，按照经营大环境、着眼大区域、发展大旅游的思想，突出区域特色，强调区域联合，实施综合开发，形成以点带线、点线结合、线线联网的旅游格局，真正做到有计划、有步骤、有实效地进行资源开发和旅游景点、旅游设施建设，实现区域旅游资源的合理利用和区域经济结构的协调优化。

3. 开发符合旅游可持续发展思想的生态旅游产品

"生态旅游"一词，是由世界自然保护联盟（IUCN）生态旅游特别顾问 H. Ceballos Lascurain 于 1983 年首先提出的，它的含义不仅指所有观览自然景物的旅行，而且强调被观览的景物不应受到损失。世界银行环境部和生态旅游学会给生态旅游下的定义是："有目的地前往自然地区去了解环境的文化和自然历史，它不会破坏自然，而且它会使当地社区从保护自然资源中得到经济收益。"以认识自然、欣赏自然，保护自然，不破坏其生态平衡为基础的生态旅游，具有观光、度假、休养、科学考察、探险和科普教育等多重功能，旅游者置身于自然、真实、完美的情景中，可以陶冶性情、净化心灵。可以说生态旅游的产生是人类认识自然、重新审视自我行为的必然结果，体现了可持续发展的思想。近些年来我国所兴起的农业旅游、乡村旅游、水上漂流等都属于生态旅游产品。

二、实施旅游精品战略和品牌战略

所谓旅游精品，就是高档次的旅游产品；品牌产品就是主打产品或导向性产品，两者都能代表区域旅游形象，具有很强的市场竞争力，一般可通过优化产品质量和调整产品结构来解决。

1. 强化旅游区景区的标准化管理，提高旅游产品档次

旅游景区是旅游吸引系统的核心，是旅游创汇增收的主要来源。旅游业的可持续发展在很大程度上，取决于旅游景区的可持续发展。我国目前有县级以上的自然、人文和人造旅游景区 1.5 万多个，但在实际工作中，由于旅游景区管理水平不高，导致部分一流资源成为二流甚至三流、末流的旅游产品。2000 年开始，国家旅游局开始组织实施《旅游区（点）质量等级标准与评定》，2003 年又对标准进行了修改，主要在划分等级中增加了 5A 级旅游景区，而且对新增的 5A 级主要从细节方面、景区的文化性和特色性等方面作出了更高要求，所形成的《旅游景区质量等级的划分与评定》（GB/T 1775—2003）国家标准，要求更高、更规范，也更符合旅游景区发展的实际。

国际上早就有了 ISO（国际标准化组织）所颁布的 ISO9000 质量管理标准和 ISO14000

环境管理标准，并对导入国际标准化管理体系的组织提出了明确要求，为旅游区进入国际标准化管理提供了桥梁。而我们的 GB/T 1775 便涵盖了 ISO9000 和 ISO14000 标准，并还包括公共信息图形符号标准等内容，从而实现了我国景区与国际接轨的目标。质量等级是形象、是信誉、是品牌，也是扩大客源的基础，是增强市场竞争力的手段。景区一旦通过 ISO 或 GB/T 1775 认证，就像给国内外潜在旅游者发出了一张质量保证书。深圳锦绣中华、福建武夷山、四川峨眉山和九寨沟等旅游景区均已通过了有关国际国内质量标准认证，今后还应不断强化旅游景区的标准化管理和质量等级的评估。

2. 强化中国优秀旅游城市创建，提高城市旅游产品市场竞争力

在所有旅游产品中，城市旅游产品最具魅力。因为城市多是一个国家或地区的政治、经济、文化、交通中心、科技文化中心和信息传播中心，一般都有其本身深厚的历史文化沉淀、独特的风格、独特的人文、独特的景点，而且多具有良好的基础设施和综合性的功能。在现代旅游活动中，城市不仅是主要的旅游目的地、客源地，有的还是旅游的主要集散地、过境地。

所谓优秀旅游城市，是指依据《创建中国优秀旅游城市工作管理暂行办法》和《中国优秀旅游城市检查标准》，由国家旅游局验收组对照相关标准对创优城市进行检查验收，对达到标准要求命名为中国优秀旅游城市的城市。截至 2012 年年底，全国共有 9 批 339 座城市通过了验收，成为中国优秀旅游城市。与此同时，国家旅游局在 2001 年与世界旅游组织联合启动了“中国最佳旅游城市”项目研究，2006 年正式启动试点活动，成都、杭州、大连共 20 多座城市被确立为试点城市并通过了验收。实践证明，创建中国优秀旅游城市活动不仅创造了大批城市旅游品牌，促进了我国城市旅游业的发展，而且有利于城市经济社会的全面、科学、和谐发展。

3. 大力发展文化旅游产品，提高旅游产品的特色和品位

欣赏异域风光、领略异乡文化，是现代旅游的一般心理需求，文化旅游已成为当代发展的一大新趋势。如果说旅游资源是旅游业发展的基础，那么旅游文化则是其灵魂。旅游地的旅游文化是指在一定地域空间内旅游资源与文化相结合的一种复合文化现象，内涵丰富，具有地域性、民族性、大众性、直观性、传承性、变异性等特点。旅游文化产品不仅可供旅游者观赏游览，而且其中不少可供参与体验，往往能给旅游者以最生动直观、最富于情趣的享受。中国五千年的历史文化形成了博大精深的古老东方文化，独具特色的中国品牌的文化旅游资源，及其相应的旅游产品独具风采。回顾我国的入境旅游市场和国内旅游市场的发展，文化观光都是其主题产品，这既是中国旅游资源的特色和优势所在，也是社会发展阶段的因素。发展旅游地的旅游文化产品仍然是今后的重点、亮点，而且开发难度相对较容易。但一定要适应旅游市场个性化、多样化趋势，发展更多的个性化突出、参与性和体验性强烈的文化旅游产品；同时，要深度开发传统的文化观光类产品，尤其要深度挖掘其文化内涵，提高文化品位，塑造出主题鲜明、独具特色的文化旅游产品“绝品”和“精品”。

三、坚持区域旅游可持续发展

中国已跨入世界经济大国行列，但其东部、中部和西部间的差异，城乡间的差异仍然十分突出，为促进地域经济协调发展，保持社会稳定，实现民族团结，巩固边疆安全，提高综合国力，最终实现中国的现代化建设和全国人民的共同富裕，党中央和国务院提出了在保持东部地区经济持续稳定发展的同时，实施西部大开发和建设社会主义新农村战略。旅游作为国民经济发展新的经济增长点和地区经济发展的先导产业，在实现区域旅游可持续发展方面尤为重要。

1. 加强东部地区的区域旅游协作

东部地区包括北京、天津、河北、辽宁、上海、江苏、浙江、福建、山东、广东、海南11个省级行政单元（暂不包括尚未纳入中国国民经济发展计划在内的港澳台地区）。自唐宋以来，东部地区一直是封建王朝或中央政府的财赋之地，现在中国经济发展的总体格局中又承担着外引内联角色，其现代旅游业也取得了令人瞩目的成就。东部地区的国土面积仅占全国国土面积的11%，却拥有全国国家重点风景名胜区的35.8%、国家历史文化名城的41%、世界遗产名录地的45%、世界人类口述和非物质遗产的50%、世界记忆遗产的75%、世界地质公园的50%，以及绝大部分的高星级酒店、高品位旅行社、国际航空港和城际高速铁路等；居全国旅游总收入、接待国内旅游人数和入境旅游人数前六位的省（市）全部在东部沿海地区。

东部地区旅游业发展的经验表明，按照大旅游、大产业、大市场的思路，加强区域旅游协作，实现资源共享和市场互育，形成区域旅游板块的效果很好。例如，“十一五”期间，北京便提出了“按照资源共享、市场共拓、客源对流”的要求，以“一核（北京）、两环（水陆两条环线）、三中心（天津、大连、烟台）”的发展格局，构建以北京为核心的环渤海旅游区，将京、津、冀、鲁、辽融为一体；广东省提出了以“泛珠三角”为主要层面的区域旅游合作战略，突出粤港澳的“一国、两制、三地、四种文化（岭南文化、西方文化、都市文化、历史文化）、五大城市（香港、澳门、广州、深圳、珠海）”，使之成为独具吸引力的旅游协作区域；上海也提出了积极推动长江三角洲区域旅游经济一体化发展，实施旅游交通网络、旅游信息网络的对接，加强旅游人力资源开发和诚信体系建设的合作，共建旅游宣传促销平台，建设长江三角洲一体化旅游服务体系，实现区域内无障碍旅游，把长江三角洲发展成为世界著名的旅游目的地和中国旅游创新示范基地。为了21世纪中国旅游强国的实现，这种区域协作方式还应不断强化。

2. 坚持中西部旅游大开发

西部地区概指中国的西北五省（区）和西南五省（区），即新疆、青海、甘肃、宁夏、陕西、西藏、云南、贵州、四川、重庆，另加广西、内蒙古及湖南的湘西、湖北的恩施与吉林的延边自治州。其国土约占全国总面积的71%，人口约占全国总人口的28%，是我国少数民族的主要聚居区，也是中华古老文明的发源地之一。虽然现代社会经济相对落后，但拥有众多的在中国乃至世界上独特优势的旅游资源，在中国区域经济发展中，具有明显的三大优势：①原始天然的自然环境，丰富多彩的自然景观资源。西部地区是中国大高原、大山系、大峡谷、大盆地、大冰川、大瀑布、大湖群、大河源地、大沙漠、大森林、大草原、大地热温泉群、大岩溶洞穴群、珍奇野生生物的集中分布区域，自然旅游资源以大、奇、野、趣著称。②民族风情丰富多彩，历史文化古老独特。全国55个少数民族绝大多聚集在西部，各族人民在各自独特地理环境中造就了丰富的民族风情和习俗。例如，云南泸沽湖摩梭人的阿注“走婚”、维吾尔族的“十二木卡姆”和蒙古族的长调民歌等民间艺术；西安半坡遗址、秦始皇陵兵马俑、敦煌莫高窟、大足石刻、乐山大佛、楼兰古城、里耶古城、丽江古城等，都可称世界旅游绝品。③旅游开发已有相当基础。西部已形成了丝绸之路游、长江三峡游、西南少数民族风情游、桂林“两江四湖”游、大理“一海四山”游等旅游精品线路和四川九寨沟、黄龙、峨眉山、都江堰、大熊猫栖息地、昆明世博园、贵州的黄果树、湖南张家界、西藏的雅砻河、青海的青海湖及鸟岛、新疆的天山天池、宁夏的沙湖、内蒙古的成吉思汗陵等精品旅游景区（点），都已成为海内外旅游市场上热销的“卖点”。中部地区包括湖南、湖北、安徽、江西、河南、山西六省，资源丰富，承东接西，区位交通条件优越。国家实施中部崛起战略，中部地区旅游快速发展。为保证今后中国西部旅游业的持续稳定发展，必须坚持既要保证发展，又要考虑资源的有效保护和可持续利用，选择与环境资源冲突最小、环境代价最小的路子；在开发模式上，依托一定区域内的旅游中心城镇和现代交通线，做到依托点轴、以点带线、以线联面、整体联动。在开发策略上，应弘扬民族文化，大力开发文化旅游产品，塑造出众多的“特品”和“极品”。

3. 积极发展乡村旅游

乡村，又称农村，是相对于城市而言的地域概念。所谓乡村旅游就是以乡村为旅游目的地、以城市居民为主要客源市场、以乡村社区与农民全面参与旅游开发并获益为核心，依托乡村自然生态环境、田园风光、农事活动和多彩的乡村文化，以实现乡村经济可持续发展为目标，集观光度假、休闲娱乐、增长知识、体验乡村生活为一体的多形式、多层次、多地域的一种可持续形式。它具有投资规模小、参与性强、效益的长效性、发展的可持续性，以及本质上的乡村性、产品供给的丰富多样性、旅游消费实惠性等特点。现代的西欧、北美各国和亚洲的日本、韩国，以及我国的台湾，乡村旅游都具相当规模，并走上了规范化的轨道。由于乡村旅游既有利于拓宽农民的增收渠道，有利于吸纳农村剩余劳动力，有利于农村产业结构的调整和促进城乡一体化进程，有利于乡村自然生态环境和资源的保护，从根本上解决“三农”问题，推动乡村小康社会的全面建设，实现乡村区域经济可持续发展；又为旅游业的发展拓宽了广阔的乡村空间，创造了农业与旅游业交叉融合的新模式，同时还能使逐步富裕了的农民成为新兴客源市场，为我国旅游业的可持续发展获得新的活力。因此，乡村旅游得到了我国政府的高度重视，“98 华夏城乡游”、“2004 中国百姓生活游”、“2006 中国乡村旅游年”、“2007 中国和谐城乡游”等主题旅游年，以及 2010 年 7 月，农业部和国家旅游局签署了共同推进休闲农业与乡村旅游发展的合同框架，启动了全国休闲农业与乡村旅游工程，推出了一批示范县、示范点，中国的乡村旅游被推到了极致，并正呈现出持续稳定发展的势头。

实践演练

一、思考与练习

1. 搜索浏览《旅游可持续发展战略》、《可持续旅游发展宪章》、《可持续旅游行动计划》三个国际文件及《中国 21 世纪议程》，并熟悉其主要内容。

2. 运用 GIS 技术，试制作《中国世界生物圈保护网络》分布图和粤港澳旅游协作区主要旅游城市和国家旅游景区分布图。

3. 网上下载中国历史文化名镇、名村中的浙江乌镇和福建田螺坑村的简介。

二、学习与理解：中国旅游可持续发展

旅游业是环境友好型、资源节约型产业，与资源环境和人文生态系统是相互依存、相互促进的关系。今后必须继续坚持环保和节能，牢固树立保护性开发的原则，牢固树立旅游开发服从于保护的原则。在旅游项目的规划、开发、经营和评估过程中，坚持强化自然、文化和遗产旅游资源的保护，在全行业推进节能环保的绿色发展理念，走生态旅游、低碳旅游的道路，促进旅游与自然环境、历史文化的全面协调和可持续发展。以旅游目的地、景区、饭店、旅行社为重点，通过试点、示范和标准，落实旅游业节能减排目标的实现。加大生态旅游的舆论宣传，在社会上形成环境友好型旅游方式与资源节约型旅游经营方式的广泛共识。加大对民族地区旅游业发展的支持力度，以旅游业带动当地经济社会环境的全面发展。将旅游产业建设成为资源保护与节能环保的绿色产业（摘自《中国旅游业“十二五”发展规划纲要》第十一章，并稍加整理）。

三、探研与体验

1. CCTV-4 大型日播旅游节目——远方的家。

中央电视台中文国际频道 CCTV-4《远方的家》旅游节目（图 5.1），是以旅游为载体，以文化为核心，以故事为基础，以情感为纽带，努力打造成为向世界集中展示中国自然和人文之美的一个窗口。它以普通人旅行体验为主，采用新闻的手法和纪录片的元素，做到了风景、风情、风格的有机结合，新闻性、旅游性和文化性的完美统一，灵活多变的节目形式和阳光活泼的主持人更使得节目不但具有一定的娱乐性，还具有深刻的思想性和强烈的艺术感。《远方的家》栏目自 2010 年 12 月 1 日每周一到周五播放至今相继推出了《边疆行》、《沿海行》、《北纬 30 度中国行》、《美丽中国——湿地行》、《百山百川行》等栏目（典型案例如图 5.2 所示），充分展示了中国人的生活方式，表达了新生代的旅行态度，沟通了多元文化的文化价值，构建了华语圈的心灵家园，彰显了有传承又具时代感的国家旅游形象。事实证明，该栏目已经成为了国内第一的旅游资讯发布和旅游信息服务平台，并为中国各地推动当地社会经济发展、城市形象和旅游资源提供了一个新的舞台。

图 5.1　远方的家

图 5.2　宁夏中卫南长滩村

• 探研：①CCTV-4《远方的家》对中国旅游宣传的启示；②在网上收看其视频，并仿照其中之一行设计一个家乡“一日秀”节目。

2. 中国传统堪舆学的内涵。

中国传统的“堪舆学”，即风水学的主要精神内涵，就是营建人的居住空间环境，不外乎三大基本原则、六大内容。三大基本原则，即“天地合一原则”、“阴阳平衡原则”、“五行相生相克原则”；六大内容，一是要选择有利的大环境，房屋整体布局上要依山傍水，山环水绕，土厚水深，山清水秀，即风水理念认为，城镇要居中，左青龙方要有水，右白虎方要有路，前朱雀方土地要广阔，后玄武方要有山作屏障。二是房屋要迎纳阳光，古书云“门窗向北，子孙遭殃。门窗朝南，子孙满堂”，房屋建筑要尽量使朝向迎纳更多的阳光。三是房屋的整体和局部都要和谐（图 5.3）。堪舆风水理论要求“宅前不可太宽，宽则旷荡不‘藏风聚气’，也不可太

图 5.3　侗族花桥与鼓楼

窄，窄则局促，且围合过渡，故‘生气’不入”，并要求整体环境不偏、不湿、不生恶石污土，且青山聚绕，众水朝拱。四是房屋基址要选在有“生气”的地方，即“地无崩蚀，色泽油油，草木繁茂，流水香甜，飞鸟喜鸣，走兽活跃”的地方，也就是“顺承生气”。五是房屋结构、布局要美观实用，堪舆理论认为，房屋要注重匀称、平衡，各部位要功能明确，井然有序，如“住宅要南北长、东西宽，不能后低前高、四角欠缺，也不宜有堂无室，梁大柱小”。六是要绿化室内室外，古书云“山高水深，郁草茂林，贵若千层，富如万金，树木茂盛则生机旺盛，护荫地带，宜于人居”，因此，绿化、美化、香化室内外环境极为重要（摘自孙景浩等：《中国民居风水》）。

• 探研：①中国传统堪舆理论对中国旅游城市、旅游设施建设有何启迪；②刘沛林教授著《风水·中国人的环境观》一书，其实质是什么。

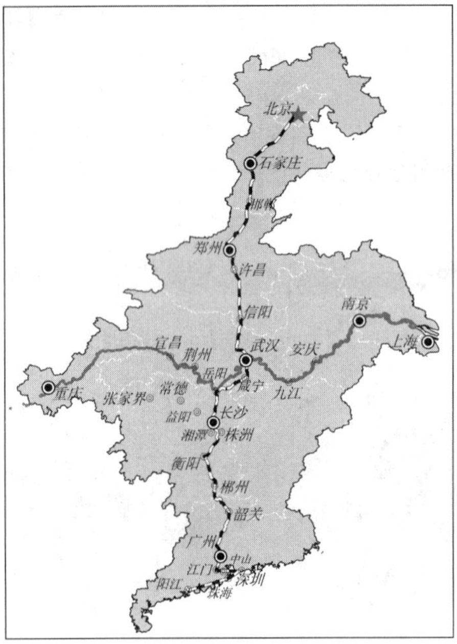

图 5.4　中华最美山水十字旅游联盟示意图

3. 高铁遇上游轮。

旅游经济是典型的开放型经济。21 世纪以来，各地依托各种载体缔结旅游联盟已成为旅游合作发展的新趋势。载体主要为同一山、同一河、同一交通干线或同一地域等。典型事例有 2006 年中国中部地区 17 个“中国优秀旅游城市”结盟；2010 年，北京等 12 个知名旅游城市结盟，浙赣皖千岛湖结盟，五湖牵手五岳岳阳结盟；2011 年，九省区“黄河之旅”旅游联盟成立，11 个城市结成“中国南方旅游协作体”；2012 年，长白山旅游联盟，京港澳高铁旅游联盟成立；2013 年，晋豫太行山区域旅游合作；2014 年，上海、南京、武汉、重庆等 8 个长江沿岸城市，北京、郑州、武汉、广州等 20 个京广高铁沿线城市及环洞庭湖生态经济圈益阳、常德、张家界三市，总共 31 个城市手牵手，达成岳阳共识，在岳阳结成旅游联盟，开创了把快速高铁和漫游的长江游轮结合，陆路与水路打通“中华山水”最美十字飘带——“高铁＋游轮”的新时代，如图 5.4 所示（摘自《打造中国经济区域合作成功典范》，李佳整理，刘晓燕制图）。

• 探研：①结合上述材料谈谈结成旅游联盟对所在地旅游业发展的影响；②试举例说明交通工具的与时俱进同旅游业发展之间的关系。

4. 抗战纪念性建筑：南岳忠烈祠

南岳衡山忠烈祠，是抗日战争时期“国民政府”为纪念抗日阵亡将士而建立的一处国内规模最为宏大的大型祭祠（图 5.5）。为仿南京中山陵建筑形式，坐北朝南，依山就势递进，前低后高，气势恢宏。整个建筑由牌坊式前门、“七七”纪念塔、致敬碑、纪念堂、祭祀享堂五进组成，总建筑面积达 1.44 万 m^2。前门三道，其中道门上竖嵌有蒋介石书写的“南岳忠烈祠”祠额，字体遒劲端庄；忠烈祠主体建筑享堂檐下正中也悬有蒋介石题写的“忠烈祠”堂额；享堂内有祭坛及“抗日阵亡将士灵位”牌，并有部分抗日英烈生平事迹介绍。两侧青山上有掩埋抗日英烈忠骨的 13 座墓葬，附近还有一片以蒋介石命名的“中正抗战纪念黑松林”。忠烈祠已成为国家重点文物保护单位和爱国主义教育基地。

图 5.5　南岳忠烈祠

• 探研：①忠烈祠兴建的历史地理背景；②忠烈祠旅游开发与红色旅游开发的关系。

第六章 中国旅游地理区划与实践

学习提示

旅游地理区划是一个国家或地区旅游业发展的一项基础工作，学者们对具有960万km^2领土面积和300万km^2海洋面积的中国旅游区划进行了多方面的有益探索。本章对中国旅游地理区划的基本原理、方法及其有关实践成果进行了归纳和总结。探索性地构建了“全国性旅游大区—旅游省—地方性旅游区”的旅游区域体系，并规范性地按照“地域方位＋文化因子＋自然因子”的三因子复合法，将全国划分八大旅游区，从而为中国旅游区域协作提供了科学依据，也方便了旅游教学。

第一节 中国旅游地理区划

一、旅游地理区及旅游地理区的目的和意义

旅游地理区简称旅游区，是在现代旅游产业发展过程中客观形成的地域旅游单元，是指含有若干共性特征的风景名胜地域综合体，是在自然风景发生的自然地理基础和人文景观形成的人文地理基础上具有相对一致性，并以旅游城市为中心和旅游接待设施为主要标志，以广泛的内外旅游经济联系为纽带的开放型地域综合体，属于风景区之上的高层次、主系统的风景名胜地域。不同的旅游区有不同的特征和区域发展水平；同时，旅游区又具有不同的层次，不同旅游发展水平和特征的旅游区在空间上相互联系，便构成了一个国家的旅游地理区系统。旅游地理区系统是社会经济地域系统中重要的地域组成形式，是旅游业地域分工不断深化的必然产物。

旅游地理区划是一项理论性和实践性都很强的系统工程，是旅游研究的重要课题之一。中国地域辽阔，旅游资源地域差异明显，旅游业发展的社会经济条件千差万别，旅游业发展的历史基础和现有状况也各有不同，因此，中国旅游地理区划的研究具有现实意义。旅游地理区划不仅在理论上是对中国地理区划的补充和丰富，是对新兴旅游地理学科体系的完善和加强，而且对旅游区范围、界线的合理确定，对各旅游区性质、特征、地位及其发展方向的明确，对各级旅游经济中心的分析确定等方面，都是具有实质性的基础工作。揭示旅游区的内在规律，查明其区域的基本优势，扬长避短地在全国形成合理的旅游地域分工体系，为开发、利用和保护旅游资源，制定旅游区域发展战略提供科学依据。

二、中国旅游地理区划的原则

1. 相对一致性原则

旅游环境与旅游资源在地域空间上虽千差万别，但在某一范围内总可以区分出若干相似程度较大而差别较小的区域。相对一致性原则包括旅游资源成因的共同性、形态的类似性和发展方向的一致性三重含义，旅游地理区划就是把一致性程度最大者列为同一旅游地理区，以示同其他旅游区的差别。

2. 地域完整性原则

旅游资源的形成、开发和利用，因受自然条件和人文因素的影响，分布上具有明显的地

域性，形成各具一格的客观存在的旅游地理区，同时各个等级的旅游地理区，都是能独立承担一定职能、相对独立的地域综合体。鉴于旅游业是一项涉及许多经济部门并具有高度文化性质的经济事业，离不开行政管理部门的综合平衡。因此，旅游地理区划还必须尽量考虑保持原行政区域的完整性。

3. 综合性原则

旅游地理区是自然地理各要素与人类经济活动过程中，经过长期相互作用形成的客观实体，同时旅游业又是一项涉及面很广的产业，而整体效益又是系统优化的主要目标。因此，也要求旅游地理区划既要综合考虑纵向的历史基础，发展现状和长远目标、方向，又要综合考虑横向的旅游资源类型，组合及开发利用的自然、社会、经济等多方面的条件。

4. 主导因素原则

旅游地理区内部往往由多种类型的旅游资源组成，而各类型旅游要素在旅游区内所起的作用并不完全一致，往往是其中某种类型的旅游要素在起主导作用，制约着旅游区的属性特征、功能和利用方式，使其主题鲜明、重点突出、有强烈个性。因此，旅游地理区划应突出其主导因素，作为划分旅游区的主要依据。

5. 旅游中心地原则

每个旅游地理区都应有一个或几个旅游中心地（旅游风景名胜区或旅游中心城市）作为旅游业发展的依托。旅游中心地应该是旅游地理区内和区间的旅游荟萃之地，也是区内政治、经济、文化中心，并有较好的食宿、交通、通信、购物等必备的旅游设施。

6. 覆盖性和不连续性原则

旅游地理区划同自然地理区划和经济区划一样，在地域上连续完整，各级旅游地理区必须覆盖全国。但旅游要素在分布上往往呈不均匀的离散状态，如以旅游资源高度密集的风景区、点形式出现，各风景区点之间常会有较大空间不具备发展成有明显旅游效益的区域。所以在实际区划中，一、二级旅游地理区覆盖全国，而三级旅游地理区则往往不彼此相连。鉴于此，旅游地理区划可以将不具备发展成明显旅游效益的区域置于其外而呈不覆盖状态。

三、中国旅游地理区划的特点

1. 客观性

旅游地理区是有具体界线和范围的客观存在的地理实体，是旅游活动客观存在的地域综合体单元，具有客观实在性。因此，要求旅游地理区划工作要排除一切违反科学的主观因素干扰，尽可能反映旅游客观实际，符合国家的方针政策和自然、经济等客观发展规律。

2. 层次性

旅游地理区是从上到下、从全国到地方客观存在的完整的旅游区体系，有不同功能类型和不同等级层次结构，这一特性使旅游区划和旅游区分级、分等研究与管理成为可能。

3. 系统性

旅游区具有一套配合的社会功能，其中首要是恢复和增强旅游者的健康、能力、体力和精力，满足其特殊的物质文化生活需要；同时，旅游地理区内部及外部联系错综复杂，其本身就是一个包含大小不同层次的系统工程。

4. 地域性

旅游地理区以一定的地域空间为载体，具有四至范围。各区都具有特定的自然和人文环境、区域旅游活动特征和旅游中心城市及交通路线网络存在，是一个结构有序的开放系统。

而同一层次的旅游地理区之间又都表现出明显的地域差异性。

5. 优化性

旅游地理区是加入了人为干扰，具有预定目的，可控制的自然-人工复合地域空间系统。从整体上达到了最优设计、最优控制、最优管理和利用，实现综合最优化，从而可最大地发挥其功能，达到理想目的，取得最佳效果。

6. 发展性

旅游地理区是旅游经济发展到一定阶段的产物，有其固有的形成发展规律。一般可分为基本定型的现实旅游地理区、正在发展中的旅游地理区以及有待今后形成的旅游地理区（新开发、未开发地区）等。旅游地理区划的任务之一，就是要根据不断发展的条件，自觉地运用旅游地理区划理论，按照旅游地理区形成的规律，促其定向发展。

四、旅游地理区划命名

对旅游区域进行科学性、实用性命名，是旅游地理区划的重要内容之一。我国不少学者对旅游地理区划命名问题进行了探索，从目前所展示出来的各旅游地理区划方案成果来看，形式上既有单一因子命名法，又有多因子复合命名法；在内容上既有地域方位或地域名称命名法，又有以某一自然或人文为主导景观因子的命名法，也有多种景观内容结合在一起的综合命名法。不论何种命名方法都要求高度概括旅游地理区的本质性特征。为此，必须方位明确，主题突出，个性鲜明，而且应尽量贴切、清新高雅，具有科学性和美学艺术性。

第二节　中国旅游地理区划方案

一、中国旅游地理区划方案体系的形成和发展

旅游区划工作是一项科学性很强的复杂系统工程，学者们为教学或科研的需要自 20 世纪 80 年代以来便一直在进行探索性研究，出现了各种区划方案及相应分区体系。但一般按其对象和内容有专题区划与综合区划。

1. 专题旅游区划

旅游地理专题区划，即以某一旅游要素为主导因子进行的旅游区划，如旅游环境、旅游资源、旅游市场等区划，但旅游地区划侧重于环境与资源方向。以环境为主导因子的旅游区划为环境要素区划。例如，1987 年，濮静娟、朱晔应用舒适度指数和风效指数为指标，对中国大陆地区气象资料进行分析计算，以各地最佳旅游季节气候区划，并采用区域方位和热量带主导因子复合命名方法，将中国大陆分成北方温带气候大区、南方亚热带气候大区、青藏云贵高原大区共三个旅游气候大区。按照气温舒适月份作气候区的指标，在三个气候大区的基础上又将中国大陆地区划分为 18 个气候区。以旅游资源为主导因子的旅游区划为旅游资源区划。例如，1985 年，周进步在《中国旅游地理》中，依据旅游资源形成的共同性、形态的类似性和旅游业发展现状的相似性，找出各旅游区占主导地位的因素，作为划分指标等原则，采用地域方位名称或旅游资源主导因子命名方法，将中国划分为中央旅游区、东部沿海旅游区、川汉旅游区、华南热带景观旅游区、西南岩溶旅游区、西北丝绸之路旅游区、东北旅游区、北疆塞外旅游区、青藏高原旅游区等共 9 个旅游区。

2. 综合旅游区划

旅游综合区划是以一定的地域为对象，以资源、环境、市场等综合因子而进行的旅游地

理区划。例如，1988 年，郭来喜根据旅游资源相似性、行政区划的相对完整性和交通运输的便捷性、管理方便性等原则，采用区划名称和文化或自然景观主导因子综合命名方法，将中国分成 10 个旅游带、即京华古今风貌旅游带、白山黑水北国风光旅游带、丝路寻踪民族风情旅游带、华夏文明返古旅游带、西南奇山秀水民族风情旅游带、荆楚文化湖山景观旅游带、吴越文化江南水乡风光旅游带、岭南文化那亚热带-热带风光旅游带、“世界屋脊”猎奇探险旅游带，以及台湾和港澳中西文化海岛风貌旅游带。带下还分成 29 个旅游省，149 个基本旅游区，整个结构体系分成三个层次。此分区方案影响深远，至今仍被一些学者采用或修正性采用。

3. 其他旅游地理区划形式

随着大旅游、大产业、大市场旅游格局的确立，区域旅游协作明显加强，出现了一些创新性的旅游地理区划形式，如旅游带或旅游圈概念的提出，最为典型的是“环城游憩带”（吴必虎，1994）及其在此理论指导下的北京三大城郊旅游圈带；“旅游圈”（阎友兵，1999）及相应的“环渤海旅游圈”（陈才，1999），“环太湖旅游圈”（陶卓民等，2000），“武汉大旅游圈”（孙志刚等，1997），“桂林大旅游圈”（陈丽华，1999），“大南岳衡山旅游圈”等，这些都是以中心城市或旅游景区为依托的旅游圈。还有以水陆交通线路为依托的旅游带，如“大京九”旅游带，“南昆铁路”旅游带，长江“黄金”旅游带，以及湘江旅游经济带等。国务院提出的国家生态旅游示范区、旅游扶贫试验区等，实际上也是一种旅游区划形式。总之，旅游地理区划的思想及旅游地理分区体系仍在发展之中。

二、本区划方案体系及特点

1. 本区划方案体系

尽管中国旅游地理区划已经过了多年探索，已形成了诸多各具特色和长处的方案和体系，但离实用性和可操作性的要求都还比较远。本分区方案取各家分区方案之长，遵循中国旅游区划基本原则，并以市场为导向，以资源为依托，以促进旅游增效为中心，将地域方位邻近，文化景观和自然景观及旅游环境特征相似，发展方向基本相近的跨省地域归属于一个旅游地理大区，即将全国划分成 8 个一级旅游地理大区（图 6.1）。旅游地理大区之下又划为二级旅游省，即将全国划分成 34 个旅游省；每一个省又划分成若干个地方性旅游区，在资源禀赋、条件优越或旅游业特别发展的地区，往往在地方性旅游区之下再划分更小范围的地方性旅游地理区。本分区方案具有较强综合性、系统性，也有一定实用性，但在功能上仍具有教学认识区性质。

中国 8 个一级旅游地区，即：①东北关东文化林海雪原火山熔岩风光旅游区，包括黑龙江、吉林、辽宁 3 个旅游省及若干地方性旅游区；②华北黄土文化名山沃野海景风光旅游区，包括北京、天津、河北、山东、山西、河南、陕西 7 个旅游省（市）及若干地方性旅游区；③华东吴越淮河文化山水园林都市风光旅游区，包括上海、江苏、浙江、安徽 4 个旅游省（市）及若干地方性旅游区；④华中荆楚巴蜀文化名山胜水峡谷奇观旅游区，包括四川、重庆、湖北、湖南、江西 5 个旅游省及若干地方性旅游区；⑤东南沿海闽粤文化南国山海岛风光旅游区，包括广东、福建、海南、台湾、香港、澳门 4 个旅游省和 2 个特别行政区及若干个地方性旅游区；⑥西南民族风情岩溶山水风光旅游区，包括云南、贵州、广西 3 个旅游省（区）及若干地方性旅游区；⑦青藏藏传佛教文化高原雪域草原风光旅游区，包括青海、西藏 2 个旅游省（区）及若干地方性旅游区；⑧西北丝路文化绿洲草原大漠风光旅游区，包

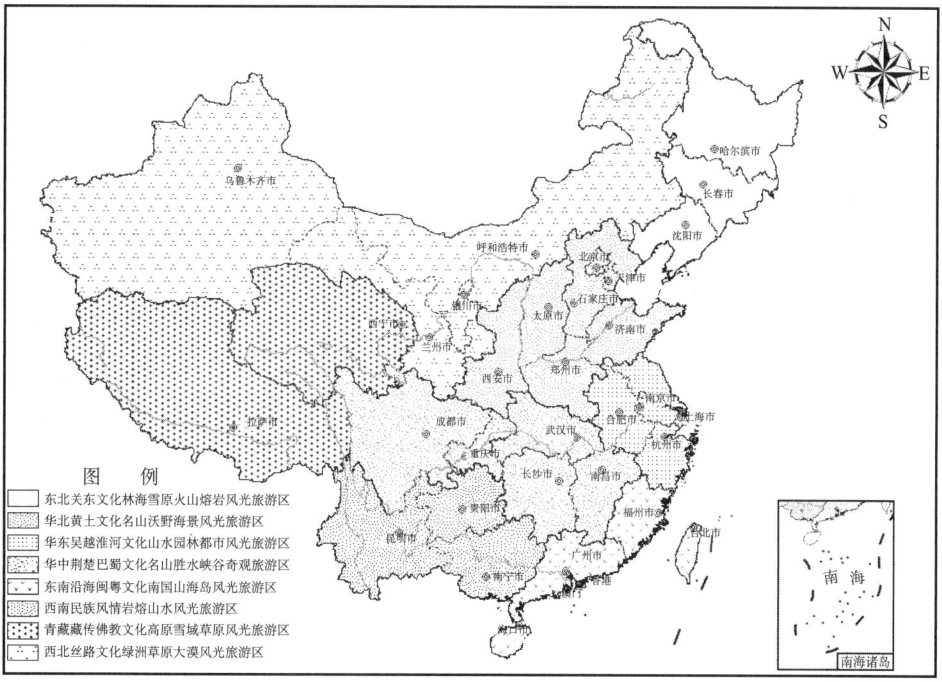

图 6.1　中国旅游地理区划示意图

括内蒙古、甘肃、宁夏、新疆四个旅游省（区）及若干地方性旅游区。

2. 本区划方案的特点

本区划方案有三个明显的特点。

(1) 采用三级旅游分区，即旅游大区、旅游省和地方旅游区。旅游大区是一级旅游区，跨越多个省（区、市）地域，为了加强省（区、市）际之间的横向联系、组织区域性旅游线路和对外口岸服务。

旅游省是二级旅游区，它以现有完整的省、自治区、直辖市或特别行政区为地域范围，以适应我国现行管理体制，便于对旅游资源进行统一开发管理和保护；对旅游业发展进行统一规划和协调（海峡两岸暂未统一，台湾属于特例）。

地方性旅游地理区是第三级旅游地域组织，每一个旅游省包括若干个地方性旅游区，如东北关东文化林海雪原火山熔岩风光旅游区吉林旅游省，包括长春—吉林、长白山、西部湿地草原三个旅游区；辽宁旅游省包括辽中南、辽东、辽西三个旅游区。地方性旅游区一般是一个或几个旅游业发达的城市或风景名胜区共聚成一体，构成旅游区体系中最基本的地域单元。

(2) 本区划方案各层次结构划分标准各不相同。为使旅游地理分区既具严密的科学性，又具实用性价值，每个层次采用不同的划分标准。即根据旅游资源成因的共同性、形态的类似性和发展方向的一致性原则，划分一级旅游地理区——旅游地理大区；依照保持行政区完整的原则划分二级旅游地理区——旅游省；根据旅游资源的近似性和管理规划的方便性划分三级旅游区——地方旅游区。这样使有些省、市、区的地域归属问题迎刃而解。例如四川省和江西省，不少分区方案把前者划入西南大区，把后者划入华东大区。鉴于“长江三峡旅游”热线西起重庆市，东至江西九江，其间壮丽的长江、古老的荆楚巴蜀文化和三国古战争文化，把四川、江西以及其间的重庆、湖北、湖南连成一体。随着长江三峡大型水利枢纽工程的建成，和杭州—南昌—长沙、南京—武汉—重庆—成都等国家规划中的横向高速铁路的建成，它们之间的联系更为密切。因此，把处于长江中上游的川、渝、鄂、湘、赣分为一区便顺理成章。

(3) 文化景观因子在分区中占突出地位。旅游作为一种高级物质文化生活消费形式，决定了人文景观在其中的地位。异域文化、异乡风情，能给旅游者特殊的美的享受，中国作为文化大国，其中国风光、中国风貌、中国风俗、中国风味和中国风物，是世界其他国家和地区所没有的古老东方文化，为中国所独有。为了最大限度展示中国古老文化，增强我国旅游魅力，本分区方案突出文化景观在分区中作为第一主导因子，以形成不同地域的各种旅游地域文化区。鉴于此，把自古就有“吴头楚尾”之称的江西置于巴蜀荆楚文化区便理所当然；同样道理，处于黄土高原核心部位的陕西省为源远流长的黄土华夏文化的根祖之地，根据其发生学原理，将陕西省放在黄土文化区更为合理。

实践演练

一、思考与练习

1. 收集 2～3 个中国旅游地理最新的分区方案，试与本教材分区方案比较，并评价其特色和不足。

2. 依据本教材旅游地理分区原理和方法，试对本旅游省（区、市）进行省级旅游地理分区，并模仿图 6.1 中国旅游地理分区图试设计制作本省旅游地理分区简图。

二、学习与理解：加强分类指导，促进区域协调发展

党和政府提出，今后旅游业要配合国家区域发展总体战略，以高速交通体系为主轴，以都市群为依托，以培育旅游集聚区为重要任务。本着东部地区国际化、中部区域城市化、西部地区产业化的原则，构建特色鲜明，优势互补，充满活力的区域旅游新格局，实现区域旅游全面协调发展。并将全国分为四大区域协调发展区，即东部地区、中部地区、西部地区和东北地区。国家要求东部地区要通过提高产业水平，提升产业素质，促进产业转型升级，巩固客源地与目的地的双重功能，实现旅游国际化目标。中部地区要通过完善产业体系，构建旅游目的地体系，缓解供需矛盾，实现旅游城市化目标。西部地区扩大产业规模，完善产业功能，提升基础设施档次，形成我国旅游业发展新的增长点，实现旅游产业化目标。东北地区打造旅游品牌，构建旅游聚集群，促进旅游产业与工业发展的融合，实现旅游产业引领区域转型升级（摘自《中国旅游业“十二五”发展规划》，并稍加修改整理）。

三、探研与体验

1. 中国的文化地理分区（王会昌方案）简介。

中国地理环境的整体结构特征影响着中华民族文化的总体特征，使其在世界文化园地中显示出东方文化的独特风貌。但由于中国幅员辽阔，东、西、南、北的文化差异相当悬殊，各地民族成分复杂，社会经济和历史文化发展背景又各不相同，乃至形成了人文景观形形色色的一系列文化地理区（简称文化区）。根据已故地理学家王会昌根据地理环境的显著差异性，以黑龙江的瑷珲到云南省的腾冲之间作一条连线，将中国版图划分为东西两大部分。东半壁以平原、丘陵和海拔 2000m 以下的高原山地为主，盛行季风气候，为我国比较发达的农业区；西半壁以草原、沙漠、高山和高寒高原为主，属大陆性气候，是我国主要的牧区。正是因为地理环境的巨大差异，导致了其民族的文化特征与文化风格的迥然不同，这便是划分一级文化区的重要依据，即东部农业文化区，西部游牧文化区。两个相对独立的一级文化区地理环境差异的进一步细化，西部游牧文化区南北差异十分明显，基本上可以划分为北部蒙新草原沙漠游牧文化区和南部青藏游牧文化区。东部农业文化区内，同样可以划分出以汉民族为主体的东部中国统统农业文化区和西南以少数民族为主体的农业文化区，即中国的二级文化区（又称文化亚区），也就是说中国有四个二级文化区（文化亚区）。在中国两个文化区的四个文化亚区中，中国传统文化亚区南北纵跨多个气候带，农业耕作

制度和类型相差甚大，其文化风貌也各地不同，为此又可划分为十二个三级文化区，又称文化副区。即关东文化副区、黄土文化副区、岭南文化副区等（摘自王会昌：《中国文化地理》）。

· 探研：①中国旅游地理区与中国文化地理区二者的联系；②从文化为中国旅游地理分区的主导因子的角度对照王会昌的中国文化分区，试分析蒙新宁甘划分为一个旅游区、闽粤琼台和港澳划分为一个旅游区的相对合理性。

2. 名人谈中国居室与饮食的南北差异。

中国地域辽阔，各地地域差异鲜明，而以秦岭—淮河一线为界的南北差异最为突出，引起了古今名人的特别关注。论及中国居室南北差异时，明代文学家谢肇淛在其《五杂俎》中论说："南人有无墙之室（图 6.2），北人不能为也；北人有无柱之室（图 6.3），南人不能为也。北人不信南人有架空之楼，行于木杉；南人不信北人有万斛之窖，藏于地中"（谢肇淛：《五杂俎》）。论及南北饮食差异，陶思光谈"北方饺子南方鱼"的传统，"在除夕夜，北方的传统食品是饺子，南方的传统食品是鱼。饺子状如元宝，在除夕之夜选用，有招财进宝的吉祥预兆和辞旧更岁相交的喜庆意义。南方除夕上鱼，除了当地盛产鱼类，还有吉庆有余的谐趣"（陶思光：《风俗探幽》）；阿成对哈尔滨人饮食习俗描述："在哈尔滨，与"吃"有关的名词前面一般都要加一个'大'字，如"大馒头、大包子、大饼子、大酱，等等。馒头一般 400 克一个，油条最长的有半米，手腕盘粗"（阿成：《哈尔滨人》）（杨载田、李佳整理）。

图 6.2　傣族竹楼

图 6.3　北方窑洞

· 探研：①中国居室和饮食南北差异的主要原因；②分析归纳总结上海、重庆两个城市饮食文化的差异。

3. "八·一三事变"与"上海淞沪抗战"

1937 年"七·七"事变后，日本帝国主义企图占领我国上海作为继续侵略中国的基地，蓄谋挑起事端，命其驻军官兵 2 人于 8 月 9 日乘军用汽车向我虹桥空军飞机场猛冲，被我守军击毙。8 月 13 日日本帝国主义者以此为借口发起大规模军事进攻，史称"八·一三事变"。我驻军奋起抵抗。并为此调集了 70 多个精锐之师号称百万大军恶战近百日，歼敌 4 万多人，粉粹了日本帝国主义三个月之内灭亡中国的美梦，但终因我军伤亡惨重而主动撤出上海。史称"上海淞沪抗战"，并于中华人民共和国成立后建有纪念馆（图 6. 4）（摘自衡阳文史资料第四集）。

图 6.4　上海淞沪抗战纪念馆

· 探研：①"八·一三"事变对中国抗日战争的影响；②中国人民淞沪抗战的历史意义。

下篇　中国旅游地理分论

第七章　东北关东文化林海雪原火山熔岩风光旅游区

学习提示

本区包括黑龙江、吉林、辽宁三省。地处山海关以东的祖国东北部，山环水绕，平原内孕，形成相对完整的地域单位，造就了特有的自然人文环境。旅游资源以奇绝为特色，主要旅游城市、旅游景区沿交通线成轴带分布，如图7.1所示。旅游产品以都市旅游、边境旅游、工业旅游、农业旅游、冰雪旅游以及森林湿地生态休闲度假、地热温泉健身等最具特色。

图7.1　东北关东文化林海雪原火山熔岩风光旅游区示意图

第一节　旅游资源与旅游环境特征

一、以奇为特色的自然景观

1. 火山熔岩奇观

东北地处环太平洋火山地震带上，火山熔岩地貌景观广泛分布。大兴安岭最北端，山峰由火山岩构成，形态浑圆。小兴安岭的张广才岭多为第四纪以来火山活动地区，形成了著名火山群区。其中黑龙江省五大连池市的火烧山和老黑山，曾在公元1719～1721年爆发，熔岩流堵塞河道，形成了著名的火山堰塞湖群——五大连池；长白山地也是历史上活火山活动激烈地区，镜泊湖、天池即为火山堰塞湖。火山活动区地热资源丰富，温泉相伴分布，五大连池地热洞、长白山温泉、鞍山汤岗子温泉、兴城温泉等，都是全国著名的温泉。

2. 雾凇冰雪奇观

东北气候冬季漫长而冷湿，冰雪覆盖地表最厚可达50～70cm，被称为中国四大自然奇观之一的吉林雾凇更令人神往。东北雾凇尤以吉林市松花江畔的最奇、最艳。松花江环市而流，市南24km处的松花湖面积达480 km^2，加上市境森林茂密，雾生条件优越。每当隆冬季节，整个江城银装素裹，沿江长堤高大成行的垂柳凝霜挂雪，晶莹绮丽。前国家主席江泽民目睹了这一罕见的自然奇观而即兴吟咏：“寒江雪柳，玉树琼花，吉林树挂，名不虚传”。

3. 莽莽林海奇观

东北温带湿润季风气候环境适宜森林生长。兴安山地、长白山地现存大面积原始森林，为全国最大林区。大兴安岭的自然植被为著名的以兴安落叶为主的明亮针叶林；小兴安岭、完达山和长白山地是以红松、冷松为主的针叶与落叶阔叶混交林地区；山地内侧的松辽平原形成大片温带森林草原。林相古老而又覆盖率高的莽莽林海，夏季郁郁葱葱，令人陶醉；冬季银装素裹，形成“林海雪原”奇观。森林中有许多观赏树种和奇花异草以及名贵药材，并栖息有东北虎、梅花鹿等特有珍稀动物。

4. 江河湖海奇观

东北有黑龙江、松花江、嫩江、辽河以及鸭绿江、图们江、牡丹江、绥芬河等江河，大多水量丰富，含沙量小，形成青山绿水景观。但河流封冻期多在5个月以上，河冰厚达2m，形成“千里冰封，万里雪飘”奇观。不少河流是中俄、中朝界河，形成独有的边塞风景河段。本区湖泊不少，如镜泊湖、松花湖、天池、兴凯湖、五大连池等，大多山水相映成趣；水草肥美的湿地有很多，为鸟类栖息繁衍的天堂。面朝大海，海岸线长达2100km，有利于海洋经济及海洋海岛旅游的发展。

二、兼容并蓄的关东文化

1. 三元文化基因的融拼

本区有土著文化、中原文化和外国文化三大文化基因。土著文化包括满族农耕文化，蒙古族游牧文化，鄂伦春、达斡尔的狩猎文化和赫哲族的渔猎文化等，总体上表现出尚武、粗犷、豪放和刚健的文化心态。中原文化是随着土著文化入主中原和明清时期中原汉人的大量流入而形成，并成为本区文化的主体。外国文化因近代日、俄文化的入侵和朝鲜、欧美等外国移民的流入而形成，对东北城市建设、宗教、经济、生活等方面产生了广泛影响。纵观东北演进的历史，就是因为三种文化的长期碰撞和融合，才形成了独具特色的关东文化，使传统的关东文化又融进了一些“洋味”。

2. 关东文化的时代再塑

随着时代的发展，现代化逐渐冲击、融蚀着传统的民族文化。新中国成立后，20 世纪 50 年代的大批复员转业军人进入东北大荒原垦荒和 60 年代以后的成批城镇知识青年扎根东北边疆，石油工人大庆会战，造就了“北大荒人”精神、“铁人”精神，再现了关东拓荒文化的意境。社会主义四个现代化建设，使东北成为祖国重要的粮食生产基地、森林工业基地、能源工业基地和重工业基地；发达的立体交通网络，把现代化的城市、乡村、工矿、林区联成一体并直接与欧亚乃至全球相联系。现代化的机场、高速公路、高速铁路，以及油田开发、航母建造和特色现代旅游业的快速发展，再次显示了 21 世纪关东文化的魅力。

3. 关东文化艺术的瑰宝

关东文化内涵丰富，并不断发展和传承，如关东歌舞“二人转”是土生土长于东北大地的一种自娱性民间歌舞艺术。其主要形态是由二人分包赶角的“对口”，以叙事为中心线索，而且每当叙述到具体人物时，演员必须融入到各种角色中去代言，即所谓的“又说又扮”、“分包赶角”。“二人转”的说口具有强烈的即兴性，可以适应观众的心理评古论今；其舞，可随时吸取古今中外的各种舞蹈艺术；其歌，灵活多变而具有浓郁的泥土气息。取用自然冰雪作材料的人工雕塑，即冰雕、雪雕，是东北人民的独创。“雪拥繁华似梦，冰雕鸟兽如生，碧楼萃树小凉亭，一色天街市井”，便是对东北冰雕艺术的生动写照。哈尔滨人民还以此创办了年年都举行的“哈尔滨国际冰雪艺术节”，使冰雪雕艺术已成为关东文化的一大精粹。

三、独具特色的地方风物资源

1. 历史遗存以清朝时期的最为典型

东北被视为清朝王朝的“兴龙”之地，对清代遗存历来重视保护。清代关外三陵和沈阳故宫，至今保存完整；区境现存的宗教古寺建筑多体现清代建筑艺术风格，且多碑刻、匾额等清代遗物；伪满洲国皇宫、伪国务院及其所辖“八大部”历史建筑，保存更为完整。东北已成为研究和考察清代历史的文化宝库。

2. 风物特产丰富多奇

产于东北林海中的人参、貂皮、鹿茸素称“东北三宝”，林中还有东北黑木耳、松子等特产；产于江河湖海中的如松花江中的野鲤，乌苏里江的大马哈鱼，黄海的单壳海贝、鲍鱼、龙虾等，闻名中外；野猪、黑熊、獐子、野鸡、兔子等野生动物到处都有分布，民谣“棒打獐子瓢舀鱼，野鸡飞到饭锅里”即为真实写照。黑龙江省的麦秸工艺画、牛角画和鱼皮衣，吉林省的满族旗袍服饰，辽宁省的岫岩玉、玛瑙、琥珀等工艺品也很有特色。

3. 民族风情浓郁

东北地区民族风情五彩缤纷。例如，汉人多保留着中原汉人“民风简朴，不尚奢华”的习俗，吃穿都讲究经济实惠，但东北味很浓，如“大饼卷大葱”、“东北饺加酸白菜”等食法；衣服讲究宽松。少数民族各具特色，如满族人具有强悍、粗犷、豪放、坚强的性格，着旗袍，喜食猪肉炖粉条、牛肉炖萝卜之类的炖菜；朝鲜族勤劳、勇敢、讲礼貌、重礼节，着朝服，吃打米糕、冷面和泡菜，善歌舞；鄂伦春族的吃兽肉、穿兽皮衣和吃带骨节肉块的“手把肉”等。东北地区的民间舞蹈有秧歌、旱龙船、扑蝴蝶、二人摔跤、打花棍、踩高跷等，多在一起配合表演，统称东北大秧歌。

第二节　旅游省概述

黑 龙 江 省

一、旅游资源与旅游环境概貌

黑龙江省位于祖国东北部，面积 45.4 万 km^2，人口约 3831 万（2010 年）。有满、朝鲜、蒙古、回、达斡尔、鄂伦春、赫哲等少数民族。省境山地、平原交错，森林、湿地广布，气候冬寒夏凉，冰雪旅游资源和森林旅游资源最具优势，国际重要湿地名录地占全国的 25%。3000km 的中俄边境线和沿边口岸城市，五大连池的火山地貌，高山堰塞湖镜泊湖，大庆石油文化，漠河北极村，以及东北虎、丹顶鹤等野生生物资源都极有特色。冬季冰雪资源、夏季避暑资源、边境旅游资源，丰富多样的工农产业资源、特殊生态景观资源、第二次世界大战遗址资源等特色旅游资源，都具有垄断地位。木材、大米、高粱、大豆、松子、黑木耳等物产具有独特地位。

二、旅游开发与规划概要

黑龙江省已形成了冰雪、森林、湿地、草原、江河湖泊、现代农业、火山地貌为主打的生态旅游产品和以北方都市风光、少数民族风情、边境旅游为辅助的旅游产品。今后将在丰富、完善原有产品的基础上，继续开发生态旅游产品、工业旅游和观光休闲农业产品，以突出“黑龙江北国特色”主线，打造最具有北国风光特色的旅游产品体系；优先发展和培育十大板块（哈尔滨冰城与夏都旅游区、五大连池旅游度假区、镜泊湖渤海旅游集合区、小兴安岭森林旅游度假集合区、神州北极旅游度假区、扎龙湿地生态旅游区、兴凯湖旅游度假集合区、大庆温泉旅游度假区、抚远华夏东极旅游区、鹤岗黑龙江界江旅游集合区）；并重点发展冰雪旅游、边境旅游、生态避暑三大旅游产品。

三、主要旅游区建设

1. 哈尔滨—伊春旅游区

本区包括哈尔滨市和伊春市及其所辖县（市），旅游资源品质上乘，景观组合好。其发展方向是要依据其都市风光、山地森林、冰雪等特色资源优势，利用全省政治、经济、文化中心、交通枢纽和主要客源集散地的优势，建成面向国内外的综合性、国际化旅游区。

（1）哈尔滨市。为黑龙江省省会，国家级历史文化名城，中国优秀旅游城市。因近代受俄罗斯文化影响，至今尚存许多欧式建筑，有“东方莫斯科”之称。每当隆冬季节，满城银装素裹，有“冰城”美誉。五常凤凰山、尚志县亚布力海林“中国雪乡”、宾县二龙山和玉泉山等，都是著名冰雪旅游活动基地。夏季气候凉爽宜人，为全国著名会议旅游和避暑度假的胜地。一年一度的“哈尔滨之夏”音乐会和冬季的“冰雪节”，显示出独特魅力。

中央大街步行街　位于市区，始建于 1898 年。全街长 450m，拥有欧式建筑 71 栋，并汇集了文艺复兴、巴洛克、折中主义和现代各种风格的建筑 13 栋，为国内罕见的建筑艺术长廊。

圣·索菲亚教堂　原为沙俄随军教堂，隶属哈尔滨的东正教会，为远东地区最大东正教堂。墙体为砖石结构，建筑平面呈希腊十字方式布置，为拜占庭风格。主穹顶、钟楼有俄罗斯传统的“帐篷顶”、“洋葱头”造型，气势恢宏。

太阳岛　国家级风景名胜，国家首批5A级旅游景区。位于市境松花江北岸，碧水环抱，素有“风景名珠”誉称。因著名歌曲《美丽的太阳岛上》更是声名远播。最先为俄罗斯人的避暑之地，现已成为国内外旅游者的休闲度假胜地。

亚布力滑雪旅游度假中心　位于张广才岭腹地，是拥有国际滑雪联合会认可的世界五处竞技滑雪场之一。兴建了第三届亚洲冬运会亚布力运动员村风车山庄及旅游雪场和14处滑雪场。雪道总长度达40km，旅游度假设施一应俱全，已跻身于世界十大滑雪旅游区之一。

侵华日军第七三一细菌部队罪证陈列馆　该馆位于市南平房区新疆大街，是在侵华日军细菌战罪证遗址基础上建立的一个专题馆。现保存七三一部队罪证遗址16处，馆藏文物1000余件，图片、文件（复印件）2000余份。代表性的藏品有毒气瓶、石井式细菌弹头等。这些证据有力证明了当年日本军国主义者进行细菌战的罪恶活动。中国人民仅1936～1939年间就有3000余名爱国志士、共产党人和无辜群众被残害。现在这里作为全国重点红色经典景区向社会免费开放，已成为“不要忘记历史”的爱国主义教育基地。

（2）伊春市。中国优秀旅游城市，位于小兴安岭的汤旺河流域，山地面积占80%，平均海拔400m，在冬长严寒，夏短温凉的气候环境下，形成了林海雪原景观，使其境内的国家森林公园、狩猎场、滑雪场广泛分布。

黑龙江汤旺河国家公园　我国第一个国家公园，坐落于市境东北部，是亚洲最完整的原始红松林生长地，植被覆盖率99.8%以上。这里生物种群多样，是重要的北温带种质资源库和生物基因库，是国内已发现的一处最典型的印支期花岗岩地质遗迹。自然生态原始古朴，集山、水、林、泉、洞于一身，融奇石、奇景、奇峰于一体。具有极高的地理科学考察价值与旅游观赏价值。

桃山国家森林公园　位于铁力市境内，总面积10万hm^2。有八仙湖、悬羊峰、桃山古洞等五个景区，原始森林、狩猎场、滑雪场、呼兰河漂流、桃源湖等6条旅游线路。其中，桃山狩猎场是经国务院批准的我国第一个对外狩猎场。

2. 大庆—齐齐哈尔旅游区

本区包括大庆和齐齐哈尔及其所辖地域，位处松嫩平原北部地区，湿地、草原、石油文化、民族风情和温泉等特色资源具有一定垄断性。其发展方向为面向国际国内市场的重点旅游区。

（1）齐齐哈尔市。中国优秀旅游城市，全国著名重型机器和机车车辆制造中心，坐落于嫩江中游东岸。嫩江中的明月岛，环境幽雅，是著名的风景名胜地。

扎龙自然保护区　面积21万hm^2，为国家级自然保护区，并被列入《国际重要湿地名录》。保护区位于齐齐哈尔市东南乌裕尔河下游沼泽区，拥有450多只丹顶鹤，故有“仙鹤故乡”美誉，是全国最著名的鸟类观光胜地，也是全国十大魅力湿地之一。

（2）大庆市。中国优秀旅游城市，世界著名十大油田之一。地处松嫩平原中部，森林、湿地、温泉交织，是一个以石油文化为主旋律、集科普教育、生态观赏、娱乐休闲于一体的综合性旅游胜地。

铁人王进喜纪念馆　位于市区。馆前广场上耸立着石油英雄王进喜的塑像；馆内陈列了大量照片和珍贵实物，展示了铁人王进喜的主要业绩和大庆人学习铁人精神的生动事迹。纪念馆已被授予“全国中小学爱国主义教育基地”。

大庆草原赛马场　坐落于杜尔伯特县，原为那达慕大会赛马场，现为旅游有奖赛马娱乐胜地。拥有赛马 278 匹，并配备有专业骑士和完善的设施设备。

3. 黑河—大兴安岭旅游区

本区包括黑河市和黑龙江省大兴安岭地区所辖地域，为我国最早对俄开放、最早开展边境口岸贸易和旅游的地区。这里的莽莽林海，漫漫界江以及奇特的民族风情，使其充满着神奇色彩。

（1）黑河市。中国优秀旅游城市。位于黑龙江省北部黑龙江中游南岸，与俄罗斯阿穆尔州首府布拉戈维申斯克市隔江相望，是国务院批准的首批沿边开放城市，已成为国贸、边贸、民贸和旅游并用的国家一类口岸。辖区内的瑷珲古城、五大连池，都是著名旅游胜地。

瑷珲古城　地处黑龙江畔的历史文化名城。历为黑龙江流域的政治、经济、文化中心，1900 年为沙俄军队所毁。经发掘整理出的古城遗址、“中俄瑷珲条约”签订地遗址、副都统衙门遗址、清代将军墓等都已成为主要旅游景点。

五大连池　国家重点风景名胜区，国家 5A 级旅游景区，世界地质公园。位于兴安山地腹地五大连池市西北，有形态各异的火山锥 14 座，5 个连通的熔岩堰塞湖蜿蜒其间。老黑山和火烧山为 200 多年前喷发的近期火山，火山熔岩形成的地貌与山、水、森林融合在一起，构成特殊的综合自然景观。五大连池还有药泉口温泉群，泉水含碳酸矿物，可治疗多种疾病，已建成全国最大的温泉度假旅游区。

（2）以漠河为中心的北大兴安岭地区。位于大兴安岭最北端。区境有鄂伦春、鄂温克等 10 个少数民族。隔河与俄罗斯相望，已被国家批准为一类边境口岸，边境贸易旅游十分活跃。主要旅游景区景点有北极乡、北极乡国家森林公园等。

北极乡　首批全国休闲农业与乡村旅游示范点。处于大兴安岭山脉北麓，这里林海滔滔、古木参天、江河浩瀚、碧水蓝天，其核心景区北极村，原名漠河村，被辟为“北极村风景名胜区”，以北极光和极昼现象闻名。村内还有“中国最北一家”、望江楼、北极山庄等旅游景点。这里借北扬名，主打“北”字休闲旅游名牌。彰显森林、冰雪、极光、湿地、冥江特色，融历史文化、民族风情、自然风光、观光游览于一体。

4. 佳木斯—牡丹江旅游区

本区指佳木斯市至牡丹江市一线以东的黑龙江东部地区。北部三江地区沼泽广布，现已成了“北大仓”；区境南部为长白山区，有林海雪原景观。东部边境为黑龙江与乌苏里江交汇处，是我国重要的边境贸易旅游区域。

（1）佳木斯市。位于省境东北部，三江平原腹地，东北亚中心地带，素有“东方第一城”之称。旅游景区景点有三江口、同江口岸等。

三江口与同江口岸　三江口位于黑龙江、松花江交汇处。两江汇合后称为混同江，江水黄、黑两色，相拥东流数十里不混，蔚为奇观。三江口广场中央耸立着“同三”（同江—三亚）公路标志塔；东北部有赫哲族博物馆。同江口岸位处三江南岸、“哈同”公路末端，同俄罗斯犹太自治州隔江相望，边境旅游活动兴旺。

珍宝岛国家级自然保护区　为国际重要湿地名录地，也是全国十大魅力湿地之一。位于黑龙江独木河、阿布沁河、七虎林河下游和乌苏里江江畔，总面积 44 364hm^2，其中湿地面积 29 275hm^2，为依赖于湿地环境生存的生物提供生长、栖息、繁殖及迁徙停歇地。这里有国家重点保护植物 6 种，国家级重要保护鸟类 9 种，二级 43 种。许多种类处于濒危状态，已进行观岛旅游开发。

（2）牡丹江市。中国优秀旅游城市。处绥芬河、东宁、密山、虎林和吉林珲春扇形开放口岸群的扇轴上，是哈尔滨经俄罗斯海参崴至日本国际商贸大道中段的区域性中心城市，也是黑龙江东出海参崴、南下图们江的交通枢纽。已形成以湖、林、雪、边为特色的综合性旅游城市。

镜泊湖　国家重点风景名胜区，国家5A级旅游景区、世界地质公园。位于市南，是由火山爆发，熔岩流堵塞牡丹江河道而形成的堰塞湖。湖面90km^2，四周环山，湖水外溢，形成壮观的吊水楼瀑布。火山口内发育有地下森林、大型熔岩隧道；湖西的张广才岭为东北林边雪原的重要组成部分，已形成“镜泊胜景，林海雪原”为主题形象的著名休闲度假旅游目的地。

兴凯湖　国家级自然保护区、国际重要湿地名录地，南、东与俄罗斯水陆相连。主要保护丹顶鹤、东方白鹤、大天鹅等迁徙水禽及湿地生态系统。兴凯湖地区自然风光优美，并有古代著名的渤海文化，已建成以“生态边境江湖，著名度假胜地”为主题形象的著名度假胜地。

宁安　全国首批休闲农业与乡村旅游示范县（市）。古称宁古塔，是古代流放文人的地方。境内江河纵横，森林茂密，气候温和，素有“塞北江南”美誉。响水大米、西瓜、烤烟及虹鳟等名贵鱼种享誉全国。近年来充分挖掘悠久历史、特色农业和多民族聚居三大特色，发展了特色独具的休闲农业与乡村旅游点。

东宁要塞与虎头要塞　均为侵华日军军事要塞。前者位于东宁境内，曾屯驻日本关东军三个师团计13万多人，为亚洲最大军事要塞；后者位于虎林市境内，被称为“东方的马其诺防线”，为日本军国主义侵华的历史见证。

吉　林　省

一、旅游资源与旅游环境概貌

吉林省位于东北中部，面积18万km^2，人口约2746万（2010年）。东南部与朝鲜、俄罗斯交界。地形自东到西分别为山地、丘陵和平原；气候以冬季长而寒冷、夏季短促而温暖为特色；河流多，但以松花江水系最重要；湖泊以松花湖最大，西部有月亮泡、查干湖等平原湖泊。长白山、松花江、朝鲜族乡土情，独具魅力。凉爽宜人的夏季，不失为避暑胜地；银装素裹的冬季北国风光，宜于发展冰雪旅游。从国内横向比较，吉林省的旅游资源具有明显的生态旅游资源、冰雪旅游资源、边境旅游资源、史迹旅游资源和民族旅游资源等资源优势。吉林为我国最大玉米产区；长白山人参、通化葡萄酒、查干湖的白鲢等特产也很著名；满族、朝鲜等族的民族风情浓郁。

二、旅游开发与规划概要

为使吉林进一步确立“缤纷四季，精彩吉林”，凸显“生态吉林”品牌，今后将重点发展生态观光旅游、冰雪娱乐旅游、休闲度假旅游，大力发展历史遗迹、工业农业、文化创意、民俗风情、红色旅游、边境风光和节庆会展旅游。在空间布局上将构建“一主二副三基地”的旅游中心等级体系结构，形成“三区五地”的基本旅游空间格局。即构建长春为全省旅游服务中心，吉林、延吉为两个副中心，通化、松江河、白城为三大区域性旅游服务基地；形成东部森林生态与民俗文化，边境旅游区，中部城市生态与冰雪旅游区，西部湿地草原旅游区，以及长吉城市人文与冰雪旅游地、长白山旅游地系、通集白人文与森林生态旅游地、延边民俗文化与边境旅游地、西部草原湿地旅游地。

三、主要旅游区建设

1. 中部城市生态与冰雪旅游区

中部城市生态与冰雪旅游区介于长白山地与西部平原之间，为海拔500m以下的低山丘陵区，地表呈低丘宽谷形态。有长春、吉林两大旅游中心城市，冰雪旅游发达。

(1) 长春市。吉林省省会，中国优秀旅游城市，曾为伪满洲国的首都“新京”。新中国第一个电影制片厂在这里产生，有中国“电影城”誉称；第一汽车制造厂及中国第一台载重汽车“解放”、第一台“东风”轿车及第一台“红旗”轿车也诞生于此，有中国“汽车城”之誉。

伪满皇宫博物馆 国家5A级旅游景区，为清朝末代皇帝爱新觉罗·溥仪充当伪满洲国傀儡皇帝时的宫殿。位于市东北角，分为内廷和外廷。其内廷是溥仪及其家属日常生活的区域，有缉熙楼、同德楼等建筑；外廷是溥仪处理政务的主要场所，主要有勤民楼、怀远楼、嘉乐殿等建筑。伪满皇宫主体建筑既有中国传统的四合院砖木结构，也有东洋式殿阁，充分显示出伪满洲国的殖民地色彩和伪满皇帝的傀儡性，也是日本军国主义者侵华的历史罪证之一。

东北沦陷史陈列馆 位于伪满皇宫东部，是一座集收藏、展示和学术活动与一体的历史类专题展馆。馆内陈列了大量且无可辩驳的史实、实物、资料，全面真实地展示了东北沦陷的屈辱历史，深刻揭露了日本军国主义武力侵占中国东北、炮制伪满洲国傀儡政权、推行法西斯殖民统治的罪行，歌颂了中国共产党领导东北人民的抗日战争和中华民族同仇敌忾，在世界反法西斯战争中坚守东方战场，与世界人民一道共同夺取抗日战争与世界反法西斯战争最终胜利的伟大壮举。

净月潭—八大部 国家重点风景名胜区，国家5A级旅游景区。净月潭位于市郊，为著名生态旅游示范区。景区内有森林、水面广布，已辟为国家级森林公园，建有国家大型冬季滑雪场。其邻近的玉潭镇为首批全国休闲农业与乡村旅游示范点。八大部位于市区，为伪满“国务院”的八大部门，具有一定建筑特色。

关东文化园 全国首批休闲农业与乡村旅游示范点。位于市西，是吉林省首家在市区内集温泉度假、餐饮娱乐、文化博览、会议接待为一体的大型酒店式文化乐园。园区内有“精神能量养生馆”、“关东文化博物馆”、“关东民俗村”、“垂钓娱乐园”、“果岭采摘园”等休闲度假、健身养生项目。

(2) 吉林市。中国优秀旅游城市，国家历史文化名城，素有“北国江城”之称。自然风光以山水雾凇景观为特色，“中国吉林雾凇冰雪节”及北大湖、松花湖等地的冬季滑雪滑冰和松花湖雾凇观赏等特色项目为吉林旅游产品中的绝品。

松花湖 国家重点风景名胜区，位于吉林市南郊，湖面约700hm^2。湖周森林繁茂，气候宜人，适合开展水上、冰上、山上多种游览观光、休憩活动。湖口丰满水电站为国内著名电站，每到数九寒冬江水通过水轮机组水温升高变暖，江面源源不断地蒸发出水汽，由此形成十里长堤上国内罕见的雾凇冰雪奇观。

北大湖滑雪场 北距吉林市56km处，地处长白山余脉，曾成功地多次承办了全国滑雪比赛，现已建成我国最大和标准最高的滑雪运动中心。

2. 东部森林生态系统与民俗文化·边境旅游区

本区位于吉林东部，长白山脉是其主体。山体海拔高差1500m，具有独特的山地森林生态系统，是亚洲大陆北部山地生态系统的典型代表。同时也是满族的发祥地、朝鲜族聚居地，民俗风情浓郁，边境旅游发达。

（1）白山市。位于长白山腹地，山峰林立，绵亘起伏，沟谷交错，自然风光如画，著名景区景点很多。境内资源丰富，物产很多，是“东北三宝”——人参、貂皮、鹿茸的故乡。

长白山及其天池　国家首批5A级旅游景区，国家级自然保护区。已加入世界生物圈保护网，并被联合国列为世界自然保留地。这里保存了完整的野生植物和特有动物区系，共有植物12 400多种，野生脊椎动物500多种和无脊椎动物1000余种、特有动物150种。天池处于长白山主峰白头山上，是由一个巨大火山口集水而形成的高山湖泊，面积9.2 km^2，最大水深373m，湖周的16座山峰都是由火山喷发形成的火山体。天池水溢出口形成了高达68m的长白瀑布，蔚为奇观。

靖宇县　位于长白山西麓，松花江上游左岸。原名濛江县，1946年为纪念东北民主抗日联军总司令、民族英雄杨靖宇将军为抗击侵华日军殉难于此而改现名。盛产西洋参和矿泉水，有“中国西洋参之乡”、“中国长白山矿泉城”之誉。“亲水靖宇·长白山城”为其旅游品牌。

（2）通化市。位于浑江江畔，地处长白山旅游区和鸭绿江开发区汇集点。市区的玉皇山公园自然人文景观竞秀；靖宇陵园展现了抗日民族英雄杨靖宇将军壮烈的事迹。辖区内有集安古城、玉女峰、三仙夹、龙湾等国家森林公园；是著名的“东北三宝”重要集散地。

龙岗山火山群　位于辉南、靖宇两景点交界处，在约200 km^2范围内集中了164座各种形态的火山锥体，是我国第二大火山群；有火口湖8个，是我国火口湖最多的地区。湛蓝的湖水、密集的群峰与茂密的森林，构成了特有的火山山水风光胜地。

集安古城及高句丽王城、王陵与贵族墓葬　集安古城为中国历史文化名城，中国优秀旅游城市。位于省境东南部的鸭绿江畔，风景秀丽，有“东北小江南”之称。集安曾为中国古代少数民族高句丽早中期都城。高句丽王城遗址和由12座王陵、26座贵族墓组成的洞沟古墓群，被列入《世界遗产名录》。

（3）延吉市。中国优秀旅游城市，延边朝鲜族自治州首府。位于延吉盆地中央，为吉林最大边境口岸城市。周边有古东夏国的都城城子山山城、古渤海国都城敖东城、六顶山渤海墓群、防川区、图们江等风景名胜。

防川　国家重点风景名胜区。位于珲春南部、图们江汇入日本海交界处，与俄罗斯和朝鲜毗连。由防川、龙山湖、图们江三大景区构成，有东方第一哨、望海阁、沙丘公园、圈河口岸、图们江旅游码头等25个景点，以“一眼望三国”边境自然风光最令人神驰。

3. 西部湿地草原旅游区

吉林西部为地势低平的平原区，沼泽泡塘星罗棋布，草原分布较广。本区旅游开发的重点是湿地草原风光游览和蒙古族民俗旅游，白城和松原为两大旅游核心。

（1）白城市。位于嫩江平原西部，是吉林西部湿地草原旅游区的最大中心城市和铁路交通枢纽，在其周边湖泊湿地、草原广布，蒙古族民俗风情浓郁。主要景区有向海、莫莫格等以保护丹顶鹤为主的国家级自然保护区。

向海　位于通榆城西境，松辽平原与科尔沁草原过渡区，是典型的湿地生态区，已被列为联合国A级湿地。区内有各类珍禽250多种，其中仅鹤类就有丹顶鹤、灰枕鹤、白枕鹤、灰鹤、白鹳和白瑟鹭6种，为世界一类保护珍禽丹顶鹤的故乡，我国北方最大湿地生态旅游和观鸟旅游地。

（2）松原市。为亲水性新型石油城市，位于松嫩平原南端。境内地势平坦，江河纵横，湖泡众多，尤以松花江、查干湖、月亮泡最著名，蒙古民族风情也具魅力。境内吉林油田为全国第六大油田。

查干湖　国家级自然保护区，位于市区西境。面积480 km^2，现有鸟类15目34科116种，有属国家一级保护的白枕鹤、白头鹤、丹顶鹤等5种；属国家二级保护的有白天鹅、灰鹤等12种，整体上呈现出物种多样性、珍稀性及生境的典型性等特征。查干湖滨建有生态度假村。查干湖渔业资源丰富，每年冬捕往往可从冰面下捕获鲜鱼数十万吨。

辽　宁　省

一、旅游资源与旅游环境概貌

辽宁省位于东北地区南部，邻黄海、渤海，东南与朝鲜半岛一江之隔。总面积14.8万km^2，人口约4375万（2010年）。山地、丘陵分列东西，中部为平原。以温带-暖温带落叶阔叶林、草原为主的自然景观为主。全国著名的重工业基地，并有发达的城市群和海陆空立体交通网络。旅游资源以山水风光和前清史迹为主要特色，全省有世界遗产地4处、国家重点风景名胜区9处、国家5A级旅游景区3处、历史文化名城一座、国际重要湿地名录地2处、国家级自然保护区12个、中国优秀旅游城市18个、最佳旅游城市1个，国家级旅游度假区1个，为辽宁建成中国旅游经济强省、东北亚重要旅游目的地和国际上具有竞争力的旅游区打下了坚实基础。辽宁为我国柞蚕、温带水果的主要产区，圆参、鹿茸及对虾产量居全国第一，沈阳老边饺子、沟帮子熏鸡等风味特产也很有名气。

二、旅游开发与规划概要

经多年开发建设，辽宁省旅游业已形成了“三条黄金旅游线线”和“七个旅游产品系列”的总体格局。即南线沈阳—鞍山—大连；东线沈阳—本溪—丹东；西线沈阳—锦州—葫芦岛，以及旅游名城系列、风景名胜系列、森林生态度假区系列、滨海湖滨度假系列、名泉旅游度假系列、历史文博院馆系列、主题公园系列、奇特景观系列、专项旅游产品系列和大型旅游节庆系列等。新的旅游发展规划又提出了“一带串联、一区整合、一线突破”，形成海陆互动发展大格局的布局方略。即串联包括大连、丹东、锦州、营口、盘锦、葫芦岛六市沿海旅游带；整合以沈阳为中心，包括鞍山、抚顺、本溪、辽阳、铁岭、阜新、营口在内的大都市旅游区；打造包括锦州、阜新、朝阳、盘锦、葫芦岛五市在内，并联合蒙东、冀北和京津唐地区的辽西蒙东文化旅游精品线。

三、主要旅游区建设

1. 以沈阳—大连为中心的辽中南旅游区

本区以沈阳、大连为中心，并包括抚顺、本溪、鞍山等地区，为全省的旅游中心轴带区。旅游资源以自然山水风光、历史名胜古迹和现代化都市为特色。

（1）沈阳市。辽宁省省会，中国优秀旅游城市，国家级历史文化名城。位于辽河平原中部，全国著名的综合性工业城市和交通枢纽，也是新兴的现代旅游城市。旅游产品以清代文化、冰雪文化和奇特景观及工农业旅游为特色。

一宫二陵　即为沈阳故宫和昭陵、福陵，均被列入《世界遗产名录》。沈阳故宫，位于市旧城区，为清初皇宫。其建筑具满汉文化艺术风采，是我国现存仅次于北京故宫的最完整皇宫建筑群。昭陵，位于市北郊，为清太宗皇太极的陵墓，规模宏大完整。福陵，位于市东郊，为清太祖努尔哈赤的陵墓。昭陵、福陵与位于新宾县的永陵，合称“关外三陵”。

张氏帅府　又称“大帅府”、“少帅府”，为千古功臣张学良父子的官邸和旧居，位于沈河区朝阳街少帅府巷。分为东、中、西三座院落。曾是20世纪初左右东三省政局的枢纽，这里的许多重大事件均与中国近代史相连，从而使它声名远播。其中大青楼是帅府中心，内有供少帅起居、会客、办公之地。

日军侵华9.18事变博物馆　坐落于市西郊，由牢记国耻的大铜钟、残历碑和博物馆等组成。“9.18残历纪念碑”矗立于整个建筑南侧。台历左页，用黑色草书镌刻着一段令人刻骨铭心的反映9.18事变真相的文字，教育人勿忘历史。

沈阳航空博览园　国家级工业旅游示范点，位于昭陵公园北侧。展坪上展出了沈飞公司生产的多架不同型号的歼击机；展厅内有我国1956年制造的第一架喷气式飞机歼击机和“沈飞”与美国波音公司合作制造的737波音飞机等新型机种。博览园还利用图片、实物和声像、光电技术，全方位立体化展现出了航空事业的无穷魅力。

沈阳奥体中心与国家全运会场馆　北京2008第29届奥运会足球比赛场馆之一，坐落于沈阳浑南新区，由“一场三馆”组成，包括能容纳6万人的体育场、1万人的综合体育馆、4000人的游泳馆和4000人的网球馆。奥运足球赛在被称为“水晶王冠”的体育场举行。“水晶王冠”顶棚为椭圆形，主体为乳白色，外观呈“水晶王冠”样式，两边各覆盖了3片“纯橄榄叶”的造型，气势恢宏。2013年十二届全国运动会在沈阳召开，这里又是其主体会场。

沈阳植物园　国家5A级旅游景区，位处东郊的山丘地带，占地面积211 hm^2。其中，境内山冈起伏、湖水荡漾、香飘满园，汇集和展示有东北、西北、华北和内蒙古等地各类植物1700余种，是东北地区收集植物种类最多的植物园。丰富多彩的游艺活动更令人目不暇接，特别是五十余座式样新奇、情趣各异的“游艺桥”，以及惊险刺激的“攀岩”让人称奇叫绝。这里已成为旅游观光休闲度假的佳境。

(2) 鞍山市。中国优秀旅游城市。坐落于辽东半岛中部，为举世闻名的我国“钢都”，也是集自然风光、宗教文化、温泉康复、冶炼历史和满族风情于一体的旅游城市。千山、玉佛苑和温泉，为其三大世界级旅游品牌。

千山　国家重点风景名胜区，位于市东南郊。由近千座状似莲花的奇峰组成，故史称“千朵莲花山”。自古为辽东佛道活动中心，并有“一线天”、“天上天”等景点160多处，温泉成群分布，素享“风景明珠”美誉。

汤岗子温泉　位于市南15km，水温72℃，泉水清澈透明，富含钾、镁、钠、氢等微量元素，可治多种疾病。景区景色宜人，已辟为温泉旅游度假区。

玉佛苑　位于鞍山市二一九公园东侧，为精美别致的古建筑群。主体建筑高33m，宽66m，纵深58m，红墙碧瓦，气势恢宏。殿内玉佛高5.213m，重达260t，由辽宁特产岫玉雕琢而成，为世界最大玉佛。

(3) 本溪市。中国优秀旅游城市，著名煤炭、钢铁工业城市。市周山地起伏绵延，森林密布，形成了有名的山水风光城市。风景名胜以本溪水洞最胜。

本溪水洞　国家重点风景名胜区。由水洞、庙后山等六个景区组成，沿太子河呈带状分布，总面积42.2 km^2。景区以天然石灰岩充水溶洞——本溪水洞为主体，洞内深邃宽阔，水流终年不绝。洞中钟乳石千姿百态，泛舟游览，令人流连忘返。离水洞不远的温泉寺温泉水温 44℃，具有较高医用价值。

（4）辽阳市。中国优秀旅游城市位，于首山脚下、太子河畔。春秋战国时期燕就在此建立了辽东部，1621 年努尔哈赤曾定都于此，至今留有多处名胜古迹。

东京城　位于市东北郊太子河畔，为清太祖努尔哈赤从赫图阿拉迁都辽阳时的都城。每面城墙各置两座大门，共设八门。城内建有“八角龙亭”和“寝宫”。

辽阳北塔　在市区白塔公园内，建于金大定年间，为一三层的密密檐式砖塔。虽经历代补修，仍保持着初建时的风貌。

（5）大连市。中国北方著名港口、工业、贸易、旅游城市，东北亚商贸、金融、资讯、旅游中心，素有“北方香港”、“东方巴黎”美誉。为国家旅游局同世界旅游组织首次联合命名的中国首批最佳旅游城市，联合国命名的滨海花园城市。位于辽东半岛南端，风光明媚，气候宜人，人居环境优越。城区内高品位的旅游景区景点遍布，并已形成了国际服装节、国际马拉松节、北方旅游交易会等知名特色品牌。

大连圣亚海洋世界　由中国大陆、新西兰、香港三方合资新建的中国第一座海底通道水族馆。拥有亚洲最长的 118m 的海底通道，放养海洋动物 300 多种、10 000 余口。游客无需潜水即可轻松置身于海底五彩世界，漫游群鱼之中。

大连森林动物园　占地 7.4 km^2，由圈养区和放养区组成，二者由全长 1200m 的空中索道连接。园内展出动物 50 余种、3000 多头（只）。游客可乘坐高架单轨车和观光巴士游览园区，饱览森林、大海、野生动物等自然风光。

大连海滨—旅顺口　国家重点风景名胜区，其中的“海洋公园—老虎滩极地馆”为国家 5A 级旅游景区。海滨景区位于大连市东南部，以蓝天、碧海、岛屿、礁石、沙滩为主要特色。由棒棰岛、老虎滩、燕窝岭、金沙滩、星海湾、黑石礁等 12 个风景小区组成，45km 长的滨海公路将其连成一体。旅顺口以山、海、礁、岛等自然景观和历史文化古迹，以及近代自然遗迹组成的景观为特色。这里有著名的天然良港旅顺口，被称为自然奇观的蛇岛和鸟岛，以及大量近代战争遗迹。

金石滩　国家重点风景名胜区、国家级旅游度假区、国家 5A 级旅游景区。位于大连东北部 60km 处的金州区，总面积约 119 万 km^2。这里有 7.5km 长的海水浴场，沙软滩平，水碧浪缓。连绵 20km 的海岸线浓缩了古生代距今 5 亿～7 亿年的地质历史，并形成了多种奇特的海蚀造型地貌景观，堪称“天然地质博物馆”、“神力雕塑公园”。

庄河冰峪沟　国家级自然保护区和国家森林公园，位于中国优秀旅游城市的庄河市内，是一处以第四纪冰川地貌和北方型喀斯特地貌见奇的自然山水风景名胜区。景区内奇峰林立，溪潭清澈，林茂花荣、融山、石、林、水、形、声、色为一体，被称为“北国小桂林”。

2. 丹东为中心的辽东旅游区

本区仅指丹东市及其所辖地区，属长白山余脉及其支脉千山山地，隔鸭绿江与朝鲜相邻，东部濒临黄海，拥有 93km 海岸线，其间散布着许多岛屿、海水浴场，风景秀丽，旅游资源丰富。

（1）丹东市。我国最大边境城市和重要港口城市，中国优秀旅游城市。位于鸭绿江口，隔江与朝鲜新义州相对。居民喜栽杜鹃花，故有“杜鹃花城”美称。鸭绿江畔的虎山为明代万里长城起点；市区东北有九连城旧址；西北郊有五龙背温泉；还有江海分界碑、绥河尖古城遗址、抗美援朝纪念馆等名胜。

鸭绿江风景名胜区　国家重点风景名胜区。位于鸭绿江下游浑江口至江海分界处的东港之间，包括水丰湖、太平湾、虎山、大桥、东港等五个景区。景区内碧绿的江水蜿蜒，江中翠岛棋布，沿岸群山叠翠，具有北国边塞风光迷人色彩。

大孤山和鹿岛　二者隔海遥相呼应，形成山、海、岛奇观风景画卷。大孤山位于东港市西大洋河口右岸，南临黄海，孤峰耸立云天，山崖峭拔峻秀，山下万木争荣，山南麓有大孤山古镇。距大孤山东19km的黄海中有大、小鹿岛，高耸如磐，兀立海面，总面积6 km^2，为明末总兵毛文龙驻兵处，留有当时的炮台和战壕。鹿岛附近海域，为当时的“中日甲午海战”战场。

（2）凤城市。中国优秀旅游城市。位于辽东半岛东北部，为著名的“柞蚕之乡”和“东北烟草源地”，物产丰饶，且自然风光秀美。境内有凤凰山、东汤温泉、玉龙湖等风景名胜。

凤凰山　国家重点风景名胜区，位于凤城市境内，最高峰836.4m，为辽东名山。山上有“老牛背”、“天下绝”、“箭眼峰”、三宫殿等景点100余处，集雄、险、幽、奇、秀于一身，有“自然盆景”美誉。

3. 以锦州为中心的辽西旅游区

本区位于辽宁省的西南部，包括锦州、葫芦岛市、朝阳、阜新四市。境内大部分地区属辽西山地丘陵区，沿渤海海滨为海拔50m以下的狭长平原，习称辽西走廊，历为兵家的必争之地。海滨有不少天然优质浴场。

（1）锦州市。中国优秀旅游城市，著名的交通和军事重镇，现代新兴的综合性工业城市，解放战争时期辽沈战役的核心战场。建有辽沈战役烈士陵园，以及辽沈战役纪念馆。风景名胜主要有医巫闾山、大笔架山、奉国寺大佛、万佛堂石堂石窟等。

双台河口国家自然保护区　为国际重要湿地名录地，全国十大魅力湿地之一。位于渤海北部，是世界上生态系统保存完整的湿地之一，也是东亚—澳大利亚水禽迁徙的中转站，在国际湿地和生物多样性研究与保护中占有重要地位。栖息着大批濒危脆弱迁徙群种，芦苇更是享誉中外，有“世界第一大苇田”之称。

医巫闾山　国家重点风景名胜区。位于义县和北镇市之间，南北绵亘45km，群峰起伏如浪，主峰望海山866.6m，平地拔起，气势雄伟，自古为幽州的镇山。景区内有望海寺、鹅头峰、十八蹬、大石棚、旷观亭、观音阁等名胜；山下有北镇庙、崇兴寺双塔、奉国寺、万佛堂石窟等古迹。

（2）葫芦岛市。中国优秀旅游城市。辖兴城、绥中等一市二县三区，位处东北与华北的交汇点。工业基础雄厚，葫芦岛锌厂、锦西炼油厂和渤海造船厂等，都是规模大、地位重要的知名企业。旅游资源兼有山、海、岛、城优势，拥有海滨、海岛、古城长城、石碣等独一无二的旅游景观。

兴城海滨　国家重点风景名胜区。位于辽西走廊中段，依山面海，风光奇秀，有“第二北戴河”之称。兴城古城为明代宁远卫城，城郭方整，是我国现存最完整的四座古城之一。城东兴城温泉，水温可达70℃，有较高医疗价值；城南为平地突起的首山，秀木盎然。海滨浴场绵延14km，沙细滩缓，潮稳波清，可容纳20万人海浴。离海岸9 km的菊花岛，风光秀美，遗存有辽代大龙宫寺、八角琉璃井等古迹。岛南有长山岛和阎山岛，北有磨盘山，相映成趣。

葫芦山庄　全国首批休闲农业与乡村旅游示范点。位于市东北郊的渤海湾畔。现已开放的景点有60多处，尤以中国关东民俗博物馆、中国葫芦文化博物院名扬关东大地。

绥中　位于辽西走廊、六股河南岸，濒临渤海，离河北秦皇岛市很近。绥中海滨有优质沙滩，正在建设绥中碣石国际旅游度假区；绥中还有九门口长城、万家秦汉宫遗址等古迹。

实践演练

一、思考与练习

1. 网上搜索出东北区所有国家5A级旅游景区、重要国际湿地名录地、世界地质公园及其区位。

2. 在期刊网上下载东北边境旅游论文2～3篇，并完成作业："东北亚边境旅游可持续发展分析"。

3. 网上阅读东北"九一八"事变、"伪满洲帝国"建国等史实，并简要概括日本军国主义者建设东北侵华桥头堡，全面发动侵华战争的罪行。

二、学习与理解：东北地区

国家新的旅游发展规划构建了东部地区、中部地区、西部地区、东北地区等四大旅游目的地体系，并实施区域发展分类指导。其中，对东北地区的指导意见为必须依托东北老工业基地旅游区丰富的旅游资源、优越的生态环境、良好的区位优势和文化特色，以辽吉黑三省为有机整体，突出区域旅游活动组织特征，强化旅游供给集群发展；运用多种营销方式不断提升冰雪旅游、边境旅游、草原和森林生态旅游品牌知名度，加速发展红色旅游、工农业等专项旅游；打造辽宁沿海经济旅游带，大小兴安岭、长白山、辽东山地三大森林生态旅游目的地，三江、松嫩、辽河下游三大平原湿地生态旅游目的地；培育长白山、大小兴安岭、北国鹤乡、林海雪原、北大荒、五大连池、辽东山水、盘锦湿地等十大生态旅游品牌。围绕上述生态旅游目的地和生态旅游品牌，重点建设一批生态避暑度假旅游城市（摘自《中国旅游业"十二五"发展规划纲要》第十二章，并稍加整理）。

三、探研与体验

1. 专家谈吉林市的文化旅游开发。

吉林市是最具味道的"江城"，松花江托起了北方这个特有的活灵活现的城市。吉林市的景点景观很多，但要通过梳辫子把市场形象、产品等各方面理顺。冰雪文化方面，吉林市可称为滑雪天堂，北大湖是吉林聚宝盆（图7.2），但滑雪一定要产业化，并成为旅游业的主要组成部分；雾凇是中国的四大自然奇观之一（图7.3），要让多数人看到，要研究雾凇的人工化，要像滑雪场造雪一样，都有造雾设施，有片造雾林，确保冬天来吉林的游客都能看到雾凇；适当推出新景点，滑雪馆可以看一场冰上芭蕾，冬天可以进行雪塑比赛。历史文化方面，吉林市一个大的优势就是满族之根、满族风情（图7.4）。满族有1300万人口，要把满族之根这篇文章当做大文章来做，可以搞一个"吉林满族文化节"，其口号是"满族寻根"，要把康熙乾隆三到吉林这个史迹挖掘出来，关键要形成载体，所以要扩建祭祖台。自然文化方面，一是松花湖观光，二是观光农业，三是"三宝"旅游，可推出挖参之旅。现代文化方面，一是江城文化，要形成江城文化，强化江城文化，如老人晨练、大秧歌、组织音乐会等；二是关东文化，要形成抓手，具有东北特点，如应有一个像样的农贸市场，陪着游客听听东北话的讨价还价；三是工业旅游，"一五"到"九五"的工业大项目，可以开发工业旅游等（根据魏小安：《旅游目的地实证发展研究》整理）。

图7.2　北大湖滑雪场

图7.3　吉林雾凇

图7.4　满族同胞风采

探研：①评价其文化旅游开发的必要性和可行性；②模仿其开发设计方案，试构思哈尔滨、大连的文化旅游开发。

2. 旗袍与中山装风韵。

旗袍是满族的传统服饰。现代意义的旗袍是20世纪上半叶由民国服饰设计师参考满族传统服饰和西洋文化基础上设计出的一种时装，具有东西文化糅合的特点，并成为中国女性独具民族特色的“国服”。当代中国旗袍，穿在发鬓高挽而身段窈窕的中国女子身上，那种典雅高贵的神韵，令人叹为观止。中山装是在广泛吸收欧美服饰文化，并结合中国传统服饰的基础上，由近现代中国革命先驱者孙中山先生设计出的一种直翻领有袋盖的四贴袋服装。它综合了西式服装和中式服装的特点，简洁、朴素、平实，大为流行，一度成为中国男子最喜欢的标准服装之一。中国很多著名人物如蒋介石、毛泽东、周恩来、邓小平，以及前国家主席胡锦涛等，都经常穿着中山装，显得特别庄重。

• 探研：在网上搜索出旗袍和中山装试样，并思考①尽管中山装已在民间逐步消失，但中国国家领导人为什么在出席国内重大活动中依旧习惯穿着中山装；②在重大旅游活动接待中，女接待员着什么服装最合适。

3. 日军侵华与抗战文化

日本为西太平洋上一个面积仅37万km^2的岛国，为单一的大和民族国家，求生存和发展的忧患意识强烈。公元645年日本便形成了以天皇为绝对君主的封建中央集权国家，表现为排他性的民族特征。19世纪60年代“明治维新”后日本迅速发展了资本主义，并逐步成为军国主义国家，首当其害的是其周边邻国。1873年出兵侵吞中国的附属国琉球王国；1894年发动甲午中日战争，打败中国强迫清政府签订不平等的《马关条约》，强迫割让澎湖列岛、台湾岛及其附属岛屿；1904年在中国领土东北发动“日俄战争”打败沙皇俄国，夺得了东北境内南满铁路及旅顺和辽东半岛的管辖权，并改为“关东州”，组建关东军；1910年，吞并朝鲜。1931年9月18日深夜，日本关东军发动“九·一八”事变（图7.5），侵占了山海关至黑龙江之间相当于日本本土面积3倍的110万km^2中国领土，继而于1937年7月7日，发动“卢沟桥事变”挑起了全面侵华战争，中国军民奋起抵抗（图7.6）。从1931年“九·一八”事变后的局部抗战，到1937年“七·七卢沟桥”事变后的全面抗战，直到1945年8月15日的日本无条件投降（图7.7），历经14年，终于取得了自鸦片战争一百多年来中国人民反抗外来入侵的第一次完全胜利，并形成了独具特色的抗战文化。所谓抗战文化，是以中华民族大义为前提的反抗日本帝国主义侵略的文化。新民主主义文化是其主流，民族性、群众性、政治军事性和持久性是其主要特点。抗日战争胜利的经验有三：一是以爱国主义为核心的伟大民族精神是全民奋起抗战的动力源泉；二是国共合作，军民团结，并形成全民族的抗日民族统一战线是最好的组织形式；三是中国人民爱好和平，反对侵略战争，而又不惧怕战争，而且战之能胜是最有力的信念（杨载田整理）。

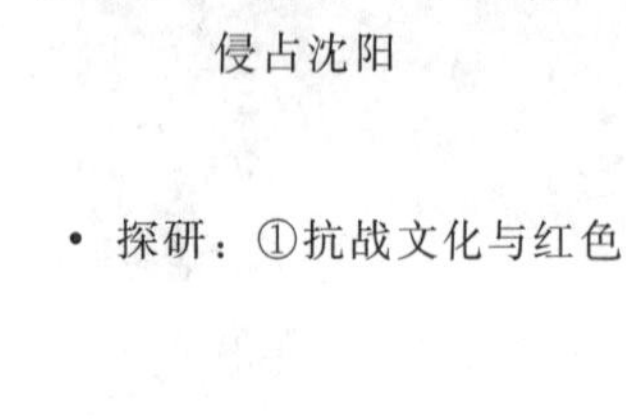
图7.5　“九·一八”日军侵占沈阳

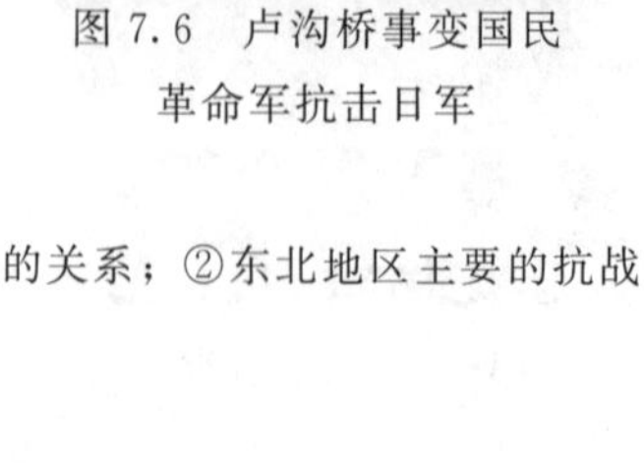
图7.6　卢沟桥事变国民革命军抗击日军

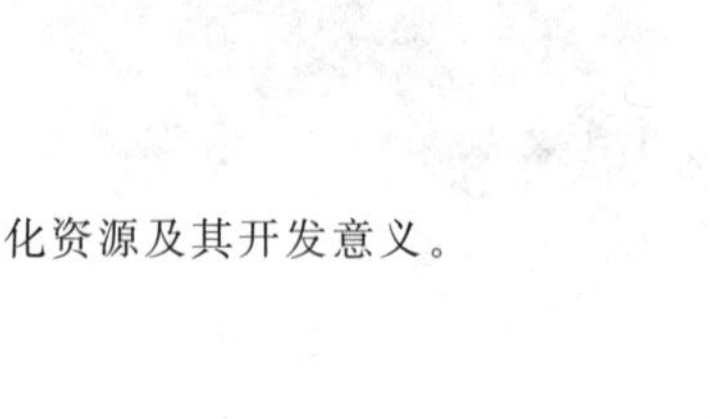
图7.7　1945年8月15日日军投降

• 探研：①抗战文化与红色文化的关系；②东北地区主要的抗战文化资源及其开发意义。

第八章　华北黄土文化名山沃野海景风光旅游区

学习提示

本区包括北京、天津、河南、河北、山东、山西和陕西五省两直辖市，地处黄河中下游地区，古老的黄土地养育了炎黄子孙，孕育了伟大的黄河文明。古城、古镇、古村及古墓葬、古典园林、古建筑工程与现代化大都市工程、社会主义新农村新貌交相辉映。主要旅游城市，旅游景区成网状分布，如图 8.1 所示。旅游产品以都市游、世界遗产游、生态休闲游，以及乡村旅游与休闲农业、海滨度假等最具盛名。

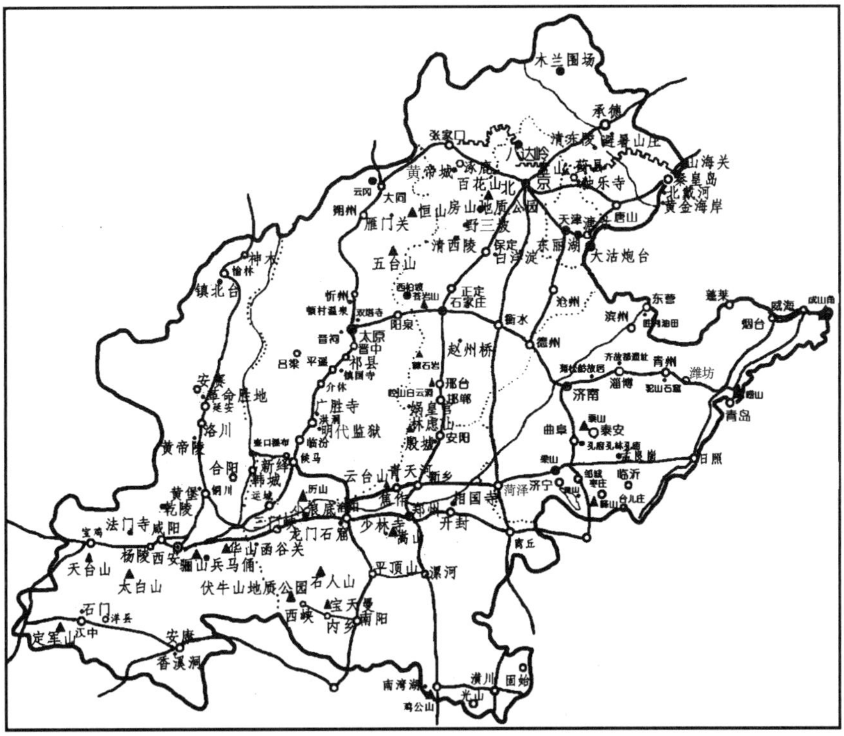

图 8.1　华北黄土文化名山沃野海景风光旅游区示意图

第一节　旅游资源与旅游环境特征

一、以黄为主色调的自然景观

1. 黄色的大地

我国是世界上黄土分布最广的区域，黄土高原的黄土堆积最大厚度可达 180～200m，所形成的塬、梁、峁、壑等特有黄土地貌形态极富原始美感。黄土结构疏松，且多垂直节理，容易被流水冲蚀，发源或流经黄土高原的河流携带大量泥沙到下游堆积成了辽阔的华北大平原和黄淮海平原。黄土土层深厚，有利于作物根系发育；疏松多孔，有利于土层保持水分，加上较好的肥力，培育出了金黄色的“五谷”，养育了世代炎黄子孙，创造了光辉灿烂的黄土文化。

2. 黄色的河流

黄河全长5464km，上源水清如碧；进入黄土高原地区后便逐渐变黄；在下游平原地区形成900km“悬河”（又称地上河）奇观；自秦以来2000多年间黄河决堤改道1593次，在北自天津南迄淮河的黄泛区内留下了许多纵横交错的古河道、古三角洲和湖泊湿地。在黄河中游从河口镇至孟津，形成了龙门、壶口和三门三大峡谷。峡谷壁立千仞，流急涛大，景色惊险动人。

3. 黄色的海洋

黄河及海河、淮河、滦河注入东部海洋，使黄海和渤海的水也成黄色，与其岩岸和泥质海岸又共同构成了壮丽的海景景观及其北戴河、南戴河、昌黎、青岛等海滨度假胜地和威海苏山岛、千门岩、灵山岛等海洋海岛观光游览胜地，并为我国重要的海洋渔业基地。海底蕴藏了丰富的石油等矿产资源。沿海还有天津、青岛、烟台等新兴的城市和港口。黄色的海洋，美丽富饶。

二、古老的历史文化

在中国文化与文明形成的远古时代，华北大地就开遍了文化和文明的花朵。进入新石器时代，这里在温湿的气候、纵横交错的河流、星罗棋布的湖泊及松散肥沃的土壤环境下，将其古文化和文明推进到了登峰造极的地步。

1. 文化遗址和名胜古迹荟萃

经考古发掘，旧石器时代的蓝田猿人是黄河流域的最早居民，相继出现了丁村人、河套人及北京周口店的北京猿人和山顶洞人等。从新石器时代的仰韶文化、大汶口文化到龙山文化等原始文化遗址都具典型性、代表性；中华始祖三皇五帝，奴隶社会时期的夏商周，乃至春秋五霸、战国七雄，封建社会从秦汉，经隋唐五代、宋元明清，都以此为主要政治活动中心，从而留下了丰富的文化遗迹。

2. 古都、名城多

中国七大古都中的北京、西安、开封、洛阳和安阳都集中于此，且建都历史早、持续时间长、城市规模大。被国务院列为国家级历史文化名城的122座中，本区就有36座。其中山西的平遥古城还被列入了《世界文化遗产名录》。

3. 古建、古工程多

大型古建筑群如北京故宫、天坛、曲阜“三孔”（孔府、孔庙、孔林）；大型帝王陵墓如北京、河北的明清陵墓，西安和咸阳的汉陵、唐陵及秦始皇陵，河南巩义的宋陵等；大型皇家园林如北京颐和园、承德避暑山庄；著名宗教建筑如泰山岱庙，嵩山中岳庙，华山西岳庙以及嵩山少林寺，洛阳龙门石窟，山西大同云冈石窟；著名大型工程如万里长城、京杭运河等，都展示了灿烂的古代文明。

三、发达的现代物质文明

1. 繁华的现代都市建设

北京的立交桥、地铁，四通八达的高速公路、首都国际机场、火车南站、人民大会堂、中华世纪坛、国家大剧院、首都博物馆新馆、国家体育场“鸟巢”和国家游泳中心“水立方”、天津的塘沽新港、滨海国际机场等现代建筑工程，都显示了现代大都市气派。西安、郑州、青岛、石家庄、济南、太原等大城市，高楼林立，同样显示了现代城市物质文明。

2. 便利的现代交通

本区已形成海、陆、空立体交通网络体系，并进入了高速、高铁和高飞的现代交通时代。海运有天津、青岛、日照至韩国、日本、俄罗斯等航线；航空方面北京首都国际机场已跻身世界前十大最繁忙机场系列；交织如网的几十条铁路干线通往区内外各大城市，以及莫斯科、平壤、乌兰巴托等国外城市。以北京、天津和各省会城市为中心的高速公路、高速铁路纵横交错，便捷、舒适、安全、高效。

3. 发达的工农业生产

本区的煤炭、石油、钢铁、机器制造、化工、纺织、粮油加工等传统工业发达，电子信息、高级轿车、客机、电力机车、造船、精密仪器、精细化工、家用电器等新兴产业又已兴起，其产品以量大质优而著称。小麦、玉米等粮食作物，花生、大米等经济作物，以及牛羊养畜、水果、蔬菜、花卉等农业部门发展迅速，而且名优特产众多。在此基础上兴起的工业旅游、农业旅游一派生机。

4. 发达的海洋经济

21世纪是中国走向深蓝的海洋世纪。本区山东半岛与东北辽东半岛所环抱的渤海，面积达7.7万km^2，并面向广阔的黄海。渤海为我国的内海，渔业资源极为丰富，是我国海洋经济鱼、虾、蟹类的重要产区。沿岸盐田较多，长芦盐场为我国优质盐产地。注入渤海的黄海、海河、运河的河口，都有多样性湿地生态系统。湿地不仅生态繁衍，而且是我国造纸优质原料——芦苇的重要产区，海底石油资源丰富，正在大规模开采。沿岸城市密布，经济发达，海洋运输繁忙。出渤海海峡便是黄海，位处中国大陆与朝鲜半岛之间，海域面积达38万km^2，同样蕴藏着极为丰富的海洋资源，海洋经济正在兴起。

第二节 旅游省（市）概述

北 京 市

一、旅游资源与环境概貌

首都北京，为明、清皇城帝都，当代中国优秀旅游城市，国家级历史文化名城。面积1.64万km^2，常住人口2114.8万。城区坐落于永定河冲积扇上，北依燕山山险，南控华北大平原，东有山东半岛和辽东半岛拱卫，自古为建都立业之地。以山地为主的地形，属暖温带半湿润大陆性季风气候。历史文化古老，燕国时称蓟；辽称南京，为陪都；金时正式建都，称中都；元称大都；明、清及民国初称北京。曾以皇家建筑和民居“四合院”著称于世，现在已是高楼林立的现代化大都市。皇家园林颐和园和圆明园（遗址），帝王宫阙和礼制建筑故宫和天坛、明十三陵、现代建筑人民大会堂、首都博物馆新馆、北京首都机场、北京火车南站、奥运场馆等，以及京剧、宫廷菜、北京烤鸭、果脯蜜饯、北京药膳；北京大学、清华大学等，都是享誉世界的知名文化品牌。老北京“八大碗”即大碗鸡、大碗鱼、大碗肘子、大碗丸子、大碗米粉肉、大碗扣肉、大碗松肉、大碗排骨，为北京最具特色的风味美食，景泰蓝、玉雕、牙雕为北京“三绝”。

二、旅游开发与规划概要

北京旅游发展规划要求，围绕建设中国特色城市目标，将其建设成我国入境旅游者首选目的地、亚洲商务会展旅游之都、国际一流旅游城市。并要求旅游综合效益达到国内领先，旅游综合服务能力步入亚洲城市领先行列，城市旅游吸引力率先跨入世界一流行列的“三大领先”目标；加强区域协作与主动构建区域一体化的环首都旅游圈，如图 8.2 所示。在空间布局上，构建“一区两圈”，即在都市旅游区、郊区旅游圈、环首都旅游圈的大北京旅游发展格局基础上，将在市域内推动以“一核一轴，四带十二板块”为特征的网络化旅游产业空间布局。所谓一核一轴，即包括东城、西城两区域在内的首都功能核心旅游区和古都文化旅游中轴；两带十二板块即为永定河生态休闲带、长城文化旅游带及中心城的海淀西山、通州、大兴、丰台—房山、石景山—门头沟、昌平、延庆、平谷等板块。

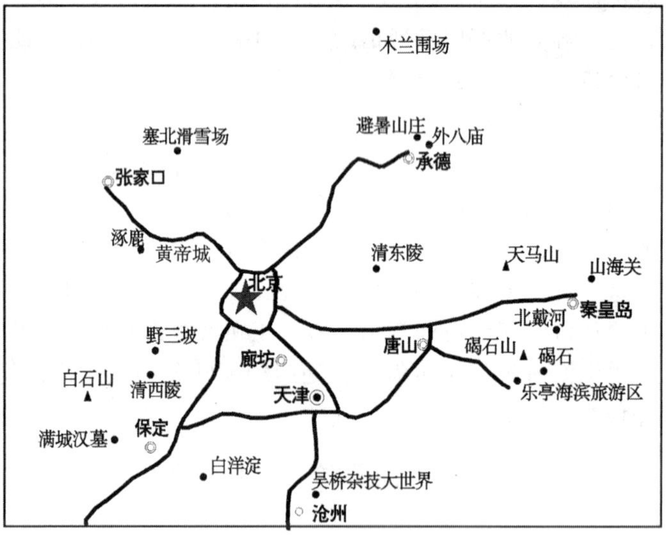

图 8.2　环首都旅游圈简图

三、主要旅游区建设

1. 首都功能核心旅游区

本区指以城六区为主，向外扩展至六环路以内的区域。发展重点是以京城水景和古典园林历史风貌的恢复，强化古都历史文化旅游产品开发力度，适时推出新的历史文化旅游产品，充分挖掘都市旅游资源潜力，大力推进商务旅游、购物旅游、文化旅游等城市旅游功能建设。

（1）都市核心区。是以天安门广场及其周边景区为核心，直至三环线之内的北京城区。古城风貌与现代都市风光相融，名胜古迹高度集中。

天安门广场　为北京的标志性景观，位于北京市中心，北依天安门，南抵正阳门（俗称前门），宏伟的人民大会堂、国家大剧院和国家博物馆分列于广场两侧，广场中央矗立着人民英雄纪念碑，其南为毛主席纪念堂。它们凝聚了灿烂的中国文化，展现着现代中国建筑的风格。广场占地 44 万 m^2，是目前世界上最大的城市中心广场，被称为“北京第一景”。

故宫　世界文化遗产名录地，国家首批 5A 级旅游景区，我国最大、最完整的古建筑群。宫墙高大，四周矗立精巧角楼，城墙外有护城河环绕，形成森严的壁垒城堡。建筑布局坐北朝南，正门即午门，北为神武门，西为西华门，东为东华门。主体建筑分“外朝”和“内廷”两部分。“外朝”以太和、中和、保和三殿为中心，文华、武英两殿为侧翼，是朝廷举行大典、召见群臣的场所；“内廷”有乾清宫、交泰殿、坤宁宫及东西六宫等，是朝廷处理日常政务和皇帝居住、游玩之地。故宫博物院内藏历史文物和历代艺术珍品100多万件。

天坛　是明清两代帝王为祭天祈谷的大型祭祀建筑群，国家首批5A级旅游景区，世界文化遗产名录地。天坛坛墙南方北圆，象征天圆地方，由圜丘坛、回音壁、祈年殿、皇乾殿构成。三重檐的圆形大殿祈年殿，矗立于圆形白石台基下正中。白基、深顶、红柱、金碧彩画及其鎏金宝顶，成为了与故宫相匹配的艺术精华。

人民大会堂　雄伟壮观，位于天安门广场西侧，整组建筑平面呈“山”形，正面墙呈“弓”形。中央最高处46.5m，擎天柱12根，高25m。建筑面积17.18万m^2，内有万人大礼堂、供5000人会餐或1万人酒会的宴会厅、包括全国34个省、自治区、直辖市和特区各具特色会议厅在内的人大办公楼，是全国人民代表大会决策国策和国运的地方。

国家大剧院　位于人民大会堂西侧，总建筑面积21.75万m^2。其主体建筑为独特的壳体造型，高46.68m，地下深32.50m，周长达600m。壳体表面由18 398块钛金属板和1226块超白玻璃巧妙拼接，营造出舞台帷幕徐徐拉开的视觉效果；壳体内由歌剧院、音乐厅和剧场及公共大厅组成；壳体外围环绕着人工湖及由大片绿地组成的文化休闲广场，尽显王者之风。

恭王府花园　又名萃锦园，国家重点文物保护单位，国家5A级旅游景区。先为乾隆年间大学士和珅宅地，嘉庆四年和珅获罪后改赐庆王永璘。咸丰元年再赐给恭王奕䜣，由此称为恭王府及恭王府花园。它环山绕水，汇集西洋建筑及中国古典园林建筑于一园，曾为京城100多座王府之冠。

北海公园　位于内城中心，原是辽、金、元、明、清五代帝王的皇家宫苑，是中国现存的历史悠久、规模宏伟、布局精美的古典园林之一。碧波中的琼华岛按蓬莱仙岛营建，一派仙山琼阁美景。结构形态奇巧的北塔耸立于琼华岛之巅，故古琼华岛又称北塔山，山上古建筑密集。公园内还有五龙亭、九龙壁、永安寺、静心斋等名胜。

大栅栏与琉璃厂　都是北京传统特色商品街。大栅栏多老字号鞋店、药店、绸布店。附近还有许多别具风味的美食小店，保留着古老北京城的情调。琉璃厂因元明时期在此设立的琉璃窑场而得名。清初古董商开始在此经营，乾隆时已成为古玩字画、古籍碑帖、文房四宝的集散地；近代荣宝斋、宝古斋、汲古阁等中外享有盛名的老字号商店在此设立门市部，到此的观光购物者络绎不绝。

首都博物馆新馆　位于北京长安街与白云路交口处。新馆地上五层、地下二层，总建筑面积6.38万m^2，造型别致。馆内的展览陈列以首都博物馆的历年收藏和北京地区的出土文物为基本素材，吸收北京历史、文物、考古及相关学科的最新研究成果，形成了独具北京特色的现代化展陈。并以其宏大建筑、丰富展品、先进技术和完善的功能跻身于“国内一流、国际先进”的博物馆行列。

中国国家图书馆　坐落于北京市海淀区，建筑面积14万m^2。地上书库19层，地下书库3层，可容纳图书2000万册，为综合性图书馆，国家总书库。履行收集、加工、存储、研究、利用和传播知识信息的职责，承担着为国家领导机关，重点科研、教育、生产单位和社会公众服务的任务。

（2）近都市核心区。三环至六环间的环都市圈，为皇家园林、现代公园、高等学校、科研院所集中分布区域，自然人文风光并胜。

颐和园 北京现存规模最大最完整的皇家园林，国家首批5A级旅游景区，世界文化遗产名录地。由万寿山和昆明湖两部分构成，计各种形式的宫殿园林建筑300余间，可概括为政治、居住、游览三个活动区域。布局适宜，建筑精美，风格独特。它以高大的佛香阁为主体，把园外数十里的西山群峰和玉泉山的宝塔，都组织到园内画面中来，为我国园林艺术的经典。

奥林匹克公园 为全面服务2008年北京举办第29届奥运会而兴建的一处大型体育活动工程，国家5A级旅游景区。地处北京城中轴线的北端北辰路外四环南北，总占地面积1135hm^2，分三个区域。北部是森林公园，中心区（B区）是主要场馆及配套设施区，南端为奥林匹克场馆区和预留地，中华民族园也纳入其中。北京奥运会后已构成为了一个集体育竞赛、会议展览、文化娱乐和休闲购物于一体，环境优美，能提供多功能服务的市民公共活动中心。位于奥林匹克公园北区的奥林匹克森林公园是目前北京市最大的城市公园，已成为了北京市民和国内外游客的生态休闲园地。

国家体育场（鸟巢） 建筑面积258 000m^2，坐席数91 000个，是北京2008年第29届奥运会的田径和足球的比赛场地。由一系列辐射式钢架围绕碗状坐席区旋转而成，结构科学简洁、设计新颖独特，是目前世界上跨度最大的钢结构建筑，也是北京最为重要的标志性建筑之一。实践表明，国家体育场功能效果极佳，而且奥运会后可承担特殊重大比赛、各类常规赛事及非竞赛项目，并成为旅游观光休闲的重要项目。

国家游泳中心（水立方） 建筑面积65 000～80 000m^2，有永久坐席6000个，临时性坐席11 000个，是2008年北京第29届奥运会的游泳、跳水、花样游泳的比赛场地。是世界首个基于“肥皂泡理论”建造的多面体钢架结构建筑，是北京市政府指定的唯一一座由港澳台同胞、海外侨胞捐资建设的标志性奥运场馆。

中华民族园 位于奥林匹克村西侧，占地45hm^2，分为南北两部分。北园建有16个典型民族村寨；南园建有20多个典型民族村寨和民族博物馆。各个民族村寨的建造均以各民族聚居地最典型的建筑风格和民俗风情为原型。园区是集中国各主要少数民族的传统建筑、民俗风情、传统民族工艺制作及民族美食为一体的全国最大的民族文化活动中心。

香山公园 又称静宜园，位于海淀西山东麓，因山中巨石如香炉而得名，有鬼见愁、玉华山庄、双清别墅等景点。但最为神奇的是它所拥有的94 000多株黄栌树，每当深秋因其叶变红而把西山装点得漫山红遍，令人神往。

卢沟桥 位于丰台区，北京现存最古老的石造多孔联拱桥，被意大利旅行家马可·波罗赞誉为“世界最好、独一无二”。桥长266.5m、宽7.5m，桥身两侧石雕护栏有望柱140根，柱头上雕有大小石狮485个，神态自然生动。1937年7月7日，日本帝国主义在此制造了震惊中外的“卢沟桥事变”，中国人民由此打响了抗日战争第一枪，中国人民艰苦卓绝的八年抗战，于1945年8月终于迎来了日本军国主义的无条件投降，这是近代以来中国反抗外敌入侵第一次取得完全胜利的民族解放战争。全国十二届全国人大常委会第七次会议表决通过将每年的9月3日确定为中国人民抗战胜利纪念日。现在，这里建有中国人民抗日战争纪念馆。

2. 郊区旅游圈

（1）昌平—延庆区。位于北京西北，自然环境优越，四季风景如画，被称为“北京后花园”。龙庆峡、八达岭—十三陵、小汤山等，都是高品位的风景名胜区。

龙庆峡 为14km长的大型深切河谷。峡区内碧水青天，山环水复，既有南国山水秀色，又有着北方山水的雄健。有钟山、凤冠岛、东大寨、月亮湾等 30 余个景观，并有百花洞、神仙院景区。这里夏季平均气温比北京市区低 6.4℃，为夏季休闲度假胜地。

八达岭—十三陵　国家重点风景名胜区，国家首批 5A 级旅游景区，世界遗产名录地。八达岭位于北京西北延庆城南，是万里长城重要隘口——居庸关的外口。长城依山而筑，以条石为基，碎石黄土为蕊，巨大青砖包砌城墙外壳，城墙高大坚固。蜿蜒万里，气壮山河，是中华民族不屈不挠的象征，2007 年被评为“世界新七大奇迹”。明十三陵位于昌平区天寿山前盆地，山环水抱。其内分列着 13 座明代帝王陵寝，每陵各居一山，明楼、殿阁隐现于苍松翠柏之中。

小汤山现代农业示范园　国家级农业园区，位于昌平西南的温榆河畔，占地 111.6km^2。已形成了以高新产业为先导，基础产业为支撑，服务业全面发展，并包括“七园一区”的发展格局。已获得了“国家引进国外智力成果推广示范基地”、“全国农业旅游示范点”、“全国科普教育基地”等九个国家级称号。因小汤山地区有温泉，自元代就被开辟成皇家园林，清代康熙帝又在此建有“汤泉行宫”，现将建成大型综合性休闲度假旅游区。

（2）房山区。地处北京市西南，这里拥有房山世界地质公园、房山现代乐园、全国休闲农业与乡村旅游示范点富恒休闲山庄等。

房山世界地质公园　位于北京西南，地处太行山与燕山交汇处，地跨北京市房山区和河北涞水县和涞源县，总面积 953.95km^2，公园内有周口店北京猿人遗址科普区、石花洞溶洞群观光区、十渡岩溶峡谷综合旅游区等八大功能区。其中，周口店北京猿人遗址为世界遗产名录地，石花洞为国家重点风景名胜区。

北京交道富恒休闲山庄　首批全国休闲农业与乡村旅游示范点，位于房山区窦店镇交道。园区是一个集观光采摘、休闲度假、田园风格住宿及餐饮、垂钓、原生态民风体验及表演、商务会议与展览展示、有机蔬菜及水果种植、高新农业技术推广、购物等于一体的多功能乡村式农业休闲观光公园。

（3）顺义区。位于北京东北郊，地处潮河冲积扇下段。这里将建成度假、运动、休闲会展为一体的旅游胜地。有首都国际机场、燕京啤酒集团公司、北京高尔夫俱乐部等旅游区。

北京首都国际机场　位于顺义区，中国国内第一个拥有三座航站楼、双塔台、三条跑道同时营运的大型国际机场，也是世界前十大最繁忙的机场之一。最新建成的 3 号航站楼和第三条跑道位于机场东边，能承载空中客车 A380 等新超大型客机起降，年旅客吞吐量可达到 8200 万人次。

燕京啤酒集团公司　中国最大啤酒企业之一，也是全国工业旅游示范点。位于顺义林河工业开发区，为发展工业旅游，已建成具有欧式风格的参观走廊，游客可参观糖化、发酵、灌装等 7 个游览点，以了解啤酒生产工艺流程，还可购买便于携带的小包装啤酒及纪念品。

（4）怀柔—密云区。位于北京东北部，为半山半平原区，历史文化悠久，风景优美，气候宜人，风景名胜密布。拥有怀柔的怀北国际滑雪草原、藤萝幽谷探险、神堂峪自然风景区、慕田峪长城、雁栖湖风景区，以及密云的云蒙山国家森林公园、桃源仙谷、清凉山风景区、九道湾大峡谷旅游区、遥桥峪民俗村、古北口文化文物旅游区等品牌。

古北口村　首批全国“中国最具魅力休闲乡村”。位于首都东北部，密云县古北口镇，素有“京师锁钥”、“燕京门户”之称。文化底蕴厚重，历史人文景观特点为“七郎坟、令公庙、琉璃影壁靠大道、一步三眼井、两步三座庙。”古北口村是一个以蟠龙山、古镇景区为依托的集休闲农业、民俗旅游于一体的社会主义新农村。发展了以吃农家饭、住农家院、爬长城、逛古镇、参观英雄抗战纪念馆等常规休闲活动的民俗旅游产业，形成了休闲、度假、采摘、探古于一体的京郊乡村生态游基地。

怀柔　首批全国休闲农业与乡村旅游示范县（区）。地处北京东北部、燕山南麓。区内山清水秀，环境优雅，素有“京郊明珠”、“首都后花园”美誉，多次被评为最具人气的休闲旅游目的地、京郊著名的休闲度假区。其休闲农业与乡村旅游已形成了以夜渤海、不夜谷和百老汇音乐剧为主的“不夜怀柔”；以凤山百果园、七彩樱桃园为主的“采摘篱园”；以汤河川满族风情体验的“民族风范”；以鹅鸭农庄与劳模山庄为主的“乡村酒家”等，充分体现了怀柔休闲农业的地域特色和各类业态，引领北京市休闲农业与乡村旅游的发展。

天　津　市

一、旅游资源与环境概貌

天津市为中国优秀旅游城市，国家级历史文化名城。位于华北平原东北部，海河五大支流汇合处，面积 1.2 万 km^2，人口约 1294 万（2010 年）。地处环渤海区的中心位置，陆与北京、河北相邻。这里有古城直沽，元代设海津镇，明置天津卫，清为天津府治，1928 年设天津特别市，现为中国四大直辖市之一、北方最大工商业港口城市。全境绝大部分属华北平原，最北部为燕山余脉，构成了特有的山河湖海自然景观；以近现代旅游资源为主要特色的人文旅游资源丰富。天津人爱吃会吃，尤喜食海鲜，素有“当当吃海货，不算不会过”之俗语。“狗不理包子”、“耳朵眼炸糕”、“十八街麻花”，号称“津门三绝”，地毯、风筝、杨柳青年画、泥人张彩塑，为“天津四艺”，天津鸭梨闻名全国。

二、旅游开发与规划概要

天津市城市总体规划提出，其旅游资源的开发以建设现代化滨海大都市型旅游为目标，充分利用其资源优势，突出天津历史文化名城和滨海大都市特点，把旅游资源开发与当地的城市建设、历史文化、民俗风情、经贸购物、科学教育、体育运动、工业项目以及山、河、湖、海相结合，加快开发具有地方特色的旅游资源和大型项目。要深入挖掘天津现代文化底蕴，着力打造“近代中国看天津”核心旅游品牌，并将天津建设成为“国际港口城市、北方经济中心和生态城市”，以及独具特色的国际性、现代宜居宜游城市。还要建设天津邮轮母港、极地海洋世界、海洋博物馆等一批旅游大项目。

三、主要旅游区建设

1. 市中心都市旅游区

本区指外环线以内的区域，是集中展示近代历史文化和现代都市繁华的旅游观光核心区域，承担着旅游集散和服务载体功能。并已形成老城民俗文化、会议会展、特色购物、异国风情、文化休闲等旅游产品。

滨江道与和平路　二者交叉构成了天津最繁华的商业区。滨江道自海河边张自忠路起，向西南方向延伸到南京路上，全长约 2km，老字号商店与新型商厦交相辉映，商贾云集，终日游人如织，入夜彩乐闪耀。和平路，南起渤海大楼，北至东南角，全长 2km 多，同样是商贾云集，商店鳞次栉比，现已成为一条现代化的商业步行街，即“金街”。

水上公园　大型综合性公园，总面积 160hm^2。园内有三湖九岛，相互由曲桥、拱桥和柳堤相连，沿湖各处有亭台、楼、阁点缀，颇具江南水乡园林风味。高耸的天津电视塔位于公园中心，塔上部辟有观景娱乐厅。

天津市艺术博物馆　位于和平区解放北路，展品中有极具浓郁乡土文化特色的“泥人张泥塑”、“杨柳青年画”、“天津木雕”、“天津刻砖”以及各种地方手工艺品等，深得游人青睐。

古文化街　国家首批 5A 级旅游景区，位于南开区东北的对面。街长 580m，两端有大型仿古牌楼，缀有古色古香的彩画 1500 多幅，砖雕 500 多件。店内商品琳琅满目，有文物古玩、古旧书籍、文房四宝、工艺美术等。附近天后宫内设有天津民俗博物馆。

天津奥林匹克中心体育场——水滴　为北京 2008 奥运会足球预赛分场地，位于市西区的奥林匹克中心内，建筑面积 15.8 万 m^2。设计成水滴形状，能容纳 8 万观众。运动场既可满足足球和田径比赛，而且还有卖场、展馆、会议厅等多项辅助设施的综合性体育场。

杨柳青民俗大院　位于西青区杨柳青镇，占地 4hm^2。包括杨柳青古镇区八大家宅院以及关帝庙、税局、水局、私塾等，形成以展示北方民居为主要功能，集民俗宾馆、传统手工艺和传统特色餐饮于一体的开放式民俗文化聚集区。

天后宫　坐落于古文化街正中，为天津市区最古老的建筑，也是中国现存年代最早的天妃、妈祖庙之一。原名天妃宫，民间俗称娘娘宫。天后宫建筑雄伟壮观，其内建了天津民俗博物馆。每逢节日和天后诞辰日，都举办民间花会表演。现在的每年十月，都要在这里举办以妈祖文化为纽带，以旅游为主线，以天后宫为中心，以文化街和海河为依托，融民俗、旅游、商贸为一体的妈祖文化旅游节。

2. 东部滨海旅游区

东部滨海旅游区包括滨海新区、宁河县等濒渤海区域。位于天津老城区的东部，以湖、海、地热、湿地、古海岸和海洋高新技术为主要资源基础，以深度开发滨海休闲、度假、主题娱乐等高端度假产品为方向，大力发展邮轮旅游、游艇旅游等新业态。以海滨旅游区、东疆保税港区和中心渔港的游艇制造企业和俱乐部为依托，将滨海新区建设成为工业旅游示范区、蓝色旅游度假基地、海上旅游集散地和环渤海旅游门户枢纽。

大沽口炮台　创设于明代，1858 年（清咸丰八年）重修。有大炮台 5 座，后门营门小炮台 25 座。其周围竣壕筑垣，设置木栅，地势险峻，易守难攻。第二次鸦片战争和抗击八国联军战争期间，爱国士兵和义和团战士曾在此与侵略者浴血奋战。现已成为重要的爱国主义教育基地。

天津海滨旅游度假区　位于滨海新区，用浴温泉进行理疗康复活动，堪称渤海湾上一绝。温泉是取自 200m 深处地下岩层的矿泉水，有 20 多种有益于身体健康的矿物质和微量元素。有空中跳伞、自驾摩托艇、多功能复合水滑梯、海上滑板等青年人喜爱的惊险、刺激项目；也有温泉游乐宫、儿童温泉嬉水乐园，以及俄罗斯风情歌舞表演、海上网球、沙滩排球等娱乐项目。

东丽湖温泉度假区　位于市东，占地 22km^2，其中水域面积 8km^2，湖中盛产银鱼、河蟹等水产，有 2 万多只野禽在湖滨栖息。这里每年产 5000t 优质矿泉水，并已建成温泉宾馆、温泉浴场，为集休闲度假、温泉沐浴、会议培训、商务交流、疗养健身等功能为一体的旅游胜地。

七里海湿地大观园　位于宁河县七里海西海和东海，占地 48.5km^2。西海建有观水、观苇、观鸟为主的“一廊、三点”四大湿地生态景观，即古津唐运河生态景观长廊、冬景湖、七彩坊和大型珍稀水生植物园；东海建有“四园”，即环东海森林公园、鸟类保护园、麋鹿园、百花园。

中澳皇家游艇城　位于滨海新区汉沽茶淀镇西孟村，占地 96hm^2，建筑面积 160 万 m^2。主要有游艇俱乐部、酒店和配套设施等。

诺恩渔业生态园　全国休闲农业与乡村旅游示范点。地处天津滨海新区塘沽，东临大海。凭借得天独厚的自然生态环境和社会经济条件，全力打造了大型都市休闲渔业项目，实现了集海珍品苗种养殖、海洋科普、旅游度假、休闲娱乐、会议培训于一体的都市休闲渔业园区。

3. 北部山野旅游区

本区以风景名胜为资源基础，以生态为特征，实现森林养生、山水休闲、名胜观光、文化体验、乡村旅游互为一体的发展。大力发展红色旅游，重点发展休闲农业与乡村旅游，规划建设乡村旅游小镇，将蓟县打造为京津旅游枢纽和绿色休闲度假基地。

蓟县　古称渔阳，首批全国休闲农业与乡村旅游示范县。地处燕山南麓，长城脚下，生态环境良好。起步于 20 世纪 90 年代初的休闲农业与乡村旅游，成功探索了“景区依托型”、“村集体组织型”、“公司介入型”等模式，形成了“百村创建、千户发展、万人参与”的局面，先后打造了“塞外人家”丸山顶、“长寿之源”毛家峪、“塞上水乡”郭家沟等知名品牌，并举办了“渔阳金秋旅游节”、“农家乐厨艺大赛”和“乡村摄影大赛”等乡村旅游活动。

独乐寺　又称大佛寺，位于蓟县城西门内。因寺西北有独乐水而得名；另说安禄山在此起兵叛唐，思独乐而不与民乐，故名。始建于唐，寺内观音阁为纯木结构，是研究中国木结构建筑的代表作。阁内有 11 面观音菩萨像，高 16m，是我国最大的泥塑之一。

盘山　国家重点风景名胜区，国家首批 5A 级旅游景区。为燕山余脉，素以五峰（挂月峰、自来峰、紫盖峰、九华峰、舞剑峰）、八石（悬空石、摇动石、晾甲石、将军石、夹木石、元井石、蛤蟆石、蟒石）、三盘（上盘、中盘、下盘）之胜著称。尤以“三盘胜景”（上盘松胜、中盘石胜、下盘水胜）最具盛名。有清乾隆“早知有盘山，何必下江南”颂扬名句，享有“京东第一山”盛誉。

黄崖关　位于城北约 30km，素称蓟北雄关，古为京东军事要塞，此段长城全长约 40km，城墙高 3～5m，如巨蟒盘绕于崇山峻岭之中，气势磅礴。黄崖关扼守要冲，石砌城墙高俊，所用石料轻则几百斤，重则两三千斤，垒砌平整，技艺高超。

河　北　省

一、旅游资源与环境概貌

河北省简称冀，面积 19 万 km^2，人口约 7185 万（2010 年）。位于华北平原北部，跨内蒙古高原东南部，东临渤海，西靠太行山，环绕京津。因大部分位于黄河以北而得名。历史上一直是中国北方的政治、经济、文化活动中心。早在春秋战国时期这里属燕赵版图，元、明、清时期为拱卫京师的“畿辅之地”。在地貌上高原、山地、平原、湖泊和海洋兼有，并具有温带大陆性季风森林草原景观。历史文物与陕西并列全国第一，自然和人文景观资源居全国第二；国家重点风景名胜区 7 处、国家历史文化名城 5 座、世界文化遗产地 2 处、全国农业旅游示范点 8 处、工业旅游示范点 5 处、优秀旅游城市 4 个。唐山陶瓷、沧州武术、吴桥杂技为河北“三绝”，深州水蜜桃、宣化葡萄、赵州雪花梨和迁安板栗（京东板栗）等地方特产闻名遐迩。

二、旅游开发与规划概要

河北省旅游发展目标是要在今后 10 年时间内，实现由旅游资源大省向旅游强省的转变，打造具有国际水准的旅游目的地。在产业布局与产品体系上，要重点构建“一极、两城、两带、十二区”的产业空间格局。所谓一极即省会城市石家庄增长极；两城，即要将承德打造成国际旅游目的地城市，将秦皇岛市打造成中国北方乃至世界一流的旅游休闲度假目的地，形成具有国际影响力的知名品牌；两带，即环北京休闲旅游产业带和环渤海旅游产业带；十二区，即为石家庄大西柏坡红色旅游区、秦皇岛—唐山滨海度假区、张承草原生态度假区、白洋淀温泉休闲聚集区、廊坊商务休闲聚集区、崇礼—赤城冰雪温泉度假区、桑洋河谷与昌黎葡萄酒文化休闲聚集区、保定文化休闲聚集区、邢台太行山旅游区、沧州吴桥杂技文化旅游区等。

三、主要旅游区建设

1. 环渤海旅游区

本区包括秦皇岛市和唐山市，在地理位置上外环渤海，内邻京、津，社会经济条件优越。本区重点培育滨海度假、长城文化、皇陵文化三个品牌项目。

（1）秦皇岛市。中国优秀旅游城市。位于燕山余脉向南突入渤海的小半岛上，美丽的海滨城市和港阔水深、不淤不冻的天然良港。风景名胜众多。

山海关　国家历史文化名城，国家首批 5A 级旅游景区。处燕山、渤海之间，为长城东部的重要关隘，被称为“建群之咽喉，京师之保障”，东北城楼上有“天下第一关”的巨幅匾额。与之相呼应的靖边楼、牧营楼、临验楼和威远楼共同形成了“五虎镇东”之势。还有老虎头、孟姜女庙等景点。

北戴河与黄金海岸　北戴河位于秦皇岛西南海滨，岸线长约 15km。青山、碧水、花卉、树木构成了美丽的自然风景画卷，有“夏都”之称、“天然氧吧”美誉。海滩沙质好，且坡度平缓，是优良的天然海水浴场。位于昌黎县城东南海岸，其中 27km 海岸线沙细、滩缓、水清、潮平，已开发成休闲度假的“黄金海岸”，拥有国际滑沙中心、金沙湾海滨浴场等十余个景点。

（2）唐山市。中国优秀旅游城市。位于京哈铁路线上，为著名重工业城市，1976 年遭地震破坏，重建后面貌一新。旅游开发以“一点两翼”为总体框架，“一点”即唐山市，两翼即西翼清东陵和东翼乐亭滨海。

唐山地震遗址　1976 年唐山大地震后，人民政府在建设新唐山的同时，将吉祥路的错动树行、河北矿场学院震坏的图书馆楼等七处地震遗迹确定为国家重点保护项目，并计划将这一世界级的特色旅游资源建成地震博物馆。

清东陵　世界文化遗产名录地。位于京、津、秦之间的遵化马兰峪，规模庞大，体系完整，建筑雄伟，气势恢宏，是中国最大的帝、后陵寝建筑群。陵区地处昌瑞山南麓，以孝陵为中心，共建陵墓 15 座，其中帝陵 5 座、后陵 4 座、妃园寝 5 座、公主陵 1 座。顺治、康熙、乾隆、咸丰、同治五帝及孝庄文皇后、慈禧太后等 15 位皇后，均葬于此。

迁安 全国首批休闲农业与乡村旅游示范县（市）。地处“京津唐秦承”城市圈的中心位置，历史传承悠久，文化底蕴深厚，生态环境优美，是河北著名的“甘薯之乡”、“京东板栗”原产地。目前已拥有55个休闲农业与乡村旅游特色村、20多个休闲农业园区。

2. 环京津旅游区

本区包括承德、张家口、保定、沧州四市，拱卫京津，为历代皇朝重点经营区域，风景名胜密集。

(1) 承德市。国家级历史文化名城，中国优秀旅游城市。位于河北省东北部的承德盆地，为清代离宫所在地。区境自然资源以草原、森林、冰雪为主；人文资源以清皇家文化最突出。旅游产品以清皇家文化为主，并有避暑山庄—外八庙和木兰围场古典狩猎场两大品牌。

承德避暑山庄—外八庙 国家重点风景名胜区，国家首批5A级旅游景区。这里曾是清朝王朝的夏都避暑胜地，是现存世界上最大的古代皇家园林。它博采众家之长，兼具南秀北雄之美，素有“集天下景物于一园”的美誉。山庄周围的外八庙，金碧辉煌、雄伟壮观，融合了蒙、藏、维、汉、满等不同民族的建筑风格，吸收了中国古代建筑艺术的精华，是中华民族统一的历史见证。

木兰围场 在省境北部围场县内，是清帝习猎的木兰围场所在。这里过去林海茫茫，珍禽异兽很多。从康熙至乾隆130多年一直是皇家天然猎苑，每年都在此举行皇家“秋狝之典”。现已建成滑雪场和古典狩猎场，形成了皇家风格的森林草原度假区。

(2) 张家口市。位于河北西北部的张北高原上，三面环山，北依长城，是历史上的兵家必争之地，也是闻名中外的陆路商城的“皮都”。这里的长城雄姿、草原风情、始祖文化，构筑了独具特色的张家口自然、人文风光。风景名胜众多，但以黄帝城最胜。

中国黄帝城 位于涿鹿县矾山镇，史学界认定这里是黄帝、炎帝、蚩尤汇集在一起，进行中华民族文明初期重大活动的唯一圣地。黄帝城、炎帝宫、蚩尤寨、轩辕湖、涿鹿之战古战场、会盟地釜山等遗址、遗迹和遗存，堪称世界奇迹。涿鹿“中国黄帝城”是全面展示炎黄文化的综合性观光圣地。

(3) 保定市。国家级历史文化名城，中国优秀旅游城市。位于河北省中部，清西陵观光文化旅游和白洋淀观光度假旅游为其两张王牌。市内有古莲书院、清代省府第一衙——直隶总督署、清末保定陆军军官学校、定州古塔等名胜。市境内还有曾轰动世界的满城出土的金缕玉衣，中国最大的中草药市场安国，充满山情野趣的白石山和野三坡，以及涿州影视城等名胜。

清西陵 世界文化遗产名录地，坐落于易县永宁山下。陵区山峦相连，古木参天，有雍正、嘉庆、道光、光绪4座帝陵、3座后陵、3座妃子园陵寝以及4座亲王、公主园陵寝，现存陵殿建筑千余间。

白洋淀 国家首批5A级旅游景区。位于新安县境内，有大小淀泊100多个。湖内有大面积的荷花；淀区有“东堤烟柳”，“白洋垂钓”，“鸭圈印月”、“西淀河水”等新安古八景。湖滨还有温泉出露，为古代帝王的重要巡游之地。今人利用这里的水清、鸟鸣、苇绣、荷花、温泉以及民俗，已开发“观光农业示范园”、“水上农家乐”、“白洋淀温泉城”等休闲度假项目。

野三坡 国家重点风景名胜区，国家5A级旅游景区。位于太行山东麓的拒马河上游。这里有幽深的峡谷、陡峭的悬崖、清澈的溪瀑和原始森林，以及淳朴的民风，为自然回归、生态旅游佳所。

（4）沧州市。中国优秀旅游城市，位于省境东南部。市内的清真北大寺为全国四大清真名寺之一，沧州武术名闻天下，有“武术之乡”誉称，吴桥是著名“杂技之乡”；盐山是著名侨乡；黄骅是华北重要油港。

吴桥杂技大世界　为合资兴建的杂技文化活动中心，占地 $40hm^2$。有江湖文化城、杂技奇观宫、魔术迷幻宫等八大景，集表演、参与、游乐等多功能于一体，游客于此从中领略仿明清时代杂技艺人四海谋生而表演的惊险绝活，欣赏到博大精深的杂技魔术和风趣幽默的动物滑稽表演。

3. 省会及环省会旅游区

（1）石家庄市。为河北省省会，中国优秀旅游城市。其主要旅游景点散布于城市附近。其中，正定为国家级历史文化名城，以“九楼四大塔八大寺二十四座金牌坊”著称，近期又修建了荣国府、封神宫、西游记宫、影视探密宫、民俗一条街等景点，正定国家乒乓球训练基地更是知名。境内还有苍岩山、安济桥、西柏坡、嶂石岩等风景名胜。

西柏坡和天桂山　国家重点风景名胜区，国家5A级旅游景区。西柏坡位于太行山东麓平山县滹沱河北岸的柏坡岭下。这里曾是毛泽东、周恩来、刘少奇等同志指挥三大战役和召开中共七届二中全会之地，有中共中央政治局大院、毛泽东旧居、西柏坡革命纪念馆等胜迹。天桂山与西柏坡邻近，自然景观以雄奇、险、秀著称。最高峰望海峰海拔1054m，山北坡多悬崖绝壁，怪石险峰，主要景点有飞来峰、母子石、洼龙道观等。山上另有藏龙洞、白毛仙女洞和三牲洞等胜景。

苍岩山　国家重点风景名胜区。位于太行山东麓井陉县境内，相传为隋长安南阳公主出家之所，这里危崖峭立，怪石嶙峋。山上琼楼仙阁，自古有“五岳奇秀揽一山，太行群峰唯苍岩”之誉。

嶂石岩　国家重点风景名胜区。位于太行山东麓赞皇县西南陲。嶂石岩由高大陡峻的红色块体岩石构成。由于是非丹霞地貌而又类似丹霞地貌的奇特景观，而引以为世界奇岩。

（2）衡水市。著名的民间工艺制作之乡，境内的侯店毛笔、内画艺术、武强年画、装裱工艺、骨雕面塑等独具特色的民间制作工艺早已名闻全国。

衡水湖　国家级自然保护区，位于衡水市南，面积 $18\ 787hm^2$。由草甸、沼泽、水域、林地、滩地等多种环境组成的天然湿地生态系统，是多种候鸟南北迁移不同线路的交汇区，是众多珍稀鸟类在华北平原南部最理想的栖息地。仅国家一级重点保护的鸟类就达43种，如大天鹅、百枕鹤、灰鹤等。

（3）邯郸市。中国优秀旅游城市，国家级历史文化名城。位于省境南部，古为赵国都城，为赵文化、梦文化、陶瓷文化等多种文化的发祥地。市区主要名胜古迹有著名的赵王城遗址、赵武灵王丛台和“黄粱梦”吕仙祠；西郊有响堂山石窟；涉县有女娲炼石补天处——娲皇宫；临漳有三国时期曹魏的邺都和金凤台、铜雀台、水井台遗址；磁县和峰峰矿区存有多处宋代磁州窑遗址。

响堂山　位于峰峰矿区鼓山，为河北最大的石窟群，国家重点文物保护单位，也是国家级风景名胜区。石窟分南北两处，相距约15km，因石窟群在山腰，以人们活动均能发出铿锵回声而得名。现存石窟16座，摩崖造像450余龛，大小造像5000余尊，还有大量刻经题记等。景区山清水秀，风景殊丽。

娲皇宫　国家级风景名胜区，为远古神话传说“女娲补天，抟土造人”之地。始建于北齐，主体建筑娲皇阁共三层，依山就势而建，结构奇巧，被称为中国古建筑之精华。其山崖的北齐摩崖石刻多达13部佛经，被誉为“天下第一壁经群”。

（4）邢台市。位于石家庄以南，是我国古代著名天文学家郭守敬的故里，主要旅游景区景点有崆山白云洞、太行大峡谷等。

崆山白云洞　国家重点风景名胜区。位于临城西6km。由崆山白云洞、岐山湖、天台山、小天池等景区构成，是集山水洞林文物于一体的综合性旅游区。

太行大峡谷　国家级风景名胜区。位于市西太行山区，由24条峡谷组成，具有狭长、陡峻、幽深、赤红、集群五大特点，1000m以上的峡谷达8条之多，是集峡谷、绝壁、急流、瀑布、原始次生林、地质遗迹、历史遗存于一体的山岳型风景名胜区。河北太行大峡谷与豫北、晋东南的太行大峡谷，共同形成了罕见的太行大峡谷群，极具科学考察价值和景观美学价值。

山　东　省

一、旅游资源与环境概貌

山东省位于黄河下游，东临大海。因地处太行山以东而得名。因古代部分地区曾为鲁国之地，简称鲁；有部分地区曾为齐国地，故又称“齐鲁大地”。面积15.71万km^2，人口约9579万（2010年）。由鲁中南丘陵和胶东低山丘陵组成的山地，占全省面积的35%；鲁西北平原和胶东平原占全省总面积的65%。属暖温带半湿润气候，东部沿海地区较湿润。黄河和大运河为本省主要河流；在鲁西平原与鲁中丘陵间低洼地带上，湖泊成群分布。开发历史悠久，文化灿烂，目前已拥有国家重点风景名胜区5处、国家5A级旅游景区5处、世界自然文化遗产2处、国家级历史文化名城9座、中国优秀旅游城市35处。鲁菜为全国八大地方名菜之一；烟台苹果、莱阳梨、肥城佛桃，为果品“三绝”。青岛啤酒、烟台红葡萄酒和金装白兰地、东阿阿胶等地方特产，以及淄博陶瓷、潍坊风筝、青岛贝雕等工艺美术品，都闻名全国。

二、旅游开发与规划概要

山东省新的旅游发展规划要求，要以促进人与自然和谐为宗旨，以坚持严格保护、永续利用为原则，以历史文化、休闲度假、生态自然为主题，统一规划，合理配置和有序开发旅游资源。在产品开发上，深层次挖掘历史文化内涵、开发齐鲁文化，优化曲阜、泰山等传统旅游产品的同时，还要大力发展海上旅游、度假旅游、专项旅游、乡村观光旅游等新型旅游产品；在产品布局上，重点开发建设“两区、一圈、一带”，即山东半岛蓝色旅游经济区、黄河三角洲高效生态旅游经济区、济南省会都市圈、鲁南旅游经济合作带。

三、主要旅游区建设

1. 鲁西山水圣人旅游区

本区包括济南、泰安、曲阜、邹城，并延伸至临沂。

（1）济南市。中国历史文化名城，中国优秀旅游城市，也是省级旅游枢纽城市。位于鲁中南低山丘陵北缘，黄河下游南岸，城区有四大泉群，著名泉眼150余处。元代于钦评价“山水甲齐鲁，清泉甲天下”；清代刘鹗的《老残游记》称“家家泉水、户户垂杨”，自古有

"泉城"美誉。名泉中以趵突泉、珍珠泉、黑虎泉最胜，还有大明湖、千佛山、五峰山、灵岩寺、李清照纪念堂等风景名胜。

大明湖　位于旧城区北部，由众泉汇集而成，面积达 46.5hm^2，诗赞"四面荷花三面柳，一城山色半城湖。"湖滨楼台掩映，有铁公祠、稼轩祠等古迹。湖中心历下亭门柱上有何绍基所书的杜甫"海右此亭古，济南名士多"名句。

千佛山　古称历山，传说帝舜试耕于此。山不高而山崖上有众多隋代摩崖石刻佛像，山由此而得名。千佛山历史悠久，名胜古迹众多，唐槐亭、齐烟九点坊、兴国禅寺、极乐洞、千佛崖、藏经楼、舜祠、一览亭等，都很知名。

（2）泰安市。中国优秀旅游城市，国家级历史文化名城。为泰山之岳市，过去主要为封禅和朝山进香服务，现已成为登泰山旅游的大本营。城内岱庙为泰山正庙，是历代帝王祭祀泰山举行大典的地方。岱庙主体建筑天贶殿壁画全长 62m，为罕见艺术珍品。

泰山　国家重点风景名胜区，国家首批 5A 级旅游景区，世界自然文化双遗产地。古称岱山，又名岱宗，我国五岳之首。屹立于华北大平原东缘的齐鲁丘陵之上，主峰海拔 1532.7m，为中华民族伟大崇高的象征。历代帝王在此封神祭祀，文人墨客吟咏题刻，留下丰富的文物古迹，被誉为露天的历史和艺术博物馆。泰山岱顶碧霞元君祠内有稀世珍宝唐玄宗手书的摩崖石刻《纪泰山铭》。登上岱顶可领略"一览众山小"意境，同时可赏"旭日东升"、"晚霞夕照"等奇观。

（3）曲阜市。国家级历史文化名城，中国优秀旅游城市。位于山东西南部，是春秋时鲁国的都城，又是孔子的故乡，以孔庙、孔府、孔林闻名古今。

孔庙、孔府、孔林　国家首批 5A 级旅游景区，世界文化遗产名录地。孔庙位于曲阜城中央，是祭礼孔子的地方，是一处可与北京故宫、泰山岱庙媲美的规模宏大的古建筑群；孔府，旧称衍圣公府，西与孔庙毗邻，为历代衍圣公的官署和私邸，孔子后裔 30 余代居此，历时 900 多年；孔林是孔子及其后裔与孔氏族人埋葬的专用墓园，古柏参天，周有围墙。

（4）邹城市。国家级历史文化名城，中国优秀旅游城市。秦代置驺县，唐代改"驺"为"邹"。邹县为孟子嫡裔居住与孟墓所在地，亦有孟庙、孟林、孟府，并有脍炙人口的"孟母教子"故事。

峄山　位于邹城市南，为中国古代九大名山之一，以孔子登峄山故事最为传神。山上至今留有"孔子登临处"、"登东山而小鲁"等石刻。峄山摩崖石刻也具盛名。秦始皇东巡时留下的"秦峄山碑"为中国书法之珍品。

2. 山东半岛蓝色经济旅游区

山东半岛蓝色经济旅游区以青岛、烟台、威海、日照等旅游城市为主体。海滨风光绮丽，是发展观光、度假和海洋、海岛旅游的理想之地，有"蓝色经济"之美誉。

（1）青岛市。国家历史文化名城，中国优秀旅游城市，辽宁舰航母母港和新兴的邮轮旅游胜地。位于山东半岛东南胶州湾畔，南临黄海，是北京 2008 年奥运会的帆船赛场所在地。青岛老城区连同胶州湾西岸的黄岛、北岛的红岛，构成岛城格局。碧海、青山和城市融为一体，加上宜人的气候、清新的空气，使其享有"奥运扬帆胜地、海滨旅游天堂"的盛名。2014 年 4 月 18 日至 10 月 18 日，"中国 2014 青岛世界园艺博览会"，以"多彩园艺，和谐城市"为主题，又在这里成功举办。

崂山风景名胜区　国家重点风景名胜区，国家 5A 级旅游景区。濒临黄海，由崂山、市南海滨、石老人礁岩、薛家岛沙滩四个景区组成，并有绕山海岸线 87.3km。著名景点有巨峰旭照、龙潭喷雨、明霞散绮、太清水月、海峤仙墩、那罗延窟、云洞蟠松、狮岭横云、华楼叠石、九明水漪、岩瀑潮音、蔚竹鸣泉等。崂山还是道教传播要地，盛时有“九宫八观七十二峰”，故有“神仙窟宅”之称。用崂山泉水制造的崂山矿泉水和青岛啤酒均为优质品牌。

海尔工业园 全国工业旅游示范点。为我国最大的出口家电生产基地，已迈进世界500强企业。海尔集团为满足消费者了解其生产过程、企业文化、“走企业，看经济”的需求，推出了以集团样品室为龙头、生产线为依托、科技馆为重点的旅游项目，吸引国内外大量游客。

青岛奥林匹克帆船中心 坐落于市东新区浮山湾畔、燕儿岛山的东南角，北海船厂旧址，依山面海，环境优美。拥有奥运分村、运动员中心、场馆媒体中心、后勤供给和保障中心，以及测量大厅、陆域停船区、下水坡道、防波堤、奥运纪念墙等配套设施，北京2008年奥运会及残奥会帆船比赛都在这里进行。

（2）烟台市。位于胶东半岛北侧，扼渤海咽喉，三面临海，一面连陆。明初曾在芝罘岛上设烟墩御倭，因此得名烟台。为蓝色经济区的中心旅游城市，主要的旅游集散枢纽，是以“东方葡萄酒城”为主题的综合性海滨度假城市。市区有烟台山、毓琉顶、福建会馆等旅游景点。

蓬莱市 古称登州，为中国优秀旅游城市，国家级历史文化名城。位于渤海岸和黄海岸交界处，通过庙岛列岛与辽东半岛老铁山角遥遥相望，享有“山海名邦”、“人间仙境”美誉。坐落于县城北端丹崖山巅的蓬莱阁，下临大海，殿阁临空，云烟缭绕，素称“仙境”，与方丈、瀛洲并称为“海上三仙山”，并被评为国家首批5A级旅游景区。

长岛 即庙岛群岛，由32座岛屿组成，扼辽东半岛与山东半岛之间的渤海海峡，与古城登州隔海相望。具有蓝天、碧水、阳光、海滩与纯净的空气，素以“中国鲍鱼、扇贝、海带之乡”著称。长岛中的车由岛，有万鸟翔集；大小黑山岛则是蛇的王国，岛上繁衍生息着一万多条剧毒蝮蛇。

（3）威海市。中国优秀旅游城市。地处山东半岛最东端，全市海岸线980km，多海岬港湾和优质沙滩。境内森林茂密，温泉众多，风景名胜独胜。

成山角 位于荣成市境内、山东半岛最东端，素有“中国好望角”、“天尽头”之称，这里三面环海，一面接陆，群山苍翠连绵，大海浩瀚碧蓝。飓风飞雪，峭壁巍然，气势恢宏，景象万千。

刘公岛 位于威海湾中，国家5A级旅游景区，清末建北洋水师并设提督署于此。岛上有水师提督丁汝昌府邸。署内现设有日本军国主义者蓄意挑起旨在消灭中国清朝北洋海军的甲午海战文物陈列馆；岛上有水师公所、制造局、船坞等遗址，现已辟为爱国主义教育基地和旅游胜地。

（4）荣成市。全国休闲农业与乡村旅游示范县（市），中国优秀旅游城市。位于山东半岛最东端，三面环海，“阳光、沙滩、海水、绿色、新鲜空气”五大休闲资源齐备。荣成以千里海岸为依托，已形成50多处成带状分布的旅游景区景点，是山东省蓝色经济旅游区的重要组成部分，并已涌现出富有特色的20多家休闲农业点、15家休闲农业与乡村旅游精品区。

西霞口村 中国最有魅力休闲乡村。位于成山镇东北部，依托山东半岛海滨国家重点风景名胜区、神雕山野生动物自然保护区，发展了休闲农业与乡村旅游，已形成了休闲度假区、海珍品养殖等五大支柱产业。

3. 鲁中齐鲁文化和民俗风情旅游区

（1）淄博市。国家级历史文化名城，中国优秀旅游城市。位于山东半岛中部，古齐国国都，古代淄博的蹴鞠为世界足球源头，并有国际足协颁发的证书。临淄是当时列国中最繁华的都市之一，至今留有临淄齐国故城遗址、田齐王陵、管仲墓、颜文姜祠、蒲松龄故居等。

蒲松龄故居　位于淄川区蒲家庄。故居坐北朝南，前后两进院落，青砖黛瓦，古朴。院内山石池鱼，花草瓜棚，富林泉之趣。纪念馆内展出蒲松龄诗词、文稿及《聊斋志异》各种中外文版本。书房“聊斋”内蒲松龄画像旁有郭沫若所书的“写鬼写妖高人一等，刺贪刺虐入骨三分”对联。

(2) 潍坊市。中国优秀旅游城市。位于鲁东，素以手工制作著称，曾享有“二百只红炉、三千砸钢匠、九千绣花女、十万台织布机”盛誉。其嵌银漆器、仿古铜器、木版年画、布玩具、风筝、青州府花边大套等，都具有浓郁的民族风格和地方特色。

潍坊风筝博物馆与潍坊国际风筝节　博物馆位于潍城区浪河东岸，建于1989年，建筑面积8100m^2，有大小展厅12个，展出古今中外各种款式风筝1400余件。1989年第六届潍坊国际风筝节期间，成立了由美、日、英、意等16个国家和地区风筝组织参加的“国际风筝联合会”，其总部就设在潍坊风筝博物馆内。现在每年的4月20～25日，为“潍坊国际风筝节”。

(3) 青州市。中国优秀旅游城市，国家重点风景名胜区，古为中国九州之一，素有“海岱明珠”之称。市南8km处的云门山上的摩崖石刻巨“寿”甲天下，早已成为绝世名胜；1996年发现了距今1400年前雕琢的佛祖释迦牟尼大佛，近年又发现了佛猿仰天奇观妙景，驼山石窟更具风采。

驼山石窟　全国重点文物保护单位，位于市西6km的驼山南侧，在其主峰东南崖壁上共有石窟五处，摩崖造像群一处，计大小佛像638尊，雕刻精细。由北至南第三窟为北周时期开凿，规模最大，窟中的阿弥陀佛造像具隋代造像风格；第四窟造像具初唐特征。

4. 鲁南新经济合作旅游区

本区包括菏泽、济宁、枣庄、临沂和日照五市，以日东高速公路为主，连接东西，形成鲁南新兴的经济旅游区。

(1) 日照市。中国优秀旅游城市，著名海港城市。东临黄海，辖区内海洋、海岛、海港、海滨、森林、湿地与陆地山川交相辉映。市境受海洋气候影响，气候温湿宜人，出产楠竹、茶叶等类似于我国南方亚热带经济特产。苹果、生梨、樱桃等温带水果更是丰富多奇。东港区北部沿海和山海天旅游景区海滩，极具旅游开发价值。

莒县浮来山景区　国家4A级旅游景区，距日照60km。浮来山上的定林寺为古代文学家刘勰故居所在地，已有1500多年历史。景区内还有树龄近4000年的“天下银杏第一树”和树龄已达8000多年的“天下第一古檀根”等名胜。

(2) 临沂市。中国优秀旅游城市。位于省境东南部，其沂蒙山区自然风光秀丽、奇特，素有“七十二奇峰，三十六洞天”之说。区境有孙膑和庞涓之战的马陵山，以及抱犊崮、孟良崮等七十二崮。抗日战争、解放战争时期这里是华东地区的政治和军事中心，刘少奇、陈毅、罗荣桓、粟裕等无产阶级革命家曾战斗在这里，留下了孟良崮战役、鲁南战役等遗址。

沂山　主峰玉皇顶海拔1032m，四周29座奇峰环抱，13条沟谷纵横，自古为东方名山。隋文帝封之为东镇，列五镇之首。坐落于东麓的东镇庙建于宋初，庙内有碑碣200多块。

(3) 枣庄市。中国优秀旅游城市。位于鲁南微山湖以东，南距徐州不远，地理位置重要，历来为兵家必争地。辖区内有峄城万亩石榴园、抱犊崮国家森林公园、熊耳山双龙大裂谷等风景名胜。抗日战争时期在这里获得了震惊中外的台儿庄大捷。

台儿庄李宗仁史料馆 台儿庄位于枣庄市峄城区东南，南挨大运河，西倚临枣铁路支线，战略地位极为重要。抗日战争时期中日双方在这里进行了极为惨烈的台儿庄大战，最后以中国军民大胜告终，史称“台儿庄大捷”。台儿庄大战时李宗仁任徐州战区最高司令长官，坐镇指挥，坚毅果断。李宗仁先生在新中国成立前夕曾任国民政府代总统，后侨居美国，1965年毅然回到祖国，显示了其爱国主义气节。史料馆建于台儿庄古运河畔，展出其各个历史时期的照片400余幅、文史资料1000余份。

熊耳山国家地质公园 位于枣庄市山亭区北庄镇，是一处罕见的崮形山体岩溶地质地貌景观。主要景点有近观状若双龙的大裂谷，宽1～5m，高10～30m，长近3000m，还有溶洞群、龙床瀑布、牡丹庵等名胜15处。联合国世界旅游组织专家考察后认为其极具地质考古价值和旅游开发价值。

山 西 省

一、旅游资源与环境概貌

山西省因地处太行山以西而得省名，又因春秋时大部分地方属晋国而简称晋；战国时为韩、赵、魏三家分晋，故又别称“三晋”。面积15.66万km^2，人口约3571万（2010年）。位于黄土高原东缘，北与内蒙古高原相接。地形分三部分：中部大同、忻州、太原、临汾、运城等盆地自古为农业和经济活动中心；东部以太行山脉为主，恒山、五台山、太岳山等均为国内名山；西部为吕梁山地。黄河干流经本区西部边境流过，切穿吕梁山南段，形成瀑布、急流。山西从华夏始祖三皇五帝、春秋五霸、战国七雄，乃至秦至明清的历朝历代，都是重要的政治经济舞台，创造了博大精深的晋北宗教古建文化、晋中晋商民俗文化和晋南黄河始祖文化。山西人自古穿着不争华丽，一般以宽松合体、便于劳作的打扮为主；喜食杂粮，尤以面食闻名于世。汾阳杏花村竹叶青和汾酒、清徐老陈醋等山西特产名扬古今。

二、旅游开发与规划概要

经多年建设，山西省已拥有国家重点风景名胜区6处、国家5A级旅游景区5处、国家森林公园18处、国家级历史文化名城6座、世界文化遗产地3处，国家文物保护景点达120多处，故有“地下文物看陕西，地上文物属山西”之说。根据山西省旅游发展规划，未来旅游业发展要形成一核、三级服务体系、六大旅游板块、八条精品旅游路线、八大休闲度假旅游区域、十八核心旅游景区的大旅游格局。所谓一核，即太原全省旅游接待服务中心和旅游集散中心及城市旅游目的地；三级服务体系即省级、市级、县级；六大旅游板块，即以五台山和云冈石窟为中心的宗教古建筑、晋商文化、太行山水、黄河文明、红色经典等旅游板块等。

三、主要旅游区建设

1. 晋北名城名山旅游区

本区地处山西北部，由大同市、朔州市、忻州市三市构成，旅游资源以名城、名山及其宗教古建文化为特点。未来旅游开发重点为大同、恒山和五台山。

(1) 大同市。国家级历史文化名城，中国优秀旅游城市。位于晋北大同盆地，地处内外长城之间。曾是两汉名郡、北魏京华、辽金陪都、明清重镇，人文景观资源丰富。

云冈石窟　国家5A级旅游景区，世界文化遗产名录地。始建于北魏，位于城西武周山南麓山崖。现存洞窟53个，石雕造像5.1万余尊，是国内最大石窟群之一。佛像最大者高17.3m，最小者仅2cm，雕刻技法精练。

恒山　国家重点风景名胜区，为五岳之北岳。有118峰，主峰天峰岭海拔2016m，为石灰岩质断层山，山势雄险，向为兵家必争之地。北魏拓跋珪曾借此天险统一北方各族；宋代杨家将曾在这一带把守三关，纵横驰骋，抵御强敌。明代旅行家徐霞客留有《游恒山日记》。

悬空寺　建于恒山金龙峡西侧翠屏峰的悬崖峭壁上，上载危岩、下临深谷，楼阁悬空、结构惊险。全寺共有大小殿阁近40座，均为半插飞梁为基，巧借岩石暗托，梁柱上下一体，廊栈左右相连，壮观精巧，是我国古代建筑史上的大胆杰作。

(2) 忻州市。国家级历史文化名城。位于晋中同蒲铁路上，南距太原约60km。辖区内有佛教名山五台山、雄奇秀美的芦芽山和阎锡山故居民俗馆等风景名胜。

五台山　国家重点风景名胜区，国家首批5A级旅游景区，世界文化遗产名录地，为我国四大佛教名山之一。以台怀镇为中心，周围屹立着东、西、南、北、中五个山峰，山顶平整如台，故称五台。最高峰北台海拔3061m，素称华北屋脊，早在东汉就在此建佛教殿堂，现存各个时期的寺庙遗迹近百处。抗日战争和解放战争时期，这里是晋察冀边区政府所在地，松岩口有白求恩大夫建的模范医院。明代旅行家徐霞客留有《游五台山日记》。

忻州顿村温泉度假村　位于忻州顿村，地热面积13km^2，水温45～80℃，属于高品质超复合泉水，具有多种医用功效，有“华北第一泉”之称。已建有11个温泉游泳馆、4家三星级宾馆，以及水上乐园等旅游设施。

2. 晋中名胜古迹和晋商文化旅游区

本区由太原市、晋中市和吕梁市构成。东部为太行山区，西部为吕梁山区，中部为汾河谷地，开发历史悠久，名胜古迹众多，晋商民俗文化令人称绝。

(1) 太原市。山西省省会，国家级历史文化名城，中国优秀旅游城市。位于太原盆地北缘，位置险要，自古为边防重镇，做过几个王朝的别都，留下不少名胜古迹。

晋祠　位于悬瓮山麓，为纪念唐叔虞而建。祠内殿阁巍峨，古木参天。圣母殿是晋祠主殿，殿内的宋代彩塑是宋室生活的缩影，为古代雕塑艺术的珍品。殿之南的不老泉，长年不息，灌溉晋祠附近稻田2000hm^2，孕育出风景如画的黄土高原“小江南”。圣母殿左侧有“周柏”，北部关帝庙内有“隋槐”。周柏与不老泉、宋塑侍女像，合称“晋祠三绝”。

清徐　首批全国休闲农业与乡村旅游示范县，距太原市中心仅34km。为山西老陈醋的原产地和全国四大葡萄名产地之一，享有“文化名城、醋都葡乡”美誉。已建成了融农耕文化、醋文化、葡萄文化、晋商文化于一体，集观光、采摘、餐饮、住宿、休闲、娱乐为一身的休闲农业与乡村旅游产业链。

(2) 晋中市。位于太原市东南部，自古就里是川陕地区通往晋北乃至内蒙古的商道要冲，培育了独特的官商结合的晋商民俗文化。

平遥古城及其日昇昌票号　平遥为国家级历史文化名城，世界文化遗产名录地。位于山西中部，为我国现存最完整的四座古城之一。始建于周宣王时期，明洪武初年重修。城墙高12m多，周长6.4km。城内街道、民宅、店铺、衙署，一映明清原貌和风格。位于城西大街的日昇昌票号，是我国最早的票号（即银行）建筑。票号建筑既采用了三进式穿堂楼院，体现晋中居住特色，又吸收了晋中商业店铺风格，达到了实用与美学的统一。

祁县及其乔家大院　祁县为国家级历史文化名城，是我国保存较好的商业金融古城。历史时期为晋商故里，商业繁荣，商号票号、典当钱庄遍布国内各通都大邑，并有晋商老街、晋商镖局、乔家大院、渠家大院等名胜。其中乔家大院为全国著名商业、金融资本家乔致庸的宅第，建于清乾隆二十年，占地 9200m^2。整个建筑“喜喜”字形，设计精巧，布局严谨，被誉为“北方民居建筑史上罕见的一颗明珠”，现利用大院开办了民俗博物馆。

介休市及其绵山　介休市位于晋中盆地中南端，因春秋时期晋国介子推隐居市境绵山而得名。绵山位于太岳山北侧，绵延百里，地大山深，即因为介子推感人故事而得名。当年介子推倾心助晋文公重耳复国，流亡中曾“割股啖君”。重耳复国后论功行赏封臣，独独忘了大恩人介子推。待觉悟后介子推已携母隐居绵山之中，重耳遍寻不着便纵火烧山，希望逼其出来为官，可介子推宁死不出山而母子二人被烧死。重耳后悔不已，特令全国禁烟火三天，“寒食节”和“清明节”由此而来，也由此绵山称为介山。

(3) 吕梁市。位于省境中部西侧，东南临汾河，东北倚吕梁山，为中华民族的发祥地之一。著名酒都杏花村、享有“三晋第一名山”的北武当山、刘胡兰纪念馆等名胜均位于本区。这里还是一代女皇武则天、宋代名将狄青、唐代大将郭子仪、唐代著名诗人宋之问的故里，毛泽东、周恩来、吕正操等老一辈无产阶级革命家也曾在此留下了足迹。

碛口　国家级风景名胜区，国家级历史文化古镇。位于临县城南湫水河入黄河的汇合处。古镇兴起于清乾隆年间，为中国北方著名的商贸古镇，民间有“驮不尽的碛口，填不满的吴城”之说，真所谓“水旱码头小都会，九曲黄河第一镇”。古镇街道依山就势沿河而建，为清代山区传统建筑的典范。

杏花村　位于汾阳东北 15km，为汾酒和竹叶青产地。村中有古井一方，俗称“神井”，其水“味如醴，甘馨清冽”，取水酿酒，馥郁芬芳。古代这里酒肆林立，唐代著名诗人杜牧留下了“借问酒家何处有，牧童遥指杏花村”的绝唱。李白、杜甫、顾炎武等历史文化名人都曾赋诗赞誉杏花村。

(4) 阳泉市。位于省境东侧，太行山西麓的山间盆地中，新兴的工业城市，全国无烟煤基地。有林里关帝庙、平定冠山、娘子关、井陉关等名胜。

昔阳大寨村　全国休闲农业与乡村旅游示范点，为黄土高原上的一个小山村。自然生态环境恶劣，人民生活艰苦。陈永贵、郭凤莲等大寨人率领人民群众艰苦奋斗，在七沟八渠一面坡上建设了层层梯田，改变了经济落后面貌。为此，毛泽东主席发出了“农业学大寨”的号召。

3. 晋南黄河根祖文化旅游区

本区包括临汾、运城、长治、晋东南地区。这里曾是远古时期中华民族祖先主要活动的地方，古迹遍布。

(1) 临汾市。位于汾河下游东岸，晋南政治、经济中心，名胜古迹遍布。城东尧陵、城南尧庙以及辖境内的侯马晋国遗址、洪洞大槐树、苏三监狱、襄汾丁村人遗址、吉县壶口大瀑布等，都是全国著名的风景名胜。

洪洞大槐树和明代苏三监狱　大槐树在洪洞县广济寺旁，是我国大移民的历史见证。因元末明初的战乱，中原一带出现了“赤地千里无人烟”的惨状，而山西一带相对太平，人丁兴旺，被指定为向外移民地区，而且广济寺的大槐树下成为移民外迁的集合点，至今黄河中下游一带仍流传着“问我祖先来何处，山西洪洞大槐树”的民谚。苏三监狱位于洪洞县城内，因京剧《玉堂春》故事而闻名，为我国目前保存最完整的明代监狱。

黄河壶口瀑布 国家重点风景名胜区。位于临汾吉县和陕西宜川县间，以瀑布雄姿著称于世，500m宽的黄河洪流收成一束，从20m高的断层石崖飞泻直下，倾入30m余宽的石槽之中，听之如万马奔腾，视之如巨龙鼓浪，形成“雷首雨穴”、“百丈龙槽”、“彩桥通天”等奇观。

（2）运城市。地处运城盆地，山明水秀。区境有解州关帝庙、垣曲南海峪岩洞遗址、芮城永乐宫、王龙庙、龙兴寺宝塔、稷益庙壁画、永济普救寺莺莺塔、伯夷叔齐墓、万荣县飞云楼等风景名胜。

解州关帝庙 位于运城解州镇西门外，南倚苍翠挺拔的中条山，北濒银波浩渺的解池水。初建于隋朝初年（公元589年），规模宏大，为国内最大关帝庙。关帝庙主体建筑有御书楼、春秋楼、崇宁殿等建筑。崇宁殿内悬有清康熙御笔“义炳乾坤”牌匾和关羽像。园内遍植松柏桃槐，奇花异草。

（3）晋城市。位于河南与山西东南边界，古称泽川府，别称凤台，为通向中原大地的门户，素有“中原屏翰，冀南雄镇”美誉，风景名胜众多。

皇城相府 国家5A级旅游景区，位于阳城北留镇皇城村。这里是清康熙文渊阁大学士、康熙帝老师、《康熙字典》总阅官、清代名相陈廷敬的故里。皇城相府是一处层楼叠院，是错落有致、古朴庄严、浑厚坚固的明清式古建筑群。当地村民利用煤炭企业积累的资金，实现了由地下转地上的战略转移，1998年投巨资对皇城相府进行修缮，使其重现了往日的历史风貌。

河 南 省

一、旅游资源与环境概貌

河南因省境主体位于黄河以南而得省名，简称豫，别称中州、中原。面积16万km^2，人口约9042万（2010年）。北、西、南为山地环抱，东部平原辽阔。为中华民族文化的主要发祥地之一，根文化旅游资源独具优势，轩辕黄帝出生于新郑、伏羲建都周口淮阳，安阳殷墟出土的甲骨文为中国目前发现最早的文字，现代常用的100个大姓氏有73个源于河南；武王伐纣、春秋战国、陈胜起兵、刘秀中兴、三国争霸、七贤啸聚、武后亲政、岳飞抗金、捻军起义等辉煌历史，这里都是重要活动舞台。全省拥有3处世界文化遗产地、8个国家级历史文化名城、4处世界地质公园、10个国家重点风景名胜区、8处国家5A级旅游景区。河南人的服饰丰富多彩，但色彩上尚黑，形制上追求宽松，有“河南大裤裆，买菜不用筐”之说；饮食习俗“南味”、“北味”兼有。禹州的钧瓷、洛阳唐三彩、开封汴绣、南阳玉雕自古闻名；灵宝大枣、新郑小枣、封丘石榴、信阳毛尖、道口烧鸡等地方特产知名久远。

二、旅游开发与规划概要

根据省旅游业发展规划，要把河南打造成为世界知名的复合型旅游目的地，使旅游业成为全省国民经济战略性支柱产业，并实现旅游资源大省向旅游经济强省的跨越。在旅游布局上，将形成“一区两带四板块”的格局，即包括郑州、开封、洛阳、安阳在内的中原历史文化旅游区；西起三门峡、东至商丘、东北至濮阳的黄河旅游带；南起淅川丹江口，北至安阳，纵贯南阳、平顶山、许昌、新乡等城市的南水北调中线旅游带；包括少林寺、龙门石窟、清明上河园等内的文化旅游体验板块；以郑州、洛阳为龙头，以安阳、焦作、南阳、平顶山等为补充的都市观光、休闲农业板块；以伏牛山为中心，南太行、桐柏山和大别山为两翼的山地休闲度假板块；依托深厚中原农耕文化，以河南“百村百户”旅游富民工程确定的特色旅游村和发展成型旅游风情镇为突破点的特色乡村旅游板块。在旅游产品开发上，在着力完善、提升原有传统文化旅游产品的同时，要大力增添、更新一大批具有时代地域特色的新型旅游产品。

三、主要旅游区建设

1. 郑汴洛黄河文化旅游轴带

郑汴洛黄河文化旅游轴带是郑州、开封、洛阳沿黄河与陇海铁路所形成的轴带，东联齐鲁、西接陕甘，处于中国古代政治文化中心，东西摆动大轴带的中心部位。古都、古城、古文化胜迹高度密集。

（1）郑州市。国家级历史文化名城，中国优秀旅游城市，河南省省会。西周为管国属地，春秋为郑邑。隋开皇三年置郑州。历史文化积淀深厚，名胜古迹荟萃，现代旅游开发方兴未艾。

嵩山　国家重点风景名胜区，国家首批5A级旅游景区，世界文化遗产名录地。位于登封市境，为我国“五岳”中的“中岳”。由太室山、少室山等组成，山峦起伏，峻峰奇异。自古帝王将相、文人学士、高僧名道、拳豪义侠在此活动频繁，从而留下了中岳庙、少林寺、嵩阳书院等众多名胜古迹。明代旅行家徐霞客留有《游嵩山日记》。

少林寺　为中国佛教禅宗祖庭，位于登封市城西，建于北魏太和十九年（495年）。唐初，因有“十三棍僧救唐王”的战功而得到封赏，有“天下第一名刹”誉称。寺内保存有自唐以来碑碣石刻300余品，拳谱堂内塑展现了少林拳主要拳式的习武僧徒塑像200多个，寺西有我国现存的最大塔寺群。

嵩阳书院　为宋代四大书院之一，位于登封市城北太室山峻极峰南麓。院内有汉武帝封赐过的“三将军”古柏，其中二将军柏胸围约15m，蔚为奇观。院外西南隅有高8m的“大唐嵩阳纪圣德感应颂碑”，为嵩山最大石碑。

惠济区　首批全国休闲农业与乡村旅游示范县（区）。位于郑州北部、黄河南岸，有“郑州绿肺”之称。目前已经形成了11家休闲观光农业园区、100家农（渔）家乐的休闲农业带。先后被评为“国家级生态示范区”和“国家级绿色农业示范区”。

（2）开封市。国家级历史文化名城，中国优秀旅游城市。春秋时期郑庄公在此营造城市，开拓疆土，故名开封。战国时为魏国都城，称大梁，后又为后梁、后晋、后汉、后周、北宋和金的都城，号称七朝都会。宋人张择端大型画卷《清明上河图》，真实地描绘了北宋鼎盛时期开封城市的繁华景象。

清明上河园　国家5A级旅游景区，位于开封龙亭西路。北宋画家张择端绘制的《清明上河图》以浩大的篇幅、恢弘的气势、写实的手法真实记录了北宋东京汴河的繁华景象和民俗风情，被历代学者誉为“国宝”。清明上河园就是把《清明上河图》复制再现的大型历史文化主题公园。占地330hm^2，有大小古船50多艘、房屋400多间，形成了一个气势磅礴的古建筑群。

铁塔、龙亭和相国寺　铁塔原名“祐国寺塔”，建于北宋皇祐年间（1049年），位于开封城东北角，为一座八角十三层琉璃砖塔，外形似铸铁而得名；龙亭，位于开封市北部，原为宋代皇宫后御苑的一部，现在高13m的砖砌台基上有清代所建的辉煌大殿，龙亭前有潘杨二湖，水光殿影，交相辉映；相国寺位于开封市中稍偏南，为我国著名佛教寺院之一，其八角琉璃殿内有高7m的千手千眼观世音巨像一尊。

(3) 洛阳市。国家级历史文化名城，中国优秀旅游城市。因位于洛河以北而得名。周初周公旦营建雒邑，作为东都。先后有东周、东汉、曹魏、西晋、北魏、隋、唐、后梁、后唐在此建都。洛阳牡丹，国色天香，自古有“洛阳牡丹甲天下”之说；洛阳唐三彩，被誉为东方艺海明珠。

龙门石窟 国家重点风景名胜区，国家首批5A级旅游景区，世界文化遗产名录地。位于洛阳市南伊水两岸山崖上，始凿于北魏孝文帝迁都洛阳前后。现存窟龛2100多个，佛像10万余尊，碑刻题记3600多块，佛塔40多座，是我国三大石窟艺术宝库之一。

牡丹公园 位于王城公园外，其栽培牡丹始于隋，至宋已成全国牡丹培植中心，现已发展到200多个品种，植株达20万株。每当清明和谷雨之间牡丹盛开，倾城赏花风俗至今不衰。

白云山景区 国家5A级旅游景区。位于洛阳嵩县南部伏牛山腹地，为国家级森林公园、国家级自然保护区、中国十佳休闲胜地。景区面积168km^2，这里奇峰俊秀、白云悠悠、瀑布飞跌、灵谷幽深。现已开发了白云峰、玉皇顶、鸡角曼、九龙瀑布、原始森林五大景区。

老君山——鸡冠洞旅游区 国家5A级旅游景区，位于洛阳栾川县境。老君山处县城东区，为伏牛山主峰，因老子李耳归隐修炼于此山而得名。境内群峰竞秀，其峰林洞涧千姿百态。鸡冠洞位于县城西区，属大型石灰岩溶洞，石灰华沉积物发育，已成为新兴旅游胜地。

(4) 三门峡市。中国优秀旅游城市，位于郑汴洛黄河文化轴带最西端。山川秀丽，文物古迹汇集。有仰韶文化遗址，黄河古栈道，函谷关、太初宫、宝轮寺塔，秦赵会盟台、陕县渔泉、三门峡水库、亚武山国家森林公园等景点。

函谷关 位于灵宝市，因关在峡中，深藏如函而得名，处于往来洛阳与西安间的咽喉之地。春秋时便已置关，两千多年来，这里发生过无数次重要征战，有“双峰高耸大河旁，自古函谷一战场”之说。“鸡鸣狗盗”、“老子过关”、“紫气东来”等成语典故均发生于此。

2. 豫北太行山旅游区

本区位于黄河北岸、太行山南段，东临华北平原腹地，自然环境复杂、人文历史古老，旅游开发最富潜力。

(1) 焦作市。中国优秀旅游城市。北依太行，南临黄河，为中国著名煤炭能源城市。自然人文风光并胜，风景名胜数量多、品位高。

云台山—青天河—神农山 “二山一河”均为国家重点风景名胜区，国家首批5A级旅游景区，位于焦作太行山区。其中云台山是世界地质公园，有老潭沟、小寨沟、温盘峪、茱萸峰、叠彩洞、子房湖、万善寺、白家岩八大景区，并有汉献帝避暑台、魏晋“竹林七贤”隐居故里、孙思邈采药炼丹遗址、王维“每逢佳节倍思亲”的茱萸峰名胜。青天河，秀比江南，其中的“三姑泉”四季长流，又有幽深峡谷之奇观。神农山集奇、绝、雄、险于一体，被誉为“太行精粹”。

红旗渠—林虑山 国家重点风景名胜区。位于林州市西部的太行山区。“人工天河”红旗渠构筑于太行山悬崖峭壁之中，为中国人民改天换地的伟大杰作。还拥有太行大峡谷、北雄风格天平山、翠柏园龙凤山、石门涌泉万泉山、龙洞天翘望龙洞等胜景。

王屋山与小浪底 国家重点风景名胜区。王屋山以其山形如王者车盖得名，与黛眉山一道被列入世界地质公园。山势巍峨，有“太行山之脊”美誉，为我国北方重要道教活动中心。主峰天坛山为十大洞天中的第一洞天，峰顶石坛相传轩辕黄帝为祈天丰年而设。王屋山麓愚公村为“愚公移山”故事发生地。黄河小浪底为我国第二大水利枢纽工程，中国治黄史上的丰碑。库区水面港湾交错；黄河三峡断壁如削，已成为一大新兴旅游胜地。

（2）安阳市。国家级历史文化名城，中国优秀旅游城市。位于河南省最北部，为商代都城，历八代十二王共254年。市西有“殷墟博物苑”；市南的汤阴为岳飞故里；城内有岳飞庙。市东南的浚县、濮阳为国家级历史文化名城。

中国安阳殷墟 国家5A级旅游景区，世界文化遗产名录地，中国商代晚期都城遗址，是中国历史上有文献可参并用甲骨文和考古发掘所证实的最早的古代都城遗址。位于安阳市区西北小屯村，占地24km^2，现已建成殷墟博物苑。其中司母戊大方鼎，重达800多公斤，为世界青铜器之祖。

3. 豫南伏牛—大别旅游区

本区位于河南省的西南部和南部，包括伏牛山、桐柏山—大别山及其南南阳盆地。自然景观上北雄南秀兼而有之，历史文化旅游资源丰富。

（1）平顶山市。中国优秀旅游城市。因“山顶平坦如削”而得名。其自然山水秀美神奇、人文景观丰富厚重。境内有鲁山、石人山、汝州温泉、叶县古县衙等风景名胜。

石人山 国家重点风景名胜区。位于鲁山县西部的伏牛山北坡，面积1333hm^2。为花岗岩地貌景观，山势雄伟，林木覆盖率达95%，有国家级保护植物125种、动物17种，生态环境保存完好。

（2）南阳市。国家级历史文化名城，中国优秀旅游城市。位于伏牛山以南、汉水之北而得名。东汉时期为光武帝刘秀发迹之地，故有“南都”、“帝乡”之称，山川秀丽，文化底蕴深厚。

宝天曼自然保护区 位于内乡县境内，总面积120 km^2，为我国暖温带与亚热带过渡带典型的生态区。景区森林覆盖率达90%以上，汇集和保存有大量比较完整的天然原始次生植物和生物群落。区内有国家级重点保护植物29种，国家重点保护动物30余种，已被列入世界生物保护区网。

伏牛山世界地质公园 以南阳西峡县为核心的伏牛山地区是古板块构造运动、陆内碰撞造山运动和以恐龙蛋化石为代表的古生物遗迹保存最完整的区域，被称为“震惊世界的科学发现”和“世界第九大奇迹”。尤其是广布于80km^2范围内的西峡盆地数量达万余枚的恐龙化石群，堪称“世界之最”。

（3）信阳市。中国优秀旅游城市。位于省境南部，东邻安徽，南接湖北，素有“三省通衢”之称。华夏文明的发祥地之一，宋明时期是中国南方客家人主要源头。山明水秀，风光旖旎。

鸡公山 国家重点风景名胜区，位于豫鄂交界的大别山中，以主峰报晓岭形似雄鸡头而得名。山体由花岗体构成，多奇石异峰，且泉清林翠，盛夏凉爽如秋，为著名避暑度假胜地，并盛产名茶信阳毛尖。

陕 西 省

一、旅游资源与环境概貌

陕西因地处陕县以西而得名，又因春秋时为秦国辖地而简称秦，面积20.58万km^2，人口约3732万（2010年）。省境北部为黄土高原；中部是渭河平原；南部为秦巴山地，其间有汉中盆地和安康汉水河谷。气候自北而南分属温带半干旱气候、暖温带半干旱湿润气候和亚热带湿润气候。黄河流经省境东缘，并有延河、洛河、渭河、汾河等支流汇入；秦岭以南有汉水和嘉陵江等长江支流。为中华民族的发祥地之一，曾有汉、唐等13个王朝在此建都，73位皇帝在此执政。省境有大型宫阙遗址20多处、著名古建筑700多处，以及200多万件文物，使其成为名副其实的天然历史博物馆。自然景观壮观、奇美，华山、壶口瀑布、黄土高坡、八百里秦川、骊山、太白山等，皆充满传奇色彩。还有户县农民画、西府民间工艺、蒲城焰火、安塞腰鼓、陕北秧歌、民间剪纸以及秦腔等古朴、独特的民俗民风和民间艺术。陕西菜肴以鲜香、嫩爽、酥烂为特色，有炒鱼粉、锅盔、贵妃饼、牛羊肉泡馍、粉汤羊血等风味小吃。

二、旅游开发与规划概要

陕西旅游开发坚持依托优势资源和交通网络为基础，以市场为导向，以打造知名品牌为目标，充分发挥和提升核心产品竞争力，培育具有发展潜力的重要旅游产品。今后将巩固、完善“丝绸之路”、“中华之旅”（北京—桂林—上海）两条跨区旅游干线；强化西安国际旅游都市功能，形成“黄河旅游带”（西安—临潼—华山—潼关）、“丝绸之路旅游带”（西安—咸阳—乾陵—法门寺—周原—茂陵—太白山）、陕西生态旅游带（西安—佛坪—洋县—汉中—汉江）、“黄土风情旅游带”（西安—铜川—黄陵—延安—壶口—榆林），以及西安绕城休闲娱乐和森林公园环形带等5个精品旅游带；提升以黄帝陵为中心的祭祖活动旅游区，以秦始皇陵为中心的秦文化旅游区，以周原文化为中心的周文化旅游区，以汉唐陵墓群为中心的汉文化旅游区，以华山为中心的自然奇山旅游区，以太白山为中心的天然植物宝库风光旅游区，以法门寺为中心的佛教文化旅游区，以陕北为中心的黄土风情旅游区，以陕南为中心的绿色生态旅游区等10个精品旅游区。

三、主要旅游区建设

1. 关中古文化旅游区

关中古文化旅游区东起函谷关，西至宝鸡大散关，介于秦岭和黄土高原之间的渭河流域，统称“关中”地区，是春秋战国时期秦国的休养生息及崛起之地，自古有“八百里秦川”誉称。为我国古文化胜迹最集中、最丰富的地区之一。

（1）西安市。古称长安，中国七大古都之一，中国历史文化名城，中国优秀旅游城市。位于关中盆地，在自然环境上有“八水绕长安”美誉。为逼迫蒋介石抗日，爱国将领张学良、杨虎城于1936年12月在这里发动了当时震惊中外的“西安事变”，终于促成了中国人民抗日民族统一战线。秦始皇陵与兵马俑坑、明代城墙、半坡遗址博物馆、碑林博物馆、陕西历史博物馆、蓝田猿人遗址、唐大雁塔以及周边地区的黄帝陵、汉茂陵、唐乾陵、法门寺等景点驰名中外，大唐芙蓉园、未央湖游乐园等新景也很知名。

大雁塔—大唐芙蓉园 国家5A级旅游景区。大雁塔位于市南慈恩寺内，玄奘曾在此翻译佛经，讲授教义。其高64m，立面角锥形，结构牢固，为唐代楼阁式砖塔的优秀典型。大唐芙蓉园位于西安市东南曲江新区，是在原皇家园林遗址上全方位展现盛唐风貌的皇家园林式主题公园。园内有大型水幕电影、大型人工雕塑群落、大型水火景观表演、《梦回大唐》大型歌舞品鉴等。园内建有紫云阁、仕女馆、御宴宫、陆羽茶社、茱萸台等建筑，被誉为

“中华古典建筑博物馆”。

西安碑林 始建于11世纪，现有七个陈列室，收藏汉至清各代碑志2300多块，荟萃历代名家手迹，是我国藏碑最多的一座书法艺术宝库。

未央湖游乐园 位于西安市北郊15km处，是以水为龙头、集旅游、度假、休闲、娱乐为一体的现代化大型游乐园。分为南区文化广场区、东区静态自然区、中区水上游乐区、北区沙滩娱乐区、西区游乐设备区。

骊山华清池 国家重点风景名胜区，国家5A级旅游景区，位于临潼区南，以山形似骊马而得名。周、秦、汉、隋、唐等王朝均在此建离宫，有华清池等名胜。华清池南依骊山，由温泉水汇聚而成，水中含有多种化学成分，能治疗风湿症等多种疾病。已有6000年的温泉史、3000年的皇家园林史，是古今中外驰名的游览、沐浴胜地。还有烽火台、华清宫、“兵谏亭”等名胜。

秦始皇陵及兵马俑 国家首批5A级旅游景区，世界文化遗产名录地。位于骊山下河村附近。陵高76m，周长2000m，现发现有三个兵马俑坑，坑内从葬大量与真人真马等同大小的陶制彩绘兵马俑和当时实战使用的各种兵器，出土文物达万件之多，兵马俑形态逼真，被誉为“世界第八大奇观”。在一号坑原址上，建有秦始皇兵马俑博物馆。

（2）咸阳市。国家级历史文化名城，中国优秀旅游城市。东邻西安古城，先后为周、秦、汉、唐等11个王朝的都城或京畿重地。全市遗存有27座帝王陵、256座陪葬墓。周境以黄土文化为特征的民俗风情和生态观光农业极具特色。

乾陵 位于乾县城北梁山上，是唐高宗和女皇武则天的合葬墓，是世界上唯一葬有一对夫妻两个皇帝的墓葬。乾陵以山为陵，以山为阙，气势雄伟，为唐十八陵所独见。乾陵地面遗留至今的主要是陵墓石刻，有翼马、石狮、述圣碑、无字碑、61尊王宾石人像等，共计120件。在陵园范围内还有17个陪葬墓，形成巨大陵区。

杨凌农科城 全国农业高新技术产业示范区，国家级农业旅游示范点，被称为“21世纪中国的绿色硅谷”。这里前依太白、后负周塬，风光优美。目前对外开发的主要观光农业旅游景点有西北农林科技大学昆虫馆、农业科技示范园、人工模拟降雨大厅、动物克隆基地、节水灌溉农业、芦荟基地、特种养殖场、花卉苗木基地等。

礼泉县袁家村 为全国最具魅力的休闲乡村，位于唐太宗李世民陵山——九嵕山下。该村依托昭陵和贞观文化，开发了关中印象体验地，有古茶楼和各种作坊100多间，开发生产了具有关中特色的系列无公害蔬菜和民间工艺品，可让游客在这里尽情体验关中农家生活。

（3）渭南市。位于渭河平原东部，因地处渭河南岸而得名。中部为平原，外围是台塬，农耕历史悠久。境内交通发达，素有“三秦要道，八省通衢”之誉。

华山 国家重点风景名胜区，国家5A级旅游景区。位于华阴市南，被尊为五岳名山中之西岳。由花岗岩断块山体构成，平地拔起，自古以雄险著称。落雁峰海拔2154.9m，奇拔峻秀，并有青柯坪、千尺幢、擦耳崖、苍龙岭、长空栈等险景。规模宏大的西岳庙位于华阴城北。明代旅行家徐霞客留有《游太华山日记》。

韩城 国家级历史文化名城，中国优秀旅游城市。西周时为韩侯封地，春秋称韩源，隋代称韩城县。旧城内保存大量具有传统风貌的街道及四合院民居，还有文庙、城隍庙古建筑群；城郊有战国魏长城、司马迁墓、金代砖塔等古迹。

（4）宝鸡市。中国优秀旅游城市。古称陈仓，位于关中平原西部，素有“炎帝故里”、

“佛骨圣地”、“青铜器之都”、“民间工艺美术之乡”美誉。名胜古迹有周原遗址、青铜器博物馆、秦公大墓、周公庙、五丈原诸葛亮庙、姜子牙钓鱼台、法门寺，以及太白山、天台山、大散关等胜景。

法门寺 位于扶风城北，是唐代皇室供奉佛祖真身（佛骨舍利）的重要寺庙。1987年，深藏于地宫内1000多年的释迦牟尼指骨舍利和唐代诸帝所赐2000多件稀世珍宝出土，曾轰动世界。

天台山 国家重点风景名胜区。地处秦岭山脉北麓，群峰竞秀，景色优美，气候宜人。这里为远古姜氏部落发祥地、炎帝故里。有炎帝骨台寝殿、神农庙、商周文化遗址、大散关、天柱峰、姜水等景点100多处。

2. 陕北黄土高原风情和革命圣地红色旅游区

本区包括铜川、延安、榆林三市，属黄土高原的中北部，黄土广泛分布。特殊的自然人文环境孕育了这里独特、粗犷的黄土高坡自然风光和黄土窑洞、陕北大秧歌、“信天游”等气息浓郁的地域文化。

（1）铜川市。北依黄土高原，南临关中平原，交通地理位置重要。市北神木峡上的金锁关，地势险要，历来为军事要塞，至今还流传着许多杨家将英勇抗辽的故事。铜川北郊45km处的玉华山上有唐玉华宫遗址。

黄堡镇 是驰名中外的古代青瓷窑——耀州窑中心窑场所在地，陕西最大的手工业城镇，位于市北10km处。黄堡窑场兴于唐，盛于宋，其时漆水河沿岸窑场遍布，商贾云集。这里生产的“耀州瓷”是我国宋代青瓷系统的主要代表，有“巧如范金，精比琢玉”誉称，现已建成耀州窑博物馆。

（2）延安市。国家级历史文化名城，中国优秀旅游城市，革命圣地，位于陕北延河之滨。城区有宝塔山、凤凰山和清凉山。1937～1947年，中共中央和毛泽东同志在此领导了全国人民的抗日战争和解放战争，新中国成立后建有革命纪念馆。

延安革命纪念馆 位于市西北王家坪革命旧址西边，是一座陈列革命文物，反映在中国共产党领导下革命斗争历史的纪念馆，陈列的内容极为丰富，是各处革命旧址内容的概括和总结。

杨家沟革命旧址 位于米脂县的杨家沟扶风寨。包括毛泽东、周恩来、任时弼、张闻天等革命先辈的旧居、十二月会议旧址、西北野战军高级干部会议及中央前委扩大会议旧址，庆祝宜川大捷大会和东渡黄河动员大会旧址等胜迹。

黄帝陵 轩辕黄帝陵园，国务院公布重点保护的第一号古墓葬，国家重点风景名胜区，国家首批5A级旅游景区。位于黄陵县城北的桥山上，山环水抱，形如八卦。陵前有汉武帝刘彻祭陵的“汉武仙台”；陵区有古柏8万余株。桥山东南麓有始建于汉代祭奠黄帝的黄帝庙（轩辕庙），内有轩辕黄帝雕像。

安塞县文物馆与洛川民俗博物馆 前者位于延安西北安塞县，馆内收藏民间剪纸作品12 000余幅、民间绘画作品1500余幅、刺绣300余件、泥塑1300余件。后者位于延安南面的洛川县，展览馆有黄土高原风情展、古代社会生活展、珍贵石刻造像展三个陈列室，是一幅完整的延安古风情画卷。

（3）榆林市。又称驼城，也叫榆阳镇，国家级历史文化名城。位于毛乌素沙地南缘，著名的沙漠古城、军事重镇，也是历史上蒙汉人民贸易交流的重要场所。城中的明清一条街历为商业中心，沿街许多店面还保留着明清建筑风格；城北有古长城、镇北台等古迹，民间音乐“榆林小曲”脍炙人口。

红石峡风景区 地处市北郊，由红石峡、镇北台、沙漠草滩等景区组成。红石峡长约350m，东北悬崖峭壁对峙，中间榆林河水流湍急，碧水丹山，为典型的“丹霞地貌”景观，著名的“榆林石窟”就位于这里。镇北台处红山之顶，是明代古长城的一个烽火台，控制南北咽喉。

3. 陕南亚热带山盆风光与古汉文化旅游区

本区是指位于关中盆地以南，包括汉中、安康、商洛三市在内的陕西南部地区。旅游资源以亚热带山地风光、盆地田园景色和三国遗址等为特色。

(1) 汉中市。国家级历史文化名城，中国优秀旅游城市，位于陕南汉中盆地。境内田畴相错，河渠纵横，素有“小江南”誉称。战国时置汉中郡，有刘邦的汉台、饮马池、拜将台，以及魏延墓、武侯墓和武侯祠、张骞墓、张良墓、净明寺塔、褒斜道石门及摩崖石刻等文物古迹。

褒斜道石门及其摩崖石刻 位于汉中市城北17km的褒河水库旁，原为一条长250m的峡谷，是古代纵穿秦岭的孔道之一，因地处褒城镇境内，故称褒斜道；靠近褒谷口一端的峡谷隧道就是石门。石门东西两壁、褒河两岸悬崖上，“石门颂”等摩崖石刻众多。

洋县朱鹮自然保护区 地处秦岭南坡洋县境内，1981年5月在这里重新发现了濒于绝迹的朱鹮7只，引起了国家及国际社会的高度关注。通过不懈努力，总数已增加到1700多只，使这一被称为“东方宝石”的濒危鸟类种群逐渐得到恢复，可称生态建设的奇迹。

(2) 安康市。位于陕南的东部、汉水南岸。翠峰环抱，河川纵横，为典型的亚热带风光。这里自古就是秦岭以南的一方重镇，名胜古迹以香溪洞最胜。

香溪洞 位于安康西南约5km的丛山密林间，为道教石窟。相传明代学者吕岩于此读书，梦见老子，从而凿窟修庙，素有“香溪八洞”之称。香溪洞建筑宏伟，工奇手巧，风雅别致。

实践演练

一、思考与练习

1. 草绘以天津为中心的环渤海旅游协作区主要旅游城市和旅游景区分布图。

2. 查阅并概括国家主席习近平关于建设国际新丝绸之路经济带的构想。

3. 查阅天津“东疆港”及中国第一艘国产邮轮“海娜号”的基本情况，并设计一条从青岛到高雄的便捷邮轮旅游线路。

二、学习与理解：环渤海旅游区

国家新的旅游发展规划提出，要秉着整体规划，优势互补，信息互通，资源互享，市场共有，效益共赢的原则，在资源、资金、信息、交通、人才、产品和市场等生产要素上展开区域旅游合作，寻找最优组合，达到“共赢”目的。重点打造环渤海、长三角、泛珠三角、丝绸之路、青藏铁路沿线、东北老工业基地、京杭大运河沿线、武陵山区等无障碍区域合作示范区。其中环渤海旅游区，必须依托环渤海旅游区旅游产业发展基础，形成城市风光旅游区、历史遗迹与古文化遗址旅游资源区、山海一色与海岛自然风光旅游资源区、民族风情旅游资源区、民俗与传统文化旅游资源区。大力开展观光旅游产品、滨海度假旅游产品、温泉度假旅游产品、民族民俗文化旅游产品、历史文化遗迹旅游产品等旅游产品体系（摘自《中国旅游业“十二五”发展规划纲要》第十二章，并稍加整理）。

三、探研与体验

1. 北京四合院与胡同游。

北京四合院如图 8.3 所示，天下闻名。在北京的胡同里行走，可以看到路两边紧闭的大门。过去，四合院的老住户关起门来过日子，这样不招惹是非。这种宁静的气氛与感觉，就是典型的京味儿。很多专家指出，四合院是北京旅游资源开发的一个重要资源，但搞了 20 年也没有利用起来，只是建了四合院餐馆，大家都不知道四合院怎么利用。摄影家徐勇专门拍北京的胡同，如图 8.4 所示，出版了几本以此为题材的影集，在社会上引起了一定反响，他就动了一个脑筋，组织了一个北京胡同游文化旅游公司，买了 100 辆三轮车，请了 200 个民工，搞起了胡同游，如图 8.5 所示。现在，胡同游已成了北京的名牌产品，2001 年仅外国旅游者就接待了 10 万人，许多外国人到了北京之后点名要参加这个活动（摘自魏小安的《旅游目的地发展实证研究》）。

图 8.3　北京四合院

图 8.4　北京胡同

图 8.5　北京胡同游

• 探研：①试评价北京胡同游的创意特色；②了解上海“石库门”，试设计一个“上海石库门游”。

2. 中国人的传统颜色观。

旅行游览在外，所见大自然五颜六色，城市光怪陆离，但人们对颜色各有所爱。古人言“红配绿，看不足”、“红花须得绿叶扶”，表明古人对红与绿这个大自然基本色调已有共识。其传统观念，红色一般认为能唤起火焰、热情的联想，并以红色最为吉利，暗示愉快、温暖和力量；绿色有抚育、生机、活力、和平、安定、环保之意；黄色被看做稳定、庄严的象征，还表示长寿，又谓黄色为“土德”，居四方之中，有“天地玄黄”之说（图 8.6）；蓝色，是年轻的象征，包含“希望”之意；紫色代表高贵、雍容；白色表示纯洁、清白、明白，也表示好和正派；黑色一般表示不吉利、罪恶、死亡和不安（摘自孙景浩的《中国民居》）。

图 8.6　皇帝龙袍（以黄色为主色调）

• 探研：①试析“霜叶红于二月花”、“紫气东来”、“黄袍加身”等的含意；②试举例说明色彩在旅游设施建设中的妙用；③按照传统的观念认为黑色不好，为什么当代医学界倡导食用黑色食品，如黑木耳、黑芝麻等。

第九章　华东吴越淮河文化山水园林都市旅游区

学习提示

本区包括上海、江苏、浙江、安徽三省一市，东濒黄海和东海，长江东流，运河南北纵贯。旅游资源以神秀为特色，旅游城市、旅游景区多沿河、沿湖、沿海岸线分布，如图 9.1 所示。旅游产品以都市风光、古镇古村、名山秀水、特色山乡水乡、古老园林、现代工业农业，以及湖滨、海滨、环城休闲度假等最为著名。

图 9.1　华东吴越淮河文化山水园林都市旅游区示意图

第一节　旅游资源与旅游环境特征

一、河海相交的地理位置和发达的立体交通网络

本区东与广阔的太平洋相连，并有淮河、长江、钱塘江等大河滚滚东流入海，大运河纵贯南北，形成了这里特有的水运优势和沿河、沿海的城市景观。本区还有京沪、沪昆、陇海、京九等铁路纵横，并有京沪、沪宁等高速铁路的兴起；还有四通八达的高速公路，发达的现代航空运输，共同构成了以上海为中心，向内外各地辐射的高效率立体交通网络，为本区现代旅游产业的发展提供了得天独厚的交通区位条件。

二、以神秀为主要特色的自然景观

本区地形以平原、丘陵为主，在亚热带季风气候环境下，使其无山不神，无水不秀。黄山、九华山、齐云山、天柱山、普陀山、雁荡山以及天目山、莫干山、云台山、四明山、东西洞庭山、琅琊山等，都是名扬古今的风景名山；杭州西湖、千岛湖、扬州瘦西湖、无锡太湖、安徽太平湖、楠溪江以及壮美的长江、繁忙的黄浦江、钱塘涌潮、东海碧波等，都是景色宜人的水域风光。且往往山水融合，相得益彰，令游人流连忘返。

三、源远流长的吴越淮河文化

吴越淮河在中国文化区划上分属于吴越文化区和淮河文化区。自唐“安史之乱”之后，中国经济重心南移江南，杭州和南京先后成了南宋和明王朝初期的政治中心，也形成了江浙人文渊薮时代。这里文化繁荣，学风最盛，名人荟萃。当时的书院文化、宗教文化，以及史学、经学、文学、医学、艺术、建筑、园林等都在中国独树一帜。淮河文化则一直是我国南北文化的重要分野，但更偏重于北雄特色，尤以古战场遍布。

四、富饶而美丽的东部海洋

东海为中国三大边缘海之一。它北起中国长江口北岸到韩国济州岛一线与黄海相接；东临太平洋，以琉球群岛为界；南以广东南澳岛到台湾岛南端一线同南海为界，总面积 77 万 km^2，有我国的台湾岛、舟山群岛、澎湖列岛、钓鱼岛等中国 60%的海岛分布。注入东海的河流有长江、钱塘江、闽江等 40 多条。盛产大黄鱼、小黄鱼、带鱼、墨鱼等 600 多种海洋渔业资源；海底蕴藏有各种矿藏，尤以石油最为丰富。沿海港湾和滨海城市众多，与之相映的是绿色海岛、海滨。东海，富饶而美丽。

第二节　旅游省（市）概述

上　海　市

一、旅游资源与环境概貌

上海市，简称沪，别称申，中国优秀旅游城市，国家级历史文化名城，位于长江三角洲的东端。19 世纪 40 年代一跃成为东方最大城市，现已发展成为世界著名大都市、国际航运中心、国际金融中心、国际贸易中心、国际信息中心和创新型城市。外联已形成海陆空大立体交通网络；市内交通构成“三纵三横”、“空中地下”加“内环外围”的立体交通网络。旅

游资源以名胜古迹、江海胜景、都市风光为特色，为 2010 年世界博览会的举办城市。今日上海不仅已成为重要国际旅游中转站，而且成为了世界著名旅游目的地。上海人具有追求时尚、喜欢新奇、善于吸纳内外来文化的海派风习。例如，传统的女式短长裤、小西装领的男式上海衫、当代新式旗袍等都是中西合璧的产物；饮食追求原汁原味、咸淡适宜，但喜甜食。糖醋排骨、白斩鸡、南翔小笼包、上海汤团等为其风味美食，浦东鸡、崇明蟹、松江鲈鱼及城隍庙的“五香豆”等风味特产誉满中华。

二、旅游开发与规划概要

经多年优化整合，上海已树立了都市旅游的形象，并已形成了一批都市特色旅游产品。例如，都市风光游、会展商务游、文化博览游、美食购物游、体育娱乐游、文化休闲游、现代工业游、生态农业游、国际博览会展遗址游、浦江水上游、都市节庆游等。根据 21 世纪社会经济发展的战略要求，要把上海建设成世界著名的旅游城市，要提升旅游自主创新能力和增强国际竞争力，构建都市旅游产品体系，培育世界级旅游品牌。还要加强与周边地区的联系，推出以上海为辐射中心的跨省、市旅游线路，积极推动长三角地区一体化发展的国家战略。

三、主要旅游区建设

1. 市中心都市风貌旅游区

本区主要指黄浦江外滩两岸及内环线以内的地区，集中体现了上海的都市风貌、都市商贸、都市文化，是上海最繁华和充满诱惑力的地区。本区的标志性建筑以金茂大厦、东方明珠电视塔为代表；传统景区景点以黄浦江与外滩、南京东路步行街、人民广场和世博会园区为代表；基础设施建设以地铁、过江大桥和过江观光隧道、电气轻轨为代表，它们集中体现了上海人走向世界、全心营造人间天堂、欢迎世界各国旅游者的新追求。

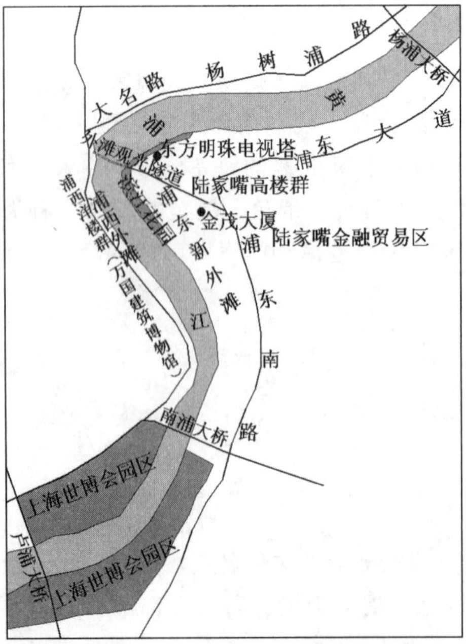

图 9.2　黄浦江风光带旅游图

（1）黄浦江与外滩风光带。黄浦江源出于淀山湖，至吴淞口，全长 114km。下游江阔水深，码头岸线 28.1km，为世界十大港口之一。杨浦、卢浦两桥之间的地段景点高度集中，如图 9.2 所示。江中巨轮、江轮来往如梭；江底有过江隧道穿越；江面上有杨浦、南浦、卢浦等大桥横跨。繁华的黄浦江与高楼林立，浦西外滩集中了罗马、希腊、西班牙等各式洋楼，堪称“万国建筑博物馆”；浦东陆家嘴一带新楼林立而成为浦东新外滩。乘游艇兴游黄浦江，可饱览港口及其两岸迷人景色。

杨浦大桥、南浦大桥和卢浦大桥　都是跨越黄浦江的新型大桥。杨浦大桥跨架于浦东新区歇浦路与浦西杨浦区宁国南路之间，全长 7658m，中孔跨度 602m，大桥主塔高 208m，是目前世界跨度最大的斜拉桥；南浦大桥架于浦东新区南码头与浦西陆家浜路之间，全长 8346m，两端桥塔高154m，是一座双塔双索面叠合梁斜拉桥，宏伟壮观。卢浦大桥为“世界第一钢结构大桥”，主桥长750m，桥下可通过7万t级的轮船，同时是世界上跨度最大的拱形桥，在巨弓般的拱肋顶端建造了篮球场大小的观光平台，游客沿拱肋的“斜坡”步行300多级台阶到达观景台观光，浦江美景尽收眼底。

外滩观光隧道　是位于南京东路外滩与陆家嘴东方明珠之间的越江观光隧道，全长646.70m。两岸出入口由自动扶梯输送旅客；隧道内采用现代国际先进的全自动、牵引式封闭车厢输送旅客，过江时间只需2.5～5分钟。运用现代高科技手段，在隧道内演示各种图案及背景音乐，使过江过程带有极强的趣味性、娱乐性和刺激性。

滨江花园　北起泰同栈码头，南至东昌路码头，全长2.5km，是集观光、绿化、交通及服务设施于一体，着眼于城市生态环境和功能的沿江景观工程。由亲水台、坡地绿化、景观道路及原浦东公园等组成。园内的湖泊、水榭亭、六角亭、小桥、假山、花廊、小径等在高大的乔木和茂密的花灌木融合下具有古典园林特色，创造了一种远离大都市的安逸、憩静的环境。

上海世博会园区　坐落于南浦、卢浦大桥之间黄浦江两岸。其永久性建筑为“一轴四馆”，即世博轴、世博中心、主题馆、中国馆和演艺中心，它们承担了2010年世博会展期内的重要会议、演出、主题中心、新闻中心、主题演绎等载体功能；会后又已成为上海的会展、休闲、文化娱乐等的新地标。

世博演艺中心　是一座具有世界水准的集综合演艺、艺术展示、时尚娱乐于一体的文化演艺馆。世博会期间承担综合表演、庆典集会、艺术交流、休闲娱乐、旅游观光等多种功能。其主体场馆中央舞台为360°大型活动场馆，有1800个观众坐席。飞碟状的建筑外形，犹如黄浦江上的一只贝壳。它与雄伟壮观的卢浦大桥组合，有如同澳大利亚悉尼海湾大桥与悉尼歌剧院构景的异曲同工之妙。

（2）浦西老城区都市区。上海文明的发祥地，近代中国的“十里洋场”，也是国家级历史文化名城的主体。包括黄浦、徐汇、静安、长宁、闸北、普陀、杨浦、虹口等区。苏州河横贯，南京路、淮海路、四川路、杨树浦路、徐家汇路等名街纵横，市场繁荣，名胜古迹密集。

豫园与城隍庙　位于上海旧城区东北，是一处兼有明清两代南方园林风格的古典园林。占地近5hm^2，园内由五条龙墙将30余处亭台楼阁分割成各具特色的7个景区。每座亭台楼阁的大小、高低、造型、陈设、景窗、景门等自成一格。园内还有湖心亭、荷花池、九曲桥等胜景；园西侧为繁华、热闹的豫园商场。老城隍庙紧靠豫园，相传原为三国时吴主孙皓所建的金山庙，明永乐初改建为老城隍庙。内有亭台楼阁，布局精巧，香火很旺。

南京路与人民公园　南京路东接外滩，西过静安寺，与延安路相接，十里长街商店鳞次栉比，经营商品琳琅满目，已成为上海大都会和全国最大商业中心的象征。位于南京西路东边的人民公园，原为旧上海的跑马赌场，建国后改建为公园和广场。人民公园占地12hm^2，园内绿树成荫、小桥流水，是繁华市中心闹中取静的一处休憩游览场所。

自然博物馆　位于市中心，下设动物、植物、天文、人类、古生物等六个分馆，有各类标本20余万件。展品中以合川马门溪龙骨架和黄河古象骨架最引人入胜。前者连颈高10m，体长22m，体重数十吨，为中国目前发现的最大恐龙化石；后者体长8m，身高4m，一对门牙长3m，实为稀世之宝。

中共“一大”会址　在上海兴业路76号（原望志路16号），为一幢一上一下的石库门房屋。1921 年 7 月 23 日，中国共产党第一次全国人民代表大会在此召开，宣告中国共产党的诞生。毛泽东同志出席了会议。经修缮对会场进行复原布置，今已成为爱国主义教育基地。

大世界游乐中心　位于市中心人民广场东南侧，由游乐世界、竞技世界、博览世界和美食世界四部分组成。主楼 4 层，共有 6 个演出场地和 4 个游艺场及其他厅室，可容纳 2 万人，游乐内容丰富多彩，且消费相对低廉。

上海动物园　由西郊公园扩建而成，为大型综合性动物园，占地 $70hm^2$，有动物展览 600 多种、6000 多只。其中的华南虎、野叶猴、东方白鹳及长颈鹿、斑马等数十种，均为珍稀物种。其园林绿地别具一格，整体上保持着文化休闲公园的氛围。

上海体育场　位于上海市西南，其规模和设施是目前国内仅次于北京国家体育场的高标准现代化综合体育场。场内设有符合国际标准的四季常绿足球场和塑胶田径比赛场地。曾是第八届全国运动会的主场地，又是 2008 北京奥运会足球预赛分赛场之一，现又是集体育比赛、旅游观光、文体表演、健身娱乐和购物、展览为一体的超大型综合场所。

宝钢　中国现代化程度最高、规模最大、经济效益最好的大型联合钢铁企业。目前已开发出包括展示厅、观光厅、群牛雕塑、金手指、生态园、原料码头、热轧、冷轧、高炉 9 处参观点和科普、生态、工艺三条旅游线路，为全国工业旅游示范点。

（3）浦东新都市区。是指位于黄浦江以东、长江口以西的三角地形区，面积 $1210km^2$。根据 1990 年中共中央和国务院的战略决策，把开发上海浦东作为中国 20 世纪 90 年代改革开放的重点，使上海尽快发展成为一个国际金融和贸易中心，进而带动整个长江流域乃至全国经济的发展。如今这里已建成陆家嘴金融贸易区、金桥出口加工区、外高桥保税区、六里现代生活区。同时，已建成了一批重要旅游景区景点，成了上海市新兴的都市旅游胜地。

东方明珠广播电视塔与金茂大厦　国家首批 5A 级旅游景区。东方明珠塔高 468m，为亚洲第一、世界第三，矗立于浦东黄浦江边，白天在阳关照射下，闪烁着耀人的光芒；入夜，巨大的球体，光彩夺目。尤其是在 86m 高的球体内还安装了充满刺激的过山车。420m 高的金茂大厦是世界第五摩天大楼，高 340m 的第 88 层观光厅高速电梯仅需 45 秒钟。

上海浦东国际机场　位于浦东长江入海口南岸的滨海地带，与北京首都国际机场、香港国际机场并称中国三大国际航空港。具备年飞机起降 30 万架次、年旅客吞吐量 3650 万人次的保障能力。目前通航浦东机场的中外航空公司有 60 多家，航线覆盖 90 多个国际（地区）城市、60 多个国内城市。

孙桥现代农业开发区　全国第一个现代农业开发区、全国农业旅游示范点。是以现代科技武装的工厂化、设施化农业为基础，以高科技生物工程与设施农业相关的加工工业和农产品加工业为主导，以内外贸易为纽带，走产加销一体、农科游结合的农业产业化道路，发挥生产示范、推广辐射、旅游观光、科普教育和出口创汇五大功能，实现社会、生态、经济效益三统一的综合性农业园区。

2. 环城市观光休闲度假旅游带

为满足城市居民周末度假和短期旅游的需要，在环城地带开发建设了一批风景游览区和能适应国际、国内两个市场的度假区，推进了乡村旅游资源开发，促进了乡村旅游发展，是上海“十二五”旅游规划提出的新要求。

（1）以青浦、松江为主体的西部片。位于吴淞江与黄浦江的中上游地区，地势低平，河湖密布，为典型的江南水乡。尤以青浦的朱家角古镇、淀山湖、佘山等旅游风景区最具神韵。

朱家角　地处青浦区淀山湖畔，素以“水”和“古”闻名于世。镇内九条长街沿河而伸，千栋明清建筑依水而立。古镇、古巷、古建筑、古桥、古寺、古观、古树，古风习习。尤其是36座石桥形成了小桥流水人家的江南古韵。朱家角早在宋元间即形成集市，曾以布业著称江南，号称衣被天下。

淀山湖　位于青浦区与江苏昆山市交界处，面积约为110km²，因原湖中有淀山而得名。湖光碧澄如镜，沿岸烟雾迷茫，富有江南水乡风光特色。淀山原有十景，现代又有了野营基地、水上运动场、国际高尔夫球场、乡村俱乐部等旅游设施。按《红楼梦》意境构筑的仿古建筑群“大观园”最具特色。

佘山国家级旅游度假区　位于松江区，由12座山峰组成，古人称九峰，并有“松群九峰”之称，现为国家森林公园。这是一个利用400hm²山地的竹海林涛，以回归自然、亲和自然的开发方式为手段，营造出以山见长、以水为辅、中西合璧、古今交融的自然人文度假游览区。度假区已建成高尔夫球场、棒球场、网球场、射击场、斗牛场、室内竞技场等综合性设施。

（2）以长江口为中心的北部片。以位于长江口的崇明、长兴、横沙三岛为中心，南及宝山区、嘉定区和浦东新区的长江口沿岸一带，河海相交，滩涂资源得天独厚，是发展生态休闲度假的理想之地。有横沙岛国家级旅游度假区、崇明东平国家森林公园等风景名胜。

横沙岛　具有国家级水准的旅游度假区。位于长江口，自然环境优美、纯净，为国际高级会议度假和娱乐中心及生态森林岛。现已建成海滨公园，国际花卉中心；海上射击区，高尔夫乡村俱乐部，棒球场，网球场，跳伞等综合性体育中心；度假疗养区，国际会议中心，水上竞技场等。

长江口中华鲟湿地自然保护区　地处长江口入海口，总面积4.6万hm²。多为5m以内水深的咸淡水交汇水域，存有众多沙质暗滩，为世界上最大的河口湿地之一。是中华鲟生命周期中数量最集中、栖息时间最长、顺利完成各项生理调整的天然场所，已列入《国际重要湿地名录》。

崇明县　首批全国休闲农业与乡村旅游示范县，位于长江口，素有“长江门户”、“东海瀛洲”美誉。自21世纪以来，崇明全面开展高效生态农业建设，形成了成批上规模的绿色产品基地；构建了中部森林公园地区、西部明珠湖地区、东部陈家镇地区三大集聚地；形成了东平森林公园、明珠湖、西沙湿地、东滩湿地、前卫村农家乐、瀛东村渔家乐、西来农庄、上海天使海滩度假村等品牌休闲农业与乡村旅游点。

宝山区罗店镇　首批全国休闲农业与乡村旅游示范点，位于上海市宝山区西境，为一已有700多年历史的古镇，军事地位重要。抗日战争时期，中日两军在这里发生过最为惨烈的争夺战。为使历史文化遗产与现代农业文明相结合，创建了农业观光与文化旅游融合的东方假日田园，为家庭度假提供了惬意的旅游胜地，还可进行爱国主义教育。

嘉定马陆葡萄艺术村　首批全国休闲农业与乡村旅游示范点，位于嘉定区马陆镇大冶路29号。艺术村以500亩设施葡萄为依托，采用现代农业设施栽培技术，集葡萄科研、示范、培训、休闲为一体，着力向游客展示葡萄迎宾、情侣葡萄园、葡萄科普馆、葡萄科普园、葡萄盆景园、葡萄采摘园等十大都市农业景观，为上海市民打造了一个生活型与生态型相结合的高品位农业休闲场所。

江　苏　省

一、旅游资源与环境概貌

江苏，简称苏，东濒大海，跨黄淮海平原和长江下游平原。面积10.26万km^2，人口约7866万（2010年）。气候温和湿润，湖泊众多，河网密布，农业开发历史悠久，商业自古繁荣，城镇密集，是中国七个重点旅游省之一。有5个国家重点风景名胜区、14个国家5A级旅游景区、11个国家级历史文化名城、28个优秀旅游城市、2处世界遗产名录地、2处国际重要湿地名录地。自然风光以“山水组合、以水见胜”为特色；吴文化、越文化、汉文化、六朝文化、明清文化、太平天国文化、民国文化等璀璨夺目。江苏风习有苏南、苏北之分，苏北地区以淮扬菜称胜，扬州酱菜、沛县狗肉，以及洋河大曲、双沟大曲等特产很有名；苏南地区为著名的鱼米之乡，食材丰富，苏州菜以精美著称。镇江香醋、南京板鸭、无锡肉骨头、苏州卤干、太湖银鱼、阳澄湖大闸蟹、太湖名茶碧螺春等，全国知名；苏州苏绣、扬州剪纸、南京云锦、无锡宜兴紫砂陶更是中国工艺美术中的“四绝”。

二、旅游开发与规划概要

新的旅游发展规划提出，江苏在全国率先建成了旅游强省和世界知名旅游目的地，率先成为了万亿级旅游产业。在旅游空间布局上，根据规划将打造“三圈三带三轴”的旅游空间布局。“三圈”，即苏锡常旅游圈、宁镇扬旅游圈和徐宿淮旅游圈。“三轴”，则是宁沪城市复合旅游轴，宁杭山水田园旅游轴、东陇海山海古韵旅游轴。“三带”，即沿海海韵旅游带，以海串联连云港、盐城、南通三市；古运河风情文化旅游带，串联起徐州、宿迁、淮安、扬州、镇江、常州、无锡、苏州八市，立足水城、水乡、水弄堂、水城门、枕河人家、码头古渡等；长江风光旅游带，则串联起了南京、镇江、扬州、泰州、常州、无锡、苏州、南通八市，重点是发展滨水休闲和乡村度假。并要重点建设旅游度假区、主题文化街区、城市滨水空间、水乡古镇、创意体验基地、旅游综合体和特色旅游示范区七大类旅游集聚区。

三、主要旅游区建设

1. 以太湖为中心的苏南旅游区

本区包括苏州、无锡、常州三市。古典园林、古镇、古城、吴文化与现代旅游景观相融，观光旅游、度假休闲旅游并重的高品位大型综合性旅游区。

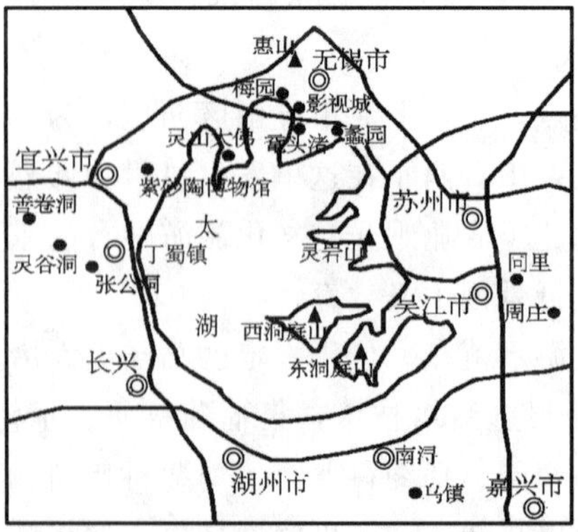

图9.3　太湖地区旅游简图

（1）太湖。国家重点风景名胜区，实为地跨苏浙两省的复合性旅游景区，自然景观以“平山远水”为特色，号称有48岛72峰，构成一幅湖中有湖、山外有山的壮阔山水景色。其东、北、西沿岸和湖中诸岛为吴越文化发源地，遗存有大批文物古迹、历史人物传说和遗迹，湖区旅游城镇和旅游景区密集，如图9.3所示。明代旅行家徐霞客多次出游太湖。

（2）无锡。著名湖滨城市。中国优秀旅游城市。

旅游资源以太湖风景精华和近代园林为主，以山水风景和历史文物为特色。所辖江阴市为古代著名旅行家徐霞客故里。

鼋头渚　国家5A级旅游景区。位于市西南太湖之滨、充山半岛西端，三面环水，因形如突入湖中的鼋头而得名。以天然水风景为主，整个园林布局依山傍水，别具一格。山上有广福寺、澄澜堂、飞云阁等。湖中有三山公园。三山以孤见奇，以小取胜，置身岛上，似有飘摇海上之感。

蠡园　位于市西南五里湖畔，相传春秋时越国大夫范蠡携西施泛舟于此而得名。三面临湖，以水饰景，亭、廊、堤均傍水而筑，精致纤巧。园中以太湖石堆垒的假山著称，还有千步长廊、四季亭等名胜。将人工修饰与自然天成结合、北方园林的宏伟与南方园林的秀美融为一体，独具一格。

锡惠公园　位于市南，由惠山和锡山组成。惠山山上有惠山寺、香花桥、大同殿等古迹。东麓有明代所建的寄畅园，并有“天下第二泉”惠泉，瞎子阿炳的“二泉映月”为惠山增色。锡山是惠山东峰脉断处突起的小山峰，相传周秦时这里产锡，故名。山顶有龙光塔和龙光寺，山麓有龙光洞等名胜。

太湖影视城　国家首批5A级旅游景区。建于无锡太湖之滨，包括唐城、三国城、水浒城及欧洲城、亚洲城、美洲城、非洲城、澳洲城等缩微主题公园，尤以唐城和欧洲城最具特色。唐城城内有长110m、宽34m的“唐街”，街上茶馆、酒楼、钱庄、布号、道观等唐代风物俱全；欧洲城内有英格兰巨人文化遗迹、别具一格的圣瓦西里大教堂、世界第一大奇观法国“凯旋门”等欧洲名胜。

灵山大佛　国家5A级旅游景区。位于无锡太湖国家旅游度假区附近的马山，拥有大佛、千年古刹祥符禅寺、华夏第一壁——灵山大照壁、江南第一钟——祥符禅钟、神州第一鼎——万年宝鼎等名胜。大佛通高88m，全部采用青铜材料铸造，是目前国内最大的露天青铜佛像。

（3）苏州。国家级历史文化名城，中国优秀旅游城市。城内水巷纵横，石桥众多，素有“东方威尼斯”之称。苏州为我国古典园林的荟萃之地，有“江南园林甲天下，苏州园林甲江南”之说。现代苏州又建设不少新兴主题公园。

拙政园　苏州园林的代表作，国家首批5A级旅游景区。位于市区娄门东北街，与北京颐和园、承德避暑山庄和苏州留园合称中国四大名园。全园以荷花池为中心，楼亭台榭临池而建，具有江湖山林的风貌。

留园　国家5A级旅游景区。位于西郊阊门外，具有清代园林建筑风格。共分四个景区，中部园景以山水为主，峰峦回旋；东部以庭院建筑为主，高大豪华；西部是自然山林；北部为田园风光。各景区以曲廊相贯通，700m长的曲廊壁上镶嵌有历代名家书法石刻300多方，为著名的“留园法贴”。

虎丘　国家5A级旅游景区。位于苏州市阊门外山塘街，山上的虎丘塔成为苏州的象征。虎丘山虽不高，但气势雄奇，古迹石刻众多，有“吴中第一名胜”的美称。沿山而上，有千人石、剑池、断梁殿、憨憨泉、试剑石等虎丘十八景。

同里与周庄　国家首批5A级旅游景区。苏南著名水乡古镇。同里镇位于吴江东北部，镇周有五湖环绕，镇内河道纵横，民居沿河而建，互通舟楫。镇中的“三堂两桥”是典型江南水乡建筑群，著名的古园林退思园已纳入世界遗产苏州古典园林之列。位于昆山市西南的周庄，更具江南水乡建筑特征。由于它“镇为泽国、四面环水，咫尺往来，皆需舟楫”的特殊自然环境，构成了“小桥、流水、人家”的江南古镇典型画卷。

常熟 国家级历史文化名城，中国优秀旅游城市，地处长江三角洲沿江开发带，长江苏通大桥使它与南通市连为一体。古城内名胜古迹遍布。地处郊区的虞山国家森林公园与城区相连，东有昆承湖，西有尚湖，形成山水城湖相辉映的天然美景。

(4) 常州市。中国优秀旅游城市。位处长江沿江平原和太湖水网平原与低山丘陵的过渡带，自然景观层次丰富，山水秀丽，同时也是物产丰富的鱼米之乡。

恐龙城旅游休闲区 国家5A级旅游景区，坐落于市新北区现代休闲旅游区。占地$40hm^2$，是一座融科技、博物、游乐、休闲、环保于一体的以恐龙为主题的综合性公园。其主题建筑中华恐龙馆是收藏展示中国系列恐龙化石最为集中的专题博物馆。

天宁寺 建于唐代，主体建筑天王殿，大雄宝殿、斋堂、法云堂等位于中轴线上，文殊、普贤、观音、地藏四殿及东西罗汉堂分列两侧，中间为一大广场，气势宏伟，有“东南第一丛林”、“梵刹之冠”之誉。

(5) 宜兴市。中国优秀旅游城市、国家级历史文化名城。地处太湖流域，素以陶瓷工艺著称，号称“陶都”；为江南著名的茶叶、毛竹生产基地，阳羡紫笋茶历来与杭州龙井、苏州碧螺春齐名；全市有千姿百态的石灰岩溶洞80多个。徐霞客对其陶、茶、洞进行过赞美。

紫砂陶器 以丁蜀镇为中心的陶瓷工业基地，其紫砂陶器生产始于宋代，盛于明清。有茶壶、茶杯、花瓶、花盆、砂锅、人物雕等上千个品种。尤以紫砂陶壶泡茶不变味、储茶不变色、盛暑不易馊，造型大方、色泽古雅而名扬古今。

宜兴三洞 即灵谷洞、善卷洞和张公洞，都是石灰岩溶洞。灵谷洞以“洞中有山，绚丽多姿”见长；善卷洞有上、中、下三层，层层相连，宛如一座地下宫殿；张公洞以道教圣地闻名，洞内有富丽堂皇的海王厅。

2. 以长江为中轴的苏中旅游区

本区跨长江两岸，风景秀丽，人文历史古老。南京、镇江、扬州三市均为国家级历史文化名城，明孝陵已列入世界文化遗产名录。

(1) 南京市。简称宁，古名金陵，我国七大古都之一，国家级历史文化名城，中国优秀旅游城市。北临长江，东有钟山，南有秦淮河，周围还有雨花台、玄武湖、莫愁湖等名胜。曾有10个朝代在此建都，有“江南佳丽地，金陵帝王州”之称。古有“金陵四十八景”，至今留有石头城、明孝陵、明故宫遗址、太平天国天王府、孙中山临时大总统办公室、中山陵等胜迹。旅行家徐霞客曾游金陵，并评价其为“六朝佳丽地”。

侵华日军南京大屠杀遇难同胞纪念馆 坐落在南京江东门，是1937年12月13日侵华日军占领南京后血腥屠杀30万中国同胞的遗址和葬地。南京人民于1985年修建了纪念馆，经扩建已成为一处以史料、文物、建筑、雕塑、影视等综合手法，全面展示南京大屠杀特大惨案的专史陈列馆。外形为棺椁状的遗骨陈列室内陈列着建馆时从“万人坑”中挖掘出的部分遇难者遗骨；呈墓穴形状且半地下的史料陈列大厅内陈列着1000余件珍贵的历史照片、文物、图表和见证资料，再现了南京大屠杀的悲惨历史，揭露了日本军国主义者的血腥暴行。每年的12月13日，为南京大屠杀死难者国家公祭日。

钟山—中山陵景区 国家重点风景名胜区，国家首批5A级旅游景区。其中，钟山位于南京东郊，因山上出露紫色砂页岩，故又称紫金山。钟山三峰相连形如巨龙，气势磅礴，古有“钟山龙蟠，石城虎踞”之称。中山陵为孙中山先生的陵墓，位于钟山第二峰茅山山麓。陵墓傍山而筑，由南往北逐级升高，从牌坊到墓室平面距离700m，共有花岗岩石阶392级，上下高差 73.3m，气势极为雄伟壮观。

明孝陵　为明太祖朱元璋的陵寝，其时动用 10 万军民，历时 25 年建成。现存遗迹有神道、陵园、地宫三部分，是我国现存最大的帝王陵墓之一，已列入《世界文化遗产名录》。

秦淮河　自古为繁华之地。其北岸的大功坊、三山街，是六朝和南唐时的御街；南岸的乌衣巷是东晋王导、谢安两大家族居住过的地方，东晋书法家王献之也在此居住过。李白、孔尚任、吴敬梓等名人曾到此游历。现代秦淮河风光以灯船称胜。

(2) 镇江市。古称京口，国家级历史文化名城，中国优秀旅游城市。地处长江与大运河交汇处，三面环山，一面临江，素有“真山真水，雄秀绮丽”、“天下第一江山”之称。市内名胜古迹众多，尤以三山最胜。

三山风景名胜区　国家重点风景名胜区，国家 5A 级旅游景区。位于市北长江南岸，主体由金山、焦山、北固山三个独立景域构成，并含云台山、古城公园、象山及北湖等过渡景域。金山以神话、传说和历史故事称奇，如水漫金山、梁红玉击鼓抗金等都发生在这里；焦山屹立于长江江心，峭壁嵯峨，寺庙庵院遍布，形成独特的“焦山山裹寺”的园林景观特色；北固山山势险固，留有梁武帝的“天下第一江山”石刻，并有辛弃疾“何处望神州，满眼风光北固楼”名句。

句容　首批全国休闲农业与乡村旅游示范县（市），地处南京的东南。市境北有宁镇山脉，南有茅山绵延，自然生态环境优越，自古农业发达。21 世纪以来，农旅结合，培育了 100 多家休闲农业与乡村旅游区（点）。“最美乡村、福地句容”已成为知名休闲旅游品牌。

(3) 扬州。国家级历史文化名城，中国优秀旅游城市。位于长江北岸与大运河交汇处。自古工商业发达，是历史上闻名的商业城市和中外友好往来的港口，有“淮南楚三雄，淮扬冠九州”之说。李白、白居易、刘禹锡、杜牧、欧阳修、王安石、苏轼等唐宋名家在此留下了名篇，名胜古迹众多。

蜀岗瘦西湖　国家重点风景名胜区，国家 5A 级旅游景区，由瘦西湖和蜀岗两大景区构成。瘦西湖位于市西，湖水碧如玉带，湖岸花木扶疏，亭阁别致，呈现出“两岸花柳全依水，一路楼台直到山”的盛况，二十四桥明月令人流连忘返。蜀岗位于市区西北部，以名胜古迹称胜。春秋时吴王夫差所筑的邗城、吴王濞所筑的广陵城等其遗址至今保存完好。

扬州八怪纪念馆　位于四望亭附近，是扬州八怪作品集中介绍、展示的馆所。扬州八怪是指清代乾隆年间活跃于扬州的一批画家如金农、黄慎、汪士慎、李鱓、郑板桥、李方膺、高翔、罗聘，他们经历相近，行为独特，寄情于画，创造了个性鲜明、风格怪异的艺术，在中国画坛独树一帜。

(4) 南通市。中国优秀旅游城市，国家级历史文化名城。南临长江、东濒黄海、北依苏北平原，素有“江海门户”之称，也是全国著名的花园式城市。

濠河景区　国家 5A 级旅游景区。濠河始建于公元 958 年，为全国至今仍保存完好的环绕城市中心的古护城河。景区内有市级以上文物保护单位 30 余处，尤以清末状元、著名实业家、教育家张謇遗留的近代工商、文教、园林、建筑等系列最具代表性。

苏通大桥　为苏州（常熟）与南通之间的长江大桥，全长 32.4km，其中跨江大桥 8146m。由主跨 1088m 的双塔桥组成，主塔高 300.4m，主塔基础深 113.75m，斜拉索最长的达 577m，是创造了世界桥梁史上四个第一的全球最大斜拉桥。

(5) 泰州市。中国优秀旅游城市。位于长江下游北岸、沿海与长江“T”形产业带的结合部，并为里下河地区通江达海的门户。已有近 2000 年的建置历史，现存古遗址、古建筑、古石刻数百处，珍藏文物万余件。光孝寺、安定书院、梅兰芳博物馆、人民海军诞生地纪念馆、溱湖湿地、三元温泉等都是极为珍贵的风景名胜，溱潼会船节民俗，更是知名海内外。

溱湖旅游区 国家5A级旅游景区。位于姜堰区，溱湖国家级湿地公园内。区内湛蓝的湖泊、交织的河网、星罗棋布的洲滩岛屿，以及特有的湿地生态环境与里下河水乡民俗文化，是其独有的景观特色。尤其是每年清明一年一度的“溱潼会船节”，四乡八镇的数百船只，上万船民云集，形成“旗如海，篙如林，人如潮，千帆竞发，鼓乐震天”的壮观场景，国家旅游局将其列为中国十大民俗文化节庆之一。

3. 以苏北灌溉总渠为中轴的苏北淮河文化旅游区

本区包括连云港、徐州、淮安、宿迁、盐城诸市，位于淮河下游河道苏北灌溉总渠南北，是黄淮海平原的主体部分。历来为兵家必争之地，遗留大量文物古迹，旅游资源以两汉文化、湿地风光为特色。

（1）徐州市。中国优秀旅游城市，国家级历史文化名城，位于京沪和陇海两大铁路干线的交点，历来为我国最大的古战场。2000多年来，陈胜、吴广、项羽、刘邦、曹操等都曾转战于此；近代抗日战争的台儿庄战役和解放战争的淮海战役，也都以徐州为舞台。市境风景名胜遍布。

龟山汉墓与狮子山楚王陵 前者为西汉第六代楚王刘注的夫妻合葬墓。凿山为墓室，总面积达700m^2，几乎将整个山体掏空，工程浩大，气势雄伟，世界罕见。狮子山楚王陵是西汉早期分封在徐州的第三代楚王刘戊的陵墓，同样是凿山为葬，结构奇特，工程浩大。位于其西侧的汉兵马俑象征卫戍楚王陵的部队，形态各异的兵马俑整齐地排列在六条俑坑里，威武雄壮。

淮海战役烈士纪念塔园林 坐落于城南凤凰山麓。园内树木葱郁，四季常青。淮海战役烈士纪念塔、淮海战役纪念馆、淮海战役总前委群雕、淮海战役碑林、徐州国防园、粟裕将军骨灰撒放处等，就掩映于苍松翠柏中。

（2）连云港市。中国优秀旅游城市。滨黄海，处陇海铁路东端。港区深阔，为苏北唯一天然良港，且渔、盐业发达。主要风景名胜地有云台山、孔望山等。

云台山 国家重点风景名胜区。以海、山、岩洞等自然风景与神话、岩画、石刻等文化遗迹相融，古称为海内四大灵山之一。山上主要名胜多与《西游记》故事有关，如水帘洞、猴石、八戒石等。南侧的东磊风景区，怪石嶙峋，花木披离，为李汝珍作《镜花缘》的素材背景；山脚下有东海温泉。

（3）淮安市。位于古运河和沭新河的汇合处。历史文化古老，位于市东南的淮安为国家级历史文化名城；市西的洪泽湖有明代水下皇陵。

淮安区 秦汉设县，隋唐至清历为州、郡治。扼水陆交通要冲，自元、明以来，漕运、商业发达，为运河要邑。城池始建于晋，元、明增筑，三城联立格局至今未变，尚保留有部分城墙遗迹。有周恩来同志故居、青莲岗古文化遗址、关天培祠及墓、镇淮楼、韩侯祠、吴承恩故居、梁红玉祠等胜迹。

明皇陵 位于洪泽湖畔，是朱元璋的高祖、曾祖和祖父的陵墓，工程浩大，气势雄伟。清康熙时为淮河洪水淹没，沉沦于洪泽湖底300余年，1963年后因湖面退缩始露出水面。现经全面修复，使其重现人间。共有21对大石刻，雄踞于250m长的神道上，被誉为14世纪最精美的石刻群。

（4）盐城市。中国优秀旅游城市。位于苏北大平原东部，濒临黄海。素以产盐闻名于世。这里滩涂连绵，水草丰茂，是发展生态旅游的最佳之地。

大丰麋鹿自然保护区　世界最大的麋鹿保护区，国际重要湿地名录地。1998年保护区将8头麋鹿放归大自然进行野化放养，并获得成功，开创了长时期世界上没有野生麋鹿群的先河。区内有丹顶鹤、黑嘴鸥、天鹅、牙獐等300多种国家一、二类保护动物。

盐城自然保护区　是中国最大的海涂湿地类型的自然保护区，国际重要湿地名录地。主要保护丹顶鹤及其生存的海涂湿地生态系统。区内有丹顶鹤、白鹤、白头鹤、黑鹳等国家一级重点保护野生动物12种；尤鹤、獐等二级重点保护野生动物67种。

浙　江　省

一、旅游资源与环境概貌

浙江省位于太湖以南，东海之滨，因钱塘江旧称浙江而得名。面积10.18万km^2，人口约5443万（2010年）。地形以丘陵山地为主，海岸曲折，多岛屿和港湾。杭州湾为本省最大海湾，舟山群岛为我国重要岛屿群，钱塘江为省内最大河流。气候温和湿润，农业以茶叶和桑蚕为其大宗，舟山群岛为我国最大的天然海洋渔场。全省拥有19个国家重点风景名胜区、10处国家级5A级旅游景区、7个国家级历史文化名城、27个优秀旅游城市、1个国家级旅游度假区、2处世界遗产名录地、1处国际重要湿地名录地。是全国著名旅游强省，自古以来素以“青山绿水，丝府茶乡，书经佛国，文物之邦”而著称。当代又处于中国经济最活跃、经济总量和综合实力在全国处于领先地位。浙江人的服饰一般庄重、质朴，尤其是女装清新淡雅。浙江菜为中国八大地方菜系之一，以选料味鲜，制作精细为特色。绍兴黄酒、杭州龙井茶、金华火腿、杭州丝绸、宁波草席、东阳木雕、龙泉宝剑等知名世界。

二、旅游开发与规划概要

全省已形成了多种系列特色旅游品牌。例如，观光产品海天佛国普陀山、江南水乡绍兴、浙东名山雪窦山；度假旅游产品之江国家旅游度假区和会稽山、千岛湖等省级旅游度假区；节庆旅游产品“钱江国际观潮节”、“杭州国际茶文化节”、“普陀观音朝圣节”等。“十二五”期间将率先在全国形成旅游经济强省，并成为旅游业发展的示范省和国际化发展的先行省。在布局上，首先要建设更加发达的经济圈。例如，以杭州、绍兴、嘉兴和湖州为主体的浙北经济旅游圈；以宁波和舟山为主体的浙东经济圈；以温州和台州为主体的浙东南旅游经济圈；以金华-义乌为主体的浙中旅游经济圈；以衢州和丽水为主体的浙西南的经济旅游圈。其次要整合更加合理的旅游目的地体系。将杭州、义乌、绍兴、宁波、舟山等国际化程度较高的中心城市，推进其国际化旅游目的地建设；将以自然山水、历史古镇、生态休闲为特色，以区域中心城市为依托，加快打造一批适合不同游客层次的全国著名旅游目的地。还要选建一批以碧海金沙为特色的海洋海岛旅游目的地。

三、主要旅游区建设

1. 浙北杭嘉湖和绍兴旅游区

本区包括杭州、嘉兴、湖州、绍兴四地，山河湖海等自然景观交相辉映，古城古镇古典园林和历史古迹相得益彰。并有茶乡、酒乡、鱼米之乡、丝绸之乡的经济优势和面向上海、苏南的市场区位。

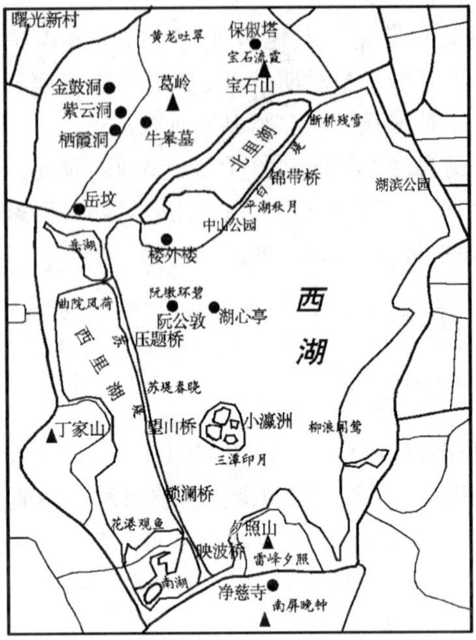

图 9.4　西湖景区风景名胜分布示意图

(1) 杭州市。国家级历史文化名城，国家首批最佳旅游城市。杭州曾为吴越国都和南宋都城，又是丝绸之府，鱼米之乡。人才辈出，留下不少可歌可泣的史实和传诵千古的诗篇，与西子湖畔大量名胜古迹互为印证。自然人文风光更是山水兼胜，丝绸与名茶同辉。

西湖　国家重点风景名胜区，国家首批5A级旅游景区，世界文化遗产名录地。位于城西，处挺秀群山的环抱之中，风景如画。早在南宋时期就有“苏堤春晓”、“平湖秋月”、“花港观鱼”、“柳浪闻莺”、“双锋插云”、“三潭印月”、“雷峰夕照”、“南屏晚钟”、“曲院风荷”、“断桥残雪”等“西湖十景”，如图9.4所示；“水光潋滟晴方好，山色空濛雨亦奇；欲把西湖比西子，淡妆浓抹总相宜。”这是宋人苏东坡对西湖风景的如实概括。

西溪湿地　全国十大魅力湿地之一，位于杭州市区西部，距西湖仅5km，有“杭州之肾”和“副西湖”之誉。是罕见的城中次生湿地，国内第一个也是唯一的集城市湿地、农耕湿地、文化湿地于一体的国家湿地公园，堪称中国湿地第一园。

富春江—新安江　国家重点风景名胜区，国家5A级旅游景区。位于浙江省钱塘江上游，包括富春江、新安江两岸和千岛湖周围的风景点。其中富春江，两岸重山复岭，或亭峰插云，或岩石奇峭，青崖翠拔；江水清碧见底，云影岚光，如画似锦，充满诗情画意；新安江，清澈见底，素以水色佳美俱称；新安江水电站建设形成的新安江水库即所谓的“千岛湖”，湖中有岛屿1078个，四周群山叠翠，环境宜人。

(2) 嘉兴市。中国优秀旅游城市，国家级历史文化名城。为浙北重要水陆联运中心。所辖地域河汊纵横，湖沼遍布，一派江南水乡田园风光。嘉兴南湖为浙江三大名湖之一，湖心岛上以烟雨楼为主体的古典园林建筑群，最富诗情画意。

西塘与乌镇　为杭嘉湖平原上的两个著名水乡古镇。西塘，古称胥塘、斜塘，位于嘉兴市北境，自古便为吴越两国相争之地，故有吴根越角之称，至今保存着完好的明清古建筑群、廊棚和古弄。乌镇同样位处嘉兴市北境，京杭大运河两侧，俗称两省三府七县交界之地，为江南水乡六大古镇之一，国家5A级旅游景区。古镇文化荟萃，人才辈出，文坛巨匠茅盾便诞生于此。现代旅游开发已形成了传统作坊、传统商铺、水乡风情等六大景区。

南湖　位于市南，为浙江三大名湖之一。湖区风景秀丽，尤以湖心岛上烟雨楼为古典园林建筑群，最富诗情画意。中国共产党第一次党代会继上海之后在南湖的一条船上举行。

杭州湾跨海大桥　为横跨杭州湾水域的大桥，北起嘉兴海盐郑家埭，南至宁波慈溪水路湾，全长36km，为世界最长跨海大桥。2008年建成通车后，使宁波至上海陆路距离缩短了120km，从而形成了以上海为中心的江浙沪两个小时交通圈。整座大桥平面为“S”形曲线，线形优美，生动活泼。

钱塘潮　观潮最佳地点为海宁市盐官镇，观潮最佳时间为每年农历的八月十八日前后。

潮来时“滔天浊浪排长空，翻江倒海山为摧”，有吞天吸日之势，故有苏东坡“八月十八潮，壮观天下无”名句。每年的此时举办盛大“钱塘观潮节”，可聚集数十万观潮者。与江潮有关的名胜有镇海楼、海神庙等。

（3）湖州市。中国优秀旅游城市。位于太湖南岸，是“小市千家聚水滨，轻舟日日往来频”的鱼米之乡。湖州的养蚕制丝业历史悠久，“骆驼桥”和“黄沙路”名胜，说明了湖州与古代丝绸之路的渊源关系。毛笔（湖笔）和羽扇也是湖州特产。湖州自古人文昌盛，仅南浔一小镇于明、清两代便出了38位进士。城市环境优美，曾获联合国迪拜国际改善居住环境最佳范例奖。

莫干山　位于德清县境内，素有“清凉世界”美誉。竹、泉、云三胜和清、绿、凉、静四优，构成莫干山自然山水特征，更有250多栋融汇了中西文明的建筑群，素有“万国建筑博物馆”之称。同时，这里也是名人前来休闲度假的云集之地，蒋介石与宋美龄的新婚之夜就是在这里度过的。

安吉县　首批全国休闲农业与乡村旅游示范县，全国十大竹乡之一。地处长江三角洲经济圈的几何中心，日益成为长三角地区大城市居民回归自然、享受绿色的“休闲乐园”。21世纪以来，创造了社会主义新农村建设安吉模式，即以休闲农业与乡村旅游为核心，全面开展村村优美、家家创业、处处和谐、人人幸福的“中国美丽乡村”建设行动，并创立了安吉休闲农业与乡村旅游品牌。

（4）绍兴市。国家级历史文化名城，中国优秀旅游城市。位于宁绍平原西部，河道如织，湖平如镜，石桥参差，渔舟穿梭，一派典型的江南水乡景色。绍兴历史悠久，大禹东巡会盟诸侯于此，至今留有大禹陵和大禹庙等古迹；春秋时为越国都城，至今越城、西施山、投醪河、文种墓和烽火台等古越遗址尚存。与名人有关的名胜有兰亭、秋瑾烈士故居、鲁迅故居和周恩来同志故居等。

鉴湖　始凿于东汉，成名于晋，盛于唐，今天的鉴湖面积30km^2。鉴湖水系汇集会稽山三十六源之水，浩渺迷蒙、岚气凝云。远望青山黛影，万壑争流；近观沿岸绿萍，田野、村落、石桥、林树、塘路、长亭……纵横交叉在江河湖港间，使水乡绍兴恰似一幅大写意般的水墨长卷，难怪南宋大诗人陆游吟咏“千金不须买画图，听我长歌歌鉴湖”。

鲁迅故里——沈园景区　国家5A级旅游景区。鲁迅故里景区地处市中心，鲁迅18岁之前一直生活于此。原建筑物仅存两楼两底木构旧式民房一幢，室内陈设器多为当年原物。故居后的百草园原是周家与附近住户共有的菜园，童年时代的鲁迅常在此玩耍。沈园景区，是绍兴历代众多古典园林中唯一保存至今的宋式园林，有断云情歌、诗境爱意、碧荷映日、踏雪问梅、诗书飘香等十景，并蕴藏着宋代著名诗人陆游与其原配夫人唐婉凄美动人的爱情故事。

2. 东部沿海宁舟台与温丽旅游区

本区包括宁波、舟山、台州、温州、丽水五地，处于河海相交的地理位置上。海岸曲折，多港湾、岛屿，具有山海之利，自然人文旅游资源丰富多彩。

（1）宁波市。中国优秀旅游城市，国家级历史文化名城。位于甬江两大源流汇合处，唐宋以来为我国著名对外通商口岸，现为我国重要对外贸易港口。素有“文物之邦”的美誉，旅游业以佛教、游船、山水和儒商为基本特色。

东钱湖　位于市区东南，群山环抱，72条溪水汇注入湖，湖面22km^2，气势宏阔。湖周有二灵夕照、殷湾渔火等十景，元诗人袁士元诗赞“尽说西湖足胜游，东湖谁便更清幽。

一百五十客舟过，七十二溪春水流。白鸟影边霞屿寺，翠微深处月波楼。天然景物谁能状，千古诗人咏不休。”

天童寺　位于鄞州区太白山麓，始建于晋永康年间，被誉为天下禅宗五山之第二。有天王殿、御书楼、千佛阁、藏经阁等建筑 20 多幢，规模之巨为国内佛寺中所罕见。寺内至今藏有大量佛经和书画。

天一阁　位于宁波市西，为明兵部右侍郎范钦的藏书楼，原有藏书 7 万余卷，现有藏书 30 余万卷，其中珍版善本 8 万册，为我国现存最古老的藏书楼之一。

雪窦山　国家重点风景名胜区，由雪窦山、溪口镇和亭下湖三部分组成，位于奉化市的四明山东缘。有千丈岩、三隐潭、徐凫、仰止桥、雪窦寺等景点。溪口镇扼景区门户，镇口有武岭门雄踞，四周群山环抱，剡溪中流；中街有近代建筑蒋介石、蒋经国父子故居；镇上还有蒋母墓园等胜迹。奉化溪口与位于奉化市城北的滕头村一并被评为国家 5A 级旅游景区。

（2）舟山市。中国优秀旅游城市，为国家级旅游综合改革试点城市。由群岛组成，广布于杭州湾外的东海海域，为我国著名渔场。特有的海岸、岛屿风光令人神往。旅游业以海天佛国、渔都港城为特色，并将建成国际知名的群岛型佛教旅游胜地和海洋休闲旅游目的地。

普陀山　国家重点风景名胜区，国家首批 5A 级旅游景区。为我国四大佛教名山之一，素有“海天佛国”之称。最昌盛时曾有寺院庵堂 200 余处、僧尼数千人。其中以普济寺、法雨寺、慧济寺三座庙宇最大。普陀山包揽山、海、石、崖、泉、河、潭、洞、林之胜于一地，在全国风景区中独树一帜。

嵊泗列岛　国家重点风景名胜区，由钱塘江与长江口汇合处的数以百计岛屿组成。其中，泗礁山岛碧海、蓝天、青山、白云和金黄色的沙滩，构成一幅绚丽多姿的海景图画卷；黄龙岛多奇石怪礁和摩崖题刻；花岛屿盛产水仙，岛上有 1870 年建造的远东第一大灯塔；嵊山为著名渔港和避暑度假胜地。

（3）台州市。位处浙江沿海中部地带，有贯通南北、连接东西的优越地理位置。自然风光奇秀，历史文化古老。所辖临海为国家级历史文化名城。

天台山　国家重点风景名胜区，佛教天台宗的发祥地，位于城北。主要景点有“华顶秀色”，“石梁飞瀑”、“赤城栖霞”、“琼台月夜”和唐一行墓、宋报恩塔等。明代杰出的旅行家和地理学家徐霞客曾二游天台山。《游天台山日记》即《徐霞客游记》开篇；其游览首日折合公历为 5 月 19 日，即为“中国旅游日”。

方山—长屿硐天　国家重点风景名胜区。位于台州温岭市境内，以方山火山熔岩、台地景观和千百年来人工采石形成的硐天石文化为特色。是以危崖绝壁、奇峰深谷、飞瀑溪涧、硐天风光为景观特征的山水风光胜地。

（4）温州市。中国优秀旅游城市。位于瓯江下游南岸，为浙南最大城市和海港及瓯江流域的物资集散中心。自然风光素以奇秀著称。

雁宕山　国家重点风景名胜区，世界地质公园，国家首批 5A 级旅游景区。位于乐清市东北，号称为我国“东南第一山”。有 102 峰、61 岩、46 洞、26 石、14 嶂、13 瀑、28 潭、13 坑、13 岭、10 泉、2 水、8 门、4 阙、7 溪、1 涧、8 桥、2 湖等名胜共 380 余处，尤以峰、石、瀑、洞著称。其中灵峰、灵岩、大龙湫为“雁宕三绝”，徐霞客留有《游雁宕山日记》。

楠溪江　国家重点风景名胜区。位于永嘉县境内，集中体现了永嘉山水之美。楠溪江源出于林深竹茂的括苍山，夹岸有滩林 $2000hm^2$，江水凝碧清澈见底，印石光洁，色彩斑斓，深潭与浅涧相间，但滩急而不汹涌，潭平静而不滞流，筏游观景江段可达百余公里。沿岸古村落青瓦白墙，木柱石基，阁间巷相连，阡陌交错，古风盎然。

丽水　以岩头镇丽水街而得名，中国优秀旅游城市。位于瓯江上源龙泉溪与好溪的汇合处，素以山水绚丽而称胜。丽江街为一条古老的商业街，路面由溪卵石铺筑，濒临古老的丽水湖，湖上建有丽水古桥，桥头有千年古樟，树荫下建有古荣亭，不远处有接官亭；街南端还有古老的塔湖庙。古街、古屋、古树、古桥、古湖、古亭、古庙，构成了一幅古老的人文胜景图画。

仙都　国家重点风景名胜区。位于丽水东北的好溪中段西岸，与黄山、庐山并列为轩辕黄帝的三大行宫——三天子都，道教典籍称仙都为玄都祈仙洞天。境内九曲练溪、十里画廊，山色飘逸。有 160 个奇峰，27 个异洞。由鼎湖峰、倪翁洞、小赤壁、姑妇岩等 7 个景区 300 多个景点组成。

百丈漈—飞云湖　国家重点风景名胜区。位于温州文成县境内，景区面积约 170km^2，由百丈瀑、天顶湖、刘基故里等五个景区组成，景点 200 多个，是一处集湖光山色之大成，融自然人文景观于一体的高品位旅游休闲胜地。

3. 中西部金衢旅游区

本区包括金华和衢州两市，地处浙江西部，开发历史悠久，文化胜迹遍布，丹霞山水、岩溶洞穴等自然景观景点也很有名，旅游开发潜力大。

(1) 金华市。国家级历史文化名城，中国优秀旅游城市。建城历史有 1800 多年，创造了灿烂的婺文化。利用金华文化优势所创建的横店影视城有“东方好莱坞”之称；金华火腿 1919 年巴拿马世界博览会上获得金奖；义乌“中国小商品城”已成为国际知名品牌。双龙、方岩等风景名胜极具特色。

双龙　国家重点风景名胜区。位于市北北山，是一处以地下悬河、岩溶奇观、赤松祖庭为特色的岩溶山水景观。包括双龙洞、黄大仙观、大盘山等六个景区。双龙洞为道教三十六洞天之一，有历史时期的摩崖石刻 15 处，还有鹿田庄、书院等遗址，徐霞客、叶圣陶等专为此作了游记。

方岩　国家重点风景名胜区。位于金华永康境内，是植根于丹霞地貌的山水奇葩。由方岩山、五峰、南岳、石鼓寨、灵山湖、状元湖等八大景区组成。以峰险石怪、瀑美洞奇、湖光山色而称胜，还有胡公祠、五峰书院等胜迹。

横店影视城　国家 5A 级旅游景区。影视城坐落于东阳市横店镇，占地 150hm^2，内建有香港街、秦王宫、清明上河园、江南水乡、横店老街等 11 个风格迥然的影视拍摄基地，迎来了谢晋、张艺谋等一大批影视界大师在这里拍片创作。《鸦片战争》《荆轲刺秦王》《郑成功》等大批传奇影视片从这里走向了中国和世界。影视城附近还建有东阳古民居博物馆。

(2) 衢州市。国家级历史文化名城，中国优秀旅游城市。为浙江西部交通要冲，浙赣皖闽四省旅游线路的结合点。衢州东汉始为县治，唐至清历为州、路、府治。现存的城墙为明代所建，保存有城门、城垣和钟楼。城区孔庙与烂柯山相组合的文化区，品位很高。辖域内有江郎山、浣江—五泄等风景名胜。

孔庙　宋建炎二年（1128 年），孔子第四十八世孙袭封衍圣公孔端友，负孔子及亓官夫人楷木像，随宋高宗赵构南渡赐居衢州，因祀祖奉诏建家庙于衢州，衢州遂成为“南孔圣地”。

烂柯山　又称石室山，为一处丹霞地貌风景名胜，王质遇仙典故脍炙人口。晋代虞喜

《老林》所载："信安（今衢州）山有石室，王质入其室，见二童子对棋。看之，局未终，视其所执伐薪柯（斧头柄）已烂朽，遂归里，已非矣"。"烂柯"一词也就成为了围棋的别称。

江郎山 国家重点风景名胜区，世界自然遗产名录地。为典型的丹霞地貌风景名山。位于浙闽赣三省交界处的江山市境内，素有"雄奇冠天下，秀丽甲东南"之誉，享有"全国丹霞第一奇峰"美称。景区内有三座石峰，拔地如笋，摩云插天，徐霞客称颂为"移步换形，与云同幻"。

浣江—五泄 国家重点风景名胜区。位于诸暨市境内，由五泄、西施故里、斗岩、汤红岩、浣江等景区组成。以"五泄五龙赴，池池各迥异"而被誉为"神州独有五级瀑"；斗岩和汤红岩为典型丹霞地貌，以"峰奇、岩陡、石怪、洞巧"著称；西施故里景区，以古越文化为背景，精心构建了西施大殿、古越台等景观。

安 徽 省

一、旅游资源与环境概貌

安徽省旧以安庆、徽州两府首字得名；安庆一带古称皖国，故简称皖，面积近 14 万 km^2，人口约 5950 万（2010 年）。跨长江、淮河、钱塘江三大流域，自然人文环境具有过渡性特征。以淮河、长江为界，将全省分为皖北、皖中和皖南三大部分，皖北地处暖温带，皖南为亚热带，皖中则处于二者过渡地带。皖北毗连中原，开发历史悠久；皖中、皖南为我国历史时期中原人口南迁的聚集区和中继站。全省拥有世界遗产名录地 2 处、国家重点风景名胜区 10 处、国家历史文化名城 5 座、国家级自然保护区 6 处，堪称旅游资源大省。安徽风俗以皖南最具特色。中国八大地方菜系之一的徽菜以烹饪山珍野味而著称。还有徽商、徽式民居、徽州木雕、徽派画、兴安文学，徽墨、宣纸、歙砚等著名徽州风物，祁门红茶、六安瓜片、太平猴魁等名茶，符离集烧鸡、亳州国药等特产，也很知名。

二、旅游开发与规划概要

根据安徽新的旅游发展规划，在旅游空间布局上提出了"3411"新格局。即黄山、合肥、芜湖三市为 3 个旅游中心城市；打造皖南国际旅游示范区、皖江（长江安徽段）城市旅游区、合肥经济圈旅游区、皖北旅游区 4 个旅游板块；黄山与徽文化旅游区、九华山佛教文化与铜文化旅游区、天柱山与黄梅戏文化旅游区、大别山与红色文化旅游区、巢湖温泉与都市文化旅游区、芜马主题公园与诗词文化旅游区、琅琊山—大明文化旅游区、黄河故道与楚汉文化旅游区、淮河风情与历史文化旅游区、亳州古城与养生文化旅游区 10 个旅游主题功能区；重点打造生态观光、文化体验、休闲度假、康体运动、会展商务旅游、都市旅游、红色旅游、科考旅游、工业旅游和自驾游等 10 个旅游产品。

三、主要旅游区建设

1. 皖南旅游区

本区地处长江以南，古属徽州、宣州，自然风光优美，人文景观独特。名山名水众多，古城、古街、古民居高度密集。

（1）黄山市。中国优秀旅游城市，著名旅游景区景点众多。有黄山、九华山、齐云山、太平湖等旅游胜地和歙县、绩溪等历史文化名城。

黄山　国家重点风景名胜区，国家首批5A级旅游景区，世界自然文化遗产名录地。为花岗岩峰林高山雄景景观，千米以上的高峰77座，最高峰莲花峰1864m。奇松、怪石、云海、温泉为黄山“四绝”。自然景色变幻莫测，故有“五岳归来不看山，黄山归来不看岳”之说。黄山还是人文荟萃之地，宗教寺庙最多时达110多处，传说轩辕黄帝也曾在此修身炼丹而名“黄山”。明代徐霞客两次游黄山，并留有《游黄山日记》前和《游黄山日记》后。

九华山　国家重点风景名胜区，国家首批5A级旅游景区。位于青阳县和太平县的交界处。为花岗岩高山雄景景观，主峰十王峰，海拔1344m。因李白诗句“妙有分二气，灵山开九华”而名“九华”。境内群峰竞秀、怪石嵯峨、谷幽潭深、银瀑飞泉迷人，为我国四大佛教名山之一。

齐云山　又称白岳，国家重点风景名胜区。位于休宁县境内，为典型的丹霞地貌风景名山。以“一石插天，与云平齐”而得名，清乾隆帝誉之为“天下无双胜境，江南第一名山”。境内有36奇峰、72怪洞、24泉，以山奇、石怪、水秀、洞幽称胜。为全国四大道教名山之一。明代旅行家徐霞客留有《游白岳山日记》。

歙县　国家级历史文化名城。位处新安江畔，秦代设县，隋置歙州，北宋改为徽州。保留至今的明、清住宅、街巷成群分布。主要名胜古迹有李太白楼、许国石坊、棠樾村牌坊群、多景园、练江三桥、新安碑园等。

屯溪　为具有宋代风格的古城。位于新安江上源率水和横江汇合处，四周青山环抱，风景秀丽。有宋明风貌的商业“老街”，并有古香古色的“一堂”、“二栈”、“三坊”、“四庄”、“五店”、“六铺”的街边店铺作坊；200多座明清式民居古建筑。

黟县　首批全国休闲农业与乡村旅游示范县，位于皖南黄山市西北，是一个具有2200多年历史的文化古县。境内保存有大量文化古镇、古村、古居民，更有世界文化遗产西递、宏村古村落。县内生态环境优美，秀美田园风光和灿烂人文景观交相辉映，素有“中国画里乡村”美誉。早在1986年该县就依托西递、宏村古村文化资源与周边田园风光，发展了旅游业。近些年来加大农旅结合力度，已形成了较为完备的休闲农业与乡村旅游产品体系。其中，西递、宏村还是国家5A级旅游景区。

花山石窟　国家重点风景名胜区。位于屯溪东郊18km，是我国目前所发现的南方规模最大、品位最高、谜团最多的古代人工石窟群。现发现36窟，开凿于距今1700余年。洞内有石房、石床、石灶、石楼、石桥、明塘、暗井等奇景。工程之浩大、石雕之奇，令人兴叹！

（2）宣城市。中国优秀旅游城市。位于水阳江中游，美丽富饶，自古人文昌盛。城北的敬亭山，山势挺拔，竹木葱郁，为历史上文人名士聚集的吟诵之地。仅李白写敬亭山的诗就达45首，尤以《独登敬亭山》中的“众鸟高飞尽，孤云独去闲。相看两不厌，只有敬亭山”为千古绝唱。

绩溪　国家级历史文化名城。地处宣城东南部，人文景观异彩纷呈，为徽商故里，是徽菜、徽墨、徽剧的发源地。颇具徽派建筑特色的古村、古民居比比皆是，名人荟萃以“邑小士多，代有闻人”著称于世，自然山水雄奇秀丽。其境内的龙川景区被评为国家5A级旅游景区。

泾县　“千年寿纸”宣纸的原产地，抗日战争时期新四军军部所在地，震惊中外的“皖南事变”发生地。泾县多古镇古村，仅录入《泾县古民居录》者就有857处、主体建筑969座。县境山清水秀，素有“山川清淑，秀甲江南”之誉。

太极洞 国家重点风景名胜区，位于广德县境内。景区面积 $22km^2$，目前华东地区最大的喀斯特地貌溶洞群，素以“神秘、险峻、壮观、奇丽”著称，有“桂林山水，广德石洞”之说。

(3) 马鞍山市。中国优秀旅游城市。位于省境东部的长江南岸。城市依山傍水，景色秀丽，有采石矶、联壁台、怀谢亭、广济寺、赤乌井等名胜。

采石矶 又名牛渚矶，国家重点风景名胜区，位于市西南的长江东岸，绝壁临江，俊秀幽雅，有“采石山水甲江南”之誉。李白慕其山水之胜，曾多次登临吟咏，至今留有太白楼等名胜。由于其扼守长江天险，历为兵家必争之地。

2. 皖中旅游区

本区介于淮河与长江之间，地形以大别山地和江淮丘陵为主体，有天柱山、琅琊山、花亭湖等国家重点风景名胜区。区境人文历史悠久，有合肥、寿县、凤阳、安庆等国家级历史文化名城。

(1) 合肥市。中国优秀旅游城市，安徽省省会。居省境中部，因西淝河与南淝河汇合于此而得名，别称庐州，兼有南北之胜。名胜古迹主要有为纪念宋代名臣包拯的包公祠，淝水古渡口逍遥津，曹操点将台、教弩台，李鸿章故宅等，但以市南巢湖风景最胜。

巢湖 国家重点风景名胜区。位于安徽中部，为我国五大淡水湖之一。湖中有姑山、佬山两岛；湖周有丰汤等五大温泉，太湖山、天井山等四大国家森林公园，仙人、紫薇等五大溶洞，另有 130 多处自然人文景点，共同构造了巢湖山水长轴画卷。银鱼、白米虾、螃蟹为巢湖“三珍”。

寿县古城与八公山 寿县为国家级历史文化名城。地处淮河与西淝河交汇处，曾为春秋时蔡侯之都和楚国后四王之都，东汉末年袁术亦在此建都称帝，是我国至今唯一保存完整宋代城墙的古城。城内有报恩寺、关帝庙、魁星阁等古建筑群；城郊有淝水之战古战场遗址。位处城东北郊的八公山，是我国古代楚汉文化的重要发祥地之一。山上有赵国廉颇将军墓、楚春申君墓、淮南王刘安墓和赵匡胤起兵的寿唐关等古迹，并有“一人得道，鸡犬升天”的典故和“风声鹤唳，草木皆兵”的故事。

(2) 安庆市。国家级历史文化名城，中国优秀旅游城市。位于长江下游北岸，曾为安徽省省会。市内有振风塔、谯楼、迎江寺等古迹，所辖岳西、潜山、太湖等县的风景名胜更多。

天柱山 古称皖山，国家重点风景名胜区，国家 5A 级旅游景区。位于潜山和岳西两县之间，为花岗岩高山景观。主峰天柱峰海拔 1490m，气势雄伟，有 42 峰、16 岩、17 崖、53 怪石、25 洞、18 岭、8 池、48 瀑。汉武帝曾封天柱山为“南岳”，道家视为第十四洞天，曾名盛一时。

花亭湖 国家重点风景名胜区。位于市西太湖县境内，由龙山、花亭湖、西风洞、佛图寺、狮子山、海会寺六大景区和温泉疗养度假区组成。因中国佛教禅宗开山鼻祖慧可在此开设道场，故享有“中国禅宗发源地”美誉。

(3) 滁州市。具有千年历史传承的山水城市。位于安徽东境，有京沪铁路通过，临近长江。旅游资源丰富，尤以所辖琅琊山、凤阳古城最为集中。

琅琊山 古称摩天岭，国家重点风景名胜区。位于市西，包括琅琊山、城西湖、姑山湖、三古（古驿道、古战场、古关口）等四大景区，并有白鹭洲、花山洞、濮家墩新石器文化遗址等独立景区。王勃、王安石、辛弃疾、陆游等名人也在此留下了大量诗词歌赋。苏轼手书的《醉翁亭记》和《丰乐亭记》碑，为碑刻精品。

凤阳　朱元璋故里，位于市西北的淮河南岸。地处城西北隅的明中都城，是因明太祖朱元璋以其发祥之地凤阳为中都，要“建置城池宫阙如京师之制”的思想下建成的。主要建筑有外、中、内三城，殿宇壮丽，雕饰精巧，是我国古代最豪华侈丽的都城建筑之一。明皇陵位于县西南，有朱元璋父母的陵墓。

3. 淮北旅游区

本区属于淮北平原，沃野千里，文化积淀深厚，属中原文化圈，多名胜古迹。尤以亳州和阜阳最为集中。

（1）亳州市。国家级历史文化名城，中国优秀旅游城市，著名长寿之乡。商成汤曾建都于此，汉魏时为洛阳的四大陪都之一。自古为商业重镇，有“小南京”之称。是曹操、华佗等名人的故里，有商成汤陵墓、曹操家族墓群、华佗故里、花戏楼、曹操地下运兵道等名胜古迹。

花戏楼　全国重点文物保护单位。坐落于市区大关帝庙内，原名歌台，始建于清康熙年间，乾隆年间施雕刻和彩绘，专供演戏之用。坐北朝南，正对着大关帝庙大殿，左右与钟鼓楼连为一体。

（2）阜阳市。位于黄淮平原南境，自古人文兴盛，是管仲、鲍叔牙、嵇康、甘罗、吕蒙等名人的故里。市内的文峰塔、金星阁、颍上管鲍祠等都很知名，颍州西湖历史上曾与杭州西湖齐名，颍上八里河和小张庄更具盛名。

八里河　位于颍上县南部，被誉为“天下第一农民公园”，联合国环境规划署授予环境保护“全球500佳”称号。包括“世界风光”、“锦绣中华”、碧波游览区和游乐区四大景区。其中“世界风光”微缩了世界各地的著名建筑；“锦绣中华”集东方建筑艺术之大成，融中国传统文化之精华。

小张庄　位于颍上县东南境，这里属于土壤贫瘠的淮北平原，却被小张庄人建起了总长达41km长的20条防护林带，形成了多树种、多层次的立体绿化结构，使其生态环境出现了稳定的良性循环，有“绿洲仙境”之誉，被联合国环境规划署授予了“全球环境500佳”称号。

实践演练

一、思考与练习

1. 简述“上海石库门民俗旅游”风采的内涵。

2. 在网上搜索并欣赏钓鱼岛风光，并明确其地理位置。

3. 试设计一条华东地区包括沿海各主要旅游城市和海岛旅游景区景点在内的海洋海岛环闭旅游线路。

二、学习与理解：东部地区及长江三角洲旅游区

国家新的旅游发展规划要求东部地区依托良好的产业基础，以改善旅游环境，打造旅游品牌，提高产业水平，提升产业素质以及促进产业升级为战略措施，以海南国际旅游岛、海峡西岸旅游区、环渤海旅游区、长三角旅游区和泛珠三角旅游区等示范区，重点发展商务会展、滨海度假、康体养生、城市旅游等国际化旅游产品，推动东部地区旅游国际化发展，强化东部地区目的地与客源地的双重功能。而其中长江三角洲旅游区，必须依托长三角发达的旅游产业，通过区域合作、市场共享、设施共建以及旅游产业软环境升级改造，打造以上海城市旅游为龙头，以南京、杭州、扬州、苏州等城市为支撑，以城市旅游、会展旅游、工农业旅游、高端旅游为特色产品，将该区域打造成地域无障碍、交通无障碍、市场无障碍、信息无障碍的旅游经济圈（摘自《中国旅游业“十二五”发展规划纲要》第十二章，并稍加整理）。

三、探研与体验

1. 上海市长谈东方明珠电视塔的旅游规模开发。

上海建设“东方明珠”，第一个方案投资两个亿，市长说不行，规划人员以为市长嫌投资太多，就说：“那我们想办法把投资压下去。”市长就说：“你们要照8个亿的投资来设计。”人们对此很怀疑：“两个亿都难以收回，8个亿怎么收回?”市长就解释：“两个亿投资只是单纯的广播、电视功能，而8个亿的投资就会把它变成一个旅游项目，投资就收回了。”建成后，“东方明珠”成为上海的一个标志性建筑，登一次塔要50块钱（作者按：实为100块），登塔的人天天排着大队，塔基是一个大规模宴会厅，人人都说这是一个好项目（摘自魏小安的《中国旅游目的地发展实证研究》）。

• 探研：①上海市长投资行为的科学依据；②网上阅览台湾和龙楼旅游开发概况，并对二者进行社会经济效益的比较。

2. 强化上海都市旅游的理论与实践。

在传统旅游资源概念里，上海没有什么突出的资源。但是上海有一个非常鲜明的市场形象。在20世纪80年代，海外旅行商组团到上海，提出上海的行程不能超过一天，因为上海没有什么可看的，也没有什么可玩的。这样，上海作为口岸城市，实际上是一个海外游客中转站。但是，进入20世纪90年代以来，上海明确了都市旅游的发展战略。海外的客户提出来，到上海要让客人停留三天，其中有两个晚上要让客人自由活动，主要是逛南京路（图9.5）、外滩（图9.6）、咖啡馆、酒吧，充分展示都市旅游的魅力。一个城市曾经是客源集散地，而现在变成了目的地，这是根本性的变化。实际上，现在的上海，从都市中心到海滨、到城郊乡村有更多好看好玩的（摘自魏小安的《中国旅游目的地发展实证研究》）。

图9.5　上海南京路

图9.6　上海浦西外滩

• 探研：①2010上海世博会对发展上海都市旅游的意义；②设计一条以上海为起止点并以高铁、高速公路和邮轮为交通方式的长三角地区都市旅游环闭旅游线路。

第十章　华中荆楚巴蜀文化名山胜水旅游区

学习提示

本区包括重庆、四川、湖南、湖北和江西四省一市，以秦岭—大别山、南岭—云贵高原及青藏高原为屏障形成相对完整的地域单元，孕育了古老长江文化。主要旅游城市、旅游景区多分布于长江及其支流沿线，如图 10.1 所示。旅游产品以名山秀水旅游、森林生态旅游、都市旅游、世界自然文化遗产旅游、宗教文化旅游、民族风情旅游、休闲农业与乡村旅游等最具风采。

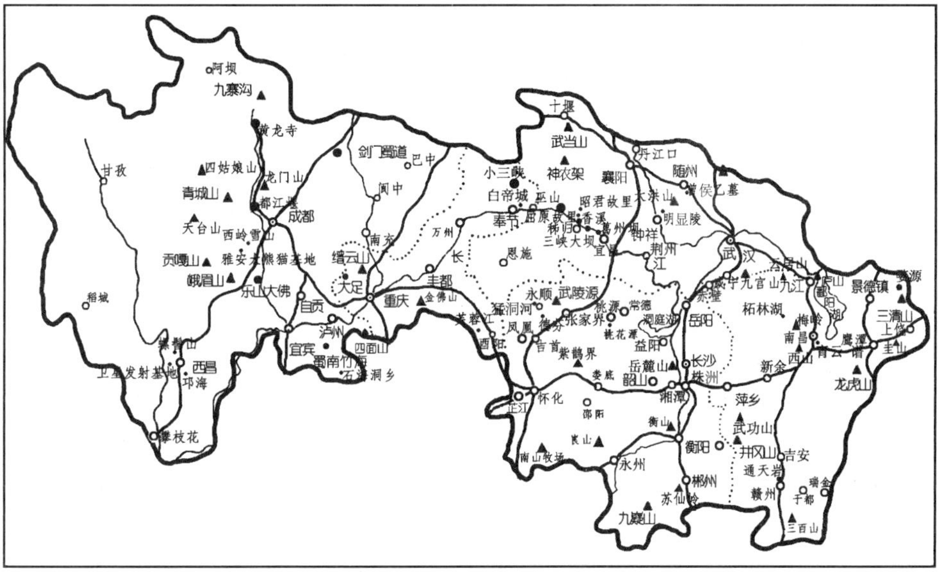

图 10.1　华中荆楚巴蜀文化名山胜水旅游区示意图

第一节　旅游资源与旅游环境特征

一、区位条件优越，现代交通称便

本区位处我国南方内陆腹地，跨祖国地势的一、二、三级阶梯，处于国家宏观区域经济的中西部地区。区内长江东西横贯，并有雅砻江、岷江、嘉陵江、乌江、汉水、湘江、沅江和赣江等大型支流南北汇入，形成庞大内河航运系统；有京九、京广、焦柳、宝成—成昆、川黔等铁路干线与长江及沪昆、汉丹—襄渝等铁路干线相汇，形成复合井格型铁路网络；高速公路、高速铁路遍布区境，武汉、重庆、成都、长沙、南昌等城市都是重要的国际、国内航空港，张家界、九寨沟和黄龙等顶级旅游景区也都有了自己的专用机场。优越的区位条件和四通八达的现代立体交通网络，有利于区内各省和区际旅游协作。

二、自然环境复杂，自然风光多奇

本区既有海拔不足100m的两湖平原和鄱阳湖平原，也有海拔7556m的川西贡嘎山。气候上既具有亚热带季风湿润气候的典型性，又具有纬向过渡性和高山地区的垂直递变性。在植物区系上既有称为生物基因库的张家界、金佛山、神农架，也有生物量低的紫色页岩裸露地。在自然景观上，湖南张家界的砂石塔状峰柱、崀山的丹霞“天下第一巷”、江西庐山花岗岩高山雄景、重庆市的天坑地缝、四川的九寨沟五彩湖、黄龙的露天钙华、湖北的神农溪以及鄂渝之间的长江三峡等，均为世界罕见的自然奇景。

三、历史文化古老，文物古迹独胜

本区为中华古老文明的源头之一。从考古发掘成果看，江西万年县仙人洞遗址出现了距今一万年前的“草槎纹”陶器，湖南道县玉蟾洞遗址出现了距今1.8万年的“编织纹”陶片及稻谷种子，湖南澧县发现的距今9000年的城头山古城遗址和与中原商王朝同期或略早的四川广汉三星堆古蜀国城遗址，湖北黄陂发现的盘龙城商代早期城市遗址等，都说明本区历史文化的古老性。湖北随州出土的战国曾侯乙墓编钟，长沙马王堆汉墓女尸和湘西龙山里耶秦简，以及江南的“三大”名楼，佛教圣地峨眉山和道教圣地青城山、武当山和龙虎山；古代伟大水利工程都江堰，以及乐山大佛、剑门蜀道、舜帝陵、炎帝陵、明显陵等，都说明本区人文遗迹的丰厚和富有。

四、天府之国，鱼米之乡

成都、两湖、鄱阳湖三大平原，早已开发建设成了“天府之国”和“鱼米之乡”；广大的丘陵山区，森林、矿产、水力等资源丰富，独具特色的立体农业发达，物产富饶。本区为全国重要的粮食、棉花、油菜子、麻类、生丝、甘蔗、茶叶、水果、药材、畜禽和淡水鱼等的重要生产基地；土特产品和工艺美术品丰富多样，在国内外享有盛誉。重庆的折扇、竹编、石砚；四川的蜀绣、蜀锦、挑花、金银器、年画；湖南的湘绣、彩瓷、陶器、菊花雕、贝雕、蛋雕、根雕、竹器、烟花爆竹；湖北的木雕、牙雕、绢花、剪纸；江西的陶瓷、乌骨、龙尾砚等工艺品备受人们青睐；名茶、名酒、名烟、名菜、美食等更是名扬中外。

第二节　旅游省（市）概述

重　庆　市

一、旅游资源与旅游环境概括

重庆市古为渝州，简称渝，为中国四大直辖市之一，面积8.24万km^2，人口2885万(2010年)。地势起伏大，北有大巴山，东有巫山，南有金佛山、四面山，西有铜锣山；内部低山丘陵广布，仅有少量河谷平原。为亚热带湿润气候，冬暖夏热，降雨丰富。长江汇合四川盆地各大支流形成浩荡川江，切穿渝东鄂西山地形成了雄伟壮观的“三峡”奇观。自然、人文旅游资源并胜，尤其是重庆古城、“三峡平湖”、大足石刻等，都是世界级品牌。重庆人民以此为依托，并利用中西部大开发战略和三峡工程建设的历史机遇，大力培育和发展了新的支柱产业旅游业，以实现由旅游大市到旅游强市的历史性跨越。重庆风物习俗与四川相似，但“重庆火锅”、“涪陵榨菜”、土家吊脚楼和摆手舞等知名全国。

二、旅游开发与规划概要

重庆市已确定了到2020年，要建成“山清水秀、环境优美、特色鲜明、功能完善、市场繁荣、文明进步、全国一流、世界知名旅游目的地”的发展目标；“强化中心、突出主线、主攻近郊、启动特色”的旅游产品开发思路；并要坚持资源开发与生态保护兼顾，精品打造与文化发掘协调，加快产品体系和基础设施建设，大力实施“旅游精品”战略。以“十大旅游精品工程”为抓手，做好旅游产品“精、特、优、便”四字文章。在旅游布局上大致可以分为以重庆市为中心的渝西都市风光与周边特色旅游区、以万州区为中心的渝东三峡库区风光旅游区、以黔江区为主体的黔东南岩溶山水与民族风情旅游区等三大旅游区。

三、主要旅游区建设

1. 渝西重庆都市风光与周边特色旅游区

(1) 重庆市。别称山城，国家级历史文化名城，中国优秀旅游城市。位于长江与嘉陵江汇合处，为著名“山城”和“雾都”；春秋时为巴国都城，秦为巴郡治，隋唐为渝州治所；抗日战争时期为陪都。现为我国西部地区最大的工商业城市、水陆交通枢纽，也是全国综合性工业城市之一。

九龙坡区　位于市主城区西南部，为首批全国休闲农业与乡村旅游示范县，是重庆重要的花卉苗木果蔬生产基地。为挖掘提升其巴文化、华岩佛教文化、火锅文化、白市驿川剧、含谷花灯、走马民间故事等民间特色文化品牌，已培育出体验传统农耕文化及现代农业成果一大批休闲农业与乡村旅游示范典型。

山城夜景与朝天门　街市自长江、嘉陵江边至山顶沿等高线而建，故每当入夜，万家灯火层层叠叠，宛如一座大灯塔。且满城灯火倒影江中，构成壮观的山城夜景。位于长江、嘉陵江汇合处的朝天门，从码头最高处居高临下，俯瞰滚滚江潮，气势非凡。

红岩村与歌乐山烈士陵园　红岩村位于市区西部，为抗日战争时期周恩来同志主持的中共中央南方局和八路军重庆办事处驻地，现已将红岩村与曾家岩两处合并为红岩革命纪念馆。歌乐山烈士陵园位于市西北郊歌乐山下，抗日战争和解放战争时期这里是特务机关“中美特种技术合作所”和“国民党军统集中营”所在地，是曾囚禁过爱国将领杨虎城、新四军军长叶挺、著名共产党员罗世文、江世筠等革命志士的地方，建国后人民政府在此修建了烈士墓园和烈士纪念碑。

(2) 重庆都市周边。本区域包括合川、大足、江津、綦江、涪陵、长寿、武隆等区(县)，山环水聚，山水各胜。

大足石刻　国家首批5A级旅游景区，世界文化遗产名录地。位于市西北大足区境内的北山和宝顶山、石门山、小佛湾、南山等地。有石刻40多处，造像5万多尊。造像始刻于唐景福元年（892年），至明清仍有零星雕刻。雕刻精湛、技术娴熟、内容丰富、艺术造诣极高。

缙云山　国家重点风景名胜区，位于重庆市北碚区嘉陵江温塘峡畔，因山中有始建于南朝的缙云寺而得名，为古老的佛教圣地。景区内有朝日、香炉、狮子、聚云等九峰。群峰争奇斗艳，终年云雾缭绕，故素有“川东小峨眉”之称。

南、北温泉公园　南温泉地处长江南岸花滩溪畔，以园、泉、洞、水为特色，主要有玉泉、玉湖泉、龙泉等景点；北温泉在北碚嘉陵江温塘峡西岸，泉水温度适宜，含多种矿物质，可治病。南、北均为疗养、游览胜地。

金佛山　国家重点风景名胜区，位于南川区境内。以原始古朴的自然风貌、种类丰富的珍稀动植物、奇特岩溶洞穴而称胜。景区内有银杉、金钱豹、华南虎、小熊猫、金丝猴等珍稀动植物，有金佛洞、古佛洞、燕子洞等洞穴。

四面山　国家重点风景名胜区。位于江津区境内，以山、水、林、瀑为主景，丹霞地貌奇观，悬崖峭壁，奇形怪石众多；典型的亚热带常绿阔叶林面积 190.6km^2，拥有野生植物 1500 多种、野生动物 200 多种。

聂荣臻元帅陈列馆　位于江津城区西部，由主馆和铜像广场组成，并有艾平山公园相组合，占地约 7hm^2。主馆内陈列有照片近 300 张，文物史料 400 余件，党和国家领导人题词和名家书画近百件，并藏有聂帅藏书近万册。

武隆喀斯特旅游区　国家重点风景名胜区，国家 5A 级旅游景区。位于武隆县乌江左岸的芙蓉江下游，是由芙蓉江切割石灰岩地层而形成的大容量峡谷风景区。江水碧绿如蓝，两岸峭壁如削，景区内有大小喀斯特洞穴 3000 余个。其中的芙蓉洞被国家洞穴专家称其为“世界上最好的游览洞穴之一”。

2. 渝东北“高峡平湖”风光旅游区

本区是以万州区为中心的整个渝东北地区，区境旅游景点达 200 多处。旅游开发重在展示长江三峡的永恒魅力和“高峡平湖”的美景以及其他精湛名胜古迹。

(1) 万州及其周边地区。地处长江中下游的结合部，三峡库区的腹心。万州古城南北朝时即为巴蜀商埠，历为川东、鄂西、陕南、黔东、湘西的物资集散中心，为川东门户，自然人文景观并胜。

石宝寨　矗立于忠县长江北岸玉印山上，巨石临江，四壁如削，依崖建有 12 层塔形通高 60m 的楼阁。山顶平坦，石坝上建有名为天子殿的古刹，构思奇巧，被誉为“江上明珠”。

刘伯承元帅故居　地处开县城南 28km 处的赵家镇，为一土木结构的三合院。刘伯承元帅出生和启蒙读书的房间至今保存完好。

(2) 奉节。古称夔州，位于长江三峡的西口北岸。千百年来，李白、杜甫、刘禹锡、白居易、苏轼、黄庭坚、范成大等名家来此，留下大量诗文，故素有“诗城”之称。城内有当年刘备托孤的永安宫旧址和甘夫人墓，城外有诸葛亮所布八阵图遗址，峡口有白帝山和白帝城。

长江三峡　国家重点风景名胜区，西起奉节，东至宜昌，两岸群山壁立，崔嵬摩天，幽邃俊俏，形成了瞿塘雄、巫峡秀、西陵险的“长江三峡”奇特景观。高峡平湖的出现，仍不失景象万千之美，却增加了高峡平湖壮色。

天坑地缝　国家重点风景名胜区，世界自然遗产地。位于奉节县境，以天坑、地缝等奇异的地质景观为主要特色。小寨天坑的垂直最大深度达 662m，是世界上形态十分典型、规模体量最大的岩溶漏斗；天井峡地缝是世界上极为罕见的地缝式岩溶峡谷，最大切割深度在 600m 以上。

白帝城　位于瞿塘峡峡口北岸，高踞白帝山巅。东依夔门，西靠八阵，三面环水，雄踞水陆要津。城内白帝庙内有刘备、诸葛亮塑像，并陈列有瞿塘峡悬棺和隋唐以来的 73 块书画碑刻。登门可感悟“夔门天下雄”之胜。

（3）巫山县。地处三峡库区腹心，绵延 40km 长的巫峡便起始于巫山县的大宁河口，东至湖北巴东县的官渡口间，两岸群峰入屏。“云雨巫山十二峰”为千古胜景，积聚今古名人颂词千万，但以毛泽东的“截断巫山云雨，高峡出平湖，神女应无恙，当惊世界殊”最为壮丽。

巫山小三峡—小小三峡　国家首批 5A 级旅游景区。包括巫山县及其周边地区，有大宁河小三峡及小小三峡。其中的巫山小三峡即指大宁河上的龙门峡、巴雾峡和滴翠峡。峡区奇峰林立，林木葱郁，两岸悬崖上还有巴人船棺、古栈道遗迹，山野猴群。

大昌古镇　已有 1700 多年的建镇历史，曾为古巴人的都城。位于大宁河滴翠峡口北上 10km 处，为大宁河上第一镇。小镇仅有两条主要街道，占地仅 $1hm^2$，为全国著名的袖珍古城，却保存着完整的明清老街及翘角飞檐明清古建筑。为免受三峡库区淹没，已实现了原样原物的整体搬迁。

3. 渝东南岩溶山水风光与民族风情旅游区

本区是以黔江区为中心的渝东南地区。境内岩溶地貌广泛分布，也是我国苗族、土家族的重要聚居区之一，民族风情浓郁。

（1）酉阳。为土家族苗族自治县，其城关镇为中国历史文化名镇。有湘川公路、渝怀铁路过境，西部隔乌江与贵州相望。土家族、苗族风情浓郁，是土家摆手舞的源流地；山水风光奇胜。

龚滩古镇　深藏于乌江大峡谷中，是一处三面环水、一面着陆的天堑，自古为兵家必争之地。其西岸悬岩高耸，直插云天，其上有著名的蛮王洞，其下便是乌江险滩。贴着凤凰山南麓而建的古镇，在近 60 度的斜坡上建有三里长街，以石板街、吊脚楼为特色，已为现代乡村旅游胜地。

大酉洞桃花源　国家 5A 级旅游景区。系一海拔 670m 处石灰岩大型溶洞，洞内钟乳石光彩夺目，溪水淙淙。由泉水汇集而成的桃花溪穿越溶洞而后注入酉阳河，有一些与陶渊明《桃花源记》的原型相似。

（2）秀山。为土家族和苗族聚居区，位于黔江区南隅，与湘西花垣、贵州的松桃山水相连，山神水秀，民族风情浓郁。

清溪乡望乐村地道遗址　为明代苗民反抗中央王朝军队围攻的防御工程，位于秀山城西 14km 处。地道东西约 1000m，每距 10m 左右有一藏身的掩体，壁上有放置照明用具的土墩，从而实证了我国地道战的悠久历史。

秀山花灯　又称跳花灯、耍花灯、花灯戏，是古老的民间说唱艺术。其唱词句型灵活，表演滑稽、诙谐，可台上唱、台下帮，演员与观众融为一体。广泛流传于土家族聚居区，但以秀山最为盛行。

四　川　省

一、旅游资源与环境概貌

四川省因元代置四川路而得名，简称“川”。国土面积 48.5 万 km^2，人口约 8142 万（2010 年）。春秋时东部有蜀国、巴国，秦改置蜀郡、巴郡，故有“巴山蜀道”之说。地形包括川西高原和四川盆地。盆地内多紫色、红色砂岩；四周为大凉山、邛崃山、岷山、大巴山、巫山等山脉环绕；川西高原山地峡谷纵列，雪山重重。气候地域差异明显，东部盆地冬暖夏热；川西高原寒冷干燥。自然环境复杂，保存了大熊猫等许多珍稀动植物品种。历史文化发展有相对独立性，自然人文景观并胜。拥有国家重点风景名胜区 14 处、国家 5A 级旅游景区 5 处和中国历史文化名城 8 座、中国优秀旅游城市 21 处、世界遗产名录地 5 处、世界地质公园 1 处和国家自然保护区 22 处，为旅游资源大省。四川人勤劳朴实、勇敢顽强，习武之风很浓，川剧、川绣、川菜、川酒、川茶、川药等在全国均独具一格。尤其是"变脸"、"吐火"为川剧之绝技。

二、旅游开发与规划概要

为确保尽早建成国际重要旅游目的地和旅游强省目标，四川今后将做强成都都市旅游增长极；推动大成都都市圈、川东北、川南、川西和攀西五大旅游经济区协调发展；着力构建成德绵乐、嘉陵江、安宁河三大旅游产业带。还要大力发展特色产品，狠抓重大项目建设，其中，特色旅游产品如生态养生、漂流体验、道家养生、民族地区乡村旅游等；重大旅游项目如峨眉山国际休闲度假区、龙门山国际山地休闲度假区、"两湖一山"（三盆湖、龙家湖、龙家山）国际休闲度假区、中华熊猫世界、绵阳科技游乐中心、攀西阳光休闲度假区、四川三国蜀道文化旅游区、九寨沟国际休闲度假区、海螺沟—贡嘎山国际山地旅游、中国白酒金三角旅游区等 10 项。

三、主要旅游区建设

1. 大成都旅游区

本区主要包括成都市及其周围的乐山、眉山、资阳、德阳、绵阳、雅安、遂宁等 8 市。这里既有"天府之国"的富饶，又有山川之胜，也有 2008 年 5 月 12 日震惊中外的汶川 8.2 级大地震，给本区带来了浩劫性的灾难，但也创造了许多抗灾救灾的人间奇迹。救灾抗灾活动中的重大事件，可歌可泣的动人事迹，以及重建后的新型城镇乡村，极富爱国主义和国际主义教育意义。

（1）成都市。别称"蓉城"，四川省省会，古蜀国都城。国家级历史文化名城，国家首批最佳旅游城市。是我国西部地区重要的科技、商贸、经融中心和交通、通信枢纽。

武侯祠 坐落于成都市南郊，是纪念三国蜀汉丞相诸葛亮的祠堂。始建于公元 6 世纪，主体建筑有刘备殿、诸葛亮殿等。殿宇宏伟壮丽、布局严整，园林清洁幽雅、错落有致。

望江楼 位于成都东南郊，因唐代女诗人薛涛遗址而闻名。包括崇丽阁、濯锦楼、吟诗楼等一组建筑群，现已建成全国闻名的"竹的公园"。

青城山—都江堰 国家重点风景名胜区，国家首批 5A 级旅游景区，世界文化遗产名录地。青城山位于都江堰市南，为我国道教圣地，具幽景、幽意、幽情、幽趣特色。都江堰是我国古代伟大的水利工程之一。战国后期秦国蜀郡太守李冰及其子吸取前人治水经验，用"引水以灌田，分洪以减灾"的方针来改建此工程，使成都平原"水旱从人，不知饥馑"（《盖州记》）。为纪念李冰父子，后人在玉垒山下建了二王庙。

西岭雪山 国家重点风景名胜区，位于大邑县安仁镇。以雪山、林海、飞瀑为主要特色。区内大雪山海拔 5264m，积雪终年不化，令人联想到"窗含西岭千秋雪"佳句。景区内有日照金山、阴阳界森林、佛光三大奇观。

天台山 国家重点风景名胜区。位于邛崃市与雅安芦山交界处，因其奇特箱状向斜台地地貌而得名。景区面积 110km^{2}以上，主峰 1801m，有 16 座奇峰、20km 滩河流、12 道瀑布等 36 个景点。千岩竞秀，林壑幽深。

龙门山　国家重点风景名胜区。位于彭州市，属龙门山脉中段。景区山峰险峻，峡谷幽深，具有壮、险、奇、幽、趣的特色。素有“天府金彭”，蜀中“膏腴之地”美称，王勃、陆游等均赞颂这里为“英灵秀出之分”。

郫县　首批全国休闲农业与乡村旅游示范县。地处成都市西郊，是中国农家乐发源地，也是国家级生态示范区。该县以农业资源为载体，以农户自主经营、农户与企业联合经营为主要经营模式，集观光、体验、休闲餐饮、农产品销售为一体，形成了友爱农科村、新民场云凌村、红光寇家坝村等 12 个休闲农业与乡村旅游示范村，并以特色农业观光休闲园、农家乐、乡村酒店、民俗村为依托的休闲农业与乡村旅游发展格局。

洛带　中国历史文化名镇，坐落于龙泉驿区龙泉山中段的三峨山麓，是 300 多年前“湖广填四川”移民浪潮中所形成的移民镇。移民文化中的种种记忆和形态被渗透到日常生活中，凝结在每一个村落，每一条街巷及其建筑中。钟氏祖屋、巫氏大夫第、客家围屋曾家寨、广东会馆、湖广会馆等建筑至今保存完好；客家山歌、客家菜等习俗至今很浓郁，故有“中国西部客家第一镇”美誉。

(2) 乐山市。中国优秀旅游城市，国家级历史文化名城。位于岷江、大渡河、青衣江汇合处，古称嘉州。山川秀丽，人文历史古老，有“天下山林之胜在蜀，蜀之胜在嘉州”之说。风景名胜中以峨眉山、乐山大佛最胜。

乐山大佛　世界文化遗产名录地。是一尊石刻弥勒坐像，坐落于乐山市东南的凌云山前，岷江、青衣江、大渡河三江交汇处。开凿于唐代，身高 71m，头高 14.7m，耳长 6.72m，肩宽 24m，手的中指长 8.3m，脚背长 11m，宽 8.5m，其上可围坐百人以上，被称为天下第一大佛。

峨眉山　国家重点风景名胜区，国家首批 5A 级旅游景区，世界遗产名录地，我国的四大佛教名山之一。以逶迤秀丽的峰峦如“螓首峨眉，细而长，美而艳”得名，素有“峨眉天下秀”之美誉。主要胜景有金顶、洗象池、九老洞、洪椿坪、万年寺、报国寺、伏虎寺等。山体高大，主峰金顶海拔 3079.3m。不少山体冬有雾凇冰雪奇观，在雷洞坪一带还辟有滑雪场。

(3) 绵阳市。中国优秀旅游城市。位于成都平原北端，兼有自然人文风光之胜。茂密的森林中栖息有大熊猫等珍稀野生动物。为羌人的发源地，也是桑蚕始祖嫘祖和治水英雄大禹的故乡。风景名胜以王朗最胜。

王朗　国家级自然保护区。地处横断山北缘的川西高山峡谷地区、青藏高原与四川盆地的结合部。境内山高谷深，自然生态环境复杂，生活着一系列珍稀濒危保护植物和国家重点保护动物如大熊猫、金丝猴等，是目前中国唯一获得世界生态资格认证的生态旅游景区，有“第二九寨沟”之美誉。

(4) 雅安市。中国优秀旅游城市。位于四川盆地西部边缘，古属梁州“青衣羌国”，为历代郡、州、府治所。境内自然、人文、民俗资源叠加，具有大熊猫、茶文化、汉文化等的自然文化优势。

四川大熊猫栖息地　世界自然遗产名录地。以雅安为中心，包括卧龙、四姑娘山、夹金山脉，涵盖成都、阿坝、雅安、甘孜 4 个市（州）12 个县（市），面积 9245km^2。这里生活着世界 30%以上的野生大熊猫，是全球最大最完整的大熊猫栖息地，也是全球 25 个生物多样性热点之一。

峰桶寨　国家级自然保护区。位于宝兴县境内，主要保护对象为大熊猫和森林生态系统。地处邛崃山系的夹金山南麓，海拔4896m，植物垂直带谱明显，国家重点保护的动植物种类多，仅新中国成立后输送到国内外的大熊猫就有80多只。

（5）德阳市。中国优秀旅游城市。位于四川盆地北部，成都与绵阳之间的沱江上游。绵竹年画闻名于世，“广汉三星堆”震惊中外。

广汉三星堆博物馆　位于广汉市南兴镇，是我国迄今发现的历史最早、规模最大的古蜀都城遗址。城墙由主城墙、内侧墙、外侧墙三部分组成，古城中轴线上为祭坛与祭祀遗址，为古蜀国都宫殿区。青铜器大多为祭器与礼器，可见，古蜀国是一个与中原商王朝并存发展的文明古国。

2. 川西旅游区

本区位于四川西部。地形以山地高原为主，区域自然环境复杂。聚居有多个少数民族，是一个潜力巨大的世界级观光、度假、探险旅游目的地。

（1）阿坝地区。位于川西北地区，处岷江中上游地区，高山深谷交错，自然环境复杂多样，为藏、羌等少数民族聚居区域，民族风情浓郁。

九寨沟　国家重点风景名胜区，国家首批5A级旅游景区，世界遗产名录地。位于川西北，是以保护大熊猫为主的自然保护区和新开发的自然风景游览地。在纵深40km的深山沟谷里，因有九个藏族村寨而得名。沟谷中自然景物殊异，有“童话世界”的美称。河谷地带有大小湖泊100多个，湖水清澈、绚丽夺目。湖面倒映着雪山、森林、白云、蓝天，充满着诗情画意。湖与湖之间的落差形成多级瀑布。翠湖、彩林、叠瀑、银峰、藏情为九寨沟风光五绝。

黄龙　国家重点风景名胜区，世界遗产名录地。主要景点为岷山主峰雪宝顶（5588m）、黄龙沟和古刹黄龙寺。黄龙沟是古冰川塑成的“U”字形谷，源于沟顶玉峰山脚的碳酸钙水，流经谷地沉积下来成为钙华池、钙华坡和钙华穴，组成世界最大的露天岩溶区，美丽神奇。2013年在黄龙海拔3800m的地带发现了野生大熊猫活动，又为黄龙旅游增色。

卧龙　国家级自然保护区，也是我国最早加入联合国教科文组织“人与生物圈”保护区网的三个保护区之一。本区地处岷江上游、邛崃山东坡，动植物区系组成复杂，有国家重点保护植物和大熊猫、金丝猴、白唇鹿等重点保护动物40多种。

（2）甘孜地区。位于川西高原上，自然环境复杂，自然风光奇特壮观；是以藏文化为主体的区域，但又有汉文化、纳西文化、蒙古文化、羌文化、彝文化等众多的民族文化与之交相融合的地区，是著名康巴文化的重要组成部分。

贡嘎山与海螺沟　国家重点风景名胜区。位于泸定、康定、九龙三县境内。包括泸定海螺沟、燕子沟、雅家埂，康定野人海、塔山草原、九龙伍须等景点。贡嘎山为川西雪山主峰，海拔7556m，集冰川、险峰、湖泊、森林、草原、动植物资源于一体。海螺沟是贡嘎山东坡的冰蚀河谷，全长31km，冰川、沸泉、原始森林是其三大特色，为中国目前唯一山地冰川度假胜地。

（3）攀西旅游区。即攀枝花和西昌及其临近地区，地处川西南雅砻江—金沙江流域，有成昆铁路穿越，虽高山深峡相间，但交通尚属方便。攀枝花为祖国西部钢城，西昌及其周围环境更是风光迤逦。

西昌　中国优秀旅游城市。自古有“月城”、“小春城”美誉。地处川滇结合部、富饶的安宁河平原上，为凉山彝族自治州首府。以其秀丽的山水风光、独特的民族风情、现代航天城而成为祖国大西南一大旅游名城。

西昌卫星发射中心 位于凉山冕宁县境内，是我国目前海拔最高的，以发射地球同步轨道卫星为主的大型航天器发射地。发射中心已对旅游者开放，游客可参观2号和3号发射架和长征3号火箭实体及控制中心。

邛海—螺髻山 国家重点风景名胜区。位于泸山东北侧，邛海为四川最大淡水湖，面积 $31km^2$，素以恬静著称。马可·波罗曾游览此湖，并赞叹其“碧水秀色，草茂鱼丰，珍珠硕大，美不胜收，其气候和恬静远胜地中海，真是东方明珠啊”。螺髻山地处邛海南侧，主峰高耸入云，形似青螺，宛如玉髻而得名。以冰川湖泊、冰蚀景观、杜鹃花海、温泉瀑布和野生动物众多而著称。

3. 川南旅游区

本区位于四川南部，自然风光秀丽，人文历史古老，为中国独特的自然历史名胜区。以自贡和蜀南竹海的自然、人文景观最为神奇。

(1) 自贡市。国家级历史文化名城，中国优秀旅游城市。以千年盐井、恐龙之乡、南国灯城而闻名于世。旅游开发多以盐系列、灯系列、恐龙系列为主。

恐龙博物馆 位于自贡市东北郊，矗立于大山铺“恐龙公墓”之上，为唯一拥有化石埋藏遗址的现代化专业博物馆。已出土恐龙化石2000多具，展厅内十几具姿态各异的“恐龙”，构成了妙趣横生的恐龙世界，有“东方龙宫”美誉。

西秦会馆及自贡盐业历史博物馆 位于市中心，始建于清乾隆年间，原为陕西盐商同乡会馆，造型奇特，错落有致。1959年在会馆内成立自贡市“盐业历史博物馆”，主要收藏、整理、陈列、研究以自贡地区为中心，以四川盐井生产为主的历史资料和实物。

自贡灯会及中国彩灯博物馆 自贡灯会源于唐宋，民间观灯习俗长盛不衰，每年2月初至3月初都要举行大规模的观灯会。届时各种风格的建筑群灯，不同类型和品种的工艺灯、走马灯、花鸟灯、人物灯，大型组灯，争奇斗艳。中国自贡彩灯博物馆为世界上唯一研究和陈列东方彩灯艺术的专业博物馆。

(2) 宜宾市。国家级历史文化名城，中国优秀旅游城市。位于金沙江和岷江汇合处，有“万里长江第一城”之称。所产“五粮液”为全国八大名酒之一；蜀南竹海等风景名胜独具特色。

蜀南竹海 国家重点风景名胜区，位于市南的长宁、江安两县连接地带。景区面积 $120km^2$，以竹林景观为主要特色，兼有文物古迹之胜。在景区28座峰峦和300多个山丘上，楠竹如海，飞瀑流泉不竭；山岭有洞穴20余处，旅游者来这里可睡竹床、用竹器、吃竹笋、饮竹酒等竹文化之趣。

石海洞乡 国家重点风景名胜区、世界地质公园。地处兴文县境内，景区内洞穴纵横，天坑星罗，石林形态多姿，峡谷雄伟壮观，湖泊碧波荡漾。各类自然景观与独特的僰人文化、苗文化共同构成了完美的自然人文画卷。

4. 川东旅游区

本区概指嘉陵江流域及其以东地区，包括南充、广元、达州、巴中等市。历史文化古老，自然风光原始天然，并有丰厚的红色文化资源。

(1) 南充。中国优秀旅游城市，位处四川盆地东北部、嘉陵江中游西岸，为川北水陆交通中心和工商业城市。历史上是四川蚕茧生产及丝绸工业中心，还有着光荣的革命传统，朱德、邓小平等伟人故居离此不远。

阆中市 国家级历史文化名城，中国优秀旅游城市。相传为远古帝王伏羲诞生之地，并曾为巴蜀别都，清初曾作为四川省会。由于其地理环境的封闭性，古城风貌得到天然保护。目前全市有20多条街巷仍保持着唐宋时期的建筑风格，并有巴巴寺、汉桓侯祠、万卷楼、滕王阁等名胜。

朱德与邓小平故居 朱德故居位于仪陇县马鞍场，其旧居马鞍陈列馆包括李家湾仓房、大湾旧居、药铺垭私塾、席家扁私塾和仪陇县高等学堂，还有其父母居住的相林嘴及新建的朱德故居纪念馆，整体古朴典雅。邓小平故居位于广安城北的牌坊村，是一座川东农家三合院民居，由邓小平曾祖父、祖父、父亲三代人所建，翠竹环抱，邓小平同志在此度过了青少年时期的14个春秋。

（2）广元市。中国优秀旅游城市。古称利州，地处四川北部嘉陵江上游，是陕甘川结合部，素有“川北门户”之称。已有2300多年的历史，名胜古迹众多，自然风光也极具特色，但以“剑门蜀道”、白龙湖最胜。

剑门蜀道 国家重点风景名胜区。是从陕西汉中、宁强入川至广元、剑阁、梓潼的古栈道，绵亘数百里，凿崖架阁，险象环生，然而风景俊丽。沿线有古栈道、三国古战场遗迹、千佛崖、剑门关、古驿道、李白故居等名胜。

白龙湖 国家重点风景名胜区。地处秦汉时期入蜀道的著名金牛道、景谷道、郎平道交汇之地。景区内以阴平半岛为中心，由各具特色的五个景区组成。其中湖中心景区面积$14km^2$，四周山峦叠翠，湖岸线曲折蜿蜒，时现湖中湖、湖外湖，湖湖相通的景色。

（3）巴中市。位于四川东北大巴山南麓，自古为兵家必争之地。境内风景名胜遍布。

光雾山—诺水河 国家重点风景名胜区。位于南江县和通江县北部。诺水河以岩溶地貌为主，有狮子洞、楼房洞、龙湖洞等大型溶洞组成的溶洞群；光雾山因长年被雾光笼罩而得名，由桃园、神门、十八月潭等五大片区组成。

红四方面军总指挥部旧址 位于通江城内，包括总指挥部旧址、红四方面军总政治部旧址和红四方面军烈士墓。总指挥部旧址原为文庙，徐向前、王树声等人曾在此办公和居住，并召开军事会议。总政治部旧址与之相邻，为清代建造的学宫。烈士墓坐落于沙溪王坪林，安葬红军烈士3800多名。

湖　北　省

一、旅游资源与环境概貌

湖北省为《禹贡》九州中的荆州之地，以位处洞庭湖之北得名，又因古代部分地区属鄂州故简称鄂。面积18.59万km^2，人口约5724万（2010年）。春秋战国时期楚国在江汉平原一带兴起，威震江南，有“荆楚大地”之说。西、北、东三面环山，风景秀丽；内孕江汉平原，河湖密布，为全国著名的“鱼米之乡”。省境位于祖国中西部结合部，长江作为连接东、中、西三大地带的大通道和经济走廊横穿全省，京广高铁及京广、京九、焦柳三大铁路和京珠等高速公路南北纵向通过。旅游资源丰富，尤以武汉都市风光、宜昌电城雄姿、高峡平湖、鄂西神农架、武当山道教文化以及楚文化等最具魅力。湖北人精明能干，善于商品经营，素有“天上九头鸟，地上湖北佬”之说。其传统服饰秉承楚风，以紧小、华美为特色；饮食讲究精美，调味以辛辣、酸、甜为主，注重味鲜。武昌鱼、精武鸭、咸宁青茶、孝感麻糖等为其著名风味特产。

二、旅游开发与规划概要

湖北省已树立旅游强省发展目标，并已形成要重点开发适应21世纪消费趋势的生态旅游产品、高档次和高品位的观光产品、高舒适度的度假旅游产品、富有体验性的探险旅游产品、文化内涵丰富的专项产品思路。在旅游产品建设上，将进一步提升长江三峡、神农架、武当山为重点的“一江两山”区域旅游，并使其成为国际知名品牌。在旅游区建设上将按照突出城市、依托干线、巩固区域、形成网络的总体思想，以武汉为龙头，武汉、宜昌、十堰、恩施为中心，加快建设大武汉都市旅游圈，积极构建鄂西生态文化旅游圈的旅游空间格局。

三、主要旅游区建设

1. 鄂东南大武汉都市旅游圈

本区包括以武汉市为核心，以200km半径范围内的武汉、黄冈、鄂州、黄石、咸宁、荆州、随州和孝感等鄂东南城市群。在功能上主要发挥武汉中心城市的辐射带动作用，加大周边地区旅游开发力度，形成以国际国内商务旅游、文化观光、度假休闲游为主的大武汉都市旅游区。

(1) 武汉市。国家级历史文化名城，中国优秀旅游城市，由武昌、汉口、汉阳三镇组成。位于长江与汉水汇合处，并有京广、汉襄、汉九等铁路干线交汇，区位交通条件优越，自古商业繁荣。旅游建设目标为商贸会展之都、滨江滨湖之城、楚风楚韵之地。

黄鹤楼 国家首批5A级旅游景区。黄鹤楼原址在武昌蛇山黄鹤矶头，相传始建于三国时期，为千古名楼。古代著名诗人崔颢、李白、陆游等都曾为楼咏诗作赋，到清同治年间见之著录的就达300首之多。因唐诗人崔颢题《黄鹤楼》一诗而名闻千古。现楼于1985年在武昌蛇山之顶重建而成。

东湖 国家重点风景名胜区。位于武昌东郊，湖面33km^2，水清如镜，湖岸曲折，环境宜人。主要景点有“湖光阁”、“行吟阁”、“听涛轩”、“水云乡”、“沧浪亭”、“濒湖画廊”、“长天楼”、“九女墩”等。

湖北省现代农业展示中心 首批全国休闲农业与乡村旅游示范点。位于武汉市黄陂区武湖生态园内，占地66.7hm^2，其中心为农业商科园区，常年开展1000余个新品种、30多项新技术、10个新模式的展示工作。园区内可进行水产养殖垂钓、园艺植物观赏、农田劳动体验、农业机械操作体验、果园采摘、住宿餐饮等休闲旅游活动。

(2) 荆州市。古称江陵，国家级历史文化名城，中国优秀旅游城市。南依长江，历为古代兵家必争之地。春秋楚国都城郢于此；三国故事中刘备借荆州和关羽“大意失荆州”亦指此地。

荆州古城 相传为三国蜀将关羽镇守荆州时所筑，明代大规模重建。城墙、城门、敌台、堞垛等均保存良好，气势雄伟，古色盎然。城内著名古迹“三观”（玄妙观、开元观、太晖观）为唐代所建，道光十八年（1838年）重修的景龙楼屹立于拱门城头；城外护城河如玉带环绕，更富有诗情画意。

纪南城 位于荆州城北约5km处，是楚国都城“郢”的旧址，楚文化发源地。秦大将白起拔郢后荒废，至西汉时城内已是农田，但留下了丰富的文化遗产。现土筑城墙保存完好。

(3) 钟祥市。国家级历史文化名城，中国优秀旅游城市。位于该省中部。战国后期为楚国都城；西晋至明为郡、州、府治。

明显陵 世界文化遗产名录地。为明世宗嘉靖皇帝的父亲朱祐杬及其母亲的合葬墓。朱祐杬生前为兴献王，其子继明武宗皇位后追尊为恭𥡴皇帝，故显陵之奇特主要源于王墓改帝陵而形成的一陵双冢，举世无双的孤例。

(4) 咸宁市。位于湖北省东南部，长江南岸，自古为兵家必争之地。三国时期的赤壁之战、北伐时期的汀泗桥战役都发生在此，并留有遗址。

陆水湖 国家重点风景名胜区。因三国时期东吴陆逊驻军于此而得名。景区面积 268.5km^2，其中水域面积 57km^2，800 多个岛屿镶嵌其间。景区内有三峡水库实验坝、雪峰山、云素洞等名胜。

九宫山 国家重点风景名胜区。位于通山县。境内重峦叠嶂，有溪谷 170 多条、飞瀑流泉 50 余处，为著名的道教圣地。相传峰高九层，后晋安王兄弟九人造九座宫殿于此，故名。主要风景名胜有九王庙、真牧堂、石城门、一天门等。明末李自成败走通山，死于九宫山牛迹岭，留有陵墓。

(5) 随州市。国家级历史文化名城。位于长江与淮河两大流域的交汇地带。因古为隋文帝杨坚封地而得名，中华始祖炎帝神农诞生于此。城西擂鼓墩出土的曾侯乙编钟，因能演奏古今乐曲而被誉为世界奇迹。山川秀丽，尤以大洪山被誉为楚北第一峰。

大洪山 国家重点风景名胜区。地跨随州和钟祥、京山县之间，面积 330km^2。景区内峰峦叠翠，溶洞上百个，并有海拔 850m 的"鄂中瑶池"、"白龙池"和柳门口四叠飞瀑，以及随州曾侯乙墓编钟、明显陵等名胜古迹。

2. 鄂西生态文化旅游区

本区包括以宜昌、恩施为中心的鄂西南大三峡地区和以十堰、襄阳为中心的鄂西北旅游区，形成了"一江两山"的山水空间格局。本区将要加快形成以"一江两山"为核心的旅游品牌；以荆楚文化、三国文化、炎帝文化为支持的历史品牌；以土、苗风情和清江风光为主体的生态文化旅游品牌。

(1) 宜昌市。中国优秀旅游城市。位于长江三峡东口，号称"川鄂咽喉"，有"世界电都"、"三峡明珠"之誉。以长江三峡为代表的自然风光和以三峡水利枢纽工程为代表的人文景观，奠定了其在全国和国际旅游中的重要地位。

葛洲坝水利枢纽工程 位于市西北的南津关，是长江干流第一座大型水利工程。电站厂房雄伟壮观，坝上库内烟波浩渺。大坝西北的西陵山腰有著名的三游洞，溯江而上不远有名胜黄陵庙。

长江三峡水利枢纽工程 国家首批 5A 级旅游景区，世界最大水电站。坝址在南津关上游三斗坪，大坝全长 2309m，坝高 185m，横截长江，宏伟壮观。最高蓄水位 175m，形成宜昌至重庆绵延 650km 长的"群山倒映山浮水"的美妙"三峡平湖"风光，被誉为"东方日内瓦"。

屈原故里和昭君故乡 秭归县城有楚国诗人屈原的墓和纪念馆、屈原庙等遗迹。每年农历端午赛龙舟，这里游人如织，热闹非常。沿风景优美的香溪河谷上行 15km 的三间即屈原故里；再上行数 10km 便到了兴山县的昭君村，即为王昭君故乡，现遗存有昭君宅、井、台和昭君纪念馆。

(2) 恩施市。中国优秀旅游城市，全国休闲农业与乡村旅游示范县（市），恩施土家族苗族自治州首府所在地。境内环境优美，文化厚重。恩施人充分利用其自然生态、民族文化优势，将自然风光、民族风情与休闲农业和乡村旅游融为一体，打造了“仙居恩施”，建成了恩施大峡谷、黄鹤生态走廊等八大生态走廊和多种形态的休闲农业与乡村旅游点。

巴东神农溪　国家5A级旅游景区。是巴东县长江北岸的一条常流溪流，发源于神农架南坡，穿行于深山峡谷中，于巫峡口汇入长江，全长60km。溪流两岸山峦壁立，峡区内深潭碧水、悬棺栈道、岩溶洞穴、土家风情、纤夫文化，令人神往。

清江　长江支流，流经恩施土家族苗族自治州和宜昌市南部地区。沿途有清江闯滩、利川腾龙洞、五峰柴埠溪、长阳百岛湖、丹水漂流、天柱山、宋山等风景名胜，构成了清江流域优美的山水长廊和风情长廊。

(3) 十堰市。中国优秀旅游城市。地处鄂西北的崇山峻岭之中，因古代劳动人民在其境内的百二河和犀河上筑坝十道，堰水灌田而得名。现为著名汽车工业城市，并已跻身世界级卡车生产行列。因东有武当，南有神农架，西有竹溪县楚长城遗址，北有汉江，现已发展成为鄂西北旅游中枢城市。

武当山　又名太和山，为我国四大道教名山之一，国家重点风景名胜区、国家5A级旅游景区、世界文化遗产名录地。位于丹江口市西南，景区面积400km^2，有72峰、24涧、11洞、3潭、9泉、10池、9井、10石、9台等胜景。明代被尊称为太岳，建成建筑面积160万m^{2}的宏大建筑群，形成宏伟壮观的“真武道场”。构思之巧妙、工程之艰巨、雕琢之细腻、建筑艺术之精湛，均为世界罕见。明代旅行家徐霞客留有《游太和山日记》。

神农架　国家5A级旅游景区，并被列入联合国教科文组织“人与生物圈”保护网。位于鄂西房县、兴山、巴东三县交界处，主峰神农顶海拔3105m，素有“华中屋脊”之称。相传神农氏（炎帝）曾在此尝遍百草，由于山峰陡峭，便搭架上下采药，由此得名。神农架为国内各动植系区系汇集之处。其中有许多珍稀种及孑遗种如珙桐、水杉、鹅掌楸、白熊、金丝猴等，还传说有野人。

(4) 襄阳市。国家级历史文化名城，中国优秀旅游城市。位于省境北部，汉水穿越而过，北为樊城，南为襄阳。襄阳城墙始建于汉，城高而坚，城河宽阔；樊城仅保存有两侧城门和部分城墙。襄阳一带是蜀魏吴鼎足三分角逐之地，与此有关的名胜有诸葛亮隐居之地隆中、庞统隐居的庞统洞以及徐庶故里等。

隆中　国家重点风景名胜区。由古隆中、水镜庄、承恩寺等五个景区组成。其中，古隆中为诸葛亮躬耕苦读，刘备“三顾茅庐”和脍炙人口的《隆中对》故事就发生在这里。历代相继在隆中修建纪念性建筑和景点62处，现仍保留三顾堂、武侯祠、三义殿、躬耕田、承恩寺等名胜古迹。

湖　南　省

一、旅游资源与环境概貌

湖南省因位于洞庭湖以南而得省名，简称湘，雅称“芙蓉国”；宋代著名画家宋迪曾以湖南风景作“潇湘八景图”，书法家米芾配以“潇湘八景图诗”，宋宁宗皇帝亦御书“八景组诗”，故而又有“潇湘之地”美誉。面积21.18万km^2，人口约6568万（2010年）。东南西三面环山，地貌轮廓呈向北敞开的马蹄形盆地。为著名的“有色金属之乡”、“非金属之乡”、“鱼米之乡”和“旅游胜地”。旅游产品丰富多奇，仅国家级风景名胜区就有19处、中国优秀旅游城市12座、国家5A级旅游景区5处、世界自然遗产名录地2处、国际重要湿地名录地3处。湖南人喜欢吃辣椒、苦瓜，性格勇猛顽强，有“湖南蛮子”之说。但当兵打仗英勇善战多谋，将帅成群，故又有“绍兴师爷湖南将”之誉。湘菜、湘茶、湘烟、湘瓷、湘剧以及烟花爆竹等均驰名中外。

二、旅游开发与规划概要

湖南省旅游产业发展的目标就是要使其成为有规模、有实力、有永续发展能力的支柱产业，并努力建成旅游产业强省。在总体布局上，未来五年将精心打造以长沙为中心，以张家界为龙头，构筑大长沙、大湘西、大湘南三大旅游板块；规划包括将长沙、张家界建成为国际旅游目的地城市和优先将韶山、南岳、凤凰、岳阳楼、崀山、炎帝陵、舜帝陵建设成为国际精品旅游目的景区；精心培育包括永州柳子庙—阳明山、岳阳汨罗屈子祠龙舟文化、怀化洪江古商城—芷江、娄底双峰曾国藩故居、梅山龙宫—紫鹊界梯田、常德桃花源—柳叶湖、湘西芙蓉镇景点圈、郴州东江湖—莽山、益阳茶马古道、郴州云峰湖十大国内著名品牌；打造湘西生态民俗风情带、湘江生态经济旅游带、湘南山水人文旅游带等7条黄金旅游带的旅游空间布局格局。

三、主要旅游区建设

1. 湘中东名城名山名水旅游区

本区包括长沙、湘潭、株洲、娄底四市，位于湖南省的中东部，是湖南省经济最发达、城镇最密集、旅游客源市场和产品供给市场最发达的地区，为湖南省旅游业发展的中心。旅游资源以都市风光、名胜古迹、名人故居、红色旅游、乡村旅游与休闲农业等为特色，抗战文化更是一绝，“长沙保卫战”及湘北大捷震惊中外，影响深远。

(1) 长沙市。国家级历史文化名城，中国优秀旅游城市。秦置长沙郡，汉置长沙国，素有“楚汉名城，湖南首邑”之誉。马王堆汉墓出土的完好女尸及帛书、帛画，走马楼出土的数万片吴简，可称世界奇迹。近代英才辈出，谭嗣同、黄兴、蔡锷、宋教仁、毛泽东、刘少奇等名人都在这里留下了他们的足迹。当代长沙将打造成具有国际吸引力的湖湘文化与休闲旅游之都，全省游客集散中心和湘江旅游经济带的核心。

岳麓山—橘子洲　国家重点风景名胜区，国家5A级旅游景区。岳麓山地处湘江西岸，为南岳72峰之足，有岳麓书院、古麓山寺、爱晚亭、北海碑、白鹤泉、望江亭、云麓宫等名胜，湖南大学、中南大学、湖南师范大学等10多所高等院校齐集于此。橘子洲为湘江之中的江心洲，长4.75km，宽45～140m，由水陆洲、牛头洲等组成，因曾盛产美橘而得名。洲上的橘子洲亭和长廊、《沁园春·长沙》词碑，为高品位的“城市公园”品牌。

岳麓书院　坐落于岳麓山清风峡口，是我国宋代全国四大书院之一，也是“湖湘文化”的源头。清末改为湖南高等学堂，1926年定名为湖南大学，世称“千年学府”。其院门匾额“岳麓书院”为宋真宗御笔，门联“唯楚有才，于斯为盛”为千古名联。书院仅清代就培养出了王夫之、陶澍、魏源、曾国藩、左宗棠、杨昌济等大批经世济民人才。

烈士公园　位处市区东北部，是一座融纪念、娱乐和游览于一体的综合性公园。公园内建有庄严雄伟的烈士纪念塔，塔下部是烈士纪念堂，陈列着湖南近百年来著名烈士照片与生平事迹。为著名的爱国主义教育基地，终年游人络绎不绝。

望城　全国休闲农业与乡村旅游示范县（区），为省会长沙市新城区。境内有靖港、铜官、乔口等古镇，还是雷峰故里、清末中兴名臣曾国藩墓地，有千龙湖、百果园、锦绣生态农庄等高水平休闲农庄，形成了以 35km 湘江黄金岸线为轴线，以“一江两岸四镇四岛五景区”为重点，以休闲农业为依托，农家园林、花果观赏、古镇集群、农耕文化、滨水休闲等不同业态聚合的发展格局。2012 年 9 月，全国第四届休闲农业与乡村旅游论坛在这里召开；2013 年 10 月，世界休闲农业与乡村旅游峰会又在此举办，并诞生了“世界休闲农业与乡村旅游城市（城区）联盟”。

大围山　国家森林公园，国家生态旅游示范区。位处浏阳东北，是浏阳河的发源地，素以“山奇、水秀、林幽、石怪”著称，有“湘东绿色宝库”之称。境内居民 90% 为客家人，至今保留着客家文化传统和习俗。已建设成著名生态休闲度假胜地。

沩山　国家级风景名胜区，地处宁乡、桃江、安化交界处，是一个集礼佛、度假、休闲、探险于一体的综合性旅游景区。其密印寺为中国佛教禅宗沩仰宗派的祖庭，有回心桥等三十六景，以及密印寺开山鼻祖灵佑肉身塔、唐相国裴休墓、唐诗僧齐己墓、抗金名将张浚和朱张理学创始人张栻父子墓、革命前辈何叔衡和谢觉哉故居等名胜和名茶沩山毛尖等特产。

灰汤　位于宁乡县西南，为我国三大著名高温复合泉之一。水温可达 89.5℃，含有 29 种对人体有利的微量元素，已建成著名的温泉旅游度假区。

刘少奇故居　位于宁乡县花明楼镇，距长沙 72km。故居按原貌恢复，生动再现了湖南农家典型民居风貌和刘少奇同志青少年时期在此生活学习的部分场景。刘少奇同志纪念馆内陈列有珍贵文物 190 多件，为著名爱国主义教育基地。

（2）湘潭市。中国优秀旅游城市。古称潭州，别称莲城。位处湘江两岸，自古为湖南重要物资集散中心，素有“金湘潭”美誉。人杰地灵，毛泽东、彭德怀、齐白石都出生在这里，为红色旅游胜地。

韶山　毛泽东故里，国家重点风景名胜区，国家 5A 级旅游景区。由故居、韶峰、滴水洞、清溪、黑石寨五大景区组成。景区内有毛泽东故居上屋场、南岸私塾、毛氏宗祠以及毛泽东父母墓、毛泽东纪念馆、毛泽东铜像等。位于故居南面的韶峰相传为尧帝南巡时的奏韶乐之地，并有“韶峰耸翠”、“仙女茅庵”、“凤仪亭址”、“胭脂古井”、“顿石城门”、“石壁流泉”、“塔岭晴霞”、“石屋清风”，统称“韶山八景”。

彭德怀纪念馆　位于湘潭县乌石镇，纪念馆包括彭德怀故居、彭德怀铜像广场纪念馆、德怀墓等纪念设施。纪念馆内陈列有 306 幅照片、157 件实物和大批珍贵文物，并利用声光电等多种表现手段，系统生动地再现了彭德怀光辉一生。

（3）株洲市。中国优秀旅游城市。古称建宁，地处长沙之南、湘潭之东。“长株潭一体化”将使三者融成一体，合称“银城”。株洲滨湘江，为我国南方最大铁路枢纽站、重要工业基地和新兴的旅游胜地。辖县茶陵为徐霞客重点考察区域，尤以游麻叶洞最为传神。

醴陵瓷城　位于市境东部，湘江支流渌水流域，为全国八大瓷产区之一。早在清代，“白如玉、明如镜、薄如纸、声如磬”的醴陵釉下五彩瓷就闻名海内外，1915 年获巴拿马国际金奖。如今醴陵陶瓷不仅走进了人民大会堂、中南海、毛主席纪念堂，而且漂洋过海出口 80 多个国家。醴陵还是李立三、左权、耿飚、宋时轮等革命家及程潜、陈明仁等爱国将领的故里。

炎帝陵　国家级风景名胜区，国家生态旅游示范区。位于炎陵县（原酃县）城西南鹿原陂。相传神农炎帝亲尝百草，为民治病，后崩葬于此地。宋乾德五年（967 年）建成炎帝宗庙，风景秀丽，古木参天。前人有诗云："炎帝何年葬此山，有灵呵护在人间，龙飞凤舞千峰绕，玉嘎金铿一水环"。炎帝陵历为炎黄子孙缅怀祖先的圣地。

（4）娄底市。中国优秀旅游城市。位于湖南省中部，境内有雪峰山、大乘山等名山，岩溶地貌广布，人杰地灵，系曾国藩、邓显鹤、陈天华、蔡和森、罗盛教等古今名人的故乡。有紫鹊界梯田—梅山龙宫、大乘山—波月洞、曾国藩故居等风景名胜。

紫鹊界梯田—梅山龙宫　国家重点风景名胜区，位于新化县水车镇。梯田面积达 $13km^2$，遍布于海拔500～1000m的十几个山头，为古代苗、瑶、侗、汉各民族共同创造的人间奇迹。梅山龙宫属大型溶洞群，已探穴深度2878m，有9层洞穴，相传为古梅山人居所。

大乘山—波月洞　大乘山位于冷水江市南郊，山体雄伟，有不少景色奇特的悬崖峭壁、峡谷、瀑布、石林和石海。波月洞位于冷水江市北郊，由三个层面洞穴组成。洞中晶莹鹅管、巨型石坝和网络石槽，均居世界之冠。

2. 湘北洞庭湖风光人文胜迹旅游区

本区包括岳阳、益阳、常德三市，洞庭湖区水域湿地广布，同时也是全国著名的"鱼米之乡"；周境为低山丘陵地貌，山水风光与文化胜迹交相辉映。

（1）岳阳市。古称巴陵，又名岳州，国家级历史文化名城，中国优秀旅游城市。位于长江与洞庭湖交汇处，素有"湘北门户"之称。为长江中游地区重要的石油化工基地、对外贸易港口和风景旅游城市。其中君山区还是全国休闲农业与乡村旅游示范县（区）。岳阳位于贯穿中国南北的京广铁路和横贯东西的长江"十字"交叉点上。两条线路上的31个城市手牵手，结成了旅游联盟，共同打造了"中华山水"最美十字飘带。

岳阳楼—君山岛与洞庭湖　国家重点风景名胜区的核心，国家5A级旅游景区。岳阳楼为江南三大名楼之一，矗立于岳阳城西古城台上。西瞰洞庭，北临长江，遥对君山，气势雄伟。范仲淹撰写的《岳阳楼记》为千古名篇。著名诗人李白、杜甫、韩愈、白居易、李商隐、刘禹锡、孟浩然、欧阳修、陆游等也曾登楼抒怀。君山，别称洞庭山，是洞庭湖中面积不到 $1km^2$ 的小岛。地形起伏，号称72峰。曾有36亭，48庙以及二妃墓、柳毅井等古迹。所产的"君山银针"茶曾于1956年获德国莱比锡国际博览会金奖，有"洞庭茶岛"之誉。

汨罗江　发源于湘赣边境山区，流贯汨罗市全境，经垒石入湘江。爱国诗人屈原怀沙自沉汨罗江后，建有屈原祠、屈原墓、招屈亭、藏骚阁、望爷墩等供人凭吊；屈潭、晒尸墩、骚坛、等令人遐想。每当农历五月初五屈原殉难日，汨罗江举行盛大龙舟竞赛活动，现已演变为岳阳国际龙舟节。

（2）益阳市，中国优秀旅游城市。位于洞庭湖畔、资水之滨，为著名"鱼米之乡"。凭借其优越区位交通条件、丰富特产、古朴民风，已成为湖南农家乐旅游示范基地，并有桃花江、南洞庭湖、柘溪水电站等风景名胜地。

益阳奥林匹克公园　位于益阳市朝阳综合经济开发区，为国家羽毛球训练基地。公园依山就势，环境优美。园区主体建筑为一场三馆，即体育场、体育馆、游泳（跳水）馆，并有24片场地的羽毛球综合训练体育馆，还新设置了娱乐区和体育健身区，使其成为了一个国家一流综合性运动休闲中心。

桃江　全国休闲农业与乡村旅游示范县。东距益阳市区28km，因音乐家黎锦晖1928年在东南亚地区所创造和演唱的《桃花江是美人窝》，而使其名扬海内外。景区内有屈原天问台、道教圣地浮丘山、洪山竹海等景点，并有一年一度的桃江国际竹文化节。

南洞庭湖 位于沅江市境内。区内苇荡遍布，各种水禽竞飞，已列入国际重要湿地名录地。万子湖畔的“凌云塔”，是洞庭湖畔现存的两座水中宝塔之一，与自然湿地交相辉映，并开发了“湖乡乐”、“渔家乐”农业旅游项目。

安化黑茶之乡 安化为古梅山蛮（瑶族）活动的中心，宋代章淳征服梅山蛮之后设县，为中央王朝设置供给西北少数民族的黑茶生产基地。安化黑茶是以在安化境内独特地理环境下生产的毛茶为原料及其再加工茶的总称，中国茶叶流通协会授予安化为“中国黑茶之乡”。黑茶具有抗癌、防癌、抗辐射、助醒酒、又是消化、减肥、美容、延缓衰老、降胆固醇、能提高思考能力、降血压、降血脂、抑制动脉硬化等功效（王建词：《茶都归来》，2012），尤其是“千两茶”和“茯砖茶”等品牌黑茶，功效更显著，国内外黑茶市场正在迅速扩大。

（3）常德市。中国优秀旅游城市。位处洞庭湖西北部、沅水河畔。景区内山水如画。城内有笔架城、孤峰塔、铁经幢、常德诗墙等名胜；所辖县域内有桃花源、花岩溪、柳叶湖、夹山、壶瓶山以及城头山遗址等风景名胜。抗日战争时期，中国国民革命军面对数倍于自己的凶残侵华日军，进行了极为惨烈的常德保卫战，至今留存有抗日将士阵亡纪念塔。

桃花源 国家重点风景名胜区，位处桃源县城西南 15km 处，因东晋诗人陶渊明所写《桃花源记》和《桃花源诗》而得名。唐代开始建寺观，宋时甚盛，几经废兴，现面貌焕然一新。主要景点有仙人洞、桃林、桃花涧、桃花潭、桃花观、秦人村等。每当桃花盛开之时，都要在这里举办一年一度的桃花旅游节。《徐霞客游记》多处提及“桃花源”故事。

花岩溪 国家森林公园。位于鼎城区西南 50km 处。景区面积 $20km^2$，包括五溪湖、龙凤湖、仙池山、神公寨等景点。这里林木葱葱，翠竹千顷，并有数万只白鹭栖息而形成的“鹭城”奇观。

柳叶湖 新兴的旅游度假区。位处常德古城西北隅，被称为“湖南一宝，常德一绝”。由柳叶湖水上游览区、白鹤山鸟类资源保护区、沾天湖、仙人洞、戴家岗、花山等六大风景区组成，并有会议接待中心、度假村等。

壶瓶山 国家森林公园。位于石门县境内，属武陵山系。景区面积 $420km^2$，这里有湖南最原始的森林和古老的动植物珍稀品种、最幽长的峡谷、最壮观的瀑布、最纯清的水、最清新的空气、最大的溶洞群、最浓郁的土家风情和最古老的茶俗，被称为湖南最后的一片处女地。近代的壶瓶山镇所产优质红茶“宜红”曾盛极一时，畅销欧美市场。

城头山遗址 为中国目前发现年代最早、保存最完整、内涵最丰富的古城遗址，坐落于澧县车澧乡南岳村境内。1991 年和 1997 年考古发掘出城垣、城门设施、早期石壕和后期护城河，居住、制陶、祭坛、道路和墓葬遗址，以及 6000 年前的木浆、6500 年前的水稻田遗址等，为中国十大考古新发现之一。

3. 大湘西自然山水民族风情旅游区

本区包括张家界、湘西自治州、怀化三市（州），地处雪峰山以西的湘西山区。山岭崎岖，是我国土家、苗、侗等少数民族的主要聚居区。旅游资源以奇山异水、民族风情最具特色。

（1）张家界市。中国优秀旅游城市。境内地质结构复杂、地貌类型奇特，森林生态环境完好优美，有土、苗、白等少数民族聚居，是一个集山、水、洞、林、历史文化与民族风情于一体的旅游胜地。当代张家界，作为湖南省的旅游龙头，将打造成为具有国际吸引力的世界旅游精品城市、国家旅游综合改革示范区，成为湖南遗产旅游、民俗旅游、休闲旅游的核心品牌和重要旅游目的地。

武陵源　国家首批5A级旅游景区，世界自然遗产名录地。包括张家界、天子山、索溪峪和杨家界四大景区以及周边的九天洞、八大公山、五雷山、天门山、茅岩河等景区以及贺龙元帅故居等。其中，张家界号称有3000奇峰、800秀水，宛如天然画廊，并为我国第一个国家森林公园和著名世界地质公园；索溪峪，自然风光以山奇、水秀、桥险、洞幽称胜；天子山，地势高耸，峰峦参差，怪石擎天。云雾、月明、霞日、冬雪为其四大自然奇观，并有独特的白族风情；杨家界有大小峰林数千座，精华景点数百处，杨家将故事广为流传。

天门洞　位于国家5A级旅游景区天门山主峰上，是世界海拔最高的天然穿山溶洞。当地有“千把钥匙万把锁，开天门，结百果”的民谣。天门洞南北对穿，门高131.5m，宽57m，进深60m，宛若一道通天的门户。有雄伟高大、空旷明朗、风云变幻等特点。吸引着文人墨客前来探访游赏，形成了天门山独特厚重的“天文化”，当代又吸引着众多著名的海内外翼装飞行爱好者前来“飞跃天门洞”。

（2）湘西自治州。位于湖南省西部，俗称湘西。山地高原占全区的81.5%，为苗、土家等少数民族聚居区。岩溶地貌发育，景观特色典型，猛洞河、凤凰古城、德夯、里耶古镇等都很知名。

猛洞河　国家重点风景名胜区。以古镇王村为中心，猛洞河发源于龙山县，流经永顺县，全长112km。上游河道狭窄、流急滩陡，可乘橡皮舟漂流，有“天下第一漂”之誉；下游河面渐宽，可乘船游览。猛洞河漂流，可穿峡谷、过险滩、钻溶洞、观山景、赏瀑布，其乐无穷。

德夯　国家重点风景名胜区，位于吉首市西郊24km处。由德夯、峒河和小龙洞三大景区构成。景区内溪流沟壑、瀑布、奇峰、森林等景观遍布。这里还是苗族聚居区，矮寨、斗寨、德夯等民族村寨，独特的石屋、吊脚楼、苗家织锦、“四月八”盛会，以及跳歌会、苗家鼓舞等特色民族旅游项目，引人入胜。如今，在德夯大峡谷上又添置了世界著名的矮寨特新型大悬索大桥。

凤凰　国家级风景名胜区，国家级历史文化名城，中国优秀旅游城市。位于湘西自治州的西南部，县城沱江镇，群山环抱，并以流淌其间的青亮沱江水，环峙于南的葱郁南华山，蜿蜒起伏的老城墙，弯弯曲曲的石板路和错落有致的吊脚楼而被新西兰友人路易·艾黎誉称为中国南方最美丽的小城。黄丝桥古城，明代苗疆边墙南长城，苗家蜡染、刺绣、饮食、服饰和传统节庆活动等，令人陶醉。这里还是熊希龄、沈从文、黄永玉等名人的故里。

（3）怀化市。位于湖南省西部，西接贵州省，素有“湘黔门户”之称。境内名山、秀水、奇洞遍布；古代建筑奇妙独特，侗苗等族民俗风情浓郁，洪江古商城、通道万佛山，芷江抗战受降城等风景名胜地，都极具特色。

凤凰山—五强溪　位于沅陵县境内，构成湘西山水长廊。凤凰山，处沅陵县城东沅水南岸，因山势似展翅的凤凰而得名，山顶凤凰古寺曾囚禁爱国将领张学良于此。五强溪库区，蓄水量相当于大半个洞庭湖，形成了湖南的千岛湖。黔中郡古城遗址、龙兴讲寺、虎溪书院、二酉藏书洞等景观，都高度集中于此。

万佛山—侗寨　国家重点风景名胜区，位于通道县东北部，是一出以丹霞地貌为主的风景名胜地。由万佛山、独岩、神仙洞、将军岩等7个景区组成。景区内各种类型和造型奇特的丹霞景观遍布，侗寨风光与其相映衬，被称为侗族建筑“三宝”的“鼓楼、花桥、吊脚楼”随处可见。

芷江　抗战名城，又称和平城，位于怀化西南沅水河畔。四周群山环抱，抗日战争中期在这里兴建了盟军远东第二大机场，对日作战中创造了无数次空战奇迹。1945 年 8 月 21 日，日本派代表在这里举行了“芷江受降”洽谈。抗战胜利后，在当年洽谈的七里桥中美空军俱乐部旧址修建了“受降纪念坊”，后又创建了“受降纪念馆”和“纪念碑林”，成为了著名的爱国主义教育基地。

4. 大湘南名山秀水旅游区

本区包括衡阳、永州、郴州、邵阳四市。地处南岭山脉北侧，湘江、资水上游。境内山水奇秀，素以“锦绣潇湘”之地著称。

（1）衡阳市。别称雁城，位于湘江、耒水和蒸水汇合处，自古为军事重镇，物资集散中心。抗日战争时期名扬中外的衡阳保卫战，使其赢得了“衡阳抗战纪念城”的英名。城区内名胜古迹遍布，现代衡阳，又是著名的工业重镇、文化名城、旅游胜地和宜居家园城市。

石鼓书院　为北宋的“天下四大书院”之一，位于衡阳市城北的石鼓山上。书院建于唐、兴于宋。宋仁宗为之亲赐“石鼓书院”匾额，著名理学大师朱熹为之作《石鼓书院记》，使之学风大振，有“湘南第一胜地”誉称。明代著名旅行家徐霞客曾两次登上石鼓书院主体建筑大观楼，盛赞“地则名览乐育之区，而兼滕王黄鹤之胜”。

衡山　国家重点风景名胜区，国家首批 5A 级旅游景区。位于衡阳市北 50km 处，为花岗岩高山雄景景观，奇峰林立，林幽壑深，素以“五岳独秀”、“中华寿山”、“湖湘文化源地”、“抗战名山”而称胜。衡山还是我国南方著名宗教圣地，佛教、道教、儒教共存共荣，有“三教鼎之源为衡山所独擅”之说。祝融峰之高、藏经殿之秀、方广寺之深、水帘洞之奇，堪称“南岳四绝”。南岳大庙及庙会、忠烈祠、南岳寿文化节等都是最具影响的旅游品牌。这里曾一度为全国抗战指挥中心，蒋介石在这里主持过 4 次全国抗战军事会议。

衡阳抗战纪念城　1944 年 6 月 23 日，侵华日军以 12 万之众对衡阳发起了猛烈进攻，衡阳军民奋起抗敌，孤军血战，坚守城垣 48 天，歼敌 2.9 余万名，并击毙了日军第 68 师团长佐久间中将，迟滞了日军南进的计划。但衡阳古城被夷为一片废墟，守城部队国民革命军 17 800 余名爱国官兵 90%以上阵亡，3124 名忠勇衡阳民伕为国捐躯，由此赢得了“衡阳抗战纪念城”的称号。蒋介石亲自为之题写“衡阳抗战纪念城碑”和“衡阳抗战纪念城”，命名“训词”。建于衡阳市中心岳屏公园内的“衡阳抗战纪念城”园区，成为了著名的爱国主义教育基地和全国红色经典旅游景区。

湘江风光带　指以市区范围内湘、蒸、耒三水为骨架的滨水风光带，“三江六岸”全长 110km。滨江花园、滨江林带、休闲广场、休闲长廊、浅水湾廊道、望江亭、石刻雕塑、景观灯柱、健身器材、高楼大厦、九桥三环、学校书院等城市景观交相辉映，一派大都市气派，并为衡阳人民和游客提供了观光休闲的理想天地。

耒阳古城　秦置耒县因耒水而得名，历有“荆楚名区”之称。这里为著名发明家蔡伦的故里，也是唐代诗圣杜甫病逝之地。城内有蔡伦祠墓、蔡伦造纸地、唐代杜甫墓、杜陵书院、明初环秀楼、清代凌云塔等名胜古迹。

船山故居　位于衡阳县境，为明末清初著名思想家王夫之晚年隐居之地。故居为砖木结构，二居二间，属坡式屋顶建筑。故居附近有古枫一株，根部凸生形如骏马，王夫之称之为“枫马”；有巨石如船，谓之“石船山”，故后人称王夫之为船山先生。王船山在此隐居 18 年，闭门著述数百卷。

罗荣桓元帅故居　位于衡东县荣桓镇。恢复了罗荣桓卧室、书房及其祖母和父母卧室、客厅、健身房、炉房、罗家开的“永隆杂货铺”。卧室内陈列的橱柜、板床、抽屉、书柜、床头小方桌等均为原物；陈列室内展出了各时期的珍贵照片、实物，真实再现了罗荣桓元帅光辉战斗的一生。

衡东土菜名县 是以当地所产土、畜产品为主、辅料，采用民间传统烹饪方法制作，具有独特地方性口味的菜肴。衡东土菜之源之本，绿色、原汁、鲜活，并以其色香味俱佳、营养保健等为人们所喜爱。2010年，中国烹饪协会授予衡东全国唯一的“中国土菜名县”称号。

（2）永州市。又名零陵，湖南省历史文化名城。市内有柳子庙、文庙、绿天庵、朝阳岩、萍岛、回龙塔等名胜，尤以柳宗元“八记”最令人神往。辖县内有祁阳浯溪、宁远九嶷山、濂溪祠和道县月岩等胜景。

浯溪 国家4A级旅游景区，江南最大露天碑林。为位于祁阳县城南汇入湘江的一条小溪流，风景名胜则集中于二水汇合处的一处熔岩高丘。唐代诗人元结慕其清幽秀俊，曾来此结庐客居。由元结撰文、颜真卿书写、并镌刻于悬岩巨石之上的“大唐中兴颂”，以文奇、字奇、石奇而被世人称为“摩崖三绝”，并有历代书法家诗文碑刻482处，是我国南方最大的露天碑林。旅行家徐霞客曾两次登临考察，对其摩崖石刻赞叹不已。

九嶷山 国家级森林公园。位于宁远县南部，山体由花岗岩、变质岩构成，奇峰林立；宽谷和山间盆地中有类似桂林的石灰岩峰林、峰丛和溶洞。森林茂密，动植物种属丰富，有斑竹及其他20多种异竹聚生于此。古史记载舜帝归葬于此，有舜庙、舜碑等古迹，还流传着与舜帝有关的传说。旅行家徐霞客旅行考察九嶷山水名胜达九天之久，并倍加赞美。

（3）郴州市。中国优秀旅游城市。位于湖南省东南部，南岭北侧。境内林木茂密，“郴”谓之“林邑地”，郴州由此得名。有苏仙岭、北湖公园、中国女排训练基地、飞天山、仰天湖、万华岩、五盖山，以及资兴东江湖、汝城热水圩温泉、桂东八面山、宜章莽山、临武龙洞等风景名胜。旅行家徐霞客自西向东和从南到北都留下了其足迹，盛赞郴州的佳山胜水。

苏仙岭—万华岩 国家级重点风景名胜区。位于郴州市郊。苏仙岭山势奇丽，有“五岭风景明珠”之誉。因传说中的苏耽在此成仙而得名，道教尊为“天下第十八福地”。有桃花居、白鹿洞、三绝碑、苏仙观等景区。万华岩，为南方典型的喀斯特溶洞穴。已开发的主洞2245m，游客可以从地下乘船进洞游览，溶洞内石景丰富多奇。

东江湖 国家重点风景名胜区，国家生态旅游示范区，国家5A级旅游景区。东江水电站库区，水面160km^2，有“南半洞庭”之誉。库区港湾纵横、岛屿星罗。其中兜率灵岩岛上有山、有庙、有洞，洞中景象万千；库滨天鹅山为国家森林公园，有“天然氧吧”之称；注入东江的浙水，号称为“中国生态第一漂”。一年一度的“山水生态旅游节”就在这里举行。

汝城 湖南省旅游强县、省级历史文化名城。位于郴州市南境，罗霄山山脉与南岭山脉结合部。历史时期为中原南下汉人、闽粤赣客家人迁聚并与当地土著磨合交融之地。自然风光奇秀，人文历史古老。县境至今留有濂溪书院、朱氏宗祠、绣衣牌坊、上古寨与桥乡石泉古村落、红军长征纪念碑等名胜古迹。九龙江国家森林公园、热水圩高热温泉（福泉山庄）等，都已成为旅游者休闲度假胜地，还有“汝城白茶”、“香火龙”民俗等特色资源。这里是真正的“魅力乡村，梦里故乡”。

桂阳宝山矿山公园 桂阳素有“楚南名区”、“汉初古郡”誉称，是久负盛名的“八宝之地”。矿冶文化深厚，汉置“金官”，唐设“监”，均为专管理矿冶钱币的县级行政机构。尤其是宝山，早在汉代就用土法开采铅锌矿，至今保存着多个时期的采矿遗址。桂阳人在此建成了湖南首个对外开放的矿山公园，游客可在这里参观古代露天采矿场，去矿山博物馆参观各类矿石，了解采矿知识。

(4) 邵阳市。古称邵陵、宝庆，位于资水与邵水汇合处。本区为雪峰山与南岭交汇之地，山水风光秀丽多姿，历史文化多彩。有新宁崀山、城步南山和武冈云山、隆回虎形山—花瑶、新邵白水洞、魏源故居、蔡锷故里等风景名胜。

崀山　国家重点风景名胜区，世界自然遗产名录地。位于新宁县境内，以奇特的丹霞洞穴、奇峰异石、峡谷幽壑、丹霞天生桥、秀丽扶夷江以及旷古幽远的舜皇山国家森林公园，构成五彩缤纷、迷人欲醉的自然风光。宋代抗金名将杨再兴、清末兵部侍郎江忠源、南洋通商大臣刘坤一、两广总督刘长佑、江南水陆提督刘华轩等名人都出生于此，安葬于此。境内还有瑶寨风情。

南山　国家重点风景名胜区，我国南方著名山地牧场。城步西南八十里大南山的核心部位。景区面积 150km²，平均海拔 1760m。夏季凉爽如秋，自然风光秀丽，是一处集放牧、旅游、疗养、避暑、狩猎于一体的山地天然公园。

白水洞　国家级风景名胜区，位于新邵县境内，是一处原始天然的溪谷洞穴旅游胜地。白水洞白棠溪径北，奇峰跌出，峡谷幽深。沿途有幽深秀雅的白水洞、蔚为壮观的白水瀑布、宛如世外桃源的白水村，还有水帘洞梳妆台、一线天诸景。

隆回　全国休闲农业与乡村旅游示范县，其锦龙生态农庄为全国休闲农业与乡村旅游示范点，并有国家级风景名胜区“虎形山—花瑶”，还有以滩头古镇为代表的隆回纸文化、神奇迷人的梅山文化和特有的农耕文化。发展休闲农业的乡镇 12 个、休闲农业示范村 18 个、初具规模的休闲农业与乡村旅游企业 352 家。

江　西　省

一、旅游资源与环境概貌

江西，古称江右，处于“吴头楚尾”、“粤户闽庭”的战略区位，因唐代曾属江南西道而得名；又因有赣江而简称赣。面积约 16.69 万 km²，人口约 4457 万（2010 年）。省境东南西三面有群山环绕，赣江、抚河、信江、修水、饶河诸水均汇聚于北部鄱阳湖。鄱阳湖平原为著名的“鱼米之乡”；山地丘陵区名山胜水众多。旅游资源有三大特色：一是绝胜山水多，尤以庐山、井冈山、龙虎山、三清山和鄱阳湖最绝；二是红色旅游资源丰富，尤以革命摇篮井冈山、英雄城南昌、红色故都瑞金最胜；三是生态旅游资源独胜，婺源、星子、资溪、武宁、遂川、乐安、安远等县，均为“中国生态旅游大县”。江西人历来在崇尚俭朴中追求完美，衣着打扮因时而异；饮食注重养生之道，药膳为江西饮食的一大特色，景德镇的瓷器、鄱阳湖鳜鱼、庐山云雾茶、婺源黄菊茶、赣南客家大围屋、高安戏、瑞金红歌等，均为江西著名风物。

二、旅游开发与规划概要

江西省旅游建设目标为红色旅游强省、生态旅游名省、旅游产业大省，全力打造“红色旅游首选地、国际生态旅游必选地、世界观光度假休闲旅游胜地”三大品牌。在旅游开发战略上将实施精品战略，提升“红色摇篮，绿色家园”整体形象。在旅游产品建设上将以红色旅游为龙头，引领绿色、古色、蓝色全面发展。为此将强化南昌、九江、赣州、景德镇、鹰潭、萍乡、瑞金等旅游城市，庐山、三清山、龙虎山、龟峰、三百山、武功山、梅岭、高岭、云居山、拓林湖等风景名胜区，以及婺源、乐安、安义、胡梁瑶里等地古村名镇的旅游精品建设；并将形成南昌—九江、庐山—景德镇—婺源、南昌—龙虎山—龟峰—三清山等三条旅游精品路线和一批专项特色旅游线路。在旅游区划上大致可以形成赣西北、赣东北和赣南三大旅游区。

三、主要旅游区建设

1. 赣西北旅游区

本区是以南昌市为中心，包括九江、新余、宜春、萍乡等市。境内国家级历史文化名城、世界文化遗产、世界地质公园、国际重要湿地、国家重点风景名胜区俱全，是江西旅游资源最密集、品位最高的区域。

（1）南昌市。国家级历史文化名城，中国优秀旅游城市。位于赣江之滨，因古为“南方昌盛之地”而得名，别称洪都、豫章。唐代王勃的《滕王阁序》使其名贯古今；1927 年中国共产党领导的“八一南昌起义”更使其名震中外。

滕王阁 位于赣江江畔，始建于唐。青年文学家王勃所作的《滕王阁序》使其扬名中外。古楼屡败屡建达 28 次。1989 年重建的滕王阁，具唐阁雄伟气势，上下共 9 层，高 54.5m，登楼可览“落霞与孤鹜齐飞，秋水共长天一色”胜景。

“八一起义”纪念馆 位于市内，系老式四层建筑，原为江西大旅社，后为“八一起义”的总指挥部。1927 年 8 月 1 日，在当时前委书记周恩来，总指挥贺龙以及朱德、叶挺、刘伯承同志领导下，爆发了“八一南昌起义”，并取得胜利。1957 年建纪念馆，起义总指挥部会议厅、周恩来卧室、参谋团办公室、财委主席林伯渠办公室等均已复原，以供瞻仰参观。

江西国鸿旅游管理有限公司 全国休闲农业与乡村旅游五星级企业（园区），江西最具规模的生态休闲度假村，位于南昌市郊蒋巷园区。规模近 $70hm^2$，分农业观光区、生产采摘区、体育运动区、珍稀野生动物观赏区、星级酒店等板块，是生态旅游的首选之地。

（2）九江市。中国优秀旅游城市，古称江州、浔阳。濒临长江，素有“江西门户”之称，亦是我国近代的“四大米市”和“三大茶市”之一，是江西唯一对外贸易港口，有“小上海”之誉。

庐山 别称匡山、匡庐，国家重点风景名胜区，国家首批 5A 级旅游景区，世界文化景观遗产名录地。位于九江市南，海拔 1000m 以上的山峰有 90 多座，山地周围多断崖陡壁和峡谷，“瀑布、奇峰、云海、植被”为庐山四大自然奇观。还有典雅东方园林、精湛细腻的西方建筑群和深厚的历史文化。著名风景名胜有锦绣谷、仙人洞、东林寺、白鹿洞书院和现代别墅建筑群等。庐山云雾茶为中国十大名茶之一。旅行家徐霞客留有《游庐山日记》。

鄱阳湖 为我国的第一大淡水湖，面积 $3150km^2$，亚洲最大的湿地，国际重要湿地名录地。每年 10 月，数以万计的珍禽在此越冬，现已建立了我国最大的候鸟自然保护区，并正在建设鄱阳湖生态经济区。

云居山—拓林湖 国家重点风景名胜区。位于九江市西南，地跨永修、武宁、修水三县之间，总面积 $524km^2$。其中云居山景区的真如寺为著名佛教寺庙；拓林湖景区湖岛星罗，并有 6 亿年前的水母化石群。

（3）新余市。新兴工业城市，位于省境中西部的沪昆铁路干线上。风景名胜有北湖公园、仰天岗森林公园等，但以仙女湖最胜。

仙女湖　国家重点风景名胜区，位于市西郊。由钤阳湖、钟三峡和舞龙湖三个景区构成。其中舞龙湖，宛如一条腾舞的苍龙，其间分布着若虹、六合、龙巫三大岛群和鹭鸣、竞梦、九龙、苑坑、洋田五大湖湾。整个仙女湖镶嵌在素有“小庐山”之称的大岗山中，山水风光和人文胜迹令人神往。

（4）萍乡市。位于江西省西部，因楚昭王在此得“萍实”而得名，煤炭工业地位重要。大革命时期中国工人运动和湘赣边秋收起义的策源地，毛泽东、刘少奇都曾来此进行革命活动。风景名胜以武功山最胜。

武功山　国家重点风景名胜区、国家地质公园。西起萍乡市东南境，并绵延于安福、宜春之间。景区内有天然溶洞群、温泉和著名的云谷瀑布乌龙崖等胜景，并有金顶道教丛林、仙庵、仰山木塔群等古迹。我国明代著名旅游家和地质地理学家徐霞客于1637年正月考察了这里，并记有考察实录6000余字。

2. 赣东旅游区

本区包括上饶、鹰潭、景德镇、抚州四个地市，位于江西省东北部。旅游资源以宗教文化、陶瓷文化、古村文化与名山胜水相融为特色。

（1）景德镇市。国家级历史文化名城，中国优秀旅游城市，著名瓷都。所产瓷器质地优良，具有“白如玉、明如镜、薄如纸、声如磬”的特点，还创造了古彩、素彩、白玉彩、珐琅彩等瓷器类别。这里到处是奇峰异洞，还有茶乡风情。

高岭—瑶里　国家重点风景名胜区。位于市北浮梁县境内，以瓷土文化和保存完好的明清古村落闻名，并有古林、峡谷等自然景观。

景德镇陶瓷历史博物馆　位于市南枫树山，由景德镇陶瓷历史博物馆和古窑组成，区内有明建瓷业建筑和世俗民居建筑。博览区群山环绕，林木葱郁，陶舍重重，融人文景观和自然景观于一体。

（2）上饶市。中国优秀旅游城市。古属饶州，以富有之州而得名。位于省境东北部，地处通闽入浙要冲，历史文化古老，风景名胜多奇。

三清山　国家重点风景名胜区，世界自然遗产名录地，国家5A级旅游景区，位于玉山县和德兴市交界处。因有玉京、玉虚、玉华三峰高峻挺拔，犹如道家三清列坐其巅而得名。玉京峰海拔1819.9m，被誉为“高凌云汉，江西第一高峰”。

灵山　国家级风景名胜区，地处上饶县北部。自然环境独特，地质构造复杂，为佛道二教胜地。道家列为天下三十三福地，历代名人王安石、辛弃疾等对其多有赞美。现已成为一个集度假休闲、观光体验、宗教朝觐于一体的山岳型风景名胜区。

神农源　国家级风景名胜区，处于万年、弋阳、乐平三县（市）之间的黄天峰下，由神农宫景区和仙人洞景区组合而成。前者为喀斯特大型溶洞，被誉为“中国最美地下河”；后者涵盖国家级重点文物仙人洞、吊桶环遗址，展示了稻作起源文化的曙光。

大茅山　国家级风景名胜区。地处三清山、龙虎山、婺源、景德镇围合的地理中心，与三清山对峙，同属怀玉山脉，巍峨挺拔，古有“千峰倚空碧，万嶂碍于云”的赞语。

龟峰　国家重点风景名胜区，世界自然遗产名录地。位于弋阳县境，为典型丹霞地貌景观。景区内石龟造像比比皆是，大小不一，形象万千，故有“龟峰景区龟为胜”之说。

婺源　全国首批休闲农业与乡村旅游示范县，位于浙赣皖三省交界处，古属徽州一府六县之地，徽式古村古镇古民居饮誉中华，有4个古村被评为中国历史文化名村，其中汪口和理坑还被列入世界文化遗产“安徽古村落”扩展项目。民风古朴，乡情浓郁，先后获“国家级文化与生态旅游示范县”、“中国绿茶之乡”、“中国旅游强县”称号，被誉为“中国最美乡村”和“最后的香格里拉”。依托其生态环境优势和深厚的文化底蕴，大力发展了休闲农业与乡村旅游，现有现代农业科技园9家、休闲农庄100多家、农家乐200多家，尤以陈文华教授的上晓起“中国茶叶第一村”最具特色。

(3) 鹰潭市。中国优秀旅游城市。地处沪昆、鹰厦、皖赣铁路的交汇处，为赣东重要交通枢纽。市南贵溪市的龙虎山为著名的道教圣地。

龙虎山　国家重点风景名胜区、国家5A级旅游景区、世界地质公园、世界自然遗产名录地，闻名中外的道教圣地。位于市西南20km处，由排衙石、仙水岩、龙虎山等景区组成，为典型的丹霞风景地貌区。著名自然景点有“一线天”、“仙人桥”、水帘洞、马祖岩、仙岩、龙虎山、排衙石等160多处；人文景观有道观上清宫、象山书院，古越族崖墓群等。

(4) 抚州市。位于抚河中游，并有铁路与“大京九”接轨，辖有临川、乐安、南丰、宜黄等自古人文昌盛之地。山川灵秀，名人荟萃。

临川和乐安　临川位于崇仁河与宜黄水的汇合处，自古有“才子之乡”美誉。晋代王羲之、南朝谢灵运、唐代颜真卿、宋代陆游等，都在此留下了笔墨或诗文；北宋宰相晏殊和王安石、元代地图学家朱思本、明代大戏剧家汤显祖等均为临川人。临川西南的乐安流坑村，为千年古村，董氏世居之地，自宋至明清仅董氏一门入仕为官者上至宰相下至知县达300多人，形成了特有的流坑文化。

3. 赣西南旅游区

本区包括吉安和赣州两市，位于南岭山脉北侧，东有武夷山脉绵延，西有罗霄山山脉高耸，内部是广阔的赣南和吉泰丘陵盆地，是我国客家民系的主要聚居区。旅游资源以革命圣地、客家文化最具特色。

(1) 吉安市。中国优秀旅游城市，古称庐陵，位于赣江及其支流禾水汇合处，是通往井冈山的门户。人文古老，名人荟萃，宋代欧阳修、胡铨、周必大、文天祥称为“庐陵四杰”，还有杨万里、解缙等历史名人。附近有白鹭洲书院、南塔等名胜古迹，所辖井冈山自然人文风光独特，国家级风景名胜区武功山的主体也位于所辖的安福县境内。

井冈山　国家重点风景名胜区，国家首批5A级旅游景区。位于湘赣边境的罗霄山脉中段，号称“五百里井冈山”。山高谷深，并有大型溶洞和许多珍稀动植物。周边多陡峭山峰、险峻的隘和幽深峡谷，中国共产党人就利用这种险峻地形开辟了中国革命第一个农村根据地。毛泽东、朱德、彭德怀、陈毅等无产阶级革命家和工农红军革命斗争的遗迹遍布于此，英雄业绩和壮丽河山相互辉映。

(2) 赣州市。国家级历史文化名城，中国优秀旅游城市，位于省境南部，自古为交通和物资集散中心、“赣水—大庾”古道的重要中转站。古城山环水绕，红岩遍布，有“小重庆”之称。城西田螺岭上的郁孤台，南宋词人辛弃疾的“郁孤台下清江水”名句即出于此。城西北有通天岩，周境风景名胜密集分布。赣州还是我国客家民系的主要聚居区，素有“客家锚地”之誉。

通天岩　位于市西北10km处，为一面积约2km^{2}的圆形突兀丹霞岩丘，发育有绝壁、额状崖、穿洞等丹霞景观。唐代末年便在这里开辟为石窟寺，北宋至民国的题刻128品，为中国东南地区最大的石窟艺术宝库。

三百山　国家重点风景名胜区，位于安远县。境内群山迤逦，重峦叠嶂，集奇山、林海、瀑布、温泉四大自然景观于一体。地处闽粤赣边客家中心区，江西型客家古民居“土围子”广泛分布。

瑞金红都　位于闽粤赣三省交界之地，是享誉中外的红色古都。第二次国内革命时期，这里是中国第一个红色政权——中华苏维埃共和国临时中央政府的诞生地，毛泽东、周恩来、邓小平等老一辈无产阶级革命家都曾在此战斗和生活，其附近还有丹霞景观翠微峰等。

实践演练

一、思考与练习

1. 搜集整理长江黄金旅游线路上的主要旅游城市和旅游景区。

2. 网上欣赏九寨沟、武陵源、井冈山的自然景观图片，并比较三者自然、人文旅游资源的各自特色。

3. 在中国宏观经济区划上江西省属于中部地带，为什么不划分在东部沿海地带的华东区。

二、学习与理解：武汉城市圈旅游区与武陵山旅游区

国家新的旅游发展规划提出要根据不同区域的发展特点和发展水平，配合国家主体功能区建设和区域发展战略，实施以沿海、沿长江、沿新欧亚大陆桥为主轴，以都市群为依托，统筹区域旅游发展，促进沿海沿边地区跨国界旅游发展和合作。重点发展沿海沿边地区、国家战略地区以及重要旅游资源聚集区等，形成一批国内外知名的旅游功能区，最终通过这些功能区的示范带动作用，促进全国旅游业的全面发展。其中的“武汉城市圈旅游区”，要充分挖掘其优越的自然生态及丰富的历史文化旅游资源，充分发挥武汉在全国重要的交通枢纽地位，构建特色鲜明的武汉城市旅游圈，成为全国重要的区域性旅游目的地和全国旅游业“两型社会”建设的典型示范区。重点建设一批高质量的温泉、山地、湖泊型休闲度假区和生态旅游、文化旅游专项产品，打造城市圈各具特色的科教文化、温泉度假、红色文化、生态休闲、工业旅游、三国文化、宗教文化和体育健身八大精品线路旅游产品。依托武汉城市圈“水景、水韵、水魂，尽享山水滋养；楚地、楚风、楚心，备受文化润泽”的特色。打造武汉城市圈“中国最滋润的山水休闲地”的旅游形象。“武陵山区旅游区”，则要求依托武陵山区丰富的自然旅游资源和土家族、苗族、侗族等少数民族旅游资源。以湖南张家界、凤凰古城、洪江古商城，湖北恩施州八大自然奇观、八大特色文化，重庆武陵山民族地区的乌江画廊、小南海，贵州武陵山民族地区的“一山两江三文化”为核心吸引物，按照“打基础、转方式、调结构、抓统筹、求突破、谋发展、促和谐”的总体思路，通过鄂、湘、渝、黔四省市的联合打造，在区域内形成一批功能完整的旅游目的地（摘自《中国旅游业“十二五”发展规划纲要》第十二章，并稍加整理）。

三、探研与体验

1. 长江三峡游。

长江是中国第一大河流，也是世界上最长的河流之一。长江三峡景色久负盛名，被喻为大自然造就的“天然画廊”、“人间仙境”（图 10.2）。长江三峡游的主要景点包括重庆的大足石刻、摩崖造像、白帝城、

图 10.2　长江三峡游

图 10.3　长江三峡电站

瞿塘峡、夔门、大宁河小三峡、巫峡，湖北的葛洲坝水利枢纽工程、西陵峡、神农架、荆州古城、万寿宝塔、文星楼、黄鹤楼、编钟，湖南的洞庭湖、岳阳楼。其中，瞿塘峡雄伟险峻，巫峡秀丽深幽，西陵峡滩多水急，礁石林立，更有小三峡葱郁苍翠，水清见底。两岸众多的名胜古迹和优美动人的传说令人神往。如今，三峡大坝已经建成，展示在您面前的是“高峡出平湖”的美景，如图 10.3 所示（资料来源：http://baike.baidu.com/view/690618.htm）。

· 探研：①观看“长江三峡地区”地图，熟悉辖区内各景区景点，分析其旅游资源类型；②试设计长江三峡地区各省（市）联手塑造“长江三峡”黄金旅游品牌。

2. 前湖南省委书记构建吉首矮寨特大悬索桥旅游新景观。

湖南湘西吉首矮寨在其德夯大峡谷间架设了矮寨特大悬索“天桥”。2010 年 10 月 28 日，时任中共湖南省委书记的周强（现任最高人民法院院长）亲临工地看望一线建设者，并提出要把矮寨村特大悬索桥建设成一条生态文明景观大道，打造成今后湘西一个旅游新景观。于是在大桥底部两边，增设两条旅游观光通道的建设得以迅速落实。其两条观光通道各长 1176m，宽 1.8m，中间有 5 个连接通道。这是矮寨特大悬索桥的第五个世界第一——世界上唯一一座双层结构的峡谷大桥，桥上行车、桥下走人，成为景中之景。项目总投资将达 20 亿元，项目区覆盖整个德夯国家重点风景名胜区的 108km^2，主要对区内 18 个重要景点和苗寨进行整合开发。项目全部建成后，“百年路桥景观、千年苗寨风情、万年峡谷风光”被称为“天地奇观”。随着 2012 年 3 月 31 日跨德夯大峡谷的特大悬索桥正式通车。时任湖南省旅游局局长杨光荣（现任张家界市委书记）总结其桥为“奇桥”（图 10.4）。桥面距离峡谷底部高度达 355m，大桥主跨 1176m，跨高 330m，为方便观赏峡谷风光，设计了两条观光通道；其路为奇路。矮寨盘山公路全长 6000m，修筑在坡度为 70°～90°陡峭山崖上，13 道急弯，垂直高度 440m，水平距离只有 100m（图 10.5）。

图 10.4 吉首矮寨大桥

图 10.5 吉首矮寨盘山公路

· 探研：①归纳总结中国具品牌意义的现代化大桥；②吉首矮寨特大悬索桥对当地旅游经济的影响。

第十一章　东南沿海闽粤文化南国山海岛风光旅游区

学习提示

本区包括福建、广东、海南、台湾四省和香港、澳门两个特别行政区，位于我国东南沿海，为我国最主要侨乡。由于特殊的历史原因，在行政体制上大陆与港澳台执行不同的体制。但同属一个中国的立场是其共同的行为准则。山、海、岛浑然一体的地面结构、温湿相宜的热带亚热带气候，孕育了闽海文化、广府文化、客家文化、少数民族文化。旅游资源丰富多样，旅游城市、旅游景区分布相对均衡，如图 11.1 所示。观光、生态、休闲度假三大旅游产品兼胜，国际出入境旅游与国内旅游竞相发展。

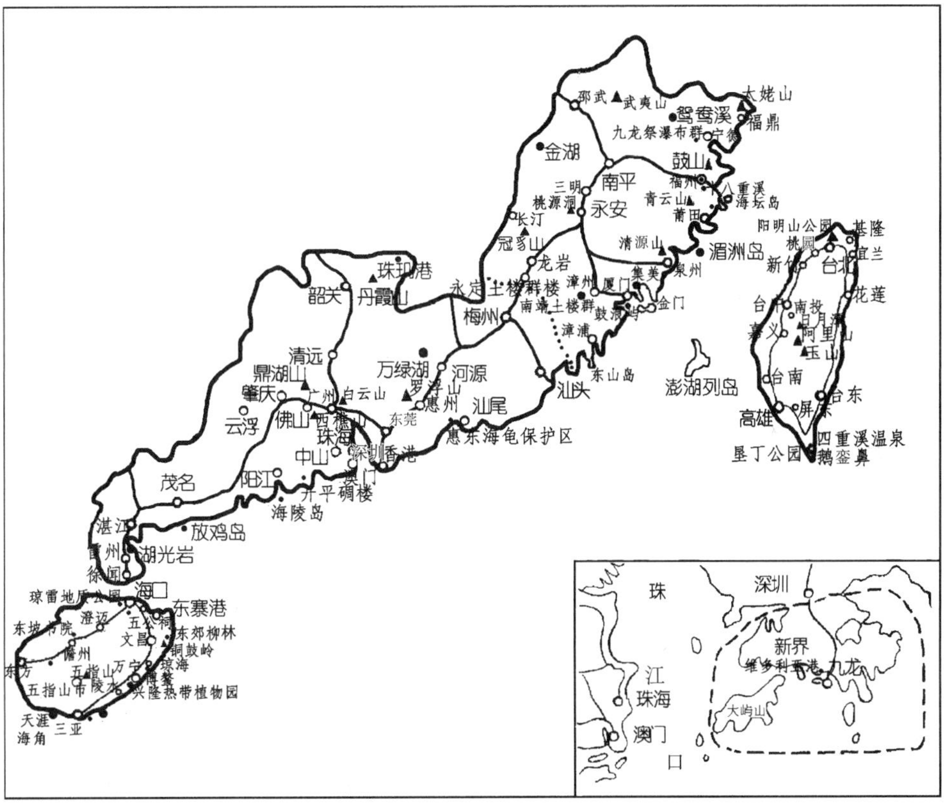

图 11.1　东南沿海闽粤文化南国山海岛风光旅游区示意图

第一节　旅游资源与旅游环境特征

一、山、海、岛兼备的地面结构

本区山地、丘陵占总面积的 3/4 以上。其西部、北部为武夷山、南岭、云开大山，海拔多为 1000～1500m。境内还有戴云山、博平岭、莲花山、罗浮山、青云山、云雾山，以及台湾山脉和海南岛五指山等山地、丘陵。地表形态破碎，平原、谷地散布其间。较大的平原有珠江三角洲、韩江三角洲、台湾西部平原等。花岗岩、丹霞、岩溶和火山地貌等特种地貌景观广泛分布，形成了不少著名的风景胜地。本区平原区河网密布，土壤深厚肥沃，盛产粮食、桑蚕、甘蔗、热带和亚热带水果以及淡水鱼、蔬菜、花卉等。海洋国土东海和南海，不仅辽阔壮美，富有海洋鱼类、海盐、石油等海洋资源，而且多海峡、港湾及散布其间的岛屿，有利于海洋旅游的发展。

二、热带、亚热带季风气候森林景观

本区绝大部分地区受东南亚季风环流控制，部分地区还可受到西南季风影响，形成了典型的热带—亚热带季风气候，全年湿热，但南北差异大。南海诸岛南部为赤道带；琼雷、台湾南部和南海诸岛北部属热带；武夷山、南岭山麓以南至雷州半岛及台湾北部属南亚热带；南岭、武夷山地区则属中亚热带。植被为热带、亚热带季雨林和常绿阔叶林，到处可见椰林婆娑，独榕成林，木棉如火，蕉叶承雨，藤攀葛附，茎上开花结实，树上又生草木等景观。台湾、海南、闽西、粤北等地区都还保存着大片原始森林或次生原始森林及一些独特的生物多样性生态系统，各色自然保护区或国家森林公园高度密集分布。

三、现代城市文明与传统文化交相辉映

本区凭着面向海洋和对外联系方便的优势，早在宋元时期，泉州、广州便是著名东方大港，我国南方海上丝绸之路的起点，近代又最早接受了西方资本主义的工业文明；在相对稳定的现代国际环境下，台湾和香港，一跃成为亚洲经济的“四小龙”；我国的改革开放，又使珠江三角洲、闽南三角洲等为代表的东南沿海地区，一跃成为城市成群的我国经济最发达地区。林立的高楼大厦、高速公路、高铁客运、城市地铁、大型主题公园，都已成为现代城市文明的象征；同时中华传统文明也得到发扬，如广东粤菜、粤剧、粤绣和骑楼街廊，海南椰雕和椰酒，福建客家土楼以及台湾的宗教文化等，都是极具地域特色的传统文化内容。

四、南北兼容、中西合璧的地域文化

本区古为“百越”或“百粤”之地，历代中央王朝在开疆拓土的同时，将大量北方移民南下与土著杂处，将先进的中原文化与闽粤土著文化交融磨合，形成了以闽语方言为主要特征的闽海文化，以粤语方言为主要特征的广府文化，以及仍保持中原古唐音的客家文化。广州和泉州，自古就是著名的沿海商业城市和对外贸易港口，阿拉伯商人早在宋元时期便把伊斯兰教及有关阿拉伯文化带入了这里。鸦片战争后，广州等地被强迫辟为对外通商口岸，香港、台湾和澳门的不平等屈辱历史使其深深打上了英、葡、日等国的文化烙印。数百万贫困人民去海外谋生，同时把国外的先进文化引进，使得本区文化形成了南北兼容、东西合璧的特点，极具旅游文化的活力。

第二节　旅游省（区）概述

广　东　省

一、旅游资源与环境概貌

广东省地处祖国大陆南部，古为百越（粤）之地，故简称粤。面积近 18 万 km^2，人口

约1亿（2010年）。境内有瑶、畲等少数民族，也是客家民系的重要分布区。为著名侨乡，广东籍华侨、华人遍及世界各地。海域辽阔，岛屿众多，海洋海岛经济开发历史悠久。地势北高南低，河流大多自西北向东南流，由其冲积而成的珠江三角洲、韩江三角洲是著名的鱼米之乡。全省大部分地区属亚热带季风气候，四季花果飘香，荔枝、香蕉、菠萝、橙柚为广东四大水果名产。在中国近、现代史上曾经风云变幻。鸦片战争、戊戌维新、辛亥革命、北伐战争、广州起义等许多重大历史事件都在这里发生，涌现出洪秀全、康有为、梁启超、孙中山、叶剑英等杰出历史人物。广东粤剧、粤绣、粤菜独具特色，尤其粤菜取料丰富，讲究口味清淡，追求“清鲜嫩滑爽香新奇”，“龙虎斗”（蛇肉加猫肉）、“龙凤会”（蛇肉加鸡肉）、烤乳猪、椰干烧狗肉等名菜众多，故有“食在广东”之说。英德红茶、潮州水仙茶、梅州绿茶，以及佛山美术陶瓷、肇庆瑞砚、潮汕抽纱等，均为著名地方特产。

二、旅游开发与规划概要

广东省为加速旅游业的发展，将继续推行国民旅游休闲计划，培育全民旅游休闲消费市场，整合区域内旅游资源，提升区域总体形象，高水平发展生态、滨海、绿道、农业、都市及特色景观、人文风情旅游，并要打造一批特色鲜明的旅游基地。珠三角地区着力提高旅游资源品位等级，利用品牌优势，开发一批高端商务、度假、邮轮和游艇等高端旅游产品，重点建设珠江长隆国际海洋观光旅游区等项目。东西两翼重点发展特色文化游、海滨度假游、积极推进海陵岛国家海洋公园等项目建设，打造黄金海岸、生态海岛、休闲胜地，努力建成集休闲度假、娱乐健身等功能于一体的国家级滨海旅游目的地。北部山区重点发展传统文化游、生态休闲游，打造一批温泉小镇、风情村落、森林氧吧等旅游精品，加快推进丹霞山等旅游综合开发项目建设，发展成为以世界自然文化遗产和南岭特色自然人文景观为重点的知名生态休闲旅游热点地区。

三、主要旅游区建设

1. 珠三角广府大都会旅游区

本区以珠江三角洲为主体，以广府文化和外向型经济为特色。这里是全国城镇最密集、经济最发达、现代旅游业发展水平最高的地区。珠江三角洲分别以西江边的高要、北江边的清远、东江边的惠州为顶点，主要包括广州、深圳、珠海、中山、佛山、江门、东莞、肇庆等地区。

（1）广州市。广东省省会，“羊城”、“穗城”、“花城”是其别称，为国家级历史文化名城、中国优秀旅游城市。唐以后这里即为我国岭南的主要对外贸易中心，近现代更是重要的对外通商口岸、改革开放的最早基地。旅游发展目标是将在近期内，建设成为带动全省、组合泛珠三角、影响东南亚的“区域性”国际化旅游中心城市。区内旅游景区景点多，品位高。

白云山　国家重点风景名胜区、国家5A级旅游景区。位于市东北郊，最高峰海拔382m，峰顶常有白云缭绕。山上著名景观有滴水岩、云岩、天南第一峰、明珠楼、水月阁等。

越秀山　俗称观音山，已辟为市区最大综合性公园。园内有镇海楼、中山纪念碑、五羊石像、四方炮台等著名古迹。其中，五羊石像是广州市市徽；镇海楼俗称“五层楼”，已辟为广州博物馆。

黄花岗烈士陵园　位于市区先烈路，是纪念辛亥革命广州起义（1911 年 4 月 27 日）牺牲的 72 位烈士的宏伟陵园。陵园大门上面刻着孙中山书写的“浩气长存”四个大字；园内岗顶为陵墓，在其钟碑亭里树有“七十二烈士之墓”石碑。

中山纪念堂　位于越秀山南麓，为孙中山任非常大总统期间的总统府；孙中山病逝后，在当年总统府旧址建起了此纪念堂。纪念堂为富有中华浓郁民族风格的八角形殿式建筑，其顶正面檐上悬挂有孙中山手书的“天下为公”金字匾。

国民党一大旧址　位于广州市文明路东端。1924 年 1 月 20 日至 30 日，孙中山在此主持召开了中国国民党第一次全国代表大会。“联俄、联共、扶助农工”为其大会宗旨，共产党人李大钊、毛泽东等出席了大会。

黄埔军校旧址　位于市东南的黄埔长洲岛上，是 1924 年孙中山在中国共产党和苏联的帮助下建立的军校，内有黄埔军校史料陈列室。山冈上的孙中山纪念碑与碑顶孙中山铜像及碑座镌刻的《总理训词》和《总理像赞》，仍历历在目。

广州国际美食博览中心　坐落于市内繁华商业步行街北京路的名盛商业广场，为中国最佳餐饮旅游城市标志性景观之一。为满足旅游者进行“食在广州”的体验，已在这里建成了集世界美食、品牌购物、娱乐休闲、观光旅游等商业功能于一体的大型综合性商业广场。

从化　首批全国休闲农业与乡村旅游示范县（市），著名温泉之乡。从化紧紧围绕发展都市型现代农业与建设社会主义新农村主题，积极挖掘农业文化资源，努力打造集“观光、休闲、度假、体验、娱乐、教育、购物、展示、美食、康体养身”为一体的休闲农业与乡村旅游，已建成休闲农业点 30 多家，农家乐 100 多家。

（2）深圳市。中国优秀旅游城市。全市已拥有主题公园、自然生态、滨海度假、都市风情、购物美食、人文历史等各类旅游景点 117 处，已成为亚太地区区域旅游中心城市、重要客源集散地和重要旅游目的地大城市，并将建成为著名的国际海滨旅游都市。

华侨城　中国内地第一个主题公园，国家首批 5A 级旅游景区。其中，锦绣中华选取中国 84 个最有代表的名胜古迹按 1∶15 比例建造，融华夏五千年历史文化于一园；中国民俗文化村选取中国 21 个民族的 24 个村寨景点按 1∶1 比例建造，并有各民族的民族文艺表演；世界之窗共有 118 个旅游景点，集世界奇观、古今名胜、自然风光和民俗风情于一园；欢乐谷运用现代休闲理念和高科技成果兴建而成，四维动感影院是典型代表。

大梅沙　是按照世界一流黄金海岸建造的海滨公园，位于大鹏湾畔。沙滩全长 1800m，公园以绿冠盖的观景长廊连接椰树林立、花草群艳的太阳广场和月亮广场为主线，形成了优美舒适的海滨旅游环境。园内有滑水索道、沙滩排球、足球等旅游项目。

海上田园　全国农业旅游示范点，地处珠江入海口。以亚热带滨海湿地生态系统为依托，开辟有基塘田园、农家风情寨、田园广场、生态文明馆、生态度假林、红树林实验基地等十大景区。

观澜湖休闲旅游区　国家 5A 级旅游景区，位于宝安区科学镇。该区拥有 12 个 18 洞国际锦标级球场和 51 片网球场的乡村俱乐部和中国唯一建在球场上的五星级度假酒店和高尚高尔夫房地产项目，已成为了一个集休闲、度假、社交、商务为一体的高尔夫胜地。

深圳野生动物园　位于西丽湖东畔，为集动物、森林、植物、科普等多种特色和观赏功能为一体的亚热带园林生态系统景区。园内有来自世界的 300 多个品种、一万多头（只）动物。最为壮观的是大型广场上的“百兽盛会”，由三百余名演员和近千头动物出场表演，场面壮观，堪称世界首创。

（3）珠海市。中国优秀旅游城市。位于珠江入海口，地接澳门，水连香港。自然环境优美，是新兴海滨旅游度假城市，被联合国命名为最佳人居环境城市，特色旅游景区景点众多。有国际汽车赛、国际航空博览会等特色旅游项目。

石景山与九洲城　石景山位于市中心的最高点，又称"石头公园"。公园内设有马术场、网球场、高尔夫球场、射击场等游乐场所和高星级宾馆。九洲城位于石景山下，仿北京大前门设计，由城楼、殿堂、凉亭、水榭构成，古朴幽雅。内有商场，集购物、休闲于一身。

海泉湾神秘岛乐园　是一个融体验性、情节性、娱乐性和趣味性为一体的大型现代主题乐园，位于海泉湾温泉区。由幸运大道、冒险丛林、海盗城堡、美人鱼湖、神秘岛五大景区组成，拥有世界先进的高科技游乐设施及100多种游乐项目，还有独特的歌舞表演。海底温泉泉井自喷高度可达11m，水温可达80℃，有"南海第一泉"之誉。

农科奇观　位于珠海梅溪双龙山下，为全国著名农业科研示范基地、全国农业旅游示范点，是一个展示高科技农业的现代观光农场。拥有"高科技无土栽培观赏中心"、"珍奇瓜果蔬菜园"、"八卦田园"等十多处特色景观和项目，并有"珍奇蔬菜文化节"、"珍奇花卉博览会"等主题节庆活动。

（4）佛山市。国家级历史文化名城，中国优秀旅游城市。因传唐代在塔波山掘出三铜佛而得名。历史上与景德镇、汉口镇、朱仙镇合为中国四大名镇。

佛山祖庙　位于城区中心，始建于北宋元丰年间，供奉北方玄天大帝。由万福台、灵应牌坊、前殿、正殿、庆真楼等建筑物组成。建筑物融古代陶塑、木雕、铸造和建筑艺术精华于一体，被誉为"东方民间艺术之宫"。

西樵山　国家重点风景名胜区，位于南海区的西南部，为广东四大名山之一。山形若莲花，72峰回溪叠壑，48洞幽深神奇，28处瀑布飞珠溅玉，200多泉眼甘甜清冽，还有南海观音文化苑、黄大仙圣境园等人文胜境，有"珠江文明灯塔"之称。

陈村花卉大世界　全国休闲农业与乡村旅游示范点，位于佛山市顺德区陈村镇。这里荟萃了世界名花异卉5000多个品种，是一个集花卉生产、销售、科研、信息、旅游、服务六大功能于一体的商品观光农业园区。

荷花世界　位于三水区，是目前全国最大、品种最丰富、培育技术最先进，集观光、表演、娱乐、美食、度假、生产科研、荷文化展示于一体的荷花生态专类园。园区内种植荷花近300种，有文化广场、品种欣赏区、饮食娱乐区等九大功能区，展示了中国荷花文化的无限魅力。

（5）江门市。中国优秀旅游城市。位于珠江三角洲西南沿，下辖新会区及台山、恩平、开平、鹤山四市，称为五邑，是著名的侨乡，自然及风景并胜。

立园　位于开平塘口镇，是已故旅美华侨谢维立先生创建于20世纪初的花园别墅。该园以《红楼梦》中描绘的大观园为依托，对中国园林古典建筑艺术兼收并蓄，并与欧美当时流行的别墅建筑特色融合，达到中西合璧之化境，从而拥有"小观园"的美誉。

上川、下川岛　位于台山市，是广东著名的海滨旅游度假区。上川岛常年风和日丽，沙滩面积大，沙质好，海边椰树成林，引人入胜，是理想的旅游度假胜地。

开平碉楼和古村落　世界文化遗产名录地。开平赤坎镇一带为著名客家人之乡和侨乡，位于新会、台山、恩平、新兴之间，历为四不管地区，盗贼十分猖獗，于是创造出了既具客家土楼建筑风格，又具国外洋楼建筑艺术的新型的民居形式，是一种集防卫、居住和中西建筑艺术于一体的多层塔楼式建筑，而且成村落集聚分布。

(6) 东莞市。中国优秀旅游城市。位于广东省中南部，紧邻深圳，外向型经济发达，有“广东四小虎”之称，也是新兴旅游城市。

虎门　位于东莞南部，是1840年的抗英古战场。其鸦片战争博物馆是一座收藏、保护、陈列、研究林则徐禁烟与鸦片战争文物史料的专题性博物馆；威远炮台为当时广东水师提督关天培所建，与镇远、靖远两炮台相连，构成“金锁钢关”，为抗击英国侵略军发挥了重要作用。

可园　为岭南四大名园之一，位于东莞西北部，建于清道光三十年，为广东四大名园之一。全园共有一楼、六阁、五亭、六台、五池、三桥、十九厅、十五房，通过130余道式样不同的大小门及游廊、走道联成一体，设计精巧，布局新奇，被誉为“可羡人间福地，园夸天上仙宫”。

(7) 中山市。中国优秀旅游城市，革命先行者孙中山先生的故乡。已建成一山（五桂山）、六点（翠亨村孙中山故居、中山温泉、长江乐园、石岐、小榄、中山港）旅游网络。

中山故居　位于翠亨村，建筑面积340m²。主体建筑为孙中山亲自主持建造并融合了中、西建筑特点的赭红色二层小楼。前院北侧是当年孙中山出生的房舍旧址，南侧有孙中山栽种的一棵酸子树。

中山温泉　位于中山市三乡镇，出水口温度高达93℃，有各种特色温泉38种，属于“氯化钠”温泉。水中含有丰富的氯、钠、钙、镁等矿物质，可调节身体机能，促进血液循环和新陈代谢，尤对慢性神经炎、肠胃炎等有明显疗效。

(8) 肇庆市。古称端州，中国优秀旅游城市，国家级历史文化名城。地处珠江三角洲与丰沃内陆山区的结合部。背靠北岭，西临西江，扼两广交通之咽喉，自古是粤西政治、经济、文化、军事中心。肇庆山水优美，名胜古迹众多。

七星岩　又名星湖，国家级风景名胜区。位于肇庆市区，景区内七座奇峰列峙，形如北斗七星，故得名。由阆风、玉屏、石室、天柱、蟾蜍、仙掌、阿坡七座奇峰以及东湖、青莲湖、中心湖、波海湖、里湖五个大湖组成，素有“林中山，山中城，城中湖，湖中岩，岩中洞，洞中河，河中船”的赞语。

鼎湖山　位于市东北境，因山顶有湖，传说黄帝曾赐鼎于此，故名。主峰鸡笼山海拔1000.8m，是珠江三角洲地区的最高峰。有大面积的原始次森林景观以及桫椤等2000多种植物，白鹇鸟等170多种鸟类，30多种兽类，是我国第一批国家级自然保护区，并被列入联合国“人与生物圈”保护网。

2. 粤北生态旅游主体功能旅游区

本区位于省境北部，南岭山脉南侧，统称粤北山区。山岭重叠，但有山间谷地及河谷盆地，自古为南北交通要冲，是湘赣文化、客家文化、瑶文化和广府文化的交融区域。

(1) 韶关市。中国优秀旅游城市。位于浈水和武水汇合处，当粤、湘、赣三省交通要冲，历为军事重镇，粤北政治、经济、文化中心。

丹霞山　国家重点风景名胜区，国家5A级景区，世界地质公园，世界自然遗产品名录地。位于仁化县南，因山石由红色砂砾岩构成，“色如渥丹，灿若明霞”，故名丹霞山，是世界上发育最典型的丹霞地貌集中分布区。有长老峰、阳元山、翔龙湖、韶石山和锦江等景区。

南华寺　位于曲江区曹溪河畔，始建于南北朝梁武帝天监元年（502年），是佛教禅宗六祖慧能弘扬“南宗禅法”的发祥地，有“祖庭”之称。寺内珍藏着六祖慧能真身，千斤铜钟等珍贵文物。

九泷十八滩　位于乐昌市区至坪石镇的武江河段，全程约 60km，总落差 65m。沿岸风光绮丽，有龟山、蛙石、大瑶山隧道、十里画廊等多处景点，是我国开辟最早的江河漂流旅游胜地之一。

珠玑巷　位于大庾岭南麓南雄市城北，是唐宋时期中原移民越岭后最初的定居地，并发展成为客栈旅舍栉比千家的粤北重镇。不少移民由此沿北江继续南迁，形成了广府民系，故有“黄花遍地缀珠玑，广府人称是故居”之说，至今遗存有驷马桥、南门楼等古迹。

隘子镇满堂大围屋　位于始兴县境内，由官氏第 13 世后裔官乾荣建造。建于清道光十三年（1833 年）至咸丰十年，历时 27 年建成。由上、中、下相互贯通的三座围屋构成，通面阔 173m，通进深 83m，实有面积 13 544.96m^2，通高 2～5 层，8～16.9m。内有十二院、九厅、六天井、居室 770 余间，属于典型的客家城堡式围楼，充分体现出客家人聚族而居、扎根客地、安居乐业的坚定信心。

（2）清远市。中国优秀旅游城市。位于珠三角与粤北山区的结合部，有“珠江三角洲后花园”之称，喀斯特地形和瑶族风情是其旅游特色。

清新温矿泉　坐落在清新区三坑镇，有形态各异的温泉 50 多个，属于“高温的含锶、偏硅酸的硫酸钙泉”，水质清澈透明，富含有多种对人体有益的微量元素。已建成新兴的休闲度假胜地。

三排瑶寨　位于连南县城南的三排乡，建于高坡上的排排瑶寨村屋依山势逐级而上，往往是前面房子的屋顶与后面房子的地面平齐，形成独特的瑶排格局，极为壮观。寨内为游客表演的瑶族歌舞，尤以鼓舞最具魅力。

3. 粤东客家乡村生态文化旅游区

本区位于省境东北部，东江和韩江流域，东濒大海，北接南岭山区。客家文化为其主要地域文化，其中心地域为汕头、潮州、梅州、惠州等。

（1）汕头市。中国优秀旅游城市。地处韩江三角洲南端，为我国对外贸易重要口岸，粤东和闽西南的经济中心和对外门户，也是著名侨乡。这里气候宜人，环境清幽，主要风景名胜有岩石、妈屿岛、莲花峰等。

岩石　位于汕头市南濠江区，隔 1500m 的岩石海与市区南北相望，境内有大小石峰 34 座。因最高点为香炉峰、峰顶巨石状似香炉而得名。岛北有海滨公园，左侧有烈士陵园。岛上有龙泉洞、清晖亭、“桃花间”摩崖等胜迹。

妈屿岛　位于汕头港出海口处，面积约 1km^2。岛上有天后宫，故称妈屿。岛外的半月形海湾，浪平沙静，为理想的海滨浴场。

（2）梅州市。国家级历史文化名城，中国优秀旅游城市，位于省境东北部，历史上客家人的最大聚居中心和文化中心。祖籍梅州的数百万客家人从这里扩散到了全国各地和世界上 80 多个国家和地区，故有“世界客都”之称。

阴那山与叶剑英故居　阴那山位于梅县雁洋镇境内，有“秀甲潮梅，名播闽粤”之誉。其山巅五峰并聚，海拔 1297m，气势宏伟；山麓千年古刹“灵光寺”为广东四大名寺之一。位于梅县雁洋镇雁上村的叶剑英故居，属典型客家围垅屋农舍。室内陈设简朴，有叶剑英当年用过的床板、台凳等用物，故居旁新建了“叶剑英元帅纪念馆”，门前耸立着 2m 高的叶帅铜像。

黄遵宪故居人境庐　位于梅城东山区，为客家传统的围龙屋古民居建筑，结构精巧，有广东省第五名园之称。黄遵宪为我国近代杰出外交家，晚年回故居闭门著书，从自己数十年所写的1000多首诗中，精选出600余首辑成的《人境庐诗草》尤具价值，使这座民居赋予了更深的文化品位。

雁南飞茶田　国家5A级旅游景区，全国休闲农业与乡村旅游示范点，位于梅县雁洋镇。园内有优质茶园134hm^2、优质水果34hm^2，使其处处佳木欣荣，茶果飘香，形成一个环境优美、高雅、舒适的休闲度假环境。景区把农业与旅游有机结合，完美体现客家文化和茶文化内涵。以赏心悦目的自然环境与园林艺术、精彩的客家歌舞与艺术表演、可口的客家美食，吸引众多海内外游客前来休闲度假。

(3) 潮州市。国家级历史文化名城，中国优秀旅游城市。地处韩江下游，以“潮”字号为代表的诸如潮州话、潮剧、潮州音乐、潮州菜、潮绣、潮州陶瓷、潮州木雕等独特的潮州文化，享誉国内外。

广济桥　又名湘子桥，位于古城东门外。初建于宋代，横跨韩江两岸，共有24个桥墩，经历上千年风雨，依旧牢固如初。在古代生产力落后的情况下，在大江中建造这样一座大桥难度极大，故有“仙佛造桥”的传说。

韩文公祠　即韩愈纪念馆，位于城东笔架山麓。由于韩愈提出停止迎接法门寺佛骨到长安供奉而触怒了皇帝，被贬潮州。由此韩愈把中原先进文化带到岭南，为民众办了不少好事，被潮人奉为神，并将笔架山改称韩山、鳄溪改称韩江。

(4) 河源市。中国优秀旅游城市。位于罗浮山脉东麓、东江中游，拥有赵佗城、万绿湖等风景名胜。

万绿湖　为新丰江水电站库区，水域面积370km^2。湖内有360多个绿岛，山水相映。景区内有“镜花缘”主题公园，以及桂山、水月湾、龙凤岭等景点，为新兴旅游胜地。

南昆山　国家森林公园，位于龙门县境内。是具有典型南亚热带风光的森林公园，群山叠翠，森林覆盖率90%以上，有高等植物达2100多种，并有80多种鸟类栖息。

(5) 惠州市。中国优秀旅游城市。临东江、近罗浮，自古为军事重镇、“岭南名郡”，现在已发展成为新兴的工业城市、著名旅游城市。

西湖　国家重点风景名胜区，位于惠州市中心。原称丰湖，有五湖六桥十景之胜，面积24km^2，澄澈碧透。苏东坡曾谪居惠州三年，留有200多首诗篇，使惠州西湖名扬古今。

罗浮山　别称东樵山，国家重点风景名胜区。位于博罗县境内，与南海西樵山齐名，享有“南粤名山数二樵”盛誉。境内群峰竞秀、飞瀑名泉遍布并有洞天奇景，道教称其为第七洞天、第三十四福地。这里留下了宋代苏东坡，明代徐霞客等名人的足迹。

港口海龟自然保护区　国际重要湿地名录地，地处大亚湾与红海湾交界处惠东县境内。为一东西长1000m，南北宽70m的沙滩带，近岸水深10～15m，海底平坦，饵料丰富，是海龟的传统产卵场。已成为研究保护海龟的基地，并已开辟为寓教育于旅游之中的生态旅游胜地。

4. 粤西工业滨海旅游区

本区位于省境西南部，濒临南海，是广东省新兴滨海旅游业里的重要组成部分。旅游资源以山水景观、海滨、海岛、海洋和瓜果农业观光为主要特色。

(1) 湛江市。中国优秀旅游城市。旧称广州湾，位于中国大陆最南端的雷州半岛北部，素为粤西经济中心，是一个富有亚热带风光的海港城市。

湖光岩　国家重点风景名胜区。位于市西南18km处，为火山爆发而形成的火口湖，面积约 5km^2。湖水清澈如镜，故有“镜湖”之称。湖周群山环抱，最高处为“望海楼”，登高远眺，湖光山色尽收眼底。楞严寺和白衣庵隔湖相望，留下许多动人传说，有“人间仙境”、“世外桃源”美称。

雷州　古称雷城，国家级历史文化名城。地处雷州半岛中部，东滨雷州湾，为自然风光优美的海滨城市。始建于战国、西汉始为县、郡、州、道、府治。有雷祖祠、三元塔、真武堂等古迹，城内许多清代民居保存完好。

（2）阳江市。中国优秀旅游城市。位于广东西南沿海，著名的滨海旅游城市。滨海沙滩、峰林溶洞、湖光山色构成了阳江富有地方特色的旅游景观特色、风景名胜。以海陵岛最胜、最具发展前景。

海陵岛　位于阳江市海陵岛西南端南海北部海域，面积 105km^2，风光独特，享有“南方北戴河”和“东方夏威夷”之称。2005～2007 年的连续三年被《中国国家地理杂志》评为“中国十大最美丽的海岛之一”。这里地处南亚热带，四季气候宜人，有海域面积 640km^2，浅海滩头 9800hm^2，已成为广东省人民政府批准设立的经济开发试验区，而且正在建设国家级海洋公园。

（3）茂名市。中国优秀旅游城市。位于广东省西南部，古为贬谪官吏之所，又是古越族聚居之地。“全国水果生产第一市”，香蕉、龙眼、荔枝、芒果、黄榄等水果种植面积达 25 万 hm^2。其旅游以“古、俗、生态与探险”为特色。

水东海滩　被誉称为“中国第一海滩”，位于水东镇深入南海的半岛上。有洁白的海滩，蜿蜒的林带，富于异国风采的别墅群和民族特色的蒙古包，还有海鲜食街。在海滩上可进行泰式空中降落伞、摩托艇、沙滩足球、排球等游乐活动。潜水旅游可登临放鸡岛作观光游，观赏海底奇景。

放鸡岛　为中国第一个海底潜水旅游观光区。位于电白水东镇南海面上，是广州至湛江、海南的海上交通要冲。其岛呈橄榄形，岛内沙质洁白细软，沙滩宽阔平缓，深水处达 40m，浅水处7～8m，水下能见度 8m 以上，宜于开展潜水活动和海水浴。

福　建　省

一、旅游资源与环境概貌

福建省地处我国东南沿海，隔海峡与台湾相望。唐取福州、建州（今建瓯）各一字，置福建经略史，明置福建省，简称闽、雅称“八闽”，面积 12 万 km^2，人口 3689 万（2010 年），并有海外侨胞 800 多万、港澳台同胞 80 多万。山地丘陵占全省面积的 90%以上，有“东南山国”之称，盛产闽烟、闽笋、香菇、木耳等山珍。海岸曲折多港湾，有岛屿 1400 多个，有蛏子、海蜇、带鱼等海鲜特产。历史悠久，孕育有丰厚的“八闽”文化，也是中国最早对外交往的基地和窗口。旅游资源具有“山海一体、闽台同根、民俗奇异、宗教多元”等特征。拥有国家重点风景名胜区 18 处、国家 5A 级旅游景区 6 处、世界自然文化遗产地 2 处、国家级历史文化名城 4 座、中国优秀旅游城市 8 个。福建人精明善商，历史时期的“闽商”、“晋商”、“徽商”同为中国三大著名商邦。闽西的客家文化、南部沿海的福佬文化独具特色。尤以“男子谋生走四方，女子在家种田、做家务、教育子女、奉养公婆”的习俗最具影响。闽菜为中国的八大地方名菜之一，以原汁原味和清淡为特色。武夷山岩茶、安溪铁观音、福州脱胎漆器、德化瓷器等风物极为名贵。

二、旅游开发与规划概要

按照福建省旅游发展规划要求，全省旅游空间布局优化为“一区、两带、四群、四中心”。一区，即建设“海峡两岸旅游区”，联手东岸，构建“海峡旅游品牌”；两带，即包括“四岸、四岛”（泉州黄金海岸、厦门假日海岸、宁德绿色海岸、福州阳光海岸，以及鼓浪屿、东山岛、湄洲岛、平潭岛）在内的东部“蓝色滨海旅游带”和北起武夷山、经南平、三明至龙岩，包括武夷山、泰宁金湖、将乐玉华洞、连城冠豸山、龙岩梅花山、桃源洞—永安石林等在内的西部“绿色生态旅游带”；加快推进鼓浪屿、武夷山、鼓山、海坛等重点旅游景区的景观整治和服务设施改造提升；要加强国际邮轮港口建设，重点打造厦门邮轮母港、福州邮轮码头建设，吸引世界知名邮轮访问，开辟入国邮轮旅游路线，增辟两岸邮轮航线，开通福建到香港、澳门、广州、上海等地的航线；完善大嵛山岛、三都澳、平潭岛、湄洲岛、东山岛等景区的旅游码头，积极发展游艇游船旅游。

三、主要旅游区建设

1. 以福州为中心的闽中东旅游区

本区包括福州和莆田两市。滨海，多岛屿和港湾；地形以山地丘陵为主，历史文化积淀深厚，旅游产品以海滨海岛和海洋休闲度假最具特色。

（1）福州市。福建省省会，国家级历史文化名城，中国优秀旅游城市。位于闽江下游，马尾是其外港，自古为对外重要贸易港口。汉初为闽越王都城，唐开元间始称福州。山水兼备，气候暖湿，榕树遍地，故有“榕城”之称。风景名胜众多，且具特色。

鼓山与于山 鼓山别称石鼓，国家重点风景名胜区，山巅有巨石如鼓而得山名。始建于五代的涌泉寺，为我国古代“十大古刹”之一。寺东的“鼓山十八景”俗称十八洞，其中的灵源洞，悬崖峭壁上隽有蔡襄、李纲、朱熹、文天祥、郭沫若等古今名家摩崖石刻300多处。于山位于福州市中心，山上有大士殿、九仙观、白塔寺、戚公祠等名胜，其中戚公祠即为纪念明代抗倭名将戚继光而建。

闽江口湿地公园 全国十大魅力湿地之一。环境优美，有丰富的野生动植物资源及多样的植物类型，是候鸟迁徙的重要越冬地、水鸟集中分布区、众多珍稀濒危鸟种的栖息地。

林则徐祠 位于福州澳门路，内有仪门厅、御碑亭、树德堂等建筑。祠中有林则徐生平事迹展览馆，收藏着包括林则徐书法手迹在内的不少文物，极为珍贵。

海坛 又名平潭，为国家重点风景名胜区。位于福清东部海面上。面积267km^2，为我国第五大岛。岛上海蚀地貌为全国之最，以海岸风光和海滨沙滩称胜，为著名的海滨休闲度假胜地。

十八重溪 国家重点风景名胜区，位于市南乌龙江南岸。因18条支流汇聚而得名。包括古灵胜迹、古崖飞瀑、皇冠奇峰和神钟寻源4个景区及其景点100余处。以成群的野生猕猴为特色。

青云山 国家重点风景名胜区。位于市西南永泰县境内。包括石廊、白马、九天和桫椤四大峡谷景区，并有云天石廊、白马瀑布、十八重溪石林等胜景，为典型的火山地貌区。

（2）莆田市。位于福建沿海中部，是妈祖文化的发祥地。风景名胜很多，但以湄洲岛最胜。

湄洲岛 位于湄洲湾湾口北部，港湾众多，沙滩连绵，树木蓊郁，风景秀丽。岛上妈祖庙闻名海内外。妈祖是富有传奇色彩的宋代湄洲女子，以其博爱的胸怀、善良的美德塑造了中华儿女追求真善美的纯真形象。妈祖庙宇遍布世界各地，而湄洲妈祖庙被尊称为“天后宫湄洲祖庙”。岛上建有国家旅游度假区、妈祖朝圣区、妈祖史迹陈列馆和民俗文化村等。

2. 以武夷山为依托的闽北旅游区

本区地处福建北部，包括南平、宁德及三明市的九龙溪以北地区。西部为武夷山脉，绵亘于闽赣边境；东部鹫峰山，海拔一般800m左右。整个地势西北高、东南低，闽江上源各大支流汇集于南平市，然后东流。古越族文化、畲文化、闽学文化为本区地域文化特色。

（1）南平市。位于闽江上游建溪和沙溪交汇处及鹰厦和来福铁路的交点，全省重要交通枢纽和新兴工业城市，风景名胜已形成武夷山系列。

武夷山 国家重点风景名胜区，国家首批5A级旅游景区，并已列入世界自然文化双遗产名录地。为典型的丹霞地貌，有“奇秀甲东南”盛名。九曲溪蜿蜒其间，并有36个峰峦相映，构成奇幻百出的“碧水丹山”奇景，即所谓的“溪曲三三水”（九曲溪）和“山环六六峰”（三十六奇峰）。历史文化古老，为我国东南地区著名的宗教和文化活动中心，被誉为“道南理窟”、“第十六洞天”。茶文化底蕴深厚，武夷岩茶饮誉天下，有“千载儒释道，万古山水茶”之誉。旅行家徐霞客曾专程考察，并留有《游武夷山日记》。

（2）宁德市。位于本区东北部，背山面海，溪流纵横，形成了秀丽的山海风光。主要景区有福鼎太姥山、屏南鸳鸯溪、周宁九龙祭瀑布群、屏南白水洋、古田翠屏湖等名山秀水，以及蕉城三都澳、福安白马门等滨海风光。全国著名畲族人聚居区，畲族风情浓郁，拥有中华畲族文化宫等旅游景点。

太姥山 国家重点风景名胜区，位于福鼎市东南部。包括太姥山岳、九鲤溪瀑、晴川海滨、桑园翠湖、福瑶列岛五大景区。自然景观山峻、石奇、洞异、溪秀、瀑急；人文胜景有国兴寺、瑞云寺等寺庙及历代名人摩崖石刻数十处。

鸳鸯溪 国家重点风景名胜区，国家5A级旅游景区。位于屏南县东北部，分为白水洋、宜洋、太堡楼、刘公岩、鸳鸯湖五大景区。溪长18km，蜿蜒曲折，两岸群峰绵延，沟壑纵横，森林茂密，群集融溪峰岩瀑洞雾湖等山水景观为一体。

（3）三明市。中国优秀旅游城市。位于武夷山与戴云山脉之间的闽西北山区，是福建省新兴的工业城市。旅游产品以“客家祖地”寻根、谒祖专项旅游、绿色之旅和科学考察之旅等最具特色。

玉华洞 国家重点风景名胜区，位于将乐县城东南5km。为一大型喀斯特溶洞，因洞内岩石光洁如玉、华光四射而得名。由藏禾洞、雷公洞、白云洞等6个支洞和石泉、井泉、灵泉3条阴河组成，洞内石灰岩景观丰富多奇。明代旅行家和地理学家徐霞客曾进洞考察，并有“此洞炫巧争奇，遍布幽奥”等文字记载。

金湖 国家重点风景名胜区，世界地质公园，国家5A级旅游景区。位于泰宁东南部，为金溪上游拦河筑坝的一大人工湖泊，景区以水为主体，以奇特丹霞地貌为特征。湖面水域$38km^2$，水深色碧，岛湖相连，青山绿水间随处可见丹崖悬瀑、古寺险寨、渔舟农舍和古木山花。景区内有大赤壁、三剑峰、水上一线天、尚书墓等名胜古迹180多处。

桃源洞 与鳞隐石林共同构成了一个国家重点风景名胜区，位于福建省永安市城北9km处，总面积$29km^2$。由桃源洞、百丈岩、修竹湾、葛里、栟榈潭五大景区组成，分布在沙溪河的两岸。其中，桃源洞景区是五大景区中的主要部分，其丹霞地貌和丰富的植被形成的奇峰峭壁、绿海林涛和碧水丹山浑然一体。

3. 以厦门为中心的闽南旅游区

本区包括厦门、漳州、泉州三市，背山面海，隔海峡与台湾相望。地势西高东低，沿海有较为宽广的漳州、泉州沿海平原。海岸曲折、多港湾和岛屿，泉州湾、围头湾、厦门港、诏安湾等都是重要海湾；厦门、金门、东山等都是著名海岛。经济发达，被称为闽南“金三角”。对外开放历史悠久，“海上丝绸之路”文化、“阿拉伯”文化等是其特色。

（1）厦门市。中国优秀旅游城市，国家经济特区，对台直航口岸，为我国台资企业最集中的区域性城市。城区建于厦门岛西南及鼓浪屿上，港阔水深，为重要港口城市，并正在打造成邮轮母港，风景名胜密集分布。

鼓浪屿—万石山　国家重点风景名胜区，国家首批5A级旅游景区，包括鼓浪屿、万石山与海滨，以及厦门湾的大部分海域和岛礁。鼓浪屿因岛上“鼓浪石”，波涛冲击，其声如鼓，故名。岛屿上别具风韵的屋宇楼台，依地势而筑，绿树红屋交相辉映，素有“海上花园”美誉。岛上日光岩又称晃岩，民族英雄郑成功曾屯兵操练于此。万石山位于市区，园内有万石植物园、南普陀寺，以及“万笏朝天”石刻等景点。

南普陀寺　位于厦门五老峰下，依山面海，始建于唐，已有一千多年历史，为闽南佛教圣地，享有“南天胜景”、“千年古刹”之誉。主要建筑宏伟富丽，寺内藏有佛经、宋钟、明清碑刻等。寺内香火很旺，为闽南著名宗教朝圣之地。

集美学村　为我国伟大爱国华侨企业家陈嘉庚先生倾资创建，由集美大学和一批中小学、幼儿园组成，形成完善配套的教育体系。主要景点有陈嘉庚故居及其墓葬“鳌园”、嘉庚公园、龙舟池、水族馆、航天城、归来园、李林园、延平故垒及独具风格的学村建筑群，并建有陈嘉庚纪念馆。

厦门台湾民俗村　坐落于环岛路“黄金海岸”边，占地40hm^2，与金门隔海相望，是大陆距台湾最近的一处游乐园。在这里可观赏到台湾历史文化、建筑风格，尽情领略台湾与大陆同根同源、同文同俗的文化底蕴。

（2）泉州市。中国优秀旅游城市，国家级历史文化名城。别称鲤城、刺桐城，位于晋江下游北岸，宋、元时为我国最大贸易港口，有“世界第一港”之誉，也是著名侨乡和台胞之乡。所产蜜饯、木偶雕刻、刺绣等驰名全国。

开元寺　位于泉州市西街，建于唐垂拱二年（686年），曾名莲花寺、兴教寺、龙兴寺。建筑雄伟，雕刻精湛。大雄宝殿内供有“五方佛”金身塑像，殿顶斗拱雕刻飞天乐会24尊，人身鸟脚，袒胸露臂，造型优美。其头上的花冠顶着衔梁，起着斗拱的支撑作用，是艺术与建筑的完美结合。

清源山　又名北山、泉山，国家重点风景名胜区，国家5A级旅游景点。海拔498m，层峦叠嶂，壑深洞幽，曾以三十六洞天名其精华景物，如老君岩、千手岩、清源洞等尚保存原貌。这些岩洞，或妙景天成，或人工雕造，各臻其美，并有古代名人的留题刻石300余处。

惠安女　以勤劳朴实和服饰穿戴奇特而著称于世。“封建头、解放脚、经济衫、浪费裤”，是对“惠安女”的形象概括。一年四季她们头上总是戴着黄斗笠，裹着花头巾，穿着短短的花边衣裳、宽大的蓝（或黑）长裤，微露着腹部，光赤着脚板，一切都是为了适应繁重的户外生产劳动。有女出嫁三天后即回娘家长住、只有过年过节及农忙时到夫家住一两天，直到怀孕了方可长住夫家的习俗。最令人赞叹钦佩的是她们生产、家务重担一肩挑的吃苦耐劳本色。

(3) 漳州市。中国优秀旅游城市，国家级历史文化名城。位于九龙江下游，为闽南水陆交通中心和九龙江流域物资集散中心。盛产热带花木、水果，享有“四时有不凋谢之花，八节尽长青之果”盛誉。为著名侨乡、台乡，祖籍漳州的台湾居民约占全台人口的36%。风景名胜品位高，有特色。

东山岛　位于东山岛东北部的铜陵镇，三面临海。由铜山古城、风动石、关帝庙、东门塔屿、乌石湾海滨森林公园、马銮湾海滨浴场共六大景区组成。其中，铜山古城，由条石砌成的古城墙依山起伏；其东城门临海，形势险要，郑成功、戚继光和东山军民都曾据此抗击来犯外敌。位于东山岛东部的马銮湾海滨浴场，为沙白、水碧、林绿的优质沙滩。

漳江口红树林　国际重要湿地名录地，位于云霄县漳江入海口。漳江入海口处的红树林，栖息有野生脊椎动物23目63科218种，并有具有中日两国政府协定保护的候鸟77种、中澳两个政府协定保护的候鸟41种。

龙佳生态温泉山庄　首批全国休闲农业与乡村旅游示范点，也是联合国南南合作网成员单位、福建省农家乐示范基地、福建省水乡渔业示范基地。占地约160hm^2。山庄是以生态农业、温泉养生为主题，融知识性、趣味性为一体的旅游度假村，设有踏青垂钓、自助采摘、温泉养生等生态休闲农业旅游项目。

(4) 南靖县。全国休闲农业与乡村旅游示范县，也是全国第二批无公害农产品示范县、闽台农业合作示范县和高优农业示范区，著名侨乡和台胞祖籍地之一，著名的“土楼王国”。南靖县以促进农民就业增收为根本，以培育优势特色产业为支持，大力发展了休闲农业与乡村旅游，形成了观光农业梯田、生态观光茶园、村雅兰花文化观赏园等高品位休闲农业与乡村旅游点。

南靖客家土楼群　与永定等县的土楼群，同被列入《世界文化遗产名录》。客家土楼以血缘家族聚居与城堡式土楼为其主要特征，一般高4～5层，平面结构多为圆形或方型，中心部位为祠堂，外围3～4层，有房间数百个，最多可居住600～800人。客家土楼以源远流长、种类繁多、风格独特、结构奇巧、规模宏大、功能齐全、内涵丰富而闻名于世，被联合国“世遗”官员和外国专家学者称赞为“世界民居奇葩”、“世界上独一无二的神话般的山区建筑模式”。

(5) 漳浦县。为福建南部沿海县，是一个海洋大县，全国首批沿海对外开放县，也是国家海峡两岸农业合作试验区的重要组成部分，台商投资密集地。漳浦历史文化古老，是客家人重要聚集地，也是闽南古堡式民居的典型分布区。

赵家堡　为一座规模宏大的宋代城堡建筑群，位于湖西乡。因楼主始祖是南宋末年的皇族赵若和，故其城堡仿北宋汴京式样建造。整个建筑群由两部分构成，初建的旧楼为三层四合式方楼，楼内挂着宋代18位皇帝的肖像；扩建的外楼为五座五进府第，系内眷住宅。府第前有巨石板铺成的广场，并有汴派桥、聚佛宝塔等景观。

4. 以龙岩为中心的闽西旅游区

本区包括龙岩及三明九龙江上游的宁化、清流等地。这一带地大山深，自古交通闭塞，自然环境险峻，却孕育出了独具特色的客家民系及其土楼文化。其中，宁化石壁被称为客家“驿亭”，“汀州”被称为客家首府，汀江被称为客家母亲河，永定被称为土楼王国。

(1) 长汀。古称汀州，国家级历史文化名城。保存有明代城墙、城门、文庙、朱子祠等古迹。第二次国内革命战争时期是中央苏区的经济中心，有福建省苏维埃政府旧址、第四次反围剿紧急会议旧址、中央闽粤赣省委旧址，以及瞿秋白、何叙衡纪念塔等红色景点。这里古为闽粤赣边贸易重镇，也是客家人的聚集和扩散中心。五凤楼、汀州花灯、汀州古码头等，均为客家文化的历史见证。

冠豸山 国家重点风景名胜区，位于连城东 1.5km 处，因其峰似巨冠，故名，为典型丹霞地貌，有苍玉峡、金字泉、一线天、“照天烛”等丹霞景观，以及众多摩崖石刻、楼台亭阁等人文景观。

梅花山 国家级自然保护区。位于上杭、龙岩、连城交界处，面积 22 160hm^2，平均海拔 900m。区内有国家重点保护的动植物如福建柏、长苞铁杉、钟萼木、金钱豹等 10 多种。国家华南虎野化实验工程也设在本区。

石壁 泛指宁化县石壁盆地及其周边地区，其中心为石壁村。因地处闽赣往来要冲，故而古代南迁，汉人大批居留后又西迁汀州、嘉应州（梅州）所属各县，故被誉为客家中转站、“客家摇篮”、“客家祖地”。

（2）永定。位于闽西汀江支流金丰溪流域、博平岭西侧。这里山岭纵横，素为畲族聚居之地，古代自然人文环境险恶，客家人却在这里立足生根，创造了世界罕见的土楼民居及土楼文化，全县有各式土楼 2 万多座，有“土楼王国”之称。

承启楼 位于古竹乡高北村，为内通廊式圆楼的典型。外径 62.6m，由四个同心圆的环形建筑组构而成：楼中心是祖堂、回廊与半圆形天井组成的单层圆楼。圆屋外是三个环行土楼，呈同心小圆，环环相套，其中外环四层共 72 间房，设四部楼梯，一个大门，两个边门。底层外墙厚 1.9m，形成外闭内敞的巨型城堡，防卫功能十分突出。建于清康熙四十年（1701 年），最盛时住 80 多户 600 余人，内部形成了一个按血缘聚族而居的客家社会。

振成楼 坐落于湖坑镇洪坑村，为内部空间布局最精彩的内通廊式圆楼。于民国初年，众议院议员林逊之历时五载建成。圆楼由内外两个环楼组成。外环四层，环周按八卦方位，用砖墙将木构圆楼隔成八段，故又称“八卦楼”；内环由两层的环楼和中轴线上高大的祖堂大厅围合而成。祖堂为方形、攒尖屋顶，正面四根立柱采用西洋古典柱式，柱间设瓶式栏杆。内环楼二层回廊为精致铸铁栏杆，有百合、兰花、翠竹、菊花、梅花等花饰。楼内有天井五处，设有洗衣石台，摆设花木盆栽，形成了亲和的居住环境。

海 南 省

一、旅游资源与环境概貌

海南省包括海南岛及离岛西沙、南沙、中沙群岛，陆地总面积 3.4 万 km^2，海洋国土面积 200 万 km^2，人口约 867 万（2010 年）。海南岛古代称琼崖、琼州，故简称琼。全岛海拔 100m 以下的平原占 1/3，多分布于北部和沿海；中南部为海拔 500～800m 的五指山地，分布着五指山、坝王岭等五大热带原始森林。海岸线 1528km，大多为海水清澈透明、沙滩洁白柔软的沙质海岸，与椰风海韵、矿泉温泉、奇花异木、黎苗风情，共同形成了独特的热带海岛风光。海南还是我国最大的经济特区，国际旅游岛实验区，并将逐步建设成为生态环境优美、文化完整独特、社会文明祥和的开放之岛、文明之岛、和谐之岛。全省有 9 大国家级自然保护区、4 个国家 5A 级旅游景区，并有数十处特色景区景点。海南人多由闽南人、潮州人、客家人的移民后裔构成，其衣食住行民俗多元，黎、苗等少数民族善于歌舞。海南人有喝早茶的习俗。海南菜以清淡鲜活、原汁原味为特色，东山羊、文昌鸡、和乐蟹、椰子盅等为地方名菜。

二、旅游开发与规划概要

根据《国务院关于推进海南国际旅游岛建设发展的若干意见》(国发［2009］44号)及赋予海南国际旅游岛建设的六大战略定位，即我国旅游业改革创新的试验区、世界一流的海岛休闲度假旅游目的地、全国生态文明建设示范区、国际经济合作和文化交流的重要中心等，将实施富民强岛工程，把海南打造成为中外游客的度假之地和海南人民的幸福家园，并彰显“阳光海南，度假天堂”整体旅游形象。在空间布局上，将构建“一区三带一圈”的发展格局，即为“国际旅游岛合作试验区”(文化产业聚集地为突破口)，东线以滨海旅游文化为主体的现代文化产业带、中线以黎苗民族风情黎苗文化园等特色旅游文化为主体的绿色文化产业带，西线以高科技、环保、民间文化为主体特色文化产业带和南海蓝色旅游经济圈。

三、主要旅游区建设

1. 以海口市为中心的琼东北旅游区

本区位于省境东北部，包括海口、文昌、琼海三市。旅游景观以现代城市风貌、海洋风光、文物古迹为主要特色。

(1) 海口市。海南省省会，国家级历史文化名城，中国优秀旅游城市。位于海南省北端，为滨海型现代城市，环境优美，旅游景区景点多且具有特色。

五公祠 位于海口市海府大道东端，由五公祠、苏公祠、观稼堂、学圃堂、五公精舍、琼园等古建筑群构成。其中五公祠为纪念唐宋两代被贬谪来海南的唐宰相李德裕、宋宰相李纲和赵鼎及大学士胡铨、李光五位名臣而建。

琼山古城 国家级历史文化名城，现为海口市的琼山区。秦设县，唐至清为琼州府治。有古琼崖郡治遗址、府城古城墙、鼓楼、琼台书院、海瑞和邱濬故居、孔庙等名胜古迹和马鞍岭火山群、万绿园、东寨港与海底村庄等自然公园。

雷琼世界地质公园 位于琼州海峡两岸，由海口园区和广东省湛江园区组成。在地质学上属于雷琼陆谷火山带，有110座火山，岩浆溅落抛射物、熔岩隧道等地质景观极为丰富，石山镇的马鞍岭火山群，即为其中典型代表。

东寨港与海底村庄 为国家级自然保护区，海南红树林生态旅游示范区，位于琼山区东南铺前港到东寨港沿岸。在长约10km的淤泥质海岸带，生长着茂密的红树林，被列为国际重要湿地名录地。红树林海滩之外的海域，有著名海底村庄，是明万历年间一次大地震造成的陆陷成海的见证。

(2) 文昌市。位于海南东北部，是海南的华侨之乡、文化之乡、椰树之乡。有东郊椰林、宋氏祖居、铜鼓岭、七星岭、张云逸将军纪念馆等景区。

东郊椰林 为海南生态旅游示范区，位于市东郊镇海滨。这里椰树成片，椰姿百态，有红椰、青椰、良种矮椰、高椰、水椰等品种，共50多万株。区内已建成旅游码头、海滨度假村、海鲜坊等多处景点。

铜鼓岭 为原生性海岸生态旅游区，位于文昌市龙楼镇东部海滨。主峰海拔338m，伴有18座大小不同的山峰，层峦叠翠，形成了一座天然的生态植物园、百草园和野生动物园。岭下海域广阔，其月亮湾、淇水湾、云龙湾的沙滩如银、海水湛蓝，是理想的天然海水游泳场。

(3) 琼海市。中国优秀旅游城市。位于省境东部，为著名侨乡。闻名遐迩的万泉河即从琼海市境内流入大海，而著名的博鳌水城就位于万泉河入海口的北岸。风景名胜以万泉河、博鳌水城为最。

万泉河 是以自然河流景观为主体的风景区，包括万泉河码头、红色娘子军雕像、沙州岛等景点。万泉河发源于中部崇山峻岭之间，向东注入南海，沿途流经热带雨林区，景色壮美。万泉河漂流是我国唯一可四季漂流的旅游项目。

博鳌水城 海南三大国际旅游度假区之一，"亚洲论坛"永久会址。位于博鳌镇，是万泉、龙滚、九曲三条河流汇拢流入大海的必经之口。博鳌水城现已建成国际会议中心、休闲度假五星级宾馆、博鳌高尔夫球场等旅游设施。

2. 以三亚为中心的琼东南旅游区

本区位于省境东南部，包括三亚、万宁两市，旅游资源以山、海、岛为特色，是目前海南省最大的海滨度假旅游区，也是全国最南端的热带性旅游度假区。

(1) 三亚市。古称崖州，著名的旅游城市，中国优秀旅游城市。在海南岛最南端，濒临南海。旅游资源集阳光、海水、沙滩、气候、森林、热带田园风光和名胜古迹于一地，尤其是沙滩，堪称世界一流。主要景区有亚龙湾、大东海、南山、天涯海角、鹿回头公园、西岛等，其中，"三亚热带海滨"还为国家级风景名胜区。

亚龙湾 国家旅游度假区。海湾沙滩绵延伸展约 8km，青山连绵起伏、海湾波平浪静、海水清澈如镜、柔软的沙滩洁白如银。是一个拥有滨海浴场、豪华别墅、会议中心、高星级宾馆、度假村、海底观光世界、海上运动中心、高尔夫球场、游艇俱乐部等国际一流水准服务设施的旅游度假区。

南山 国家首批 5A 级旅游景区。是一个以南山为依托的宗教文化为主体的旅游园区。共分为三大主题公园：南山佛教文化园，主要景点有南山寺、南海观音佛像、观音文化苑等；中国福寿文化园，是一座集中华民族文化精髓，突出表现和平、安宁、幸福、祥和之气氛的园区；南海风情文化园，是一座突出展现中国南海之滨自然风光和黎村苗寨的文化风情园区。

大东海 位于距三亚市区 3km 的兔子尾和鹿回头两山之间。有月牙形的海湾，辽阔的海面晶莹如镜，阳光、碧水、沙滩、绿树构成了一幅美丽的热带风光图画。这里四季如春，水暖沙平，是冬泳避寒胜地和度假休闲者进行潜海观光、海水浴、阳光浴的理想之地，为中国"四十佳"旅游景点之一。

天涯海角 位于三亚市天涯镇，前海后山，风景独特。沙滩上一对拔地而起青灰色巨石分别刻有"天涯"和"海角"字样，"天涯海角"由此得名。景区内有海水浴场、钓鱼台及海上游艇等设施。

西岛 面积 2.8km^2，岛上居民 3000 人，世代以打鱼为生。岛周沙滩细软、海水清澈见底；环岛海域有保护完好的珊瑚，并聚集着色彩斑斓的热带海鱼。岛上新建有海上游乐世界、钓鱼俱乐部等旅游景点。

南湾猴岛 位于陵水县长城镇的陵水湾内，有 2100m 长的缆车索道与之相通。岛上森林茂密，气候宜人。栖息着 25 群 1000 多只海南特有种猕猴。这里的猴子能列队欢迎游客和表演各种富有情趣的文体节目，并能与人友善亲近。

(2) 万宁市。为著名侨乡。地处热带北缘海滨，有奇山、异洞、怪石、温泉、热带田园、滨海沙滩、革命遗迹、民族风情等自然人文风光。拥有东山岭、兴农农场、兴农温泉、神州半岛、石梅湾等风景名胜。

东山岭　位于市东 2km 处，面积 10km^2，由三座山峰相依而成。是一个泉丰林秀、四时花开、石景遍布，摩崖石刻处处的山地型风景名胜区，尤以佛教寺庙潮音寺最胜。其东山羊、乐蟹、后安鲻鱼、港北对虾、东山大烙饼等风味美食，令人神驰。

兴隆热带植物园　位于市郊，占地面积 20hm^2，包括植物观赏、生产示范、科研开发、立体种养和生态旅游五大功能区。是一座集科研、科普、生产、加工、观光和种质资源保护为一体的综合性热带植物园。这里汇集了热带香料、热带饮料、热带水果、热带经济林木、热带花卉、绿色蔬菜等 12 类 1200 多种热带植物。水温可达 60℃的兴隆温泉群就位于园内。

3. 以五指山市为中心的琼西南旅游区

本区位于海南省的西南部，主要包括五指山、东方、琼中、昌江、乐东等县市，地形以山地为主，历来为黎、苗等少数民族聚居之地。神奇的民族风情和热带山地森林景观是其旅游特色。

（1）五指山市。位于海南省中南部腹地，为全省旅游资源最集中的地区之一和海南热带山地风光旅游的中心城市。其独特的热带自然景观和黎、苗风情，使其具有不可替代的旅游开发价值。市区有中华民族文化村，其近邻县还有乐东尖峰岭国家森林公园和昌江坝王岭自然保护区。

五指山　位于海南中部，峰峦起伏呈锯齿状，形似五指，为热带原始森林。既是不朽良材的绿色宝库，又是珍禽异兽的天然王国。是我国黎、苗等少数民族的主要原住区，民族风情独特，被世界旅游组织列为 A 级旅游点。

中华民族文化村　位于市内，是一个集民族民居、民俗风情、民间艺术于一体的大型民族文化园区。园内新建造的鼓楼、风雨桥、三塔、太阳柱等上百个景点布局巧妙，错落有致，还定期举行苗、黎等少数民族的歌舞风情表演。

尖峰岭与坝王岭　都是海南山地热带原始林区。尖峰岭为国家森林公园，位于乐东县境内，面积约 5 万 hm^2，分布着大片原始森林，栖息着长臂猿、海南黑熊等 20 多种国家保护动物；坝王岭属国家自然保护区，位于昌江县与白沙岭交接处，在万顷热带原始森林里，拥有 1400 多种原始林木种，并栖息着国家一、二类保护动物 10 多种，其中黑冠长臂猿为世界四大类人猿之一。

（2）东方市。位于海南岛的西海岸、昌化江下游。境内八所港为海南三大港口之一，也是中国目前唯一以出口铁矿石为主的海港。其矿产、林产、海洋水产和旅游资源丰富，尤其是大田坡鹿保护区为海南十大著名旅游景点之一。

大田坡鹿保护区　为国家级自然保护区。位于东方市八所镇东 20km 处的大田乡。坡鹿仅产于海南岛西南大田、邦溪一带狭小地域，因敏感机灵，嗅觉、听觉、视觉都极好，容易受惊赫，且喜欢活动于灌木丛生、杂草茂密的山坡边缘地带，已属于濒危物种。坡鹿具有极高的观赏、科研和医用价值。

4. 以三沙市为中心的南海蓝色旅游区

南海因位于中国南部而得名，被中国大陆、中国台湾岛、菲律宾群岛、大巽他群岛与中南半岛所环绕，为西太平洋的一部分，也是中国最大、最深的边缘海。总面积 350 万 km^2，水深平均 1212m。属于中国管辖范围即为世界各国所公认的“九段线”之内的 210 万 km^2。南海是联系中国与世界各国非常重要的海上通道，同时也是太平洋与印度洋之间的海上走廊，极具战略地位。其水产、石油、天然气、金属矿产等资源丰富，海洋海岛旅游发展前景

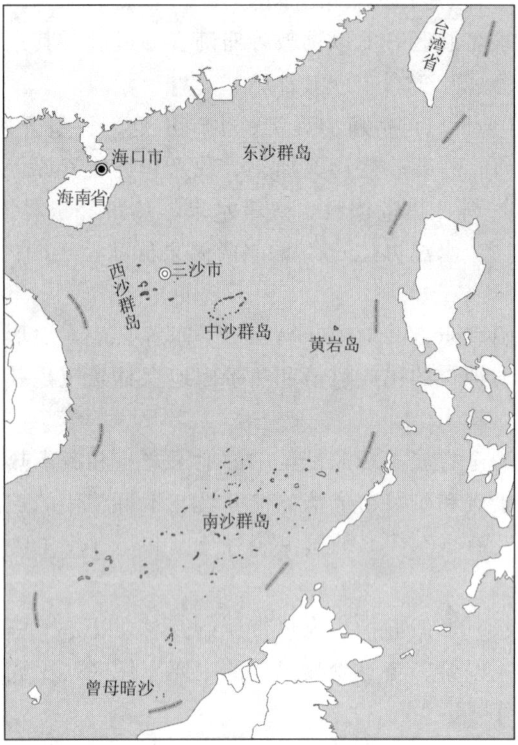

图 11.2　三沙市及其南海诸岛示意图

广阔。围绕建设南海资源开发和服务基地，海南省特确立了实施海洋强省的战略，并形成以三沙市为中心的南海蓝色旅游服务区。

（1）三沙市。是 2012 年随海南省西沙群岛、南沙群岛、中沙群岛办事处撤销而建立的新兴海洋城市（图 11.2）。是中国位置最南、面积最大（包括海域面积），而陆地面积最小和人口最少的地级市。是全国继舟山市之后第二个以群岛设市的地级行政区，是海南省继海口、三亚之后的第三个地级市，市政府驻地为西沙永兴岛。

西沙群岛　由永乐群岛和宣德群岛组成，共 40 多个岛礁，分布于 50 多万 km^2 的海域上。三沙市政府及西沙海洋博物馆、西沙将军林、海军收复西沙群岛纪念碑等名胜均位于本群岛区，是目前开放南海海岛海洋旅游的重点区域。尤其是陆地面积为 2.1km^2 的永兴岛，为市政府所在地，电厂、港口码头、冷冻库、商业服务大楼、居民住宅等城市建设发展迅速，并有可停放波音 737 飞机的机场，已形成名副其实的海岛新都市，也是正在兴起的旅游城市。

南沙群岛　是中国南海诸岛四大群岛中位置最南、岛礁最多并散布最广的岛群，曾母暗沙为中国领土的最南点。已发现并命名的岛屿礁滩有 230 多个，其中露出水面的岛屿 17 个、沙洲 6 个，岛屿陆地总面积约 2km^2。主要有太平岛、中业岛、南威岛、弹丸礁、郑和群礁、万安滩等。其中太平岛最大，面积为 0.43km^2，自抗日战争胜利收回至今，一直由中国台湾省派员驻守，岛上建有飞机场。南沙群岛自然生态环境优越，林木四季常青，可以进行蔬菜及热带经济作物种植。岛上鸟类资源丰富，周围海域渔业资源丰富，在海底发现了丰富的海底天然气和石油资源。

中沙群岛　在南海诸岛四大群岛中位置居中，古称红毛浅。主要由隐没于水中的三座暗沙、滩、礁、岛组成，几乎全面隐没于海面之下，距海面约 10～26m，仅黄岩岛南面露出了水面。但小于 20m 深的礁滩面积约 350km^2。中沙群岛大部分地区位于热带中部，海水清净，海温较高，适合于各类海洋水产繁育生长，盛产海参、龙虾等名贵水产，海底也蕴藏有天然气、石油等矿产资源。

（2）东沙群岛。是中国南海四大群岛中位置最北和最小的岛群。位处珠江口东南约 315km，由东沙岛、东沙礁和南北卫滩等组成。东沙群岛地处南海域上段，发育在 300m 深台阶面上，水下暗礁星罗棋布，水情险恶。但航海地位重要，岛上建有灯塔、气象台和台风观测站。东沙群岛中面积最大、最美丽、地位最重要的岛屿为东沙岛。

东沙岛　由珊瑚为主生物堆积而成，居东沙环礁的两侧礁盘上，整体上为一自西北向东南倾斜的碟形沙岛，平均高出海面 6m，面积约 1.8km^2，在南海诸岛中仅次于西沙的永兴岛。东沙岛在地貌形态上四周高，中部为一浅水湖，水深 1～1.5m，湖口西水道与外海相通。东沙岛目前由中国台湾驻军，岛上建有机场。地处热带，岛上植物繁茂，多椰子树，且有淡水，加上典型的圆形环境地貌发育，有利于海洋海岛旅游的发展。

香　港

一、旅游资源与环境概貌

香港位于南海之滨，珠江口东侧，北与深圳市毗连。由香港岛、九龙半岛、新界及附近 235 个离岛组成，面积 1104km²，人口约 713 万（2012 年 6 月）。华人占 98%，其中 70%为客家人后裔。通行汉语、英语和广东话。香港古以产“莞香”著名；因莞香要从港口起运出境而得名香港。鸦片战争后被英国殖民者侵占，于 1997 年 7 月 1 日我国恢复对香港行使主权，实行一国两制，港人治港。全港地形以山地、丘陵为主，大帽山雄踞中部，另有马鞍山、狮子山等山地。海岸曲折，多良港与峡湾沙滩。全境地处亚热带海洋性季风气候区域，地理环境优美，使香港成为了一座美丽的海滨城市，并为世界第三大国际金融中心、第九大国际贸易中心和重要国际航空港，享有“东方明珠”称号。香港为广府文化的重要组成部分，衣、食、住、行与广东人无异，但长期受自由港的影响，西菜、日菜等外来菜系更普遍。喜欢吃鱼饮茶，故为世界著名“长寿之乡”之一。港澳深旅游合作关联示意图如图 11.3 所示。

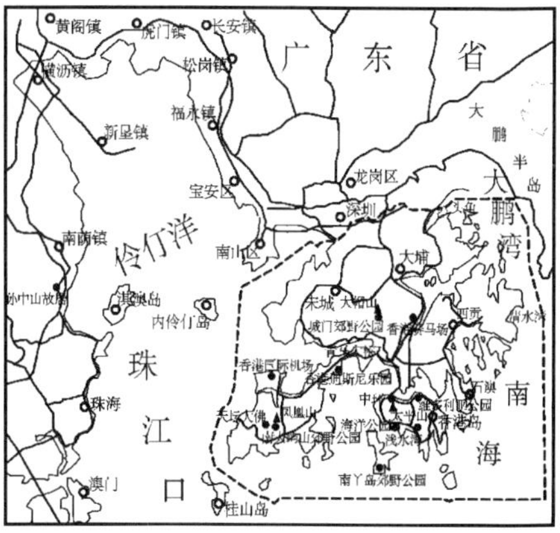

图 11.3　港澳深旅游合作关联示意图

二、旅游开发与规划概要

香港虽然地域有限，天然的自然人文旅游资源也不多，但凭借其得天独厚的区位交通条件、特定自由港地位，以及东西杂糅的文化和智慧，抓住了第二次世界大战后世界旅游业蓬勃发展的机遇，于 20 世纪 60 年代末期开始大规模兴建各种旅游设施和人工娱乐设施，使其高级酒楼食肆、大型豪华宾馆，现代化的旅游主题公园、会议会展场馆、荟萃世界商品精华的购物中心遍布各地，而被誉为“动感之都”、“美食之都”、“购物天堂”、“观光者的乐园”、“世界商品橱窗”、“会议之都”等。旅游业不仅已发展成为香港经济的又一重要支柱，而且已成为亚太地区旅游中心和新兴的国际旅游胜地。在旅游开发战略上，将与广东珠江三角洲和澳门一道共同提升旅游合作层次，形成具有世界吸引向性的高品位旅游目的地。

三、主要旅游区建设

1. 港岛、九龙半岛都市旅游区

港岛北部和九龙半岛的南部一带高楼林立，银行、商行、股票交易所和大酒店等密集，其商业中心及行政官署、港口、码头、车站也都主要集中于此。港岛与九龙半岛之间的维多利亚港湾是世界上最繁华的港湾，整体上显示一派大都市气派。

（1）香港岛。俗称港岛，面积 81km²。是一个山岛，街市依山就势而建，摩天楼群集中于维多利亚湾沿岸的狭窄沿海平原。港岛由东区、湾仔区、中西区和南区组成。其中，中西区位于港岛西北角，为香港开阜立足之地，商业中心、银行和政府机构都集中于此。湾子为新兴而繁忙不息的闹市，新式建筑林立。

太平山 俗称扯旗山，港岛最高峰，海拔552m，登顶可俯瞰香港岛和九龙半岛。山上建有山顶公园，并有狮子亭、古炮台、姻缘石等景点，还有一些官绅名流官邸；山下有文武庙、动植物园、跑马场、海洋公园和胡文虎公园等。

浅水湾 香港最具代表性的沙滩，有东方夏威夷的美称。湾成月牙形，依山面海，具有湾宽水浅、浪静、沙细而松软的特点，享“天下第一湾”美誉，是游泳嬉水休闲的理想胜地。景区四周都是建筑华丽的豪宅、浪漫的茶座、高级餐厅，假日更有极具特色的“跳蚤市场”，是一个闹静结合的风景胜地。

海洋公园 位于港岛南部深水湾，由南望山公园和黄竹坑公园组成，用空中索道将二者相连，总占地69hm^2，为亚洲最大的海洋公园。南望山公园由海洋动物表演馆、海涛馆和海洋港组成，其中海洋动物表演馆有海狮、海豚、杀人鲸等各种节目表演。黄竹坑公园荟萃了世界风景园林精华，并设有摩天轮、过山车等游乐设施。海洋公园集海洋奇观与娱乐设施于一体，为国外旅游者必达之地。

香港会展中心 为亚洲第二大会议展览场馆，拥有两幢世界级酒店，一幢办公大楼，一幢服务式住宅，亚洲首个专为展览会议而兴建的大型设施。大会堂前厅的玻璃幕墙高达30m，拥有180°宽广的海港景观。其新翼与原有的会展中心之间由一条长110m的天桥走廊连接。新翼坐落在6.5hm^{2}的填海人工岛上。有可容纳2211个标准展台的3个大型展览馆、1个面积4300m^{2}的会议大堂和多个不同大小的会议厅房。

(2) 九龙半岛。是“新界”以南至尖沙咀的地带，面积约47km^2，有鸡胸山、笔架山等九条山岭形似游龙，故名九龙。九龙城区横贯其境，并有油尖旺、黄大仙等六大区域。其中油尖旺区集中了华人传统商业；尖沙咀却具有欧洲市街色彩；深水区的苏园、宋城是香港著名的游乐场；九龙城东面的启德机场，自香港国际机场建成后，原址上已建成为了新兴的商贸、游览的繁华地带。九龙半岛自然人文并胜，旅游景区景点密集。

宋城 位于九龙荔枝角的一处仿古主题公园，它以北宋张择端的名作《清明上河图》为蓝本，集中展示了宋代汴京（今开封）的市井生活风貌。城内小河两岸绿柳垂杨，店铺林立。茶寮、酒坊均有着穿宋代服装的服务人员，并有由表演艺人装扮的“市民”表演武术、杂技、书法和传统手艺，一似当年汴京繁华景象。

黄大仙祠 位于九龙黄大仙上村，占地18 000m^2。建筑古朴高雅，祠内供奉的主神为道教神仙赤松子黄初平。每年前去参拜的游人超过300万，是香港香火最旺的庙宇。

香港世界地质公园 位于新界东部及东北部一带，包括新界东北沉积岩和西贡东部火山岩两大园区共八大景区，占地49.85hm^2，为全世界最小的世界地质公园。却拥有世界一流的酸性火山岩柱，展现了5.2亿～5.5亿年前的古生化期间，通过沉积作用形成沉积环境的一段地质历史，极具科学研究价值。

2. 新界与离岛旅游区

1898年英殖民主义者强迫清政府签订的《展拓香港界址专条》，强行租借深圳河以南至九龙界限街以北的地区及附近230多个岛屿，即所谓新界，面积达975km^2。这里是乡村与现代都市的交融区，不少地方至今仍保留着原始天然的自然生态环境和田园风光。

(1) 新界。是指九龙与深圳河之间的地区，面积占全香港的68%，地形以山地丘陵为主。这里既有自然村落、田园、古镇，也有摩天大楼、繁华商市、高速公路和铁路。曾有客家人居住，至今保留有不少客家传统民居。

大帽山　又叫大雾山，雄踞新界中部，东为草山，西北为石岗平原，形似大帽而得名。主峰海拔 957m，为香港特区最高峰。山体优美，环境清幽，现辟有城门郊野公园、大帽山郊野公园、大揽郊野公园和自然保护区。

吉庆围　为江西吉水客家人邓伯经初建于明宪宗成化年间，位于锦田大马路北围斜对面，经数代人的增建，成为了内有居室，外有青砖围墙，四角有炮楼，并加连环铁门，围墙外还有深壕环绕的客家赣南型土围。

奥运马术比赛场馆　香港赛马始于 1846 年，拥有设备先进的赛马场馆，2008 北京奥运会马术比赛安排在香港，其场地障碍赛和盛装舞步赛在沙田奥运马术馆举行，可容纳 18 000 名观众；越野障碍赛场地位于上水的香港赛马会双鱼河乡村会所及毗邻的香港高尔夫球会所改建的场地，这里有长 5.7km、宽 10m 的临时赛马道，并附设有热身场地，赛后小休区及 80 个临时马格。整体规模宏大，设施设备精良、技术力量雄厚。

香港湿地公园　位于新界天水围的北部，是香港首个生态环境旅游项目湿地保护区。建有占地 10 000m^2 的室内展览馆“湿地互动世界”，以及超过 60hm^2 的湿地保护区。包括人造湿地和为水禽而重建的生态环境。内有近 190 种雀鸟、40 种蜻蜓和超过 200 种蝴蝶及飞蛾。有常见的动植物室内展览，如马来鳄、马来闭壳龟、本地独有的香港斗鱼、香港湍蛙等。

（2）离岛。属于新界范围之内的离岛总共有 230 多个。其中，以大屿山岛面积最大，约 141.6km^2。岛上凤凰山海拔 935m，为香港第二高峰。香港国际机场、迪斯尼乐园、天坛大佛等旅游胜地也位于本岛。位于大屿山岛东南海面的长洲岛，面积 2.4km^2，人口 4 万，其密度为离岛之首。长洲为古老的渔业基地，建筑仍保留旧式渔港格局，岛东东湾为著名的海滨浴场。南丫岛为香港第三大岛，岛上有榕树湾和索罟湾两大村落，并有天后庙等古迹。

天坛大佛　位于大屿山木鱼峰顶，以大佛基座仿北京天坛圜丘设计而得名。大佛高 26.4m，连基座总高 33.95m，重 238t，为当前世界上最大的露天青铜坐像，是我国东、西、南、北、中“五大佛”中的南方大佛。

香港迪斯尼乐园　是全球按照 1955 年美国加州迪斯尼乐园模式修建的第五个迪斯尼乐园，位于大屿山岛的竹篱湾，与香港岛隔海相望。占地 126hm^2，由美国大街小镇、幻想世界、明日世界和探险世界 4 个主题园组成。另有两家酒店和 1 个 12hm^2的迪欣湖。为此，进一步提高了香港作为世界级旅游城市的形象。

香港国际机场　为世界最繁忙的机场之一，位于大屿山岛。其客运大楼占地 55 万 m^2，全长 1.3km，已列入吉尼斯世界纪录，为全球最大的机场客运大楼；超级一号货站，每年可处理 210 万 t 货物，为全球最大的单一机场货运站；机场购物廊为世界级的零售和饮食天地，世界名牌商品荟萃其中。

澳　门

一、旅游资源与环境概貌

澳门位于南海之滨，珠江口西侧，近邻珠海，隔海与香港相望。包括澳门半岛、氹仔岛、路环岛。面积 27.5km^2。澳门古称濠镜、濠江，属广东省香山县（今中山市）。16 世纪

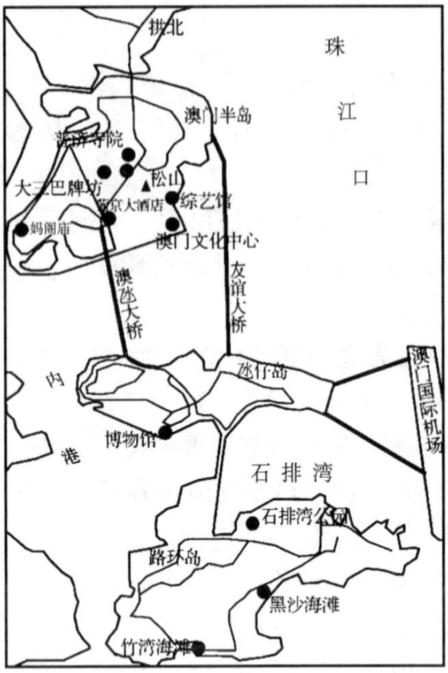

图 11.4　澳门特区旅游简图

中叶后被葡萄牙逐步占领，中国政府已于 1999 年 12 月 20 日恢复对澳门行使主权，并设特别行政区。人口 586 万（2012 年），通行广东话。地形以低山丘陵为主，但移山填海的平地逐年有所增长；全境属南亚热带季风型湿润气候，环境宜人。为著名的自由贸易港，以出口加工业、旅游博彩业、建筑房地产业和金融业为经济四大支柱。旅游资源具有三大明显特点：一是种类齐全的博彩业，素有“东方蒙特卡洛”之称；二是中西交汇的文化史迹，华洋集居的市井风貌，几十座中式庙宇和西式教堂，各自代表着不同的文化和历史；三是独特的历史古迹与风景名胜，如大三巴牌坊、妈阁庙、大炮台城堡、东望洋山、西望洋山、澳凼大桥，以及孙中山纪念堂、旧基督教堂等风景名胜和古迹等如图 11.4 所示，都能展示澳门 400 年中西文化交汇的历史。澳门同样是广府文化的重要组成部分，其风俗习惯与广东一带大体一样。但葡萄牙 400 年的殖民统治，产生了“澳门葡萄牙人”这个特殊社会群体，他们操葡萄牙语或双语，保持着葡萄牙习俗、习惯。在澳门也有葡式建筑、葡园菜。

二、旅游开发与规划概要

澳门凭借着优越的地理位置、自由港的地位、中西结合的文化和市井风情，以及邻近香港的客源市场优势等，发展成为了一座具有传奇色彩的旅游城市。其现代化旅游业始于 20 世纪 50 年代，全面兴盛于 60 年代。“博彩业加旅游观光业”模式，使其成为澳门国民经济发展中的第一大支柱产业和政府财政收入的重要来源。特区政府审时度势，越来越重视旅游产业的发展，不断加强旅游设施建设和大力开展各种与旅游业有关的社会经济文化活动，为改变以赌博业为特点的旅游形象，近些年来特别重视文化旅游活动和会展会议旅游，相继组织和主办了澳门艺术节、澳门街坊节、澳门美食节、澳门国际音乐节、澳门国际烟花节；承办了中国艺术大展、第十七届全国信息学奥林匹克竞赛，第四届荷花展、中国首届职业高尔夫球挑战赛、澳门国际龙舟赛、世界男子沙滩排球赛、世界女排大奖赛以及每年 11 月的格兰披治大车赛和澳门国际马拉松赛等国际、国内、特区内的文化活动。与此同时，兴建了国际机场、深水码头、第二澳氹大桥、松山隧道和联结珠海的铁路，高速公路，一批会议会展场馆，以及高星级宾馆。

三、主要旅游区建设

1. 澳门半岛旅游区

澳门半岛与珠海接壤，并以澳氹大桥与氹仔岛相连。该半岛为澳门特别行政区政府所在地，是全澳的政治、经济、文化中心，风景名胜也很集中。本区又可分为西部老城区和东部海岸新城区。

（1）西部老城区。本区是澳门 400 多年发展历史中西文化交汇的见证，以宗教建设多、炮台城堡多、博物馆和花园公园多为特色。

东望洋山　位于澳门半岛东部，与西望洋山遥相对峙，山上遍植松树，故又名（松山)。山上有古老的教堂，破旧的城堡、炮台，以及历史悠久的灯塔。灯塔自1865年建成至今仍在发光照耀。登上峰顶远眺，澳门风光一览无余。

大三巴牌坊　位于澳门半岛炮台西侧，是建于明代万历八年（1580年）的圣保禄教堂前壁，当地人因其大，又酷似中国式的牌坊，故称大三巴牌坊。圣保禄教堂于1835年遭大火被焚毁，仅存此前壁。牌坊为优质花岗石四层叠柱式建筑，由30多条古希腊式圆石柱组成，壁上浮雕极为精致。经150多年风雨至今屹立于山冈，已成为澳门的象征式建筑。

妈阁庙　位于澳门半岛南妈阁庙山内港入口处。原名妈祖阁，是澳门最古老的中国式庙宇。妈阁庙依山傍水，双狮镇门，古木参天，景色绮丽。

大炮台　又称圣保禄堡台、中央炮台或三巴炮台，坐落于大三巴牌坊之侧，建于1617～1626年。占地$2100m^2$，高踞澳门市中心，为军事要地。炮台上有大片空地，巨型钢炮雄踞于侧；炮台上的古塔为当年的耶稣会址；现在炮台上建立了澳门博物馆。

卢廉若公园　又称卢氏花园，为港澳地区唯一具苏州园林风韵的名园。园内的亭台楼阁、池塘石山、小桥飞瀑、曲径回廊，颇具苏州狮子林及留园气势，现已成为大众游憩的好去处。

逸园赛狗场　位于澳门半岛北部白朗古将军马路，为世界绝无仅有的赛狗场。从其外看像是一座体育馆，场内大看台可容纳近万名观众。澳门是亚洲地区唯一合法经营赛狗的地区，也是澳门博彩业的重要组成部分，赛狗极引人关注。

澳门历史城区　世界文化遗产名录地，位于澳门半岛旧城区，是连接相邻众多广场空间及二十多处历史建筑，以旧城区为核心的历史街区。包括妈阁庙前址、亚婆井前址、岗顶前址、议事厅前址、大堂前址、板樟堂前址、耶稣会纪念广场、白鸽巢前址多个广场空间，以及妈祖阁、港务局大楼、郑家大屋、关帝庙、仁慈堂大楼、卢家大屋、大三巴牌坊、东望洋炮台等20多处建筑。

澳门湿地　全国十大魅力湿地之一。面积不大，但是国际候鸟迁徙路线中的一个必然中转站之一，尤其是该湿地属于世界珍稀濒危鸟类黑脸琵鹭的重要越冬场所，可见其地位之高。

(2）东部都市风光区。多为填海造陆部分，通过友谊大桥、澳氹大桥可达氹仔岛国际机场，并有港澳码头，是新崛起的商业金融中心、会展会议中心。主要风景名胜有葡京大酒店、旅游活动中心等。

葡京大酒店和葡京娱乐场　葡京大酒店呈圆柱形、顶上嵌镶着无数华灯，富丽堂皇，引人注目，为澳门五大著名赌场之首。酒店内拥有数百平方米的巨型赌厅和高级的贵宾座赌室。到这里赌钱的多为富商巨贾、豪门大亨，下赌便是数万计。位于它东面的葡京娱乐场是一座现代化三层圆柱形豪华建筑物，屋顶上有一个石制的赌博轮盘。内设上百张赌台，为一处专业化的高级赌场。

旅游活动中心　位于澳门新口岸填海区，与全澳最大的室内综合运动场“综艺馆”相邻。是一个集娱乐、展览、会议于一体的大型娱乐中心，并下设有澳门大赛车博物馆和葡萄酒博物馆。

澳门观光塔　位于南湾湖畔，高338m，游客楼层共4层，内含室内主观景台、旋转餐厅、户外观景台。整个建筑群除高塔外，还有商务会议娱乐设施。观光塔及会议、旅游娱乐中心的建成，使得澳门更富国际都会色彩。

2. 路环、氹仔岛屿旅游区

路环、氹仔为澳门两个最大的离岛，而且以填海造陆方式筑成的一条长约 2225m 长的路氹公路将二者连成一体，氹仔岛又通过两座跨海桥与澳门半岛连成一体。

(1) 路环岛。路环岛在澳门三大地域中位置最南，但自然风光独胜。岛上地形以山地为主。塔石塘山海拔 174m，为全澳高峰。该岛开发较晚，风景名胜多具野趣，为澳门的新兴旅游胜地。

妈祖巨像 为迎接澳门回归，澳门人民于 1998 年在塔石塘山顶塑造有高 19.99m，重 500t，由 1220 块汉白玉石嵌成的妈祖像。为世界妈祖像之最，象征着澳门回归，人民吉祥如意。

黑沙海水浴场 位于路环岛东南海岸。海湾开阔，沙滩面坡度平缓，沙粒细滑，以颜色黝黑闪烁发光而得名。岸边密林苍翠，自然环境清幽。在其附近已建有黑沙游乐中心，为澳门的著名海水浴场。

郊野公园 建于路环岛塔石塘山，为一座山青水秀的园林式大公园。有各种游乐设施，每当假日游人如织。

(2) 氹仔岛。氹仔岛介于澳门半岛与路环岛之间，东西长约 4km，面积仅 6.2km^2。北有澳氹、友谊两座大桥与澳门半岛相连；南有公路长堤与路环岛相接，风景名胜有澳氹大桥、澳门国际机场、龙环葡韵住宅式博物馆、赛马场等。

澳氹大桥与友谊大桥 介于澳门半岛与氹仔岛之间，为跨海钢筋混凝土大桥。前者桥长约 2569m，加上引桥全长 3449m，有 121 个桥孔，桥面宽 9.2m，屹立于浩瀚大海中，已成为澳门一大胜景；友谊大桥又称第二澳氹大桥，全长 5522.86m，正桥宽 19.3m，气势颇为雄伟。

澳门国际机场 位于氹仔岛以东，整个机场建于移山填海的地面上，停机坪和候机大楼西靠氹仔岛，飞机跑道建于东面移山填海的人工岛上，以两条跨海大桥与停机坪相连。工程艰巨，结构奇巧，成为世界机场中的一大奇观。

龙环葡韵住宅式博物馆 馆区由海边马路的五栋葡式住宅、嘉模教堂、图书馆和两个小公园组成。尤其海边马路葡式建筑群于 1921 年落成，曾为政府高级官员的官邸，也是一些土生葡人的家庭住宅。五幢翠绿的小型别墅为澳门代表性的建筑形式，已将其中三幢改建为博物馆，分别为“土生葡人之家”、“海岛之家”、“葡萄地区之家”，另两幢分别为“展览馆”和“迎宾馆”，耐人寻味。

赛马场 1980 年，澳门引进赛马车，1989 年改为赛马。氹仔赛马场占地宽广，气势宏伟，看台上可容纳 1.5 万名观众，为亚洲首位。且设备先进，其管理人员、教师和出赛马匹均符合国际标准。

台　湾

一、旅游资源与环境概貌

台湾古有夷洲、琉球等名称，清置台湾府，后改为台湾省。1895 年为日本侵占，1945 年回归祖国。隔海峡与大陆相望，由台湾岛、澎湖列岛、钓鱼列岛、赤尾屿等大小 86 座海岛组成，面积 3.6 万 km^2。人口 2336 万（2013 年 9 月），其祖籍多为福建和广东。通行闽南话、客家话和普通话，少数民族主要有高山族。主岛台湾为祖国第一大岛，岛上多山，由多组平行山脉组成的台湾山脉集中于中部和东部，西部统称为台西平原。多火山温泉，岛东岸花莲附近是断层崖，兼有山川之险，水天之胜。气候夏长无冬、温和湿润。动植物种属丰富，享有“天然植物园”和“蝴蝶王国”盛名。风景性河流湖泊众多，瀑布成群分布。盛产甘蔗、樟脑、茶叶、水果、海盐、海洋水产，素有“宝岛台湾”之誉。文化多元，但炎黄子孙所特有的勤劳质朴、热情好客、爱国爱乡为其共同点。台湾至今保留着祖国较多的传统习俗和文化艺术，尤重礼仪、礼节，仍使用繁体汉字。台湾还是美食之乡，祖国大陆的各大菜系及传统风味小吃等均有传承和创新，尤以闽菜和客家菜最具特色。风味小吃有牛肉面、担仔面、贡凡汤、大肠面线、蚵仔煎、盐酥鸡、凤梨酥、太阳饼、虾卷、麻叶羹等。海峡两岸特有的血缘、地缘和历史文化渊源关系有利于海峡两岸间的文化往来和经济合作。

二、旅游开发与规划概要

20 世纪 80 年代初，台湾当局首次把旅游业列入九项“施政重点”之一，由此，旅游业被正式认定为一项产业，并出台了“振兴观光”五大施政重点。近半个世纪以来，台湾旅游业已实现了入境旅游、出境旅游和岛内旅游“三位一体”的发展格局。尤其是 2008 年国民党重新执政以来，积极推动大陆游客赴台游，而且不断强化，使其一派生机。在旅游开发上试图使台湾成为一座海上大公园。目前全岛已拥有 279 处观光游憩区，其中“国家”风景区 12 处、“国家”公园 6 处、“国家”森林公园 16 处，特别是阿里山、日月潭、阳明山、太鲁阁、垦丁等景区已具有世界级水准。值得注意的是旅游资源开发不断向都市景观、工农业生产景观、科技园区、博物馆、展览馆延伸，仅休闲农庄全台就达 1102 家。在空间布局上，大致可分为北部、中部、南部、东部及以澎湖、金门为主的离岛共五大旅游区。目前正在与福建共同打造极具吸引魅力的海峡两岸旅游协作区，如图 11.5 所示。自 2008 年国民党重新执政以来，大陆游客赴台行的规模越来越大，使台湾旅游业充满了新的活力。

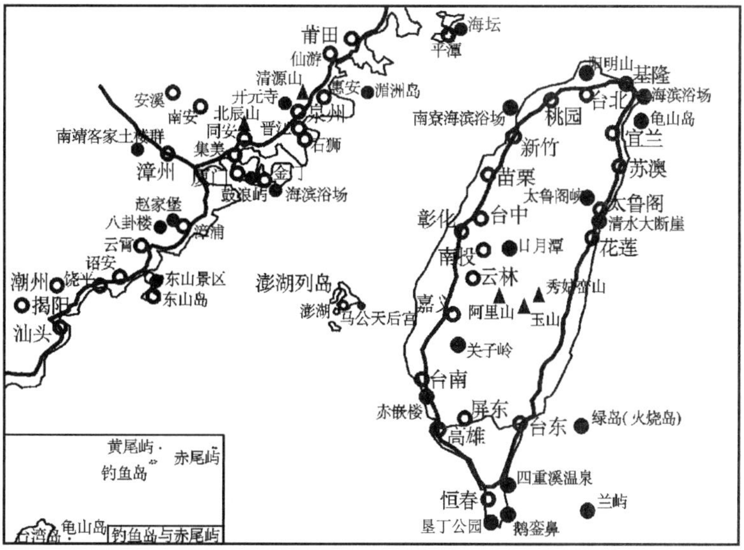

图 11.5 海峡两岸旅游区示意图

三、主要旅游区建设

1. 以台北市为中心的北部都市风光旅游区

本区包括台北、新北两大都市，以及基隆、宜兰、桃园、新竹、苗栗等五县（市）。旅游资源以现代都市风貌、自然公园和文物古迹为特色，较著名的旅游景区景点有100多处。

(1) 台北市。台湾第一大城市，最大的工商、金融、贸易、文教中心，台湾地方政府驻地，人口270万。位于台北盆地中央，淡水河右岸，为依山面水的山水型城市，旅游景区景点密集，自然人文风光并胜。台北市还是美食之都，大陆的各大地方菜系都可在这里找到其代表店铺，夜市尤为盛行。

101大楼　位于信义区南侧，有101层，总高508m，曾为世界第一高楼，且全球首创多节式摩天大楼。从第27层起，每8层为一节，共8节，有“节节高升、花开富贵”之意，已成为台北标志性建筑景观之一。

台北故宫博物院　位于阳明山麓，占地约$1hm^2$。主体建筑为仿北京故宫的宫殿式建筑，前有牌坊，后有文物储藏库。院藏文物达70余万件，其中价值连城的数以千计。各类文物分期轮换展出，每年举办各种不同形式的特展。

圆山大饭店　为全台规模最大、设备最完善的高水准饭店，也是世界十大饭店之一。位于台北圆山山冈上，环境优美。主楼13层为中国传统宫殿式建筑。红柱金瓦、雕梁画栋，富丽堂皇，陈设豪华，有“御厨”美誉。

孙中山纪念馆　位于市区仁爱路，为纪念孙中山先生而建，为宫殿式建筑。馆内除保留有当年孙中山住过的房舍、用具之外，还有孙中山的一些主要文稿和照片。馆外有中山公园环绕，还有九曲桥、池塘、假山等景观点缀。

龙山寺　坐落于广州街211号，清乾隆三年时由福建晋江安海乡的龙山寺分灵而来，为台北三大古刹之一。全寺由前殿、正殿和后殿三部分组成，前有广场、山门、五门殿、释亭等附属建筑景观。殿堂奉祭的观世音菩萨佛像巍然端坐于莲花台上，香火鼎盛。

阳明山　旧称草山，为纪念明代哲学家王阳明而改今名。现为全台六大自然公园之一，位于台北市北郊。景区内火山成群、温泉遍布、翠谷青山、气象万千。公园内有台北历史博物馆、故宫博物院、指南宫道观、台北龙山寺、蒋介石先生行宫等人文景观。阳明山温泉涌流成溪，长久不绝，为阳明山一大绝景。

台北木栅动物园　位于西南郊，建于1986年。占地$182hm^2$，为亚洲第一大市区动物园。有可爱动物、台湾乡土动物、蝴蝶公园、长臂猿岛等展示区，蝴蝶馆、企鹅馆等特别展示馆。大陆所赠送的大熊猫“团团”、“圆圆”落户在这新建的熊猫馆内，并以产下“圆仔”。其最大特点是所有栏舍皆呈现自然风貌，动物脱离牢笼束缚。

北投温泉　距台北市西北12km，南临淡水河，水温高达60～90℃。温泉区规模大，泉眼多，流量丰富，硫化氢含量高，有“温泉之乡”美誉。这里引温泉水入游泳池，曲径环绕，亭榭小桥点缀其间，布景玲珑，引人入胜。

(2) 新北市。原为台北县，2010年12月25日正式改制升级为台湾的六大院辖市之一。全境环绕台北市，与台北市及与之相邻的基隆市，共同构成大台北都会区。全市总面积$2052km^2$，人口394.2万（2012年），国民生产总值位居全台各县市第一位。位于台湾本岛最北端，背山面海，自然环境优越，旅游资源丰富，旅游景区景点密集。

大屯火山群　位处台北、新北二市之间，由16座火山锥组成，山上有直径360m、深

60m 的大屯火山口湖，有的火山口还在喷发硫气浓烟。众多的火山、温泉和喷气孔构成了特有的大屯火山地貌奇观。大屯春色，为台湾八景之一。

乌来瀑布与乌来温泉 乌来瀑布位于市境乌来山的游仙峡谷尽头，南势溪右岸。由两股溪流汇成一股宽达 10m 的急流，从 82m 处的悬崖峭壁上飞泻而下，宛如白练漂空，有“乌来龙”美称。这里还是高山族的聚居区，高山族风情更使瀑布增色。位于瀑布背面的乌来温泉为中性温泉，水温高达 85℃，是理疗治病的最佳场所。

二重疏洪道河滨公园 为大台北都会区最大的都市公园。拥有全台最长的 20km 自行车道，并规划设置 68 座多功能运动场地，还拥有 7 座自然的生态景观公园如沼泽公园、亲水公园、荷花公园、淡水河畔公园等。公园建成后可提供整个大台北 500 万～600 万民众一个良好休闲公园。

(3) 桃园。位于台湾西北部，因古时遍种桃花而得名。风景名胜高度集中，且组合好。其东南境中有大溪老街、李氏古宅、齐明寺、观音寺等古迹；环石门水库一带，有龙珠湾、童话世界、昆仑药用植物园、龙溪花园、寰鼎大溪别馆等游乐区。著名的桃园机场也位于本县。已由县建制升格为全台的六大都市之一。

慈湖 位于大溪镇，是一座人工水库，分前后两湖，状若新月。因与浙江奉化的景色很相似，蒋介石为追思慈母王太夫人故将此地改名为慈湖，并在此仿建故居。沿湖遍植黄椰子、蒲葵、修竹，形成一条苍翠簃篱。大汉溪的清流激湍映带左右，“两蒋”陵寝就在慈湖之滨。

大溪老街 位于县东南方的大汉溪畔，随着清代河运的兴起而发展成为繁荣的市镇，即今日所谓的老街区。市区古老的街巷、明清时期的旧建筑与近代的巴洛克洋楼交相辉映。大溪豆干、木器尤为著名。

狮头山 为台湾著名宗教圣地，集中有开元寺、开善寺、劝化堂、海会庵、灵霞洞、金刚寺、舍利洞等胜迹。暮鼓晨钟，香客如织。

角板山 位于北横公路旁，与慈湖相聚不远。境内森林茂密，环境清幽，为理想的避暑胜地。山上建有蒋介石先生的避暑行馆。

达观山 位于复兴乡与新北市乌来区之间，为著名的“神木”之乡，有茂密的原始森林，享有“北台湾氧气库”的盛誉。目前台湾千年以上的神木（红桧）以达观山最多，在新开辟的 3.7km 山林步道线上，串联起了 22 株古老神木，最大者胸围达 18.8m，最高者达 55m。

(4) 基隆市。位于台湾岛北端，旧名鸡笼，为台湾重要海港、工业基地和海洋科研教育中心。特产珊瑚，有和平岛、乌来瀑布、狮球岭炮台等著名景点。

野柳海岸 距基隆西北约 15km，为一突出海中的细长岬角，颇像一巨大海龟离岸，故有“野柳龟”别称。野柳突岬为砂岩堆积海岸，海滩上有奇岩怪石 48 景，并有野柳、美人蕉、海芙蓉等海岸植物，风光绮丽。

海门天险 位于市中正区二沙湾山上，俗称二沙湾炮台。区内城门、炮座、营房墙基皆以岩石构成。城墙的石刻方匾“海门天险”为台湾一级古迹。其炮台在鸦片战争和中法战争中都发挥了重大的作用。数门依旧完好的古炮，以及碉堡、炮墩、弹药库、古井等古迹至今犹在。

(5) 宜兰。位于台湾东北部，自然环境复杂，自然景观多样。这里既有高山、峡谷、森林、瀑布，也有大海、沙滩、温泉和平原，还有头城、北关、香格里拉等休闲农场和南澳泰雅风情。但风景名胜以龟山岛最胜。

龟山岛 因外形酷似海龟而得名，位于头城乡东 12km 的海面上，面积约 $3km^2$。岛上自然生态原始天然，已辟为海上生态公园。

（6）新竹。位于台湾西北，背山面海，环境优美。为新兴科技大市，集中了台湾的清华、交通等大学和工业研究院等高科技学术机构。这里有山林豁壑之美，并有金鸟海族乐园、锦仙山林世界等主题公园。所产的“东方美人茶”享誉海内外。

张学良故居 张学良是近代中国伟大的爱国主义将领，因 1936 年 12 月逼蒋抗日而发动震惊中外的“西安事变”，长期被幽禁至 1991 年。位于五峰乡的张学良故居，是 1947 年张学良幽禁台湾的最早的故居。主建筑物采桧木兴建，放置了许多张学良生前幽居岁月的珍贵文物。邻近还有三毛故居，并有温泉和山光水色。

（7）苗栗县。昔称“猫里”，地处台湾西北，背山面海。境内山岳叠嶂，不少地方仍保持原始天然的自然生态环境。为著名的樟木之乡，由此形成的“三义奇木雕刻”长盛不衰。盛产茶叶和水果。这里历史上形成的“海线”闽南文化与“山线”客家文化，至今泾渭分明，成为苗栗风土饶富意趣的特色。

雪霸公园 跨新竹、苗栗、台中，总面积 76 $850hm^2$。群山林立，壮美的冰雪世界，众多珍贵的动植物景观，以及云海迷雾，为公园的特色。公园内有雪霸农场经营休闲农业，以“生产、生活、生态”理念生产梨、奇异果、加州李、温宝小蜜桃、小蓝莓等水果，并种植茶花、绣球等高山花卉，还有小木屋、餐厅、咖啡厅、农产品展销中心等，被评为全台优等休闲农场。

2. 以台中、嘉义为中心的台中旅游区

本区以台中市、嘉义市为中心，包括彰化、云林、南投、嘉义四县，地处台湾西部经济走廊的中心地带。境内地形以山地为主，但平原、盆地、岗丘等地貌类型齐全；全年高温多雨，河流纵横交错，为台湾最大最重要的农业区。

（1）台中市。清代曾为台湾府治，现为台湾中部的经济、交通、文化中心，台湾的六大院辖市之一。四季如春，为台湾最佳人居环境城市。筏子溪、早溪流经市郊，并有柳川、绿川、梅川穿越，构成典型的山水型城市。市内公园众多，并有谷关泉韵、昆庐疏钟、雾峰笼日、甲溪掬月、梨山晓色等地方八景。

中山公园 位于市中心，占地 95 万 m^2，昔为当地望族林家私人公园。1896 年辟为台中市第一个市立公园。园内小桥流水、绿柳成荫、幽雅清静、饶富情趣。

大雪山高山公园 位于台中市和平区，海拔 2000m，涵盖了暖、温、寒三带原始森林景观，拥有红桧、扁柏、铁杉、松木等珍贵树种。内设有高品位的森林浴场、大雪山森林游乐园。

（2）嘉义市。位于台湾山脉至台西平原的过渡地带，介于浊水溪和曾文溪之间，境内山地、丘陵、台地和平盆交错，为台湾著名农业大市和旅游资源大市。

阿里山 位于嘉义东北，是大武峦山、光山、祝山等 18 座山的总称。有森林云海、神木、日出、樱花、盘山铁路等，并有塔山断崖、千年古木等奇观。特别是山中有一株已枯死树龄达 3000 多年的红桧，树高 53m，树围 19m 多，被人们誉为“神木”。在其附近另有两株树龄为 2500 年的“神木”，更具生命活力。“玉山积雪”，嘉义吴凤庙、八塔山宝塔和巨佛寺，也都是其胜景。

玉山 位于嘉义、高雄、南投交界处的北回归线上，海拔 3952m，因山峰积雪，远望如玉而得名。奇峰、云瀑、林涛、积雪为玉山“四绝”。玉山的野生动物多而具有特色，亚洲黑熊、台湾猕猴等，都是珍贵品种。

（3）南投。介于大肚溪和浊水溪之间，北距台中市仅20km，境内地形以山地、丘陵为主。风景名胜主要有日月潭、蛟龙瀑布等。

日月潭　位于南投县鱼池乡，湖面海拔760m，最深27m，水域面积7.7km^2，为台湾最大湖泊。湖中小岛高10m，像浮在水面上的一颗珠子，故名珠子岛。以此岛为界，北半湖形同日轮，南半湖似上弦之月，日月潭由此得名。潭面水平如镜，潭周翠山环抱，日光月影相映潭中，别具一番情趣。湖周群山中还有文武庙、玄光寺等名胜古迹，并有高山族村寨，曾被评为中国十大风景名胜之一。

东埔　原为东埔社，为高山族布农人村庄，位于南投县信义东南约17.5km处。四周群山环抱，以山景和温泉著称，也是探访八通关古道、八通山草原和登玉山的最佳途径；山上多植梅花，现已成为台湾著名的观光休闲圣地。

清境农场　位于南投县仁爱乡境内，海拔1800m，绵延不断的山地绿色草场宛如世外桃源。休闲农场为多元文化经营，有高冷蔬菜、温带水果，并发展畜牧养殖及高冷花卉栽培，营造出花草缤纷、牛羊成群的高山牧场景象。还有牧羊犬赶羊和剪羊毛等旅游休闲项目。

（4）云林。农业渔业大县，地处嘉南平原，以养殖渔业和经营农业为其经济特色。西螺大米、斗六文旦、古坑竹笋、北港花生，以及草岭苦油茶等都是著名的农副产品。云林还拥有优美的山林海景之胜，尤以草岭最为有名。

草岭风景区　位于古坑乡东部山区，以奇特地形、危岩和溪谷等自然景观为特色。有峭壁雄风、断魂谷、断崖春秋、蓬莱瀑布等景点。景区内有苦茶油、百香果、山粉圆、酸梅、冬笋等土特产。

3. 以高雄、台南为中心的南部旅游区

本区包括高雄市、台南市、屏东县。全境地处北回归线以南，以热带海滨风光、历史名城及名胜古迹为其地域特色。

（1）高雄市。旧名打狗，台湾省的第二大城市，首要工商重镇，世界著名国际港埠。市内高楼林立，城市周边风景名胜众多。市西西子湾为台湾最大的海水浴场，市北莲池潭景区内有台湾最大的孔庙，佛光山、大冈山为台湾著名的佛教圣地。

寿山与西子湾　寿山原名打狗山，海拔365m。自旗津半岛北端绵延到左营南端的桃子园，纵横约10km，因过去长期的军事管制而人烟罕至，为自然生态的天堂。寿山东麓为占地12hm^{2}的“寿山动物园”，内有鸟园、红鹤、猴山等野生动物展示区。寿山脚下是以夕照、沙滩、潮声闻名的西子湾，美景浑然。

佛光山　位于大树区境内，这里山势巍峨，寺庙建筑庄严，屹立于山顶的接引大佛高32.2m，为台湾最高佛像，并有形态各异的480尊小佛环绕。大悲殿内有大型白色观音像，其四周有近万尊小型观音瓷像，形成庞大的佛像群。

大冈山　位于高雄市北境，有起峰寺、龙湖庵等著名佛教寺庙，为台湾佛教名区之一。大冈山温泉久负盛名。附近溪谷林木茂盛，阿公店水库面积达400hm^2，山上还有高尔夫球练习场、钓鱼场、网球场及温泉游泳池等旅游休闲设施。

（2）台南市。著名历史文化名城，曾为台湾的政治、经济中心，台湾六大院辖市之一。市内赤嵌楼、郑成功祠、开元寺等为著名古迹。市西郊安平古堡为台湾历史最悠久的古城镇，始建于明末，当时称为“红毛城”。风景名胜众多且具特色。

赤嵌楼 是一个具有300多年历史的古堡，因砌嵌城垣的砖为红色，朝曦夕照如吐红霞而得名。原为荷兰侵略者窃据台湾时所建的海上城堡，郑成功率军攻下此楼后，以此为指挥部征讨荷兰侵略军，并置永天府署于此。古堡后毁于地震，清光绪年间于原址兴建了多组城市建筑景观。这里至今可见清代建筑御龟、海神庙、文昌庙、澎湖书院，以及荷据时期的牡牝石狮、石雕像、望楼残迹等文物，是对海峡两岸及海外炎黄子孙进行爱国主义教育的理想基地。

延平郑王祠 位于市区开山路，奉祀郑成功兼祀其所属将领，为全台最著名的郑成功庙。光绪元年改为官府祀典之祠，祠右侧文物馆内有珍贵古物。

孔庙 又称文庙，建于南明永历年间，为全台最早的文庙，也是前清之前最高的官办学府，故有“全台首学”之称。建筑以主祀至圣先师孔子的大成殿为主体，殿梁上悬挂有多方前清诸帝的钦赐御匾，备极尊容。

大天后宫 昔称台湾妈祖庙，为全台第一座由官府所建并被列为官府春秋祭奠的唯一一座妈祖庙，建筑极为庄严典雅尊贵。清代扩建为王府，并正式更名为大天后宫。

关子岭 为台湾著名温泉区，并以“水火同源”而称胜。位于台南市新营区东20km浊水溪左岸枕头山上，水从岩石缝里涌出，水温高达80℃，水质属碱性，色乳白，长期洗洁可使皮肤细润滑嫩；伴随涌泉同喷烈焰，高达丈余，火焰无烟无臭，池水清澈甘美，为“水火相容”之大自然罕见杰作。

(3) 屏东。位于台湾岛西南部，为屏东平原经济中心。屏东南部的恒春半岛热带海滨风光迷人，并集中有鹅銮鼻、热带植物园、四重溪、猫鼻头等风景名胜，素有“南湾极胜”之誉。

鹅銮鼻 位于台湾岛最南端。中央山脉蜿蜒南来，形成一条长约5km，宽2km的山脊，直插入巴士海峡，自然环境壮美。具有“东亚之光”称号的鹅銮鼻灯塔呈多角形，塔高18m，为远东最大的海上灯塔。塔内灯光每10秒钟闪亮一次，光力可达20海里，可称世界奇观。

垦丁 又名恒春热带植物园，为全台第一个自然公园。位于恒春半岛南湾北岸。占地32 640hm^2，由孤立的山峰和珊瑚礁海岸构成的独特地貌景观。园内种植的热带植物1000多种，是世界著名的热带实验林场。园内还建有植物馆、地质馆、望海亭、观海楼等17景。

4. 以台东、花莲为中心的台东旅游区

本区以台东山脉为核心，台东、花莲分立于南北两端。台东山脉南高北低，海拔1500～500m。东侧临太平洋，海崖可屹立于海面数百至上千米，险峻壮观；西侧为著名的台东纵谷带，平均宽仅5km，高山深谷，气象万千。

(1) 花莲。位于东海岸中部，为台东最大海港、物资集散中心。自然风光奇峻秀美，并有山川之险、海阔天空之魅力。太鲁阁、回头溪、迎宾峡、三面崖、秀姑峦溪等都是著名风景名胜。

鲁阁幽峡 位于花莲县北20km处的立雾峡内，尤以太鲁阁一带最为神奇。由大理石所形成的峡谷其断崖高差在1000m以上，而且亭台楼阁巧缀其间，登阁远眺，可见千丈瀑布飞泻，绿树成荫，宛如山水画卷。

清水断崖 位于滨海的苏花公路清水一带，公路盘旋于断崖绝壁之间，仰观陡壁悬崖如削，俯视大海滚滚波涛，景色壮观。“清水断崖”为台湾八景之一。

秀姑峦溪　发源于中央山脉的秀姑峦山，源头海拔 3200m，向东于大港入海，全长 103km，水量丰富，为台湾东部最大河流。流经于高山深谷之间，形成众多激流峡谷奇观。“长虹卧波”、“秀虹漱玉”、“祥龙含珠”等均为奇特胜景。

（2）台东。位于台湾岛东南部，东临太平洋，为台东纵谷南部最大的农产品集散地。为台湾高山族聚集人数最多的地区，在这里可领略到原汁原味的高山族民族风情。旅游景区景点以知本森林游乐区与知本温泉、茶叶博物馆最胜。

知本森林游乐区与知本温泉　二者位于台东县卑南溪流域，前者占地 110hm²，海拔最高 650m，山势陡峻，但森林茂密。游乐区内布满千根榕、桂林竹等特色林区及苗圃，并辟有好汉坡、森林浴、榕荫、水流脚底等步道。后者以其医疗价值被称为“神水”，并以泉水蕴藏丰、质地优而成为“台东第一名胜”。

绿岛与兰屿　绿岛有火烧岛等别称，位于台东县以东约 33km 的太平洋上，面积约 16km²。为一个山丘纵横的火山岛，山海风光独胜，有台湾外海“绿色明珠”之称。全岛景点多集中于全长约 19km 的环岛公路线上，以中寮村、南寮村、将军岩、牛头山、观音洞最胜，并有世界级的“朝日温泉”和海底世界。兰屿，因盛产兰花而得名。位于台东县东南约 80km 的太平洋上，面积约 45km²。岛内山势起伏，热带雨林茂密；四周为珊瑚礁群环绕，海蚀地貌发育。为雅美人的生息繁衍之地，住地屋和夜间网捕飞鱼，为其最原始的习俗。

茶叶博物馆　位于坪林乡水德村北势溪畔，是一座闽南安溪风格的四合院建筑。全馆分为展示馆、活动主题馆、茶艺馆、推广中心等 5 个部分。其中展示馆设立有茶事、茶史及茶艺 3 个展示区。坪林乡居民多种茶，茶叶品质极佳，坪林街上茶行林立，正是坪林百年茶叶的缩影。

5. 离岛旅游区

台湾省除本岛台湾及散布在其周围的附岛外，尚有由 64 个岛屿组成的澎湖列岛、由 8 个岛屿组成的钓鱼列岛，以及紧靠大陆的金门、马祖等岛。

（1）金门岛。位于九龙江出口的厦门湾，西距大陆最近距离仅 2310m，总面积 150km²。岛形如锭，太武山雄踞东部。地层以花岗片岩为主，四面环海而多港湾，生态环境优美。金门历经四十余年的战地生活后，目前致力于发展旅游业。

金门自然公园　有山海岛风光之胜，但以古民居旅游与战争旅游最具特色。已开发开放的有闽南建筑风格的 18 间古厝村落群和过去驻军的马山坑道和藏匿船只、储运食品的翟山坑道。园内还陈列了很多已“退伍”的坦克、飞机、高射炮、防空洞、战壕、碉堡、坑道等遗迹。目前致力于观光农业的发展，大力造林绿化，使全岛绿意盎然；大力种植小麦、高粱，加工热销的高粱酒及贡糖。

（2）澎湖列岛。为台湾海峡中的一个群岛县，面积 126.87km²。岛上居民多从事渔业，入夜鱼帆归港，海面灯火与天上星光交相辉映，“澎湖渔火”为著名的“台湾八景”之一。名胜古迹以古榕树和台湾第一古碑最引人入胜。

保安宫古榕　位于白沙乡通梁村保安宫前的古榕树，树龄已有 350 年，至今枝叶繁茂，树冠如盖，树阴面积达 700m²，有“榕树王”之称。

天后宫古碑　位于马公镇天后宫后“公善楼”东墙上的古碑，于明万历三十二年（1604年）嵌，刻有“沈有容渝退红毛番”的斗争经过，为当地居民所称颂。马公镇天后宫为台湾最古老的一座妈祖庙，古庙、古碑，相得益彰。

（3）马祖岛。为马祖列岛的主岛，为纪念天后“妈祖”而谐称为“马祖岛”。位于闽江口外偏北15海里处，面积10.4km²，又名“南竿塘岛”，面积10.4km²。岛上丘陵起伏，林木葱郁，青翠宜人，昆阳亭、怀古亭、逸仙楼等亭台楼阁散布其间，还有妈祖庙、山陇浴场、戚继光驻防烽火台、郑成功练兵基地等名胜古迹。有马祖老酒、紫菜、黄鱼等特产。现已建设成为旅游观光胜地。

马祖灯塔 有两座灯塔分别位于马祖岛附近的东犬、东引二岛。灯塔造型富有欧洲情调，旋转折射光源可远照30海里，原为进入闽江口海上的主要航标。在东犬岛上还有闽人董应举题写的大埔石碑，上有“宣州沈有容，获生倭六十九人于东沙之山，不伤一卒”等字样，记载明万历年间福建军民的剿倭业绩。石碑与灯塔交相辉映，成为马祖列岛的标志性景观。

（4）钓鱼列岛。由5个小岛和3个岩礁组成，为台湾附属岛屿。岛上无人长期定居，但自古就为中国固有领土，总面积6.13km²。其中最大岛屿为钓鱼岛，面积约4km²。钓鱼列岛位于毗连中国大陆与台湾的东中国大陆架边缘，南接冲绳海槽，属于大陆型岛屿。历史上钓鱼列岛最早由中国发现并命名，明清时期即被中国用作往返其附属国琉球的航行指标，并被列入中国海防范围进行管辖。其周围海域渔业资源丰富，一直是中国大陆沿海及台湾人民的传统渔场；海底蕴藏有丰富的石油和其他矿产资源。

实践演练

一、思考与练习

1. 在期刊网上下载3～4篇客家文化研究论文，并找出闽粤赣三省交界地带的国家级历史文化名城与著名客家传统民居。

2. 试整理包括粤港澳在内的珠三角旅游区的主要旅游城市及风景名胜区。

二、学习与理解：“泛珠三角洲旅游区”与“推动海峡两岸四地旅游共同发展”

国家新的旅游发展规划提出，要“抓好旅游区域合作”。其中泛珠“三角洲旅游区”与“海峡两岸四地”均在之列。这要求泛珠三角旅游区要依托其旅游资源优势、旅游区位优势和社会经济发展趋势，通过区域合作，市场共享，设施共建以及旅游产业软环境升级改造，以广州、深圳和珠海为旅游区目的地龙头，以其他各省省会为主要城市支撑，大力发展商务会展旅游、自然山水观光游、文化体验游、宗教旅游、休闲度假游、民俗旅游、红色旅游等系列旅游产品，形成山水观光精品旅游线、休闲度假精品旅游线、民俗体验精品旅游线，以及滨海旅游精品旅游线等国家级精品旅游线路。而其两岸四地，则要求发挥旅游在两岸四地合作中的重要作用，发挥旅游对台港澳工作的独特作用，推进两岸关系和平发展和祖国统一大业，为香港、澳门的长期繁荣稳定服务。探索成立两岸四地旅游协作发展委员会，建立长效工作机制。探索在海西、珠三角等地区建设两岸四地无障碍旅游区，先行试点。争取将两岸四地重大基础设施建设和旅游设施建设项目列入国家规划。探索建立品质旅游合作、旅游行业协会合作等两岸四地旅游合作的新机制。并特意提出要“继续推进内地和港澳旅游合作”、“加快大陆和台湾旅游合作”，以及建设好“海峡西岸旅游区”（摘自《中国旅游业“十二五”发展规划纲要》，并稍加整理）。

图11.6 深圳世界之窗

三、探研与体验

1. 深圳世界之窗——打造中国旅游第一品牌。

位于深圳湾畔美丽的深圳世界之窗，如图11.6所示，占地48万m²，由香港中旅集团、华侨城集团共同投资6.5亿元兴建。遵循“纵览世界、汇集精华、尊重历史、突出重点”的建园宗旨，世界之窗在景区开发建设中，将世界文化精髓引入中国，注重景点的气势和震撼力。不论是人性与童话的结合、自然与建筑的和谐、现实与科幻的追求，还是对文明历史的追忆、对艺术美感的捕捉，都集中反映了高品位文化、美学理论在特定区域上的重塑。美轮美奂的建筑、姿彩万千的自然景观、优美典雅的园林、自然古朴的民居，共同奏响了人类文明的交响。

世界之窗开业四年半即收回全部投资。2001 年“五一”黄金周，在纳入国家旅游预报体系的 85 家旅游景区中，以 2074 万元的经营收入雄居第一；2004 年“五一”黄金周又以门票收入第一名再次让国人震惊。世界之窗正是以多年来稳居全国旅游文化企业前列的不凡经营业绩和社会声望，在全国旅游行业确立了自己的领跑地位。在中国文化来源中独树一帜地实现了文化艺术、表演艺术和旅游的有机融合，以及经济效益和社会效益的完美结合，共获得各类荣誉称号上百个，是广东省唯一一个荣获“全国五一劳动奖章”的旅游景区（摘自吴忠军的《中外民俗》）。

• 探研：①试述“深圳世界之窗”成功的经验；②回顾中国主题公园建设的现状和主要问题。

2. 迅速兴起的邮轮旅游。

海洋旅游一般是指海滨旅游、邮轮旅游、潜水旅游、海岛旅游等。其中，邮轮旅游在我国正在迅速兴起。

图 11.7　“海娜号”邮轮

邮轮，又称“游轮”，因为过去洲际或水上长距离间传送邮件通常委托航行在固定航线上的大型客船承运，故这类大型客轮称为邮轮。随着现代航空技术的发展，邮轮退出邮递市场而变为以海洋休闲度假为业务的游轮，故而邮轮旅游又称游轮旅游，如图 11.7 所示。其含义是指游客为休闲度假而乘大型游轮（载客量从数百至 4000 人不等）在海上旅行，而且游客以船为家，船上提供食、住及娱乐设施、运动设施，船航行途中停靠若干港口城市，游客下船游览观光的一种旅游形式。游轮旅游有家庭式、全包式、豪华游、新婚游、主题游等细分旅游市场。国际邮轮旅游具有旅游需求增长强势，旅游供给市场发展快，邮轮一次性客流大（少则数百人，多则数千人），有资金投入大、利润高、竞争激烈等特点。其客源市场主要是欧美地区的发达国家，尤其是美国独占全球游轮游客市场的 80%。其目标群体主要是丁克家庭、家庭旅游者、空巢家庭（子女均已离家独立生活的老年夫妇家庭）和富有的老年人。我国已于近年起步，“海娜号”即为我国第一艘国产邮轮，以天津东疆港为母港。我国为海洋大国，发展邮轮旅游前景广阔（摘自杨载田的《旅游客源国概论》（第二版），科学出版社，2012）。

• 探研：①中国海洋旅游发展的条件及其现状与对策；②中国邮轮旅游发展现状及其主要邮轮母港。

第十二章　西南民族风情岩溶山水风光旅游区

学习提示

本区包括广西、贵州、云南三省（区），地处祖国的西南边疆。是以山地、高原为主的地形，岩溶地貌发育；是以亚热带为主的气候，但西部山区气候的垂直变化明显，动植物种属极为丰富。为我国最大的少数民族聚居区，历史文化多元。自然、人文旅游资源丰富多彩，旅游城市、旅游景区多分布于山间盆地和河谷平原，如图 12.1 所示。以古城古镇古村旅游、民族风情旅游、边境旅游、生态旅游、温泉度假等旅游产品最具特色。

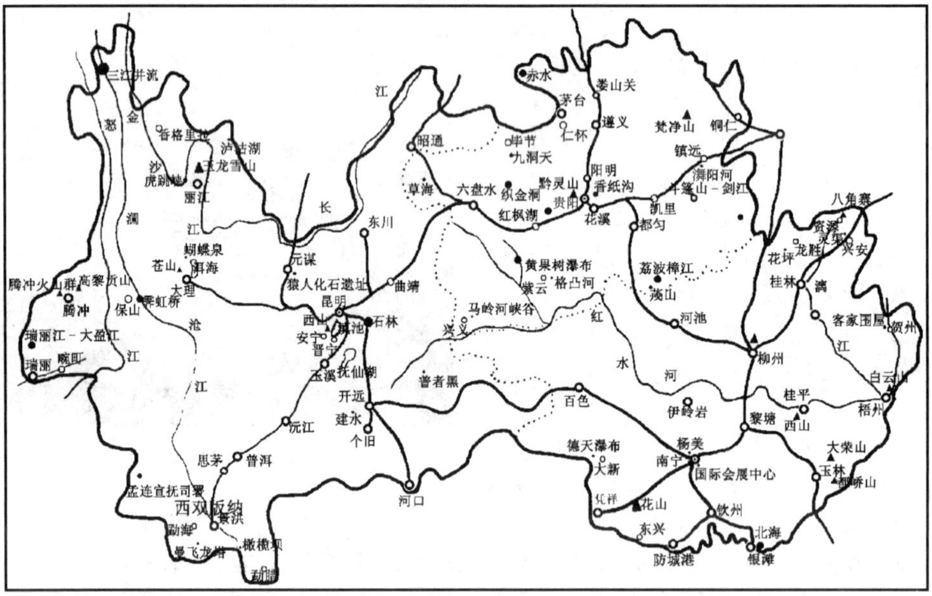

图 12.1　西南民族风情岩溶山水旅游区示意图

第一节　旅游资源与旅游环境特征

一、地处祖国大西南，但对外联系方便

本区位于祖国大西南，南与缅甸、老挝、越南为邻，区域环境长期以来显得很闭塞。但改革开放以来，随着现代交通的高速发展，区域经济合作的活跃，使得云南昆明机场成为了全国十大航空港之一；南昆铁路使云南有了出海通道；澜沧江—湄公河的国际合作开发，使其成为了与中南半岛诸国区域旅游合作的大通道。广西凭借其特有的海疆和陆疆优势，培育了 12 个沿海沿边开放口岸，并建成了北海、钦州、防城港三大万吨级港口群。即使是地处内地的贵州，也有了 4D 级的贵阳龙洞堡机场，借道南昆铁路同样可以通向海洋。特别是云南和广西成为了中国-东盟旅游合作的两大桥头堡。

二、地面结构复杂，岩溶山水独特

本区由横断山区、云贵高原、广西盆地三部分组成；地势西北高，东南低；河流随地势由西北向东南成扇形向东南分流，不少河流形成急流峡谷。由高黎贡山、怒山、云岭组成的横断山区，间有怒江、澜沧江、金沙江、元江等大河，形成了相对高差达 2000～2500m 的山高谷深奇观。云贵高原西部为云南高原，平均海拔 2000m，低岗缓丘，且多坝子（断陷盆地）；东部为贵州高原，平均海拔约 1000m，地面起伏较大。广西盆地四周群山环绕，盆地中部为低丘平原。本区岩溶地貌发育，且类型齐全。桂林峰林、云南石林，以及贵州织金洞、建水燕子洞、桂林芦笛岩等，都是岩溶山水中的绝品。

三、气候环境复杂，生物资源丰富

本区纬度较低，距海洋相对较近，且由于向南敞开的扇状山河大势，有利于南方暖湿气流进入，故而大部分地区气候温暖湿润，四季宜人。但气候的地域差异较大，如云南高原冬暖夏凉，四季如春；贵州高原降水丰富，且雨日分布均匀；广西南部和云南的西双版纳为湿热多雨的热带季风气候；西部横断山区的山高谷深，形成了"一山有四季，十里不同天"的垂直递变气候景观，从而孕育了丰富多样的生物资源。仅云南几乎占全国植物种数的一半，号称"植物王国"，并有许多名贵植物。动物种类很多，且多珍稀品种。大小灵猫、云豹、小熊猫、树鼩、长臂猿、叶猴、熊猴、大鲵，鸟类中的雉类和画眉等，都很珍贵。

四、少数民族众多，民族风情多彩

本区是我国世居少数民族最集中的地区，其中云南有 25 个、贵州 17 个、广西 11 个。各民族在悠久的历史中形成和发展了自己的民族文化。例如，节庆活动中，傣族的泼水节，彝族以及白、佤、普米、拉祜、纳西、傈僳等族的火把节，壮族年节农历三月三，苗族的姐妹节，仫佬族的吃虫节、京族的唱歌节，白族的三月街，瑶族的盘王节等，都热烈隆重。传统工艺品和民族服饰、建筑也形式多样，风格独特。例如，织锦有壮锦、傣锦、侗锦等；就地取材的竹编、藤编如帽子、凉席、提包、烟盒、鱼篓、背篓、斗笠、腰带、竹器等，琳琅满目；白族的大理石雕刻，阿昌族的刀鞘，布依族的蜡染品等，也极精湛。各民族服饰款式、色彩、边饰以及人们的头、手、胸、腰部佩带的金、银、骨、藤等饰物，文身和绣面等方面，都有地域分布特征。住居建筑如傣家"竹楼"、傈僳族"千脚落地房"、彝族"土掌房"、白族"三坊一照壁"、侗族"吊脚楼"等，尽皆建筑技艺独特。

第二节　旅游省（区）概述

广西壮族自治区

一、旅游资源与旅游环境概貌

本区位于祖国南部边疆，北回归线横贯中部，南濒北部湾。境内有 11 个少数民族聚居，其中壮族占全区人口的 1/3。清置广西省，因秦为桂林郡辖地，故简称桂。土地总面积 23.67 万 km^2，人口约 4603 万（2010 年）。亚热带丘陵盆地环境，喀斯特地貌发育，大部分地区属中亚热带常绿阔叶林红壤景观。为全国重要的甘蔗、林木和热带亚热带水果生产基地。有以桂林山水、南国花园城市南宁、广东后花园梧州、北海银滩，壮瑶苗民族风情与客家文化、边关风光为代表的旅游资源品牌。拥有3处国家级风景名胜区、11处国家森林公园、15处国家自然保护区、2处国际重要湿地名录地、3座国家级历史文化名城。广西汉人习俗与广东相近，故有“两广风习”之说。壮族人多保留了传统的民族习俗，农历三月三要举行“歌圩会”，赛歌中穿插抛绣球、碰红蛋、抢花炮等活动，正是男女青年借以传达信物的机会。广西菜以清爽、鲜甜为特色。香芋扣、啤酒毛骨鱼、南宁烧鸭、合浦珍珠螺肉汤等为地方名菜。

二、旅游开发与规划概要

按照广西新的旅游发展规划要求，要努力构建特色鲜明、重点突出、龙头带动、东西呼应的区域旅游协调发展格局，全面构筑“一个龙头、两条旅游发展带、三大国际旅游目的地、四大旅游集散地、七大旅游发展区”的区域旅游发展格局。即充分发挥桂林旅游龙头带动作用；重点建设以西江黄金水道建设为契机的西江（东西）旅游发展带，以桂林国家旅游综合改革实验区建设和广西北部湾经济区大发展为契机的南北旅游发展带；打造大桂林、北部湾、红水河流域三大国际旅游目的地；加快建设南宁、桂林、北海、梧州四大旅游集散地，以及全力打造桂林旅游综合改革试验区、南宁风亭国际生态文化旅游区、左右江红色旅游区、河池生态养生旅游区、北海涠洲岛旅游区、中越国际旅游合作区、桂台（贺州）客家文化旅游合作示范区七大旅游区。

三、主要旅游区建设

1. 大桂林国际旅游目的地旅游区

本区包括桂林、柳州、贺州和梧州四市。位处广西北部，喀斯特地貌发育，并有花岗岩雄景地貌景观和丹霞地貌景观。山奇水秀，人文历史古老，壮、瑶、苗、侗等少数民族风情浓郁，客家文化独具特色。

（1）桂林市。国家级历史文化名城，中国优秀旅游城市，并为国家综合改革实验区，位于漓江两岸。奇特的岩溶山水使其拥有“桂林山水甲天下”之誉，并曾被评为“中国十大名胜”。“桂林漓江风景区”为国家重点风景名胜区，也是国家5A级旅游景区。现正在建设山、水、景、城、人和谐相处的山水生态城市。市内山水名胜遍布，辖域内还有兴安灵渠、阳朔古城、资源八角寨地质公园等旅游胜地。

独秀峰与靖江王陵景区 国家5A级旅游景区，在市区王城内。孤峰突起，登顶桂林全城景色可尽收眼底。东麓有岩穴，唐颜延元在此任太守时经常读书于此。岩口有唐人郑叔齐所书写的《独秀山新开石室记》石刻。靖江王陵为明王朝分封在靖江（桂林）历代诸王的陵墓群，至今保存完好，有“岭南第一陵”之称。

芦笛岩 位于市西北郊光明山南侧山腰，因生长有荻草，可以做牧笛吹奏，因而取名芦笛岩。岩洞深240m，最宽处93m，最高处18m，游程约500m。洞径曲折多变，景物集中，石乳、石幔、石笋琳琅满目，想象中的山水人物，花木虫鱼和太虚玄境，栩栩如生。

两江四湖 经优化整合，漓江、桃花江、杉湖、榕湖、桂湖、木龙湖形成桂林两江四湖环城水系。景区内除榕湖春晓、古榕泛舟、象山水月、拿云揽胜、老人高风、桂岭晴岚、木龙古渡等景点外，还有李宗仁陈列馆、李济深故居、古城墙等古今建筑人文景观。夜晚，在万家灯火背景下乘船夜游，和盘托出了“城在景中，景在城中”的山水文化名城风韵。

冠岩风景区 位于市郊草坪乡，地处漓江中游。经开发建设已形成了以冠岩地下河为中心的集旅游观光、会议疗养、食宿娱乐为一体的大型综合性旅游区。有冠岩地下河游览区、乡吧岛地景艺术园、冠岩饭店等旅游项目。

灵渠与乐满地　灵渠又名湘桂运河、兴安运河，古代最著名的古建工程之一。全长34km，沟通湘江与漓江二水，由分水潭、铧嘴、大小天平、南北渠道、秦堤、泄水天平、涵洞等组成，设计灵巧，可称“世界奇观”。其附近兴建的“乐满地”主题公园，由主题乐园、高尔夫俱乐部、五星级度假酒店和森林度假村组成，为国家5A级旅游景区。

漓江与阳朔　漓江是桂江上游名称，从桂林至阳朔间约80km河段，沿途如百里画廊。沿江可观赏到九马画山、古镇兴平、紫金冠岩、刘三姐家乡杨堤，以及宝剑锋、鲤鱼壁、八仙山、磨盘山等佳景，一年四季游船穿梭如织。阳朔素以“山青、水秀、峰奇、洞巧”闻名，有“阳朔山水甲桂林”之说。阳朔是依托休闲农业与乡村旅游发展起来的“中国旅游强县”、“全国生态示范区”、“中国十大文化休闲基地”，联合国世界旅游组织在中国设立的旅游观测点，首批全国休闲农业与乡村旅游示范县。西街、“印象·刘三姐”渔村、遇龙河、龙须河、大榕树、月亮山等生态旅游观光点，以及十里画廊、千亩茶园、万亩金橘等休闲农业与乡村旅游示范点，都极富诱人魅力。

资源八角寨　国家地质公园，为丹霞地貌风景名山，位于资源县城以北30km处。与世界遗产名录地和国家重点风景名胜区湖南新宁崀山同山共水。景区内有龙脊岭、螺绮峰、八角寨等100多处景点。其中八角寨主峰云台山海拔818m，登其上有“一览众山小”之感。

花坪　国家自然保护区。位于龙胜县和临桂区交界处，地处南岭越城岭支脉。主要保护对象为银杉及中亚热带常绿阔叶林，境内有国家一级重点保护植物12种；国家重点保护动物猕猴、林麝、红腹角雉等。主要风景名胜有“龙脊梯田”、龙胜温泉、岩门峡漂流等。

(2) 柳州市。国家级历史文化名城，中国优秀旅游城市，位于柳江中游。三面环水，一面靠陆，形似铜壶，故别称壶城。有鱼峰山、都乐岩、马鞍山等风景名胜。

柳侯祠　在市柳侯公园内，为纪念唐代著名文学巨匠柳宗元所建。祠内尚存有元朝至元三十年（1293年）镌刻的“柳宗元执笏石刻半身像”和柳宗元手书《龙城石刻》，韩愈著、苏轼手书的《荔子碑》等文物。

马胖鼓楼　侗乡最大最具民族风格的鼓楼，坐落在三江城北25km处。形如宝塔，楼高12m，九层飞檐，层层相叠。整个建筑为全用当地杉木的安榫结构，无一钉一铆，结构严谨，气势恢宏。

程阳风雨桥　位于三江城北20km处，为一座石墩木面桥，全长64.4m，为典型的侗族建筑杰作“花桥”。桥上建有五座楼亭。在桥亭和桥墩的板壁上，雕刻有精美侗族图案，堪称岭南一大人文奇观。

(3) 贺州市。中国优秀旅游城市，中国著名客家聚居区。位于广西东部，北连湖南，东邻广东，西与桂林相连，南接梧州。已有两千多年的历史，文物古迹繁多，民风古朴浓郁，自然风光秀丽。主要有姑婆山、大桂山等国家级森林公园；客家围屋、黄姚古镇、回澜风雨桥、秀水壮元村等人文历史景观。

仁冲客家围屋　位于贺州莲塘镇，是目前中国保存最完整、规模最大、历史最悠久的客家围屋建筑群，具有聚族而居、安全防卫、防风抗震、冬暖夏凉的功能。这里古老独特的客家建筑、精雕细琢的百寿图案、古朴典雅的明清家具、历经沧桑的农家作坊、热情奔放的客家歌舞、独具特色的客家饮食和感人的客家历史传奇等令人神往。

(4) 梧州市。古称苍梧，中国优秀旅游城市。位于广西东部，地处浔江和桂江汇合处。

青山环抱，绿水潆流，苏东坡诗赞“我爱清流频击楫，鸳鸯秀水世无双”。古为百越之地，汉置苍梧郡，管辖岭南九县。近代发展成为繁荣的工商业城市，商业街骑楼景观至今保存完好，被称为“骑楼博物馆”。当代是东部沿海向中西部地区产业转移的重点城市，被称为广东后花园。

白云山公园 位于市东北郊。山上古树参天，白云缭绕，唐代诗人孟浩然诗赞“苍梧白云远，烟水洞庭深”。山上建有云峰亭、松云楼、探幽桥等名胜。“云岭晴岚”为梧州八景之一。

龙母太庙 位于市北桂江东岸，始建于北宋初年，由牌坊、前殿、中殿、后宫、行宫、龟池等建筑组成。每年农历五月初八（龙母诞辰日）和八月十五（龙母升仙日），都要举行盛大庙会，贺诞团多达千人。

2. 北部湾国际旅游目的地旅游区

本区包括南宁、北海、钦州、防城港、崇左和玉林六市。位于广西壮族自治区的南部，西南与越南接壤，南部濒临北部湾，有1595km的海岸线。是壮族文化、边关风貌为最突出的旅游特色性资源。

（1）南宁市。广西壮族自治区首府，中国优秀旅游城市，也是中国与“东盟”合作的桥头堡，大西南最便捷出海通道上的枢纽城市。由于地处北回归线以南，市内花开四季，热带果木种植普遍，有“花园城市”、“绿色都会”美誉，2000年荣获迪拜国际改善居住环境最佳范例奖。

南宁国际会展中心 为中国—东盟博览会永久地址。由主建筑、会展广场、民歌广场、行政综合楼组成。其中主建筑由会议厅、展览厅、大型宴会厅组成，能满足各种会议、商务谈判和学术报告活动的要求；名歌广场是一年一度南宁国际名歌节的主会场，可容纳3.5万观众。

德天瀑布 位于大新县境内，德天河上游。瀑布宽100m、高40m，水从峰顶悬空三股飞流直下，响声震聋，蔚为壮观。这里春季百花盛开，像镶绣于瀑布边的花边；夏季急流如注，排山倒海；秋季层林尽染，水帘雾气弥漫；冬季则碎珠点点，像雾像雨又像风，四时景观常新。

花山崖画 位于宁明县城北的明江东岸花山上，相对高差400m。其临江石灰岩悬崖峭壁上有一宽近40m、长约170m的庞大画面，有用赭色颜料绘制的大小男女像1300多个，其中最大者高3m、小者高仅30cm。所有画像的姿势、服饰、器物多种多样，线条粗犷，手法明快，堪称艺术珍品。

凭祥 中国优秀旅游城市，中越边境的“国门城市”、湘桂铁路的南端，拥有凭祥火车站和友谊关两个国家一级口岸，是中国通往越南及中南半岛最大最便捷的陆路大通道。有金鸡古炮头、大清万人坟、百玉洞、镇南关大捷古战场等旅游景点。

（2）钦州市。中国优秀旅游城市，新兴的滨海旅游城市。位于北部湾沿海地区的顶端，地处东南亚和中国大西南两个辐射面的中心，在大西南主要出海通道及广西沿海经济区域中处于重要战略地位，由城区和港区组成。港区有40km长的深水码头岸线，并同防城港市联成一体，具备建成南方大港的优越条件。拥有72泾旅游区、茅尾海旅游区、青湾风景区、三海岸风景区等旅游景区。

东兴 隔北仑河与越南芒街相望，是我国唯一与越南海陆相连的边境口岸，是集山、海、河于一体和跨一步可出国旅游的集散中心，也是全国著名的长寿之乡。主要风景名胜有界碑、中越友谊大桥、妈祖庙、中越革命烈士纪念碑、胡志明亭等。

(3) 北海市。中国优秀旅游城市。国家级历史文化名城。位于区境南端，濒临北部湾，因位于海域北面而得名。北海三面环海，气候全年温和湿润，且有阳光、海滨、沙滩之利。北海银滩和涠洲岛，都是著名海滨休闲度假胜地。

北海银滩　国家级旅游度假村。位于北海市南部海滨，是一片绵延数十公里的美丽海滩，因沙滩呈银白色，故名银滩。滩平沙软，海水清澈，水温适中，常年可以进行海水浴和日光浴，是旅游观光、度假、休闲、康体、避暑，兼购物、游乐、海味美食的综合旅游胜地。

涠洲岛　北距北海市22海里，是中国最大火山岛。奇特的海蚀、海积地貌与火山熔岩地貌景观发育，并有绚丽多姿的活珊瑚景观。在岛上的东北，西南面有带状的珊瑚岸礁，透过清澈的海水可以看到五颜六色的珊瑚。在这里将建成海岛特色突出、生态环境优良的国际知名休闲度假海岛。

两江口自然保护区　为国家级自然保护区，并已列入国际重要湿地名录，全国十大魅力湿地。位于合浦县沙田半岛两侧。海岸线总长50km，面积$800hm^2$，保护对象为濒危的海岸红树林生态系统。

(4) 玉林市。中国优秀旅游城市。古称鬱林，位于广西东南部，全国沿海经济开放区，为广西最大侨乡，是中国大西南出海的重要便捷通道。汉置鬱林郡，自古经济繁荣，有“岭南都会”之称。玉林有“岭南美玉，胜景如林”之誉，旅游资源丰富。

都峤山　别称南山，萧韶山，位于容县城南10km，为典型的丹霞地貌风景名山。景区面积$34km^2$，有八峰十三洞以及香炉石、仙人石、石钟、石鼓等奇石，以及奇极观、玉泉阁、娑婆阁等道教建筑遗址及佛教寺庙灵岩寺等。

(5) 桂平市。中国优秀旅游城市。古为浔州。位于黔江和郁江的汇合处，自古为广西东部的重要物资集散中心，现尚存古浔州遗址，境内有西山和白石山两座历史文化名山。

西山　国家重点风景名胜区，位于桂平市金田营盘。由浔州古城、白石洞天、大藤峡、罗丛岩、紫荆山、大平山原始森林等组成，以“石奇、树秀、泉甘、茶香”著名。周围有太平天国革命遗址金田村等历史文化遗迹。

白石山　位于桂平市南郊，为典型丹霞地貌风景名山。明代旅行家徐霞客描述苍玉峡（一线天）“上摩层霄，中裂骈隙，相距不及尺，而悬亘千余尺”，会仙岩“五里之云梯杳蔼，千秋之鹤影纵横”，奇岩异峡由此可见一斑。

3. 红水河流域国际旅游目的地旅游区

本区包括河池市的巴马、凤山、东兰等11县（市、区），来宾市的忻城、合山等3县（市），百色市的乐业、隆林、田林等5县。依托红水河流域的优越自然生态环境、独特的长寿养生文化，世界级的岩溶地貌奇观、浓郁的少数民族风情和红色文化，发展了长寿养生游、休闲度假旅游、地质奇观游、名族风情游、红色文化游等旅游品牌。

(1) 河池市。又名金城江，地处广西西北部，是大西南通向沿海港口的重要通道，也是桂西北的区域中心。境内山岭绵亘，岩溶地貌广布；属亚热带季风气候，温和湿润；为少数民族重要聚居区，也是世界著名的长寿之乡。

巴马长寿之乡　以巴马瑶族自治县为中心的盘阳河流域（包括东兰、凤山等县）是世界著名的长寿之乡。其中巴马县是国际自然医学会所宣布的世界第五长寿之乡（第五个被发现）。2000年，中国老龄科学研究中心联合调查且实地证实，巴马百岁寿星81人，占总人口的3.58%，远远高出世界其他四个长寿之区百岁老人占总人口的比例。

宜州下枧河　源自宜州市城郊8km处的龙舟岛，下至三江口与龙江河交汇处，全程17km，以“山奇、水秀、洞幽、石美”著称，享有“不是桂林，胜似桂林”之美誉。下枧村是刘三姐的故乡，修建有刘三姐故居、民族活动祠堂及表演场等设施，曾为电视剧《刘三姐》的拍摄基地，现为刘三姐故乡民族风情游的民族活动中心，四季游人不断。

(2) 百色市。位于广西西部，接云贵，连越南，东北靠巴马长寿之乡。山川秀丽，资源丰富，不愧为中国南部边疆的一颗明珠。百色还是一座具有光荣革命传统的城市，邓小平、张云逸等老一辈无产阶级革命家曾在这里领导和发动了著名的百色起义，创建了中国工农红军第七军。

红七军军部旧址粤东会馆　1929年，邓小平、张云逸同志领导百色起义，建立中国工红军第七军的军部旧址，就是今日百色市解放街的右江革命文化馆，即为原粤东会馆。会馆建于清康熙五十九年（1720年），为典型的明清式古建筑，布局严谨，建筑坚实，雕梁画栋，玲珑精致。

乐业—凤山地质公园　为世界地质公园名录地，位于广西西北云贵高原向广西盆地过渡的斜坡地带，由百色市乐业大石围天坑群国家地质公园和凤山岩溶国家地质公园组成，总面积930km^2。公园内拥有全球最大的天坑群，最大跨度的天生桥、典型洞穴沉积物，以独特天坑生态环境和地质活动呈多样性，而具有重要的科学研究价值和极高的美学观赏价值，集观光、旅游、探险于一体。

贵　州　省

一、旅游资源与旅游环境概貌

贵州省位于云贵高原东北部，明置贵州布政使司，别称黔。面积17.6万km^2，人口约3475万（2010年）。居住有汉、苗、布依、侗、土家、彝、水、仡佬、壮、瑶等民族。山地和高原占全省总面积的89%，岩溶广泛分布，“山、水、洞”“三奇”是其自然景观的最大特色。具有冬无严寒、夏无酷暑的气候特点，有“山岛”、“琼都”之誉。省境河流多顺地势向北、东、南三面分流，形成不少急流瀑布。全省拥有18个国家重点风景名胜区、9个国家级自然保护区，2个世界人与生物圈保护网名录地，2处世界自然遗产名录地，素享“贵州公园省，多彩贵州风”的美誉。贵州各民族能歌善舞，尤以苗族的芦笙舞、水族的铜鼓舞、侗族的拦路歌最具特色，贵州花灯舞也很有名。贵州各民族服饰各有特色，如苗族普通穿戴蜡染和刺绣服饰、佩戴银饰，安顺一带的屯堡汉人保留了明代凤阳服饰。贵州菜具有“一辣二酸”的特点，酸汤、卤鹅头和花江狗肉为贵州菜“三绝”。

二、旅游开发与规划概要

贵州省在全国旅游发展中的定位为“两省六地”，即旅游大省山地旅游休闲度假省，以及全国最佳旅游避暑地、新型国民休闲基地、养生等老龄度假基地、原生态民族文化体验基地、山地户外运动基地、自驾车与自行车自助旅游基地。在布局上将建成17个骨干休闲度假区，即黄果树国家公园度假区、多彩贵州城文化旅游区，荔波生态旅游度假区、贵州乐湾国际温泉休闲城、龙里国际山地避暑休闲度假区、国际茅台度假区、百里杜鹃高山休闲度假区、镇远古城历史文化度假区、西江苗寨度假区、肇兴侗寨度假区、织金洞度假区、双河溶洞度假区、阿西里西大草原避暑度假区、赤水丹霞自然遗产度假区、万峰林（万峰湖）户外运动度假区、梵净山佛教文化度假区、平坝屯堡文化乡村旅游度假区。并将打造原生态旅游、避暑旅游、乡村旅游等十大旅游新高地。

三、主要旅游景区建设

1. 以贵阳—遵义为中轴的黔中旅游区

本区包括贵阳、遵义二市及其所辖区域。地处全省中部，开发历史悠久，自然人文风光并胜，并已建立起发达的立体交通网络，为全省旅游业的龙头区域。

（1）贵阳市。为中国优秀旅游城市，“秀美山水园林高原城市”。山川秀丽，气候宜人，素有我国“第二春城”和“中国凉都”之美称。有苗银、苗绣、贵州三宝（天麻、灵芝、杜仲）、牛肉干等地方土特产品，贵州火锅可与重庆火锅媲美。风景名胜密布，且品位很高。

甲秀楼　始建于明万历年间，兀立于市区南明河的巨石鳌矶之上，高约 20m，三层三檐四角攒尖顶，层层收缩，风貌别具一格。楼中匾联书法甚多，最著名的有诗人刘蕴良所撰的 174 字长联，堪与昆明大观楼长联媲美。

花溪　位于市南郊，以其清澈美丽的河水和古朴的田园风貌而闻名。陈毅元帅游花溪后赋诗云：“真山真水到处是，花溪布局更天然；十里河滩明如镜，几步花圃几农田。”正是对花溪最真实的写照，现已辟为花溪公园。公园南 12km 处有著名的青岩古镇。

黔灵山　坐落于市西北郊，由象王岭、檀山、白象山、大罗岭等群山联结，围以洼地构成。中有麒麟洞、黔灵湖、弘福寺和烈士纪念碑等景点。内有 1500 多种高等植物，1000 多种名贵药材，50 多种鸟类和成群的猴子。麒麟洞，曾一度被作为蒋介石拘禁爱国将领张学良、杨虎城的地方。

红枫湖　国家重点风景名胜区。跨清镇市、平坝县，为全省最大人工湖。湖中有大大小小的岛屿 178 个，有的岛上还有湖，形成湖中山、山中湖；山下洞，洞中湖，山水洞浑然一体奇观。湖区分成北湖、南湖、后湖三个区域。而北湖岛美、南湖洞奇、后湖湾多，各具特色。

阳明文化旅游区　位于修文县，素有“王学圣地·秀美修文”之称，以明代哲学家王阳明谪居龙阳悟道，创立“知行合一”学说而得名。区内有阳明洞、高原森林球场及全国最凉爽的贵阳高尔夫度假中心。

香纸沟　位于市东北 35km 的乌当区新堡乡，为著名乡村生态文化旅游区。有锅底箐、龙井湾、马脚冲等 7 个乡村景点，以原始天然的田园风光、乡村聚落民居、淳朴乡情而备受城市旅游者青睐，古法蔡伦造纸作坊更具魅力，已成为乡村旅游热点。

（2）遵义市。国家级历史文化名城，中国优秀旅游城市。历为川黔要冲，黔北重镇。历史时期的杨氏家族在这里统治七百余年，留下了中世纪古堡“海龙屯”等播州杨氏遗迹；现代，中国工农红军北上抗日途经此地又留下了遵义会议会址等革命胜迹。以酒文化、红军文化和丹霞风光为特色。

遵义会议旧址　1935 年 1 月，中国工农红军长征途中，在这里召开了具有伟大历史意义的“遵义会议”。会议正式确立了毛泽东同志在全党的领导地位，为完成二万五千里长征奠定了胜利基础。位于老城内的“遵义会议”会址已修葺一新，陈列着许多革命历史文物。

播州杨氏遗迹　播州为遵义古城。唐大中元年（859 年），南诏国占领播州，唐王朝屡加征讨，至唐乾符三年（876 年），派杨端收复播州，从此杨氏世袭播州领地前后达 700 余年。并遗存有播州古囤杨璨墓等古迹。

赤水 国家重点风景名胜区，世界自然遗产名录地。位于赤水、习水及仁怀赤水河流域。有“神州赤壁”、“幻影画石”、“蝴蝶石”、“五虎寻羊”等丹霞赤壁和“千年灵芝”、“蘑菇石”等丹霞奇石。为典型的亚热带常绿阔叶林植被，内有许多珍贵生物种群，仅金沙沟一地就有国家一级重点保护植物桫椤 282 300 多株。瀑布成群分布，故享有“丹山绿海，千瀑之乡和桫椤王国”美誉。景区内还有红军四渡赤水、酒乡文化为主体的人文景观，故赤水又有“红军河，美酒河”盛名。

仁怀市 位于赤水河畔，著名的“国酒之乡”。茅台镇所产的茅台酒，在 1915 的巴拿马万国博览会上获得了金奖，并为公认的“国酒”。与赤水和习水的美酒，共同成为了“长征路上酒乡行”旅游品牌。仁怀塑造了足有九层楼高堪称世界之最的“茅台酒瓶”，如图 12.3 所示；建有别具一格的“酒文化博物馆”，并开发了仁怀五马古街及水车群、盐津河休闲度假区、红军四渡赤水纪念塔、十里长滩漂流等旅游产品。

桐梓县 首批全国休闲农业与乡村旅游示范县。位于遵义市北，重庆和贵阳两大都市之间。自然生态环境素有“天然氧吧”、“绿色空调”之誉。十多年来，随着成千上万名重庆市民涌入该县避暑，拉开了发展休闲农业与乡村旅游的序幕。每年一届的“凉爽大娄山·乡村生态游”，吸引了更多城乡居民的参与。目前已形成极具黔北休闲农业和乡村旅游特色的景点。

2. 以铜仁、凯里为中心的黔东旅游区

本区包括铜仁市、黔东南苗族侗族自治州及黔南布依族苗族自治州，以亚热带山原岩溶风光与侗、苗等少数民族风情为主要特色。

(1) 铜仁市。位于贵州东北部的锦江上游，四面群山簇拥，三面锦水拖蓝，具山城之灵气，集水乡之妩媚，素有“黔中各郡邑，独美于铜仁”之佳誉。

九龙洞 国家重点风景名胜区，位于市东南约 17km 处。地处武陵山脉六龙山区北缘、沅水支流锦江南岸，为一大型天然喀斯特溶洞。洞内钟乳石千姿百态，五光十色，尤以高达近 40m、直径 164m 的石柱景观为世界罕见。

梵净山 又称九龙山，著名佛教名山，也是国际人与生物圈保护网地。位于黔东北江口、印江、松桃三县交界处，因山上多梵宇而得名。为武陵山脉主峰，海拔 2494m，在近 4 万 hm^2 的原始森林中，有珙桐、钟萼木、连香树、鹅掌楸、铁杉等国家重点保护植物和黔金丝猴、云豹、林麝、和大鲵等国家重点保护的动物。

(2) 凯里市。中国优秀旅游城市。位于黔东南苗岭山麓、清水江畔，为黔东南苗族侗族自治州首府所在地。山清水秀，并有镇远古城、黎平侗乡等人文风光。

㵲阳河 国家重点风景名胜区。包括镇远、施秉、黄平长达 95km 的河段，两岸雄奇险峻，竹树峥嵘，乘船游览，颇有情趣。其主体是龙王峡、诸葛峡和西峡，称为“㵲阳三峡”，有一线天、仙桥等景点；黄平旧州古镇、杉木河、镇远古城等 10 个景区，融自然风光、历史古迹、民族风情于一体。

镇远 国家级历史文化名城。位于㵲阳河畔，历为州、府、道治，是古代东南亚入京城的主要通道，素有“黔东门户”之称。㵲阳河穿城而过，北为府城，南为卫城，皆建于明代，现保留部分城墙。城内基本保持原有风貌。城东中河山三面临河，绝壁千尺，有万寿宫、玉皇殿等明清建筑群。

黎平侗乡 国家重点风景名胜区。位于黔东南州的黎平县境内，与榕江、从江及湖南省的通道、广西的三江、龙胜一道，共同形成了我国侗族的主要聚居区。侗族风情浓郁，仅侗族村寨的标志性建筑鼓楼和花桥就有300多处。八舟河一带的喀斯特地貌奇特，尤以少寨溶洞群、高屯镇天生桥最胜。

（3）都匀市。中国优秀旅游城市。位于省境南部的剑江河畔，为黔南布依族苗族自治州州府所在地。依山傍水，风景天然。辖域为我国重要岩溶山水分布区，并聚居有布依、苗、水等30多个民族，其风情各有风韵。

荔波樟江　国家重点风景名胜区，世界自然遗产地“中国南方喀斯特”的重要组成部分。位于荔波县境内，由大七孔—地峨宫、小七孔—鸳鸯湖、水春河—峡谷和独山草种场—神仙洞四个景区组成，是一个以典型的岩溶山水为基础、亚热带原始森林为特色的风景名胜区，是开展生态文化旅游的高品位旅游胜地。

茂兰　国家级自然保护区，并为国际人与生物圈保护网地。位于荔波县境内、地处中亚热带季风气候区内。峰峦叠嶂，溪流纵横，原始森林茂密，山、水、林、洞、瀑、石融为一体，呈现出岩溶森林生态环境完美统一和神奇的特色。

斗篷山—剑江　国家重点风景名胜区，以剑江为主体，斗篷山为龙头，并由斗篷山、桥城、南城、剑江下游四个景区构成的集山水、桥城于一体的景点。剑江清丽、斗篷山森林茂密，并有民族村寨、少数民族风情，极具原始天然神韵。

3. 以安顺为中心的黔西旅游区

本区包括安顺、毕节、六盘水和黔西南州，为高原地形，但经流水长期切割，形成了不少深切河谷和瀑布奇观；岩溶地貌发育，多溶洞、伏流和石林奇观；湖泊不多，但以草海为最；为多民族聚居区，民族风情独特。

（1）安顺市。中国优秀旅游城市。地处乌江与北盘江两大流域的分水岭，自古交通区位重要，有“黔之腹、滇之喉、蜀粤唇齿”之称。现辖西秀、平坝、普定、关岭、镇宁、紫云等五县一区，为国家六大旅游热线之一和贵州西部旅游中心。境内旅游景区数量之多、密度之大、品位之高为全国罕见。

黄果树瀑布　国家重点风景名胜区，国家首批5A级旅游景区。位于镇宁县打邦河支流白水河上。主瀑布高67m，宽约83m，瀑布冲蚀壶穴犀牛潭深达17m。悬瀑跌落，云垂烟接，在阳光的照射下，五彩缤纷，霞光遍地；同时凭高作浪，发出轰然巨响。观瀑亭亭柱上的：“白水如棉，不用弓弹花自散；红霞似锦，何须梭织天生成”对联，正是其真实写照。

龙宫　国家重点风景名胜区，国家首批5A级旅游景区。位于安顺龙潭村。景区由宽窄不一的岩溶峡道和大小不一的厅堂组成。地下暗河和地下湖全长4km；最大洞厅面积$4000m^2$，顶高110m。由中心景区及漩塘、油草湖、仙人湖、仙人箐四部分组成。中心景区以充水溶洞全国最长、洞中瀑全国最高、天然辐射率全国最低，称为国内溶洞“三最”。

紫云格凸河穿洞风景名胜区　国家重点风景名胜区。位于紫云苗族布依族自治县。属喀斯特地貌，分为小穿洞、大穿洞、大河、黄家湾四个景区。其格凸河苗语意为“跳花圣地”之河，有12km陷入地下伏流。形成有世界最高古河道遗迹—穿上洞、世界第二大洞穴厅室—苗厅、国内最深岩溶竖井—通天洞等绝景。

天龙古镇　全称天龙屯堡镇，地处平坝县境内，居住人口为明初因屯田制由江浙及安徽一带所来屯田驻军的后裔，其心理及生活习俗、语言服饰、文化爱好等方面，都固守其个性传统，形成了具有鲜明地域特色的安顺屯堡文化。

（2）毕节。位于贵州西北部，地处资源密集、30多个民族聚居的山区。境内山峦起伏，河流纵横，民俗民风绚丽多姿，名胜古迹密集。

织金洞 国家重点风景名胜区，位于织金县城东 22km 处。是一个包括有 20 多个溶洞的大型溶洞群，其中最大和最具特色的是打鸡洞，洞长 12.1km，总面积超过 70 万 m^2，洞厅最大跨度 175m，厅高超过 100m，洞内石灰华堆积物 40 多种，其石笋有的高达 70m，是迄今为止国际上已发现溶洞中保存最原始、景观最完备、科学考察价值和景观美学价值都很高的地下艺术宝库。

草海 国家级自然保护区。位于威宁县境内。是贵州高原最大的天然湖泊，水域面积 3000hm^2。有高等植物 37 种，鱼类 10 余种，鸟类 178 种，并栖息着国家重点保护鸟类黑颈鹤、白鹤、黑鹤鸢、灰鹤等珍禽，已被列入《国际重要湿地名录》，并被国际鹤类基金会评定为世界十大观鸟基地之一。

九洞天 国家重点风景名胜区，位于纳雍县与大方县交界处。为一地下河溶洞电站，全长 23km，面积 150km^2。六冲河自西向东流经两县，形成上游总溪河景区和下游九洞天景区，河水在此潜入地下长约 7km。下游山脊上有九个巨大天窗，九洞天由此得名。这里自然生态环境优越，气候温暖宜人。

（3）兴义市。优秀旅游城市。古称“黄草坝”，位于滇、黔、桂三省（区）结合处，历来就是西南地区一个重要商贸中心，素有“黔桂锁钥”之称，现为黔西南布依族苗族自治州首府。山川秀丽，人文名胜众多，尤以马岭河峡谷最胜。

马岭河峡谷 国家重点风景名胜区。位于兴义市境内，峡谷长 74.6km。有瀑布上百条，石灰岩悬崖壁画 10 万 m^2，约 200km^2的奇峰异石集成的东西峰林。徐霞客当年到此赞叹：“天下名山何其多，唯有此处成峰林”。区内自然人文景观，有猫儿洞古人类遗址、万屯汉墓群、刘氏庄园民族风情博物馆、“马岭河地缝漂流”等旅游项目。

云 南 省

一、旅游资源与旅游环境概貌

因位于云岭以南而得省名，简称云，别称滇。面积 39.4 万 km^2，人口约 4597 万（2010 年）。边疆、民族、山区三位一体构成地理环境的总体特征。云南与缅甸、老挝、越南三国接界，国界线和边境标志物如国门、界桩、界碑以及边疆经济特区，边民互市贸易等构成了特有的边关旅游资源。各少数民族至今仍保持着自己的传统习俗而成为一种最为珍贵的多元民族风情旅游资源。地形以高原山地为主，星罗棋布的山间盆地（坝子）为重要耕作区。有伊洛瓦底江、怒江、澜沧江、金沙江、元江、南盘江六大水系；滇池、洱海、抚仙湖、程海等 30 多个断陷湖泊，多与名山构景；地热温泉成群分布，为我国最大地热温泉分布区。有高等植物 13 000 多种，野生花卉 2500 多种，素有“植物王国”、“天然花园”之誉。茶叶、烤烟、紫胶、橡胶以及花卉，为云南现代农业的五大优势。全省有 12 个国家重点风景名胜区、6 个 5A 级国家旅游景区、6 个国家级历史文化名城、5 处世界自然文化遗产地，堪称旅游资源大省。云烟、云耳、三七、普洱茶、鸡枞菌、猪拱菌、宣威火腿、陆良板鸭、玉溪黑糯米等为云南特产；建水汽锅鸡、蒙自“过桥米线”、腾冲“大救驾”、大理“三道茶”、昭通“烧饵块”等为云南风味美食。

二、旅游开发与规划概要

按照大产业、大文化、大服务、大市场的思路，云南省旅游发展规划提出，今后要以创建世界级旅游胜地为目标，着力抓好精品开发，大力发展休闲度假旅游，积极开发生态旅游、民族风情旅游、会议旅游、康体旅游、边境旅游、科考旅游、探险旅游、红色旅游等专题旅游产品，形成一批特色旅游项目。并进一步做强滇中高原观光、度假、会议国际旅游区；做精滇西北“香格里拉”生态文化国际旅游区；做优滇西火山热海边境旅游区和滇西南澜沧江—湄公河国际旅游区；做大滇东南岩溶山水文化旅游区和滇东北红土地旅游区等六大特色旅游区。

三、主要旅游区建设

1. 以昆明为中心的滇中旅游区

本区主要包括昆明市城区及其所辖县（市）和昆明周边地域。位处全省的中心位置上。城市密集、交通发达，旅游资源品种类型多，特色浓。

（1）昆明市。别称“春城”，国家级历史文化名城，中国优秀旅游城市。四季花开不断，素有“花都”和“天然花园”之誉。旅游建设的重点是要将其建设成为全国重要目的地、全国旅游集散中心和重要客源地、连接东盟旅游圈的枢纽。

滇池　别称昆明湖。国家重点风景名胜区，位于市南，东西两岸由金马山、碧鸡山（西山）夹峙；湖面碧波万顷，湖周有大观楼、海埂公园、郑和公园、晋城古镇、云南民族村等名胜。

西山　在滇池西岸，山峦起伏，绵延数十里。在白云缥缈间，远望好似一位少女屈腿仰卧于滇池之滨，故有“睡美人山”之称。最高峰太华山，高出滇池水面470m，山上有华亭寺、太华寺和聂耳墓等。在山腰悬崖陡壁之上有三清阁、龙门石雕等胜景。

大观楼　坐落在昆明西南部、滇池北岸。始建于清康熙年间，高三层，呈正方形，红墙绿瓦，斗拱飞檐尖顶。登楼远眺，极目所望，海阔天空，烟波浩渺，湖光山色，尽收眼底，真可谓洋洋大观，故名“大观楼”。其正门两旁挂着一副蓝底金字的长联，共有180字，被称为“古今第一长联”。

云南民族村　位于市区西南的滇池之滨，占地约83 hm^2，是集中展示云南各少数民族文化和风情的窗口，按照一族一村的原则，至2020年要建成25个民族村寨，现已大部分建成开放，同时还建有民族团结广场、民族歌舞厅等。

世界园艺博览园　是中国“99昆明世界园艺博览会”即“14届世博会”的园区，建有5个展览馆、6个专题展园、34个国内展园和33个国际展园。世博会结束后继续建设。“九九世博会，永久世博园”已成为一大旅游品牌。

福保村　首批全国休闲农业与乡村旅游示范点。位于昆明市南郊滇池湖畔。目前全村12家企业，以福保文化为标志，是我国西南地区一处集会议中心、文化交流、商务洽谈、民族风情、民间艺术、园艺博览、运动康体、观光旅游、休闲度假、大型水上舞台艺术表演为一体的文化旅游企业。

金殿　位于昆明市东7km处鸣凤山。山巅太和宫始建于明万历三十年（1602年），清初重建，重250t。因全部用铜铸成，金光灿灿，故名金殿。整个建筑布局协调，结构严谨，宛若一件天成的大型铜制艺术品。

筇竹寺　位于市西北约18km处的玉案山上，殿堂三层，依山势而建，环境优美。寺内有与真人一般大小的五百罗汉大型雕塑群，造型逼真，喜怒哀乐栩栩如生，被誉为“东方雕塑宝库的一颗明珠”。明代伟大旅行家徐霞客旅滇期间曾前后入住数月，得到很多朋友的迎送和招待。

安宁风景名胜区　位于市西南郊的卫星城安宁，由曹溪寺和安宁温泉组成。曹溪寺相传为唐代曹溪宝林寺僧创建，寺内有“曹溪印月”胜景；安宁温泉位于螳螂川畔，清澈柔滑且富含有益于人体健康的各种微量元素，有“天下第一汤”之誉。

(2) 昆明周边地区。包括曲靖、楚雄、玉溪，以及文山等昆明周边地区，拥有一大批高品位的风景名胜资源。

九乡　国家重点风景名胜区，位于宜良县境内。由叠虹桥、三脚洞、大河坝、阿路龙、明月湖、万家花园、阳宗海七个片区组成。以地下岩溶景观和高原湖泊为主体，融山水风光、民族风情为一体。九乡溶洞多达上百座，洞体雄伟，暗河幽长，峪谷壮观，洞瀑轰鸣，被誉为“溶洞博物馆”。

石林　国家首批5A级旅游景区，世界地质公园，世界自然遗产地“中国南方喀斯特”的重要组成部分。位于石林彝族自治县境内。包括已开放的大、小石林、芝云洞、大叠水瀑布以及待开发的奇风洞、月湖、长湖等景点。拥有苍古秀润、姿态万千的独特风光和民族风情，并伴有许多优美动人的神话故事和传说。

建水　国家级历史文化名城与国家重点风景名胜区，位于建水县境内。由古城、燕子洞和文山、红河民族风情等景区构成。人文景观丰富、自然景观奇特、历史文化悠久，被誉为“滇南邹鲁”、“文献名邦”。区内有文庙、指林寺、东门楼、双龙桥、文笔塔等古建筑；有以宋家花园，哈尼草房、梯田，彝族古学房为代表的特色鲜明的汉、哈、彝各族民居；有古洞奇观、雨燕巢居、钟乳垂匾，以及因有采燕窝绝技而著称的燕子洞；还有徐霞客游踪、朱德故居等胜迹。

阿庐古洞　国家重点风景名胜区。位于泸西县城西2.5km处，为一规模宏大的溶洞群，是古代云南三十七蛮部之一“阿庐部”的穴居点。由泸源洞、玉柱洞、碧玉洞三旱洞和玉笋河水洞组成，三洞一河全长3000m余，洞景具有古、奇、绝的特点，洞外风光如画，明代徐霞客曾两次入洞考察。

普者黑　国家重点风景名胜区。为滇东南岩溶地貌典型发育区，位于丘北县的城北13km处。景区面积165km^2，内有孤峰312座、大溶洞83个、天然湖泊54个、河流15条、地下伏流120km。中心景区内有旅游水面108km^2，水上风景荷花面积约667hm^2，是一个品味很高的喀斯特湖泊群、溶洞群、孤峰群，并有彝族风情。这里还是古代僰人的归宗之地，令人神往。

红河哈尼梯田　为世界自然文化遗产名录地，是以哈尼族为主的各族人民利用其优越而艰险的自然生态环境创造的大型梯田农耕文明奇观，已有1300多年的历史。梯田规模宏大、壮观，绵延于整个红河南岸的元阳、绿县、金平等数县。仅元阳县境内就有梯田19万亩。所有梯田都依山就势修筑于元阳崇岭的山坡上，最高级数达3000级，坡度在15°～75°，在中外梯田景观中实属罕见，被称为真正的大地艺术，真正的大地雕塑。

2. 以大理为中心的滇西北旅游区

本区包括大理、丽江、迪庆、怒江四州（市），大部分地区位于横断山区，有梅里、玉龙、碧罗等海拔4000m以上的雪山，虎跳峡、怒江等大峡谷，“三江并流”更是世界奇观。这里是藏、白、傈僳、纳西等少数民族聚居区，“茶马古道”、“香格里拉”也是世界级的旅游绝品。

(1) 大理市。国家级历史文化名城，中国优秀旅游城市。位于苍山之麓，洱海之滨，由大理和下关两区组成。古称石桥城，曾为南诏地方政权首邑，现为大理白族自治州首府。历史悠久，文化灿烂，自然环境具有诗情画意。“风花雪月”为大理“四绝”，故有“下关风，上关花，下关风吹上关花；苍山雪，洱海月，洱海月照苍山雪”之说；“苍山—洱海”已列为国家重点风景名胜区。

苍山　又名点苍山，因山石如玉，林色苍苍而得名。有19座山峰，南北绵延50km，雄峻挺拔。主峰马龙峰海拔达4122m，山顶终年积雪，银光耀目。山上森林茂密，18条溪涧清澈见底。瀑布飞流，云雾多姿，飘浮山间。

洱海　因形似人耳和风浪大如海而得名，位于城东2km。面积约246km^2，水深12～15m，湖面开阔，碧波荡漾。湖中有三岛、四洲、五湖、九曲等胜景。东部的金梭岛，长约2km，高出水面约200m，南诏、大理国时期，建有国王避暑的行宫。

三塔　位于大理老城西北崇圣寺内，为国家级5A级旅游景区。三座雄伟挺拔的砖塔鼎足矗立于苍山、洱海之间。其中千寻塔，方形、密檐、中空，共16层，高69.13m，是我国层数最多的古塔之一；南北二小塔，均为八角十层密檐式实心砖塔，各高42.19m。三塔均始建于南诏保和时期（824年），成为大理重要标志。

蝴蝶泉　在大理老城北20km的苍山云弄峰下，宽约三丈，底铺青石，围以石栏。泉水明澈，有一古树横卧泉面，每年农历四月开花状如彩蝶，引来无数蝴蝶齐聚泉边，翩翩飞舞，五彩缤纷。有的蝴蝶栖息在倒垂水面的树枝上，首尾相衔，人来不惊，投石不散，蔚为奇观。

（2）丽江市。中国优秀旅游城市，国家级历史文化名城、世界文化遗产名录地。位于云南西北部，辖宁蒗、玉龙、永胜、华坪等县。以雄伟秀丽的山川、古老的城镇以及古朴的民族风情而著称。至今保存有神奇的东巴文、纳西古乐、摩梭风情。明清时期建造的木屋瓦房鳞次栉比，大多保存完好，以“三坊一照壁、四合五天井、走马转阁楼”为基本形式。主街傍河，小巷临渠，泉水环绕连接每家门庭，溪流之上多为石拱桥，形成“家家临溪，户户垂柳，小桥流水”的特有古城景观。

虎跳峡　位于玉龙纳西族自治县石鼓镇东北约50km^2，地处金沙江上游玉龙雪山和哈巴雪山之间。峡长15km，两岸峭壁耸立，山顶高出江面3000m以上，为世界上第二深的峡谷。谷底江面宽仅30～60m，传说巨虎一跃而过而得名。江水奔腾呼啸，上下峡口落差达196m，蕴藏着极为丰富的水力资源。

泸沽湖　又称左所海，位于宁蒗彝族自治县落水村以东，湖东水面属于四川盐源县。湖面面积4845hm^2，盛产鲤鱼、细鳞鱼等。湖中有阿侯、木侯、左所三岛；湖北岸有“女神山”狮子山，构成了特有的山、湖、岛浑然一体的自然景观。湖畔为摩梭族的休养生息之地，在婚姻和家庭关系上至今仍保留着古代原始社会时期男不娶，女不嫁的“阿注”（意为朋友和伴侣）婚姻形态。每年农历三月十五日和七月二十五日有游湖并登狮子山的祭女神活动，正是男女物色自己意中人的好时机。

玉龙雪山　国家重点风景名胜区，国家首批5A级旅游景区。位于古城西北，总面积770km^2。13座高峰相连，主峰“扇子陡”海拔5596m，积雪终年不化，在碧蓝的天幕映衬上像一条银色蛟龙飞舞，故名“玉龙”，极具神秘色彩。世界第二深峡谷虎跳峡就在其西北侧，大峡谷与大雪峰构景更显神奇。

丽江壁画　分布于大研镇及附近的白沙、雪松林、芝山、崖脚、漾西等十多处明清佛寺和道观建筑的内阁和大觉宫等地。内容多为宗教题材，有印度佛像，也有道教神祇，还有飞天。据史料记载，是明初到清初当地土司木氏请汉、藏、纳西、白族等画工陆续绘制的，地方民族风格十分浓郁。

(3) 迪庆。为一藏族自治州，州府所在地为香格里拉县城建塘镇，位处金沙江畔。“迪庆”藏语意为“吉祥如意的地方”；迪庆藏族自治州位于三江并流景区的核心，是云南进入西藏的唯一通道，历史上就是滇、川、藏“茶马古道”和南方丝绸之路的必经之地。

三江并流　国家重点风景名胜区，世界自然遗产名录地。位于横断山脉纵谷带，金沙江、澜沧江、怒江三条大江在云南境内并靠奔流170多千米，最近处距离仅18.6km，为世界罕见。景区内梅里雪山连绵百里，并有澜沧江石登至中排峡谷、怒江双腊瓦底峡谷等峡谷，还有大雪山丫江的林海雪原，以及丰富多彩的藏、纳西、傈僳等民风民俗。

香格里拉及拉普达措国家公园　位于香格里拉县西北部，由香格峡谷、里拉峡谷、碧让峡谷等一系列峡谷组成，总范围长约100km，宽约40km。其中碧让峡谷位于格咱乡境内，其奇特景观与当年英国小说家詹姆斯·希尔顿所描述的世外桃源“香格里拉”非常相近。香格里拉，即为藏语“心中的日月”，是该地藏民心中一种生活环境的至高至尚。位于香格里拉县东22km处的拉普达措公园，为世界自然遗产“三江并流”景区的重要组成部分，也是拉姆撒国际重要湿地的重要组成部分，并被评为国家5A级旅游景区。

3. 滇西南旅游区

本区大致位于哀牢山以西和北纬25°线以南地区，属横断山系纵谷区下段，包括西双版纳、普洱、临沧、保山、德宏三市两州，与缅甸、老挝、越南接壤。保存有一定高原面，并有一系列断陷河谷盆地分布。大部分地区为热带季风气候，但西双版纳等地区有热带亚热带雨林景观出现。

(1) 景洪市。又叫允景洪，傣语为“黎明之城”之意，曾为“景陇王国”之地，今为西双版纳傣族自治州首府，中国优秀旅游城市。气候冬暖夏凉，四季花开不断。有傣、哈尼、基诺、拉祜等9个世居民族，各式建筑宛如民族博物馆。包括景洪城景区和曼飞龙景区，并有孔雀湖、春欢公园、民族风情园、曼景兰旅游林、曼阁佛寺、橄榄坝、勐仑植物园、古茶王、基诺山等景点。

西双版纳　国家重点风景名胜区，为地球上北回归线沙漠带上唯一的一片绿洲。位于市南，横跨澜沧江两岸，总面积约1202km^2。迷人的热带、亚热带雨林和季雨林、沟谷雨林风光，拥有高等植物品种7000余种、野生动物650种，素享“绿色明珠”、“动植物王国”之誉。

橄榄坝　为一处风景优美的山间盆地，位于市东南沿澜沧江而下40km处，以其地形轮廓椭圆且林木葱绿似橄榄而得名。这里江水清凉，林木茂密，古老的傣族佛寺和傣族竹楼掩绿其间。每年傣历六七月（清明节后七日左右）为傣族传统新年（又称“泼水节”），远近村寨居民都齐聚于此，相互泼水，共祈人寿年丰。

飞龙白塔　为西双版纳州的标志性建筑景观，位于景洪市西南大勐龙飞龙山上。系小乘佛教建筑，故又称大勐龙佛塔。由大小九塔组成，砖石结构，塔身洁白，金色塔尖，宛如玉笋破土而出，有笋塔之称。主塔居中，通高16.29m；八个小塔分列八角，通高9.1m。塔上的各种雕塑、浮雕、彩绘造型优美，华丽和谐。

热带植物园　国家5A级旅游景区，位于勐腊县小勐仑啰唆江的葫芦岛上，为1958年中国科学院所创建的综合性热带植物园。占地约134hm^2，引种我国以及亚、非、拉地区的珍贵植物千多种。其中有龙血树、罗芙木、金鸡纳等贵重树种，轻木、柚木、铁力木等稀有林木，油瓜、油棕、油橄榄等油料作物，还有先酸后甜的“神秘果”等热带、亚热带水果。

（2）保山市。中国优秀旅游城市，古称永昌，位于横断山脉滇西纵谷带南端。高黎贡山、怒山与怒江峡谷、澜沧江峡谷贯穿全境，自然生态环境复杂多样，尤以地热温泉、火山地貌称最。古为著名西南丝绸之路在中国境内的最后一段，抗日战争时期这里又是滇西战役的主要战场，明代旅行家徐霞客就曾在这一带旅行考察达126天，文化积淀深厚。

腾冲地热火山　国家重点风景名胜区。景区内分布着热泉、气泉、矿泉80余处和90多座火山锥，尤以硫黄塘的大滚锅、澡塘河、怀胎井、火山锥打鹰山、大小空山闻名。热泉对多种疾病有疗效，已辟有温泉度假区；火山群规模大、火山熔岩典型，已辟为国家地质公园。腾冲为西南丝绸古道上的重镇，抗战名城，现代商贸口岸城市，全国休闲农业与乡村旅游示范县，境内有为纪念抗战阵亡将士的国殇墓园等风景名胜。

高黎贡山　国家级自然保护区，并被纳入世界生物保护区网。位于保山、腾冲、泸水、福贡、贡山等市县交界处。保护区南北长400km，局限于高黎贡山山脊两侧，东西平均宽约9km；最高海拔4058m，最低海拔1093m，形成了东西、南北、山上、山下迥然不同的自然生态景观，世界罕见。

霁虹桥　为一座铁索古桥，位于永平县岩洞与保山市平坡之间的澜沧江上，名澜津。从永平县境博南山开凿栈道，通往澜津过渡到保山，为我国西南“丝绸之路”上的重要通道。唐时建有竹索吊桥，元贞元年改建木桥，明代改为铁索吊桥，现存铁索吊桥为清康熙年间重建，光绪年间重修。长约106m，宽约3.5m，由18条铁链组成，上铺横直交叉两层木板，桥头各建一亭与关楼，桥下江水奔腾呼啸，气势极为壮观。

（3）德宏。全称德宏傣族景颇族自治州，位于云南西南边疆，与缅甸毗连，处怒江下游地区。辖芒市、瑞丽市、梁河县、盈江县、陇川县，州府治所为潞西市。地形以山地为主，但山间有盈江、陇川、瑞丽、芒市等20个坝子。有傣、景颇、阿昌、傈僳、德昂等少数民族聚居。

瑞丽江—大盈江　国家重点风景名胜区。位于德宏州境西南，与缅甸接壤。瑞丽江和大盈江，江水荡漾，白鹭和野鸭等多种鸟类群飞，两岸奇岩怪石、树葱竹翠间点缀有缅寺、古塔以及民俗村寨、田园，一派南国风光景象。

畹町镇与瑞丽市　两地同处瑞丽江畔，隔江与缅甸相望，同为边陲口岸城市，前者还为国家级口岸城镇。畹町镇依山就势而建，海关大楼、畹町饭店、邮电大楼等高层建筑矗立，商贾游人如织，“边境贸易与旅游”发达；瑞丽市有“口岸明珠”之誉，因与缅甸山水相连，村寨相望，中缅两国边民共街互市、同集赶场，国际市场与国内市场在这里汇合，洋溢着中缅边民的和谐氛围。

实践演练

一、思考与练习

1. 网上搜索出西南地区所有边境口岸城市及其分布。
2. 网上搜索我国苗、瑶、藏、蒙古、彝、土家等少数民族的服饰和居住民俗特征。
3. 小论文习作：“中国—东盟”经济合作发展的现状与前景分析。

二、学习与理解：“海南国际旅游岛”与“北部湾旅游区”

国家新的旅游发展规划提出大力培育一批旅游功能区，“海南国际旅游岛”和“北部湾旅游区”均在其列。海南国际旅游岛，要求依托海南优越的滨海旅游资源，紧抓国家优惠的政策优势，通过免关税、免签证、放航权、建自由贸易区等策略，实现旅游业的突破发展，通过高档次、精品化、人文化和生态化发展战略，加强旅游公共服务体系建设，提高旅游业发展质量，建设富有海南特色的旅游产品体系，打造一批精品旅游景区，到“十二五”末将海南建设成为生态环境优美、文化魅力独特、社会文明祥和的开放之岛、绿色之岛、文明之岛、和谐之岛。将该区域打造为世界一流的海岛休闲度假旅游目的地。而北部湾旅游区，要求依托北部湾旅游区丰富的滨海旅游资源，通过金融改革，综合配套改革，保税物流体系构建，借助大项目战略，以南宁、北海、钦州、防城港四市为目的地支撑，不断完善旅游产品体系，积极发展以生态旅游、康体旅游、温泉度假、邮轮游艇、海岛旅游、自驾车旅游为主要特色的休闲度假旅游产品。加强旅游基础设施和公共服务体系、安全与质量保障体系建设，大力提升旅游业服务水平。将北部湾经济区培育成为区域性国际旅游目的地和旅游促进中心（摘自《中国旅游业“十二五”发展规划纲要》第十二章）。

三、探研与体验

1. 名人谈山水城市建设。

我国是个多山多水的国家。群山之间，河川纵横，山水景观在我国人口稠密的东南半壁尤为出类拔萃。先辈与山川朝夕相处，时刻感受山川的灵气，情绪、思维、理念受到启发。在我国哲学、宗教、诗歌、图画、书法、园林等领域，都有山水的烙印。已故著名科学家钱学森先生1990年提出了“山水城市”的概念，为城市科学开拓了一个新的视角。

图 12.2　贵州镇远古镇

“山水之美，古来共谈”（［南朝］陶弘景：《答谢中书书》）；“山得水而活，水得山而媚”（［宋］郭熙：《林泉高致·山水训》）；“山水之为物，禀造化之秀，阴阳晦暝，晴雨寒暑，朝昏昼夜，随行改步，有无穷之趣”（［元］汤垕：《画鉴》）；在山水悟受下，山水诗歌和山水图画蓬勃兴起，成为古诗和图画的主要领域之一。“诗以山川为景”（［明］董其昌：《诗评》）。“山峥嵘，水泓澄。漫漫汗汗一笔耕，一草一木栖神明”（［唐］顾况：《范山人画山水歌》）。山水是永恒的赞赏题材，山水是永恒的创作对象，钱先生提出山水城市概念还是对前人山水思想的概括和总结并提出了“能不能把中国的山水诗词、中国的古典园林建筑和中国的山水画融在一起，创立山水城市概念”（钱学森至吴良镛信）。领会初衷，不难发现，继承和发扬山水文化传统是建立山水城市概念的立足点。“山水城市”概念包容了系统思想、人本思想和生态思想。因此，现代城市建设要遵循历史，把握现在，预示将来，做到继承与创新的统一。拆除旧的要慎之又慎，新建仿古建筑同样要慎之又慎（摘自胡兆量的《中国区域发展导论》）。

• 探研：①进一步学习中国山水城市理论，试判别2～3个中国典型的山水城市实例；②在当代城市建设或改造过程中你所知道的有哪些错误做法，试举出失败之作3例。

2. 走进神秘的茅台祭酒节。

“癸巳之秋，节届重阳；苍山毓秀，赤水流香……”声音洪亮，抑扬激昂的“茅台话”在山谷中回荡。10月13日，应遵义市委宣传部邀请，本报记者随部分全国省级党报的同行来到遵义赤水河畔采访，有幸遇上了庄重又略带神秘的茅台祭酒节。这一天正好是农历九月初九，重阳节，下沙酿酒的最好时机。茅台酒原料红糯高粱颗粒小、饱满、成酱红色，看起来像沙子一样，故当地人称其为“沙”。当地民谣说“九月九，下河挑水煮新酒”，从这天起，仁怀当地的糯红高粱，陆续运到茅台酒厂，蒸煮、发酵，“经十八般武艺”和“72个帽子戏法”，历时5年，国酒茅台才孕育而生。自2004

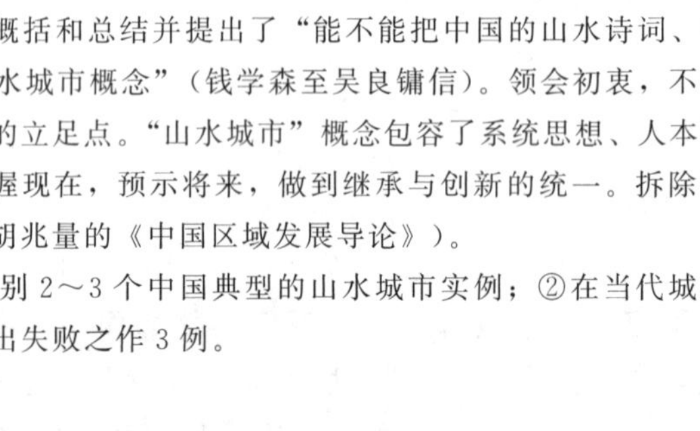

图 12.3　中国最大实物广告——茅台酒瓶

年起，每年农历九月初九，茅台酒都会齐聚赤水河畔祭酒，今年已经是第十次了。9 时 9 分，42 通大鼓擂响，36 鸣长号齐鸣，身着唐装的茅台集团公司董事长袁仁国缓步上台，手持清香，向茅台酒历代祖宗、宗师上香（图 12.3）。再鼓响，肃立祖师台旁的袁仁国走上前，饱含激情高声吟诵祭文。祭祀典礼持续一个半小时，上香、敬陈年老酒、敬献花篮、恭读祭文……保留了祭祀酒神传统的原汁原味，场面震撼（摘自曾楚禹：《赤水流香》，湖南日报 2013-11-13，第 15 版）。

• 探研：①节庆活动与旅游业的关系；②酒文化节、茶文化节、油菜花节等风物节庆活动日益频繁，试设计一个你熟悉的风物节庆活动。

3. 湖南省长杜家豪谈未来的长沙。

2014 年 2 月 11 日，省委副书记、省长杜家豪与长沙代表团一道审议湖南省工作报告时说，在他眼中，未来的长沙应该是这样的，“喝得上干净的水，呼吸新鲜的空气，能够看得见山，望见得水，记得住乡愁”。并一再强调，要“因地制宜推动各县市区特色发展，建设一个‘记得住乡愁’的长沙”（摘自 2014 年 2 月 12 日《湖南日报》李佳、杨载田整理）。

图 12.4　长沙洋湖垸湿地公园

• 探研：①深刻体验中央城镇化工作会议所要求的“慎砍树、不填湖、少拆房”的精神，并调研当地城镇化工作的现状；②谈谈“记得住乡愁”与旅游发展的关系；③以长沙洋湖垸湿地公园（图 12.4）的建设为例，说明未来长沙城市建设的方向。

4. 徐霞客盛赞祖国西南民族地区乡村田园风光

广西上林县三里（图 12.5）：周围石峰，中当土山尽处，风气含和，独盛如此；所艺禾穑特大，亘种一郭，长倍之，性柔嘉，亦异庶土所植。畜物无所不有。鸡豚俱食米饭，其肥异常；鸭大者重四斤而方。果品南种无荔枝，北种无核桃，其余皆有之；木棉树甚高而巨，粤西随处有之，而此中尤多。春初，枸杞芽大者如云。春时花开如木笔，而红色粲然，如云锦浮空，有白鸟成群，四面翔绕之。想食啄其丛也。结苞如鸭蛋，老裂而吐花，则攀枝花也。

贵州白云山南京井（图 12.6）：庐前艺地种蔬，有蓬蒿菜，黄花满畦；罂粟殷虹千叶，簇朵甚巨而密，丰艳不减丹药也；四望乔木环翳，如在深壑，不知为众山之顶，幽旷交擅，亦山中一绝胜处也。

云南保山石城村（图 12.7）：民安地静，物产丰盛，盛于他所。他处方苦旱，而此地之雨不绝；他处甫插莳，而此中新谷已登；他处多盗贼，而此中夜不闭户。敢谓穷边非乐土夫！……新谷登场，一时并出，而晚稻春风，盈川被陇（杨载田、刘天曌整理）。

图 12.5　广西三里乡村

图 12.6　贵州白云山乡村

图 12.7　云南保山乡村

• 探研：①网上查阅（国发［2014］31 号）文件对发展乡村旅游的政策性论述；②查阅西南民族地区各省发展乡村旅游的条件。

第十三章　青藏藏传佛教文化高原雪域草原风光旅游区

学习提示

本区包括西藏和青海两省区，位于青藏高原之上。素以雪域冰峰、大河源地、草原藏乡、神奇藏传佛教而著称于世。并有大峡谷、大原始森林、大盐湖、民族风情、宗教建筑、珍奇野生动植物等特色景观。旅游资源丰富多奇而具神秘色彩。旅游城市，旅游景区集中分布于河谷地带，如图 13.1 所示。以宗教旅游、高原生态旅游、藏乡风情旅游、边境旅游、登山探险旅游等产品最具魅力。

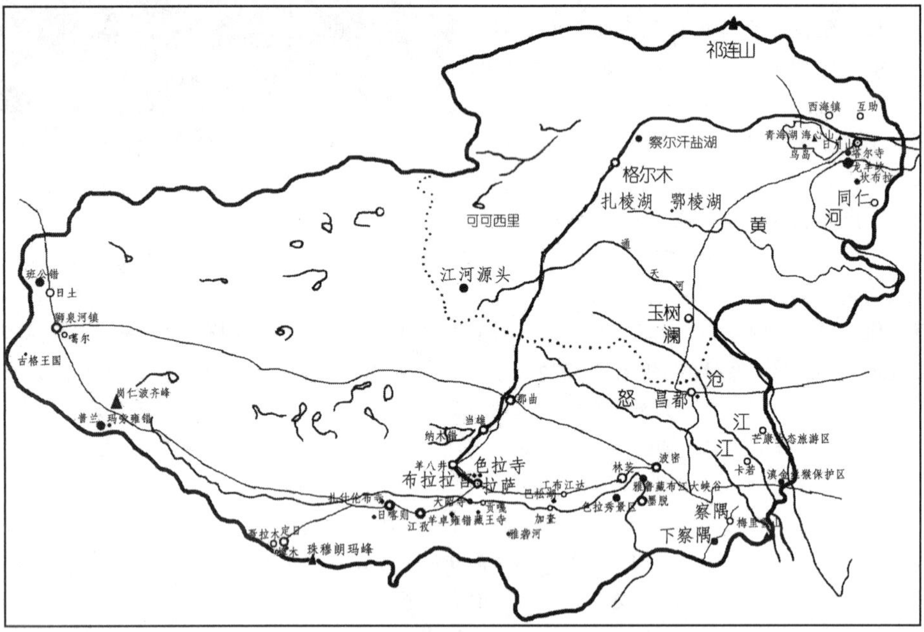

图 13.1　青藏藏传佛教文化高原雪域草原风光旅游区示意图

第一节　旅游资源与旅游环境特征

一、以高寒为特色的自然景观

1. 雪域高原

青藏高原为我国面积最大、世界最高的高原；东西长 2700km，南北最宽达 1400km，有海拔 8000m 以上的高峰 5 座，7000m 以上的 11 座，故有“世界屋脊”之称。冰川面积 3.4 万 km^2，为世界上中纬度冰川分布最广的地区，而且冰川规模大。全世界中纬山区 8 条长度超过 50km 的大冰川，就有 6 条分布在本区。冰川形态丰富，冰蚀地貌和冰碛地貌是本区景观特色之一。

2. 大河源地

由于冰川融水的补给，加之高寒气候蒸发量较小的特点，青藏高原湖泊广布，为世界上最大的高原湖区。湖泊面积达3万多平方千米，以内陆湖、咸水湖为多。青藏高原还是世界上重要的河源区，长江、黄河、印度河、恒河等著名大河均发源于此。江河纵横，河床宽阔，河水清澈见底。湖滨河畔牧草丰美，百鸟争鸣，牛羊遍野，蓝天白云，雪山碧水，好一派明艳的高原风光。

3. 自然奇景

地理环境复杂，自然景观奇特。如巍巍雪峰、开阔宽谷、一望无垠的高原、星罗棋布的湖泊、茫茫草原、苍郁原始森林，以及察尔汗盐湖“万丈盐桥”、青海湖中的鸟岛、羊八井的地热、拉萨日光城、雅鲁藏布大峡谷等。同时，野生生物、名贵药材繁多，虫草、雪莲、景天红、雪豹、白唇鹿为高原特有种，野驴、藏羚羊、梅花鹿为稀有种，黑颈鹤为我国所特有。

二、神秘的宗教世界

1. 影响深广的藏传佛教文化

青藏地区是藏传佛教源地和传播地，政教合一的体制使宗教成为整个社会意识形态的统领，不仅深刻地影响了高原游牧文化的形成、发展、风格、特色，甚至也牵制区域政治、经济乃至整个社会历史的发展进程。在这里，往往是民族与宗教相融，科学与迷信混杂。青藏地区流行藏传佛教，因藏语尊称僧侣为喇嘛（意为上师），故俗称喇嘛教并得到了最广泛的传播。

2. 多元而独具特色的宗教文化体系

藏族原本崇信苯教。自公元7世纪佛教传入后，经过与苯教相互融合，演绎出了萨迦派（花教）、宁玛派（红教）、噶举派（白教）、格鲁派（黄教）等教派。清初达赖五世受顺治册封，成为藏蒙喇嘛教各派的总头领，黄教从此成为西藏地方的执政派。黄教实行活佛转世制度，大活佛圆寂后，由其弟子选定一名幼童为前一辈的化身，即活佛转世。达赖和班禅均为黄教活佛转世系统。达赖住拉萨布达拉宫，掌管全藏政教事务；班禅住日喀则扎什伦布寺，掌管后藏。

3. 绚丽的宗教建筑景观

青藏地区拥有宗教寺院2000余座，著名的有宫堡式建筑群布达拉宫、唐代古刹大昭寺、夏宫罗布林卡、黄教名寺扎什伦布寺等。由于佛教文化的交流，西自印度、尼泊尔、东至中原地区，不断有建筑艺术家和工匠来到高原，并与本民族艺术交融，形成了本区独特的建筑风格和佛教艺术。例如，黄教创始人宗喀巴的诞生地青海湟中塔尔寺，便是一处极具藏汉艺术风格结合特点的古建筑群。

三、多彩的民族风情

1. 以藏族为主的多元民族，绚丽多彩的民族风情

青藏高原除藏族外，土族、撒拉族、门巴族、珞巴族等，都是高原上独有的民族。他们世世代代生息繁衍在这片土地上，创造和积累了丰富的民族文化，形成了自己独特的民风民俗。又由于高原环境的相对闭塞，使这些民风民俗保持了相对的完整性和原始性。例如，各民族的婚丧嫁娶、宗教节日、歌舞戏曲、绘画雕塑、居住方式，均有浓郁的民族特色，是高原文化的精华。

2. 丰富多彩的民族习俗

藏族男女都蓄辫、穿氆氇长靴或牛皮长靴，常常袒露右肩，便于活动。喜食酥油茶、糌粑和青稞酒。民居为石砌碉房，牧民住牦牛毡帐篷。陆上运输以牦牛为主，水上交通靠牛皮筏和独木舟。天葬是最流行的一种丧葬形式，另有塔葬、火葬、水葬、土葬。节庆佳日较多，藏历元旦是一年中最重要的节日，届时青年男女着盛装互相拜年，并到寺院朝拜祈祷；正月十五日酥油灯节，各大寺院举行法会，入夜则千家万户点燃酥油灯；七月望果节，农民背着经卷和法器巡游田间，尽情歌舞。

3. 独具特色的民族文化

藏族人民创造了灿烂辉煌的古老文化。藏文是7世纪初创立的一种拼音文字，在浩繁的藏文文献中，保存了大量的有关历史、地理、天文、哲学、医学的著作及大批文艺作品。藏族文学生动活泼，民间故事充满着奇情异彩。藏族人民能歌善舞，歌曲旋律抑扬顿挫，舞步刚劲豪放。藏戏由古代跳神舞演变而来，一般在院落、广场和林卡中支起帐篷，不施帷幕，不搭舞台，与观众一起即席演出。藏族壁画、雕塑、藏医、藏药以及天文历算、建筑艺术等，都构成藏乡丰富多彩的民族文化。

第二节　旅游省（区）概述

西藏自治区

一、旅游资源与旅游环境概貌

西藏自治区简称“藏”，面积123万km^2，人口约300万（2010年）。居青藏高原主体，平均海拔4000m以上。西藏古时为羌、戎地，唐宋时为吐蕃地，元代分设由中央统一管理的地方行政机构宣慰使司、都元帅府、万户府等管理机构，正式归入中国版图。1951年5月和平解放，1965年成立西藏自治区。旅游资源十分丰富，既有绮丽动人的雪山、蓝湖和草原牧区风光，又有灿烂辉煌的古代文化遗迹。全区拥有世界文化遗产3处，国际重要湿地名录区2处，国家级风景名胜区6处，国家级自然保护区9条，国家级历史文化名城3座，可供海内外旅游者观光游览的景点100多处。藏族服饰的最大特点是不论男女均为袍式、大襟、宽腰、长袖，喜用红、黄、白等颜色。酥油茶、糌粑、青稞酒、牦牛被称为西藏“四大宝”，来客敬青稞酒、献哈达是最常见的礼仪。风干肉、氽灌肠、酸奶为其风味食品。藏戏、藏舞、西藏民歌六弦弹唱，为西藏特有民间艺术。

二、旅游开发与规划概要

根据西藏中长期旅游发展规划，今后旅游开发将突出民族和地方特色，重点开发符合21世纪发展趋势的生态旅游产品、高档次和高品位的文化观光产品、休闲度假旅游产品、富有体验性的探险旅游产品。在现有旅游业发展的基础上，继续按照“一个中心、五个区域、五条主线、三大环线”进行布局和开发。其中“五条主线”即成都—昌都—林芝—拉萨的川藏旅游线、云南大理—芒康—昌都的滇藏旅游线、青海西宁—格尔木—那曲—拉萨的青藏旅游线、拉萨—日喀则—樟木—尼泊尔的中尼旅游线、乌鲁木齐—叶城—噶尔—日喀则—拉萨的新藏旅游线；“三大环线”包括拉萨—林芝—山南—拉萨、拉萨—日喀则—阿里—那曲—拉萨、拉萨—那曲—昌都—林芝—拉萨。以边境口岸为依托，还将开发尼泊尔—樟木—日喀则—拉萨边境贸易旅游线。

三、主要旅游区建设

1. 以拉萨、日喀则为中心的藏中旅游区

本区包括拉萨、日喀则和山南三地市及其所辖地域。这里历史开发悠久，社会经济相对发达，交通相对方便，旅游资源丰富多奇。

(1) 拉萨市。国家级历史文化名城，中国优秀旅游城市，西藏自治区首府。位于拉萨河北岸，川藏、青藏公路及青藏铁路的终点。市区海拔 3658m，是世界上海拔最高的省级区域中心城市，终年阳光明媚，有“日光城”之美誉。市内风景名胜众多，已成为著名的国际旅游目的地城市。

布达拉宫 世界文化遗产名录地，国家 5A 级旅游景区。位于市区红山之巅，始建于公元 641 年。相传原为吐蕃藏王松赞干布为迎娶文成公主而建，是座宫殿、寺庙和灵塔三位一体的巨型城堡式宫殿建筑群，主楼 13 层，高 117m，东西长 400m，有 1500 多个房间。殿堂分红宫、白宫两个部分。红宫是供奉佛神和举行宗教仪式的地方，白宫是达赖处理政务和生活起居的地方。朱红色的宫墙，金碧辉煌的宫顶，在蓝天雪山的陪衬下，显得格外壮丽，被称为“世界屋脊”上的明珠。

大昭寺与唐蕃会盟碑 世界文化遗产名录地，位于市中心。始建于唐永徽三年（652 年），藏王松赞干布为纪念文成公主入藏而建。总面积为 2.5 万 m^2，殿高四层，上覆金顶，辉煌壮观。寺内有文成公主从长安带去的释迦牟尼镀金铜像，以及赞普松赞干布和文成公主、拜木莎公主的塑像。寺前围墙内有标志汉藏两族亲密友好的“唐蕃会盟碑”（又称甥舅和盟碑、长庆会盟碑），为唐长庆三年（823 年）吐蕃赞普赤德祖赞为纪念大唐和吐蕃会盟而建。

罗布林卡 世界文化遗产地。位于市西郊。“罗布林卡”藏语意为宝贝园，是历代达赖喇嘛的避暑夏宫，现辟为人民公园。园中不仅有华丽的宫殿，还有曲折清幽的亭台池榭，夏季绿树成荫，游客络绎不绝。

八角街 又称八廓街，是围绕大昭寺的一条商品街，为旧式的藏民生活街区。街道及所有建筑保留了古城原有风貌，店铺林立，流动货摊超过千家。商品充满了地方民族特色，有各种转经筒、藏香、藏式首饰，宗教器具等。

娘热民俗风情园 国家 3A 级旅游景区，全藏唯一的全国农业旅游示范景点，地处拉萨市北郊 6km 处。以古老的藏民族文化魅力吸引着一批又一批的观光休闲游客。

羊八井地热田 位于市西北约 90km 的山间盆地，面积 15km^2。有星罗棋布的温泉、热泉、沸泉、喷气孔、水热爆炸穴等，热水湖面 7350m^2，湖面水温 44～45℃，沸泉水温高达 92℃，已建有我国第一座温蒸汽型地热电站。

羊卓雍错 羊卓雍错藏语意为天鹅之湖，位于拉萨西南部的山南地区浪卡子县境，面积约 638km^2，为西藏最大的淡水湖，西藏三大圣湖之一。湖水清澈晶莹，湖区四季景色不同，夏季有成群飞禽翔集，湖滨牧草丰盛，牛羊成群。湖南部的桑丁寺，建筑宏伟壮丽，为西藏唯一的女活佛多吉巾帕姆驻锡寺院。

(2) 日喀则市。国家级历史文化名城，西藏第二大城市。位于西藏中南部。古称“年曲麦”，已有 500 余年历史，噶玛王朝时期西藏首府。现基本保存藏式传统建筑风貌，文物荟萃。有扎什伦布寺、夏鲁寺、江孜古城、萨迦寺、珠穆朗玛峰、边境口岸樟木等旅游品牌。

扎什伦布寺 位于市西，依山傍水，层层叠叠，周围筑有城垣。建于明正统十二年（1447 年），西藏著名的黄教寺院。“扎什伦布”为吉祥堆积之意。明末，四世班禅洛桑曲坚掌权之后便成为历代班禅的坐床之所和举行宗教和政治活动的中心。寺内有四世班禅至十世班禅和一世达赖喇嘛的灵塔和世界最高的镀金强巴佛铜像。强巴佛高 26.2m，全身共用紫铜皮 11 万 kg，黄金 25kg。

萨迦寺 位于市西南的萨迦仲曲河谷，是萨迦王朝首府、佛教萨迦派的发祥地。萨迦寺始建于北宋熙宁六年（1073 年），规模宏伟，大经堂可容纳 7000 人诵经；藏经库可藏经 10 万卷。寺内珍藏有中央政权给萨迦地方官员的印墨、服饰、衣冠、服相、瓷器等，并有 1500 多年前由印度传入的稀世珍宝贝叶经。

江孜古城 国家级历史文化名城，位于藏南年楚河畔，是一组集军政职能于一体的宫堡式建筑。1904 年，当地军民在这里抗击过英侵略军，宗山抗英遗址为全国重点文化保物单位，电影“红河谷”的背景材料即源于此。市内白居寺建于公元 15 世纪，聚萨迦、格鲁、布敦各教派于一体。

珠穆朗玛峰 海拔 8844.43m，屹立于中尼边界上，有世界第三极之称，为国家级自然保护区。珠穆朗玛为藏语“女神第三”的音译，从拉萨乘车越过雅鲁藏布江到达珠穆朗玛峰脚下海拔约 5000m 的绒布寺，便是登峰顶的大本营，距珠峰水平距离仅 40km。从这里出发至 5100～5300m 的高度，要穿过绒布寺冰川谷中长约 5.5km 的冰塔林区。冰塔千姿百态，令人称绝。在登峰 5600m 的高度有雪莲花、龙胆花争奇斗艳，还有雪鸡、雪豹等冰雪动物。海拔 6000m 以上便是登山探险者的世界。

樟木 国家一级边境口岸城镇，位于聂拉木县南境、喜马拉雅山南坡，中尼公路的起点。历史上是西藏通往尼泊尔的要塞，现已建成中尼间的重要通商口岸，边境贸易十分活跃。附近风景优美，建有著名的中尼友谊桥。

（3）山南地区。位于西藏南部，地处冈底斯山和喜马拉雅山之间的河谷地带，有“藏南谷地”之称。这里是西藏开发历史最悠久、经济最发达的地区之一，目前西藏唯一通国际航班的拉萨贡嘎机场就位于本区贡嘎县境内。

雅砻河 国家重点风景名胜区，位于琼结县境内，是藏民族的发祥地之一。这里雪山冰川、田园牧场、河滩谷地、古老文化遗址和民风民俗等构成了一幅幅神秘、古朴而又壮丽的画面。区内植被随海拔变化而呈垂直带分布，人文景物有西藏最早的宫殿雍布拉康、西藏第一座寺庙桑鸢寺、全国重点文物保护单位昌珠寺和藏王墓群等。

藏王墓 7～9 世纪各代吐蕃赞普的陵墓群，位于琼结宗山西南方向，是西藏保存下来的规模最大的皇陵。陵墓群总面积有 1 万 m^2，各墓高大，其中最大的为松赞干布之墓，墓上有庙，庙内有松赞干布和文成公主塑像。

圣湖 即指地处加查县的拉姆拉错湖，藏语为“圣母湖”之意。圣湖景区属高山谷地气候区，集高山河谷、雪山、杜鹃、神河、温泉、圣迹、古刹于一体。主要景区景点有结拉雪山、那玉河谷、拉姆拉错、沃卡温湖、恰嘎回德寺等。

2. 以昌都、林芝为中心的藏东旅游区

本区位于西藏东部，包括昌都市、林芝地区。前者旧为西康地区，简称康区，是以藏族为主的多民族地区，为香格里拉生态旅游区的重要组成部分；后者位于雅鲁藏布江中下游地区，自然风光奇异独特，人文景观源远流长，可望发展成为世界上集旅游登山、探险、漂流、科考为一体的特色旅游区。

（1）昌都市。为西藏东大门，位于四川、云南、青海、西藏四省区接合部，是西藏通往西南，进入内地的必经之地，也是茶马古道最重要的一站，现在是川藏、滇藏、那昌公路的枢纽。昌都市及其邻近的乡镇旅游资源丰富多彩。

向巴林寺　康区最大寺庙，属格鲁派，已有550年的历史，自清康熙帝开始，受历代皇帝册封。该寺有四大活佛世系、五个扎仓，僧人最多达3500多人，所辖寺庙最多时达130多座。“觉阿觉巴”（俗称酥油花节）是寺庙的传统活动。

卡若文化遗址　位于昌都东南。经考古挖掘出房屋遗址29座、道路2条、石墙3段、圆石台2座、石围圈3座、灰坑4处，出土石器7978件，陶片200片、装饰品50余件，以及粟米、动物骨骼等，为我国西南地区保存较好的新石器文化遗址，对研究古代民族迁移具有重要意义。

滇金丝猴自然保护区　位于盐井乡境内。总面积1853km^2，境内有滇金丝猴600多只，占世界总数的60%，另有国家和自治区重点保护的野生动物50多种及常见动物100多种。

芒康生态旅游区　位于世界自然文化遗产三江并流的中心区域，金沙江和澜沧江之间，为滇藏公路的终点，在此与川藏公路汇合。自然、人文风光原始天然，主要景区点有红拉山滇金丝猴自然保护区，美拥雪山、盐井天主教堂和纳西族的民族风情，以及井盐采集等。

（2）林芝。位于雅鲁藏布江中下游，自然景观绮丽独特。行署驻地八一镇，位于雅鲁藏布江支流尼洋曲畔，为新兴工商业、园林城市，被誉为“高原明珠”。

雅鲁藏布大峡谷　位于西藏林芝县以东的雅鲁藏布马蹄形大拐弯处。峡谷全长496.3km，平均深度5000m。从海拔数百米的谷底，直到海拔7782m的南迦巴瓦峰顶，地带性植被从热带低山常绿季风雨林到最高的寒带极高山冰雪，呈明显的垂直带谱规律，被誉为“世界山地植被类型的天然博物馆”。峡谷里还有巨蟒、孟加拉虎、长尾叶猴、熊猴、猕猴、羚羊、蝴蝶等珍稀动物种类。

色拉秀景区　国家森林公园。位于林芝和米林县境内，拥有雅鲁藏布大峡谷地区几乎所有的气候和生态系统类型，由雪山、峡谷、森林、湖泊、河流、草地构成，有“植物类型的天然博物馆”、“生物资源的基因库宝库”、“地质博物馆”之称。并有土、藏民俗风情和门巴、珞巴族文化。

巴松湖景区　国家森林公园。位于工布江达县境内，景区面积4100km^2，大部分为冰川所覆盖。随着气候变暖，冰川后退，形成串串湖泊与蓝天、白云、雪山、冰川相映，峡谷、森林、草海、花海相依的自然生态奇观。

墨脱与察隅　墨脱又名“白马岗”，地处雅鲁藏布江下游、喜马拉雅山脉东端南麓，山高谷深，森林植被垂直带谱明显，有“西藏西双版纳”之称。这里生活着门巴、珞巴等少数民族，察隅地处西藏东南部嘎布曲下游，为我国重要边境县之一。为典型的高山峡谷和山地河谷地貌，相对高差达3600m，造就了这里“一山有四季，十里不同天”的神奇自然景观。热带亚热带原始森林中各种奇花异果和野生菌类遍布，生活在这里的门巴、珞巴等10个民族相互融通，民风淳朴，令人神往。

3. 以阿里和那曲地区为主体的藏西北旅游区

本区以阿里和那曲地区为主体；位于西藏西北部。其中，阿里地区西邻克什米尔地区和印度。境内平均海拔4300m。气候干寒，光照充足，经济以牧业为主，农牧结合。这里是西藏“象雄文化”的发源地，有神秘古远的古格遗风、独特的风土民情；那曲位于西藏北部，由辽阔的羌塘草原和神秘无人区组成，极具迷人色彩。其东部的河谷地带，多高山峡谷，是藏北仅有的农作物产区。

（1）狮泉河镇。阿里地区行署驻地，全区政治、经济、文化中心。海拔4300m，为我国海拔最高的城镇，有宝石、玉石等矿产，太阳能利用处于国内先进水平。出产羊毛、羊绒、皮革、青稞等。

土林—古格 为国家级风景名胜区，位于札达县境内，是世界上最典型、分布面积最大的新近系地层风化形成的土林地貌景观，是札达干旱气候条件下大雨和暴雨的击溅侵蚀，地表水对湖盆沉积垂直切割而形成的典型地貌特征。有千年历史的古格王朝就建立在神奇的土林之上，位于狮泉河畔土山上的古格王国遗址是一组庞大的西藏宗堡式古建筑群，共有房屋、佛塔、洞窟600余处，外围有城墙，城角有碉堡，在西藏历史发展过程中具有鲜明代表性。

冈仁波齐峰 位于普兰县城北部约90km处，为冈底斯山主峰，海拔6656m，峰顶四季积雪，气势雄伟，号称“神灵之山”。如遇藏历马年，苯教、佛教、印度教等教徒以及众多旅游爱好者将聚集在这里举行盛大的神山旅游。

玛旁雍错 又名玛法木错，国际重要湿地名录地，位于普兰县城与冈仁波齐山峰之间，湖面面积412km^2，海拔4587m，是世界上海拔最高的淡水湖泊。湖水清澈，佛教徒认为此湖为世界“圣湖之王”，湖水能洗去人们心灵中的五毒（贪、嗔、痴、怠、疾）。每年夏季，国内外香客来此朝圣者不少。风土民情独特。

班公错 藏语称错木昂拉仁波，意为“明媚而狭长的湖”。南距日土县城仅10km，西端伸入克什米尔境内。湖面面积为604km^2，湖水最深处57m，湖水清澈，但西咸东淡。湖中盛产当地特有的西藏裂腹鱼，湖中岛屿栖息着数以万计的禽鸟。湖周红柳簇拥，牧场辽阔，牛羊成群。

（2）那曲镇。为那曲地区行署所在地，是青藏公路和青藏铁路的必经之地，也是对外开放的旅游中心。每年8月（藏历6月）在这里举办“藏北草原盛会——赛马会”，四面八方的牧民和商贩云集，热闹非凡。此时的旅游者可在这里尽情领略藏北草原的自然美景、藏民族风情和体验节日氛围，还可参观游览藏北名寺孝登寺。以那曲镇为依托的旅游景区景点主要有唐古拉山、安多县、纳木错、念青唐古拉山等。

唐古拉山 国家级风景名胜区，位于西藏自治区东北部与青海省边境处。东段为青海和西藏界山，东南部延伸接横断山脉的云岭和怒山，藏语意为“高原上的山”，又称当拉山或当拉岭，在蒙古语中意为“雄鹰飞不过去的山”。山体宽150km以上，两侧山麓平均海拔4600～4800m，是长江、澜沧江、怒江等大河源地。唐古拉山为青藏公路和青藏铁路必须穿越的大山，唐古拉山口海拔为5072m，两侧为海拔6000多米的山峰。唐古拉山火车站海拔5072m，为世界上海拔最高的火车站，在这里可以看到冰笋、冰桥、冰湖等冰川地貌奇景，景色壮美。

安多 从青海入藏后的第一个城镇，藏语意为“末尾或下部岔口”，地处唐古拉山脚下。安多火车站是青藏铁路进入西藏的第一大客货两用车站，青藏铁路和安狮公路在此会合，为藏北重要的交通枢纽、西藏北大门。安多县面积约4.34万km^2，地处唐古拉山脉南北两侧。境内地面结构复杂，草原辽阔，河湖众多，冰川广布，气候多变，藏野驴、藏羚羊、盘羊、黄羊等珍稀野生动物成群分布。同时境内文化遗迹也较多，仅有旅游价值的古寺庙就有8座。安多是个纯牧业大县，安多草原为藏北大草原的主体，牧民们至今过着逐水草而居的游牧生活，但特别热情好客，已成为旅游者体验藏族牧区风情的胜地。

念青唐古拉山　国家级风景名胜区。横贯西藏中东部，全长1400km，平均宽80km，平均海拔6000m以上，主峰念青唐古拉峰7162m，终年白雪皑皑，为青藏高原东南部最大冰川区，现代冰川发育。其主峰南麓是景色秀丽的羊八井谷地，地热资源丰富，被称为世界“地热博物馆”；主峰西北边山麓分布着中国的第二大咸水湖纳木错。念青唐古拉山在宗教上还是全藏著名护法神，也是北部草原众神山的主神。

纳木错　意为“天湖”，国家级风景名胜区，位于念青唐古拉山主峰的西北山麓，拉萨市的当雄县和那曲地区的班戈县之间，海拔4718m，不仅为中国第二大咸水湖，也是世界上最高的大湖，还是藏族人民中西藏的“三大圣湖”之一。伸入湖心的扎西半岛上有扎西寺，虔诚的喇嘛教徒们不辞辛苦来这里进香，向念青唐古拉神山和纳木错圣湖顶礼膜拜，并吸引许多游客前来参观游览。湖区还有游艇和小憩的藏式住所供游客使用。

青　海　省

一、旅游资源与旅游环境概貌

青海省因青海湖而得省名，简称青，面积72万km^2，人口约563万（2010年）。位于青藏高原东北部，是大湖泊、大山、大草原、大雪山、大峡谷、大盐湖、奇异珍稀动物的荟萃地。长江、黄河、澜沧江等发源于此，昆仑山、唐古拉山、祁连山等著名山脉纵横于此。昆仑文化作为自然图腾，成为联结中原与西部各少数民族地区最牢固的天然纽带；作为文化图腾，昭示着百川归海，百族一统，华夏同根。世界三大宗教在此传播历史久远，尤其是藏传佛教和伊斯兰教影响最深，全省有藏传佛教寺院540多座，伊斯兰教清真寺近万座。甘青、新青、青藏等公路和兰青、青藏铁路，增强了本省的内外联系。青海有藏族、回族、土族、蒙古族、撒拉族等民族聚居，故其习俗风物丰富多彩，尤其全国20万土族人口中，90%居住于互助土族自治县等7个县，他们以勤劳朴实、热情好客、能歌善舞而著称，安昭舞、轮子秋、绣花服、土人头、六月欢乐节、花儿会以及迎送客人“三杯酒”等习俗充分展示了其绚丽多姿的土族文化；集中居住于循化县的撒拉族，元代由中亚迁徙而来，信仰伊斯兰教，大小清真寺遍布各村落，圣纪节、开斋节、古尔邦节是其主要民族节日。

二、旅游开发与规划概要

根据青海旅游业发展规划要求，要全面提升旅游产业总体规模和整体素质，突出重点，着力打造塔尔寺、青海湖、金银滩—原子城、青海藏医药文化博物馆等高端旅游景区；把全省建设成为全国高原旅游名省和新兴的国际型、复合型旅游目的地；坚持高品位建设、高水平经营，着力打造大美青海旅游产品，积极发展生态青海健康之旅、文化青海溯源之旅、神奇青海探险之旅；提升以西宁为中心的夏都旅游圈，西宁—三江源生态旅游线，兰青—青藏铁路观光旅游线，门源—祁连森林草原风光旅游线“一圈三线”的旅游发展水平。还要加快青海湖国家级风景名胜区、热贡国家级文化生态保护实验区和贵德高原旅游示范区建设。要抓住玉树灾后重建机遇，打造藏区深度旅游新亮点；促进跨区合作，推进“大九寨”、“大香格里拉”旅游带发展。

三、主要旅游区建设

1. 以西宁为中心的东部旅游区

本区以西宁为中心，包括西宁、海东两市与黄南州。城镇密集，湟水和黄河谷地农牧业相对发达。自然人文风光并胜，民族风情浓郁，是开展黄河上游古文化、宗教朝圣、民族风情、森林游览的综合性旅游区。

（1）西宁市。青海省会，中国优秀旅游城市。四周群山环抱，湟水蜿蜒其中，扼青藏高原的东方门户，自古就是古“丝绸之路”南路和唐蕃古道上的重镇，素有“青藏咽喉”之称，自然人文风光独具特色，风景名胜较多。

东关清真大寺 位于市区，为青海最大伊斯兰教寺院，也是我国西部地区四大清真寺之一，已有600多年的历史。寺内大殿为宫殿式建筑，雕梁画栋，涂金描彩，外形宏伟壮观，内部清净素雅。

大通县 位于市西北，距青海湖不远。自然风光秀丽，以回族为主的民族风情浓郁。由察汗河、鹞子沟两个著名风景区组成的大通国家森林公园，以石林、瀑布、杜鹃、圆柏构景。县境桥头镇向阳堡特色果品种植观光休闲基地，为首批全国休闲农业和乡村旅游示范点，以农事体验果品采摘为特色。

塔尔寺 位于湟中县鲁沙尔镇，是喇嘛教黄教鼻祖宗喀巴的诞生地，为中国黄教六大寺院之首。始建于明嘉靖三十九年（1560年），历400余年，已成为拥有殿宇、经堂、佛塔、僧舍30余座建筑的古宗教建筑群。金碧辉煌的大金瓦殿内，正中矗立着12.5m高的大银塔，塔面镶银，裹以数十层白色哈达。塔前陈设金银灯、象牙、古瓶等。大经堂内设上千蒲团，数百经卷和上千尊镏金佛像置于四周经架和神龛中。酥油花、壁画、堆绣是塔尔寺的“三绝”。

（2）海东市。位于青海省最东部，地处西宁、兰州两大城市之间。农业经济和交通运输业发达，旅游资源丰富，风景名胜很有特色。

土楼山 位居西宁市北湟水之滨，因山崖层叠，远眺似土楼阁高耸而得名。在山上建有楼神祠，明清为佛道共有场所。最引人注目的是“九窟十八洞”及与古洞相配的殿宇楼阁。

洪水坪生态旅游观光园 全国休闲农业与乡村旅游示范点。位于乐都区湟水河畔洪水镇。是一个以发展高效、优质蔬菜水果、花卉等新品种为基础，以大规模高标准冬暖式日光温室为依托，以培育生产观光采摘、休闲娱乐、加工储藏营销为一体的观光休闲农业园区。

（3）黄南州。全称黄南藏族自治州，民族风情浓郁，风景名胜具有特色。拥有国家森林公园坎布拉、国家级历史文化名城同仁，以及著名寺庙五龙寺、隆务寺等。

坎布拉 国家森林公园，地处青海省尖扎县西北部，总面积77.5km^2，系拉脊山支脉，为丹霞地貌风景区。地貌形态以奇峰、洞穴、峭壁为主。名胜古迹有藏传佛教后弘期的发祥地——南宗寺等。

同仁 国家级历史文化名城。1929年设同仁县，1949年设隆务镇。隆务镇老城区分上下街，有南北城门各一，街区老貌基本完整。隆务寺为藏汉结合式建筑。

2. 以青海湖为中心的中部旅游区

以青海湖为中心，包括海北、海南、果洛三大藏族自治州在内的青海中部广大地区。承东启西，这里既有美丽富饶的青海湖区、祁连山的雪峰冰川、日月山名胜，又有扎陵湖、鄂陵湖湿地和唐蕃古道、藏族风情。

（1）海北州。全称海北藏族自治州，地处祁连山南麓至青海湖滨，地貌形态多样；有大通河横贯东西，为藏回等民族聚居区，以特色旅游产品称胜。

金银滩草原　为金滩、银滩两大毗连草原的合称。位于海晏县境内，西与宝山、青海湖相邻，北、东为高山峻岭环绕，内有麻皮河、哈利津河流淌。这里碧草如茵，牛羊成群，与骑着骏马的藏族牧民及蒙古包交相辉映。20世纪40年代风靡海内外的《在那遥远的地方》牧歌，就是其真实写照。

西海镇与原子城　为振军威、国威，新中国决策在金银滩草原上建设“221厂”，并在这里研制、生产了中国早期的原子弹和氢弹。后经国务院、中央军委决定撤销国有“221厂”，转交地方政府管理，并命名为“西海镇”，现为海北州首府。“原子城”的设施设备也成为新兴“工业旅游”参观考察的对象。

（2）海南州。全称海南藏族自治州。北有青海湖盆地，南有黄河谷地，形成特有的高原内陆大湖、大峡谷风光，并有藏族风情。风景名胜品位高，独具特色。

青海湖　国家重点风景名胜区。古称卑禾羌海，我国最大内陆咸水湖。湖面海拔3196m，湖中有海心山、孤插山（三块石）、鸟岛3个形态各异的岛屿。其中鸟岛位于青海湖的西北部，面积0.27km^2，每逢盛夏有10万多只各种鸟类云集岛上，已列入国际重要湿地名录。湖中盛产肉嫩味鲜的湟鱼，湖畔有绿草如茵的草原。湖的东面、东南面有充满神奇传说的日月山和倒淌河等奇异自然风光，著名唐蕃古道在此留存许多历史文化遗址。

日月山　横列于青海湖东侧，山顶有红色岩系裸露，唐代称赤岭。传说当年文成公主远嫁吐蕃，离开长安赴藏登上此山远望，思绪万千，便把唐太宗和皇后赐给她的“日月宝镜”拿出来照，可什么也看不见，万念俱灰，将宝镜抛于山下，毅然西行，宝镜也仙化为了日山和月山。此山为古丝路姜中道和唐蕃古道的咽喉，公元743年唐与吐蕃遣使于此划界立碑，定点进行茶马交易。山东边是肥沃的湟水谷地农耕文化区，村落点点，如一幅塞上江南泼墨图；西边是青海湖盆草原放牧文化区，牧草青青，是另一幅塞外风吹草低见牛羊的写意画。

龙羊峡　位于黄河上游共和县与贵南县交界处，距青海湖100km，为黄河上游第一个大型梯级水电站，也是中国一大水利工程。水电站坝高176m，坝长1000m，库区水面380km^2，使黄河上游出现“高峡平湖”奇观。

（3）果洛州。全称果洛藏族自治州，地处青藏高原腹地，具有地域辽阔、人口稀少、气候干寒、草原丰美的特点，为青海省的重要牧业生产基地。

扎陵湖　国际重要湿地名录地，是黄河源区第二大淡水湖，多种高原鱼类和鸟类的栖息地。蕴涵丰富的水资源，对净化黄河中下游地区水质，防洪蓄水有重要作用。

鄂陵湖　国际重要湿地名录地，属于高原淡水湖泊沼泽湿地。是黄河源区第一大淡水湖，湖内分布着多种高原珍稀鱼类，是鸥类、雁鸭类和黑颈鹤等鸟类的重要栖息地。

3. 以格尔木为中心的西部旅游区

本区以格尔木市为中心，以柴达木盆地为基地，包括海西蒙古族藏族自治州、玉树藏族自治州等在内的广大青海西部地区，有大面积的无人区。自然风光以荒、野为特色，同时也是青海省重要的农牧矿区。

（1）格尔木市。中国优秀旅游城市。青海西部地区的最大城市，位于柴达木盆地南部昆仑山前戈壁滩上，蒙古语“格尔木”为河流密集之地，这里过去是一片牧场，建国后兴起为交通枢纽和新兴的工业城市。城市街道宽阔，绿树成荫，商店林立，一派繁荣景象。

柴达木盆地　是一个被阿尔金山、祁连山和昆仑山所环绕的内陆断陷盆地，面积约

22 万 km^2，海拔 2600～3000m。柴达木蒙语“盐泽”之意，盆地内多咸水湖和盐土沼泽，沉积了大量食盐和钾盐；盆地及周围山地蕴藏丰富的金属和非金属矿藏，故有“聚宝盆”之誉。地理环境以干旱为特征，境内主要景区（点）有察尔汗盐湖、大柴旦温泉、巴隆国际狩猎场等。

察尔汗盐湖 位于柴达木盆地西南部，市北 60km 处。周围是广阔的沮洳地，分布着许多卤水盐湖和干盐滩，面积达 5856km^2，储量达 400 亿 t，为最著名的内陆盐产地和钾肥生产地。青藏铁路和敦格公路通过湖区，为一条全长 32km、全由湖盐铺设、路面光滑平直的通道，称为“万丈盐桥”。

（2）玉树。为玉树藏族自治州首府。这里有独特的高原自然景观和民族风情，有名扬藏区的玉树歌舞和唐蕃古道，有众多教派的藏传佛教寺院，是中华民族三大江的发源地。2010 年 10 月的大地震造成严重破坏，但灾后重建使其更加美丽繁荣，并将成为高原生态商贸旅游城市，具有发展文化生态旅游的无限魅力。

可可西里 蒙语意为“美丽的少女”，位于玉树西北部，已辟为自然保护区。雪山耸立，冰川广布，湖泊众多，气候寒冷，被人称为“生命的禁区”。在这里分布着藏羚羊、野牦牛、藏野驴、雪豹、藏原羚等珍稀野生动物，被誉为“世界第三极”珍稀野生动植物基因库。其中藏羚羊为我国特有物种、国家一级保护动物。

三江源旅游区 国家级自然保护区、全国重要的生态安全屏障和国家级生态保护综合区。平均海拔 4000m 以上，冰川冻土发育，冰雪融水丰富，高原湖泊星罗棋布，是长江、黄河、澜沧江等河源地，有“江河源头”之称。是高原雪豹、野牛、蓝马鸡、黑颈鹤等珍稀野生动物的栖息、繁殖地和天然渔业基地，是三江源—九寨沟—香格里拉高原生态旅游热线的重要组成部分。

实践演练

一、思考与练习

1. 搜集并整理青藏地区 5 座海拔 8000m 以上冰峰，6 条长度 50km 以上山岳冰川及著名藏传佛教寺庙的资料，并能在地图上确定其位置。

2. 在地图上理清西藏的五条旅游主线和三大旅游环线所依托的交通线路。

二、学习与理解：“青藏铁路沿线旅游区”与“三江源旅游区”

国家新的旅游发展规划要求“抓好区域旅游合作”中，并将“青藏铁路沿线旅游区”列为要建设的“无障碍区域合作示范区”之一，并要求依托青藏铁路辐射范围高品位独特的人文生态旅游资源，在有效保护生态环境的基础上，统筹安排铁路沿线西宁、格尔木、那曲、拉萨等重点城市辐射范围内旅游区域的旅游功能、设施与项目，使这些城市成为重要的旅游目的地与旅游集散地，带动区域旅游业发展。把青藏铁路沿线建设成为具有世界影响力的旅游产品与线路。同时，将“三江源旅游区”列为需要大力培育的旅游功能区之一，并要求依托三江源大山、大江、大河、大草原、大森林、大雪山、大峡谷、大动物乐园等自然景观和藏传佛教、唐蕃古道等丰富的文物古迹，以及民俗风情和节庆活动等文化旅游资源。在严格保护的基础上，通过旅游配套设施的完善、内外部交通的改善、旅游活动的策划以及多样化的市场营销，将三江源旅游区打造为集生态旅游、科学考察、探险旅游、宗教朝觐和风情旅游于一体的特色生态旅游区（摘自《中国旅游业“十二五”发展规划纲要》第十二章，并略加补充）。

三、探研与体验

1. 云南、西藏、四川、青海筹谋大香格里拉生态旅游区。

在国家旅游局的倡导下，大香格里拉旅游论坛最近在云南省迪庆藏族自治州州府香格里拉县举行。云南迪庆藏族自治州、西藏昌都市、四川甘孜藏族自治州和青海玉树藏族自治州 4 地州旅游局共同签订旅游战略合作协议，四方将进一步打破壁垒，深化合作，携手共建“大香格里拉生态旅游区”。世界知名的“大香格里拉地区”由于涉及多个省区，长期以来旅游产品同质化开发和竞争问题突出，交通瓶颈制约着旅游业的发展，这一地区的生态环境也非常脆弱。此次战略合作协议的签订，将使四方进一步加强在旅游产品开发、线路联合、客源互动、品牌塑造、市场营销、生态环境保护等方面的合作。充分发挥协调机制作用，优势互补，齐心协力将“大香格里拉生态旅游区”打造成为国际一流的旅游胜地，不断提升“香格里拉”的品牌价值，尤其是“茶马古道”（图 13.2）将会建设得更好。大香格里拉生态旅游区已被列为国家重点旅游开发区，同时被国家旅游局列入十大国家旅游线路之一，并写进了《中国旅游业“十二五”发展规划》。

图 13.2　茶马古道

• 探研：①大香格里拉生态旅游区四省（区）联手建设的有利和不利条件；②目前区内区外的交通条件现状及对策。

2. 西藏墨脱公路通车，圆“高原孤岛”公路梦。

图 13.3　“墨脱公路”通车

墨脱公路于 2013 年 10 月 31 日正式通车（图 13.3），这标志着墨脱将正式摆脱“全国唯一不通公路县”的历史，圆了“高原孤岛”的公路梦，实现了我国 2000 多个县（市）全部通车的目标，更给墨脱人民带来新的机会与梦想。西藏人用“墨脱的路才是真正的天路”来比喻去墨脱比上天还难。自 20 世纪 60 年代开始，国家先后多次修建这条“天路”。如今，墨脱公路建成通车，孤岛有望变宝岛，居住在这里的珞巴族、门巴族等各族人民将告别孤岛时代，这必将促进当地群众与外界的经济文化交流，促进当地旅游业、民族手工业等的快速发展，加快边境少数民族致富，更坚定了同全国一道实现全面小康的信心。墨脱公路通车，让墨脱各族人民世代的期盼变成了现实，体现了中央对西藏各族人民的关心，生动说明中国梦不断为人民造福的内涵。中国梦不会遗忘任何角落。中国梦是民族的梦，也是每个中国人的梦，要让人民共享人生出彩机会，共享梦想成真的机会，共享同祖国和时代一起成长与进步的机会。在奔向全面小康的征程上，相信国家会引领更多“老少边穷”地区奋勇前进，走向更加光明灿烂的明天（摘自新华网，原标题为“西藏墨脱公路通车：中国梦不会遗忘任何角落”，李佳整理）。

• 探研：①墨脱公路通车对发展当地旅游业的影响；②结合青藏铁路通车，谈谈修建“天路”的意义。

3. “高铁”所带来的变化。

就在 2007 年以前，中国还没有一条可以称为“高速”的铁路，可目前的中国已经是世界上高速铁路系统技术最全、集成能力最强、运营里程最长、运行速度最高、规模最大的国家，而且高铁促进了中国之变。“四纵四横”高铁布局，改变了城市间的时空距离。2008 年 8 月 1 日，我国第一条高速铁路——京津城际铁路开通运营。随后武汉－广州、郑州－西安、上海－南京、上海－杭州等高铁相继建成投入运行。快捷高效的高铁网络改变了人们的生活方式，北京地铁 4 号线直通北京南站（图 13.4），乘上京沪高铁 1 个半小时就能抵达济南西站（图 13.5）。在北京中关村上班的黄先生，儿子与京沪高铁同月出生。由于公司有项目在济南，黄先生每周都要在北京和济南来回奔波。让他欣慰的是，京沪高铁的开通使他每天都能方便地回到北京的家里。高铁的汇聚效应改变着中国的经济版图，高铁的运量优势产生巨大的“人气”和“汇聚效应”，加快了城市化进程。京沪高铁、武广高铁、沪宁沪杭高铁、京津城际铁路等，共同构成了中国三大经济圈之间以及经济圈内部的高速循环系统。高铁沿线，出现新城区新工业区。京沪高铁沿线 24 个车站所在地中，有十几座城市都在规划建设新城。高铁，不仅可以直接增加沿线农民就业，增加农民收入，而且能够使城乡的联系更加紧密（摘自新华社北京 2012 年 9 月 13 日电：《高铁所带来的变化》齐中熙等，李佳、杨载田整理）。

• 探研：①调研高铁并为本地带来的变化；②高铁对现代旅游业的影响。

图 13.4　高铁北京南站（外景）

图 13.5　高铁济南西站（站内）

4. 森林对人类生存和发展的作用。

森林是陆地生态系统的主体，不仅具有木材生产等经济功能，还具有休闲游憩等社会功能，以及固碳释氧等独特的生态功能。其主要功能有四方面：一是固碳释氧。我国森林植被的总储碳量达到 84 亿 t，在减排中发挥着重要作用。二是涵养水源。我国森林年涵养水源量约 5800 亿 m^3，相当于 15 个三峡水库的最大库容量。三是保育土壤。我国森林年固土量约 82 亿 t，年保肥量 4.3 亿 t，相当于我国化肥产能的 2 倍多。四是净化空气。我国森林年吸收污染物量 0.38 亿 t，年滞尘量达 58 亿 t。此外，森林在防风固沙、护岸固堤、防洪消浪，以及保护生物多样性等方面还发挥着重要作用。正因为森林具有上述多方面的生态服务功能，林业在我国生态建设中的主体地位和在应对气候变化中的特殊地位不可替代。（摘自 2014 年 02 月 26 日《人民日报林业特刊》李佳、杨载田整理）

• 探研：①保护发展森林资源与建设美丽中国的关系；②试述“三北”防护林体系（图 13.6）对防风固沙的作用；③以浙江安吉竹海（图 13.7）为例，探讨竹林的生态功能。

图 13.6　“三北”防护林体系一瞥

图 13.7　浙江安吉竹海一角

第十四章　西北丝路文化绿洲草原大漠风光旅游区

学习提示

本区包括新疆、宁夏、内蒙古和甘肃三区一省，地处祖国大西北，为我国重要少数民族聚居区。旅游资源以大漠风光、沙漠绿洲、草原牧歌、独特山景、丝路文化、民族风情为特色。旅游城市、旅游景区多分布于盆地边缘、山前河谷平原和主要交通干道沿线，如图14.1所示。旅游产品以丝路文化旅游、草原风光旅游、民族风情旅游、瓜果之乡旅游、生态休闲度假等最具特色。

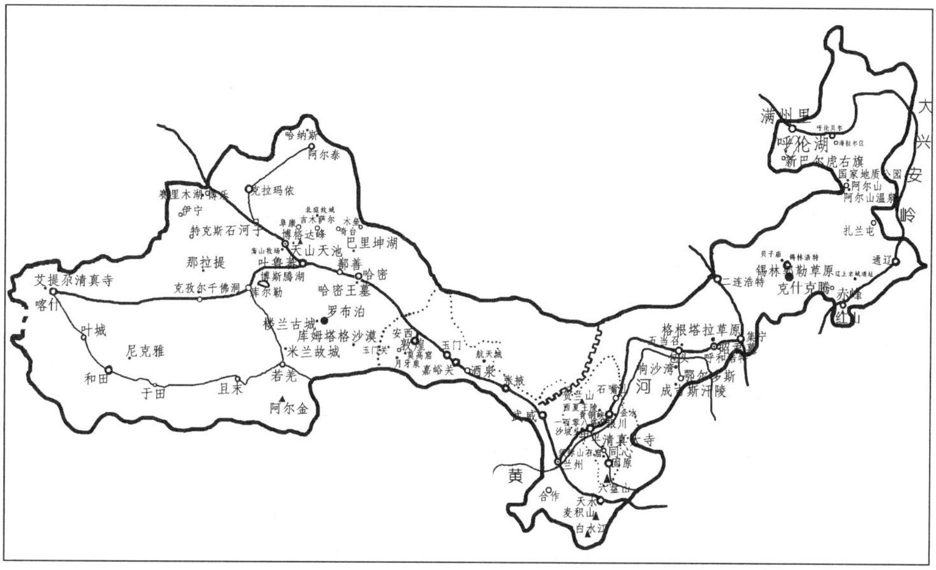

图 14.1　西北丝路文化绿洲草原大漠风光旅游区示意图

第一节　旅游资源与旅游环境特征

一、以大、奇、野为特色的自然景观

本区位于祖国大西北，东起大兴安岭，西至帕米尔高原，东西横跨数千公里。自然景观以大、奇、野为特征。昆仑山、阿尔金山、祁连山、天山、阿尔泰山、贺兰山、大兴安岭、准噶尔盆地、塔里木盆地、河西走廊、内蒙古高原、鄂尔多斯高原以及腾格里沙漠等，都是其典型代表。某些高大山地从山麓到山顶其气温、水分乃至森林植被的垂直变化显著，出现从山顶雪山演变到山下绿洲沙漠的奇特风光。深居内陆的地理位置和大山的阻挡，形成了干旱少雨且气温日较差和年较差很大的极端大陆性气候。戈壁、沙海、风蚀城堡、鸣沙山、火焰山，以及胡杨林、梭梭柴、野驴、野马、黄羊、骆驼等，无不充满着传奇浪漫的色彩。而内蒙古大草原，天山四季牧场，塞外江南银川，沙漠绿洲，又都充满着勃勃生机。

二、引人入胜的丝路文化

我国素有“东方丝国”之称。西汉张骞出使西域后，我国的丝织物、茶叶、陶瓷，“四大发明”、凿井等技术，以及桃、李等水果和中草药材便沿着张骞开辟的道路源源不断地运往中亚、西亚、地中海、阿拉伯海沿岸各国乃至欧洲，而西域的棉花、葡萄、石榴、良种马等物品以及宗教、艺术、玻璃制造技术等也沿着此线传到了中国，从而促进了东西文化的交流。我国境内的丝绸之路基本上都是沿着供水条件较好的绿洲地带穿过，也促进了沿线经济、宗教、文化的繁荣和昌盛。留存至今的嘉峪关、阳关、玉门关等关隘，高昌、交河等古城遗址，敦煌莫高窟、克孜尔千佛洞等石窟寺，都是历史见证。沿途还有张骞、班超、李广、法显、玄奘、林则徐、左宗棠以及意大利的马可·波罗等中外历史名人所留下的足迹及其游记、轶事、传说。当代中国与中亚、西亚各国乃至欧洲，又正在积极建设新的丝绸之路。

三、浓郁独特的民族风情

本区有哈萨克、锡伯、裕固、维吾尔、蒙古、塔吉克等 40 多个少数民族，各民族在服饰、饮食、民居、交通、婚丧、节庆、礼俗、禁忌等方面都各有其鲜明特色。例如，哈萨克的毡房，维吾尔的土房，吐鲁番的“毛驴巴士”，喀什的“哈迪克”（马车），还有“沙漠之舟”骆驼，婚礼上的赛马、摔跤、姑娘追、叼羊、马上角力、高空走绳，以及肉孜节、古尔邦节、那大慕盛会等，无不洋溢着浓郁的民族风情。热情好客是本区少数民族的又一特点。例如，蒙古族人用品尝米酒、喝奶茶、手扒羊肉、欣赏歌舞等待客；维吾尔、哈萨克等民族以民族风味食品、载歌载舞待客等，尽皆隆重热烈。

四、方兴未艾的西部沿边对外开放

本区与俄罗斯、蒙古、哈萨克斯坦、吉尔吉斯斯坦、塔吉克斯坦、阿富汗、巴基斯坦、印度等国相邻，国境线长近一万千米，为本区边境旅游提供了有利条件。我国与周边一些国家边民之间具有相近或相似的风俗习惯，相互交往的历史悠久。自 20 世纪 90 年代以来与周边邻国的睦邻友好关系日益改善，沿边开放渐成“热点”，满洲里、二连浩特、伊宁、阿拉山口、霍尔果斯、吉木乃、塔城、霍城等随之成为边境贸易和边境旅游重镇。21 世纪以来，这种沿边开放，已发展到了国与国之间的战略伙伴关系，政治互信、文化交流、经贸往来以及互为客源旅游市场，都进入到了前所未有的新阶段。

第二节　旅游省（区）概述

新疆维吾尔自治区

一、旅游资源与旅游环境概貌

新疆维吾尔自治区位处祖国西北边陲，面积 166.49 万 km^2，人口约 2181 万（2010 年），为我国面积最大的省区。西汉时设西域都护府，清光绪十年（1884 年）置新疆省。有 5600km 的大陆边境线，已开辟了阿拉山口、霍尔果斯等 16 个Ⅰ类边境口岸，为我国向西北邻邦开放、边贸旅游的前沿地区。天山、阿尔泰山和昆仑山横列，天山以南为塔里木盆地，称南疆；天山以北为准噶尔盆地，称北疆。盆地中有著名的塔克拉玛干沙漠和古尔班通古特沙漠，但盆地边缘有水草丰茂和农产丰富的绿洲带。自然景观多奇，少数民族风情异彩纷呈。有“瓜果之乡”、“长绒棉之乡”、“歌舞之乡”、新兴“油气之乡”等美称。经多年建设已形成了国家级历史文化名城5座，中国优秀旅游城市13个，国家级风景名胜区5个，国家5A级旅游景区5个，还有世界自然遗产地和国家重要湿地各1处。新疆人用多彩的民族风情和独特的农牧业经营活动，发展了独具特色的以农家乐、牧家乐等形式的休闲农业与乡村旅游。

二、旅游开发与规划概要

根据新疆旅游业未来15～20年的发展战略，今后将提升世界级丝绸之路旅游品牌，重点建设喀纳斯、那拉提生态旅游区，喀什、吐鲁番民族文化旅游区；建设好乌昌旅游中心、南疆旅游板块和北疆旅游板块；实现乡村及民俗文化旅游、冬季冰雪旅游、特种旅游和边境旅游四大突破；完善天池自然风光、乌鲁木齐南山生态与滑雪、昌吉乡村旅游、赛里木高山湖泊四大旅游品牌；并形成丝绸之路北道神秘之旅、丝绸之路中道浪漫之旅、丝绸之路南道追寻之旅三条丝路精品旅游线路。凭借优越的资源、区位地缘和口岸优势，将新疆建成海内外知名的特色旅游大区。

三、主要旅游区建设

1. 天山旅游区

本区由东西走向的三列平行褶皱山脉组成，山间谷地和盆地众多。在中国新疆境内东西长约1760km、南北宽250～300km，山脊平均海拔3500m。由昌吉回族自治州的博格达、巴音郭楞蒙古族自治州的巴音布鲁克、阿克苏地区的托来尔、伊犁哈萨克自治州的喀拉峻—库尔德宁四个区域组成的天山地域，总面积5759km^2，具有极好的自然奇观，也是中亚山地众多珍稀濒危物种、特有种的最重要栖息地，2013年6月被列入世界遗产名录地。

(1) 乌鲁木齐市。中国优秀旅游城市。位于天山北麓，古为丝绸之路北新道的必经之地，素称天山北麓的“边塞明珠”；现为新疆维吾尔自治区的首府，祖国西北地区重要经济、文化、交通中心。乌鲁木齐，蒙古语意为“优美的牧场”。早在汉代就开始农业屯垦，现代已发展成为新型的综合性工业城市，而且为新型的“乌鲁木齐—石河子经济区”的龙头。

南山牧场　位于市南70km的天山北坡，集山岳、森林、草原于一体。由白杨沟、甘沟、菊花台、水西沟、照壁山、大溪沟各具特色的6个景区组成，色彩斑斓的大草原上，到处可见牛羊成群、毡房点点的画面，而海拔4000m以上的大溪沟又是一派冰川风光。

水磨沟　位于市东北4km处，包括清泉山、温泉山、水塔山、虹桥山和水磨沟等景区。其中水磨沟景区古木参天，山涧峡谷百泉喷涌，在这里现已建起了温泉疗养院、丰泽园度假村、兴安打靶场、广汇游泳馆，以及葡萄园、苹果园等。

(2) 昌吉市。为昌吉回族自治州州府所在地，辖阜康、奇台、吉木萨尔等县市。地处天山北麓和亚欧腹地，为古代“丝绸之路”新北道上的一座充满魅力的城市，农业发达而具特色，乃至发展成为当代全国休闲农业与乡村旅游示范县（市）。境内特色旅游景区景点众多。

博格达峰及天池　博格达峰位于阜康市境内，海拔5445m，为东部天山第一高峰。位于博格达峰峰腰1980m的天池，为国家级风景名胜区，国家首批5A级旅游景区。天池有两个，一上一下相距很近。在下者为小天池，池清如碧，湖平似镜，传说王母娘娘曾在此沐浴；在上者为大天池，南北长约3000m，东西宽约1000m，湖周云杉林青翠欲滴，清澈碧蓝的湖水与皑皑冰峰博格达峰相互辉映，湖光山色美丽如画。

东准噶尔奇观 位于天山北缘，包括奇台、吉木萨尔两大旅游景区，旅游资源以奇、野、古著称。前者有规模为134hm^{2}的化石森林，其硅化木化石有1000多棵，而且年轮花纹清晰可见；后者有因“侏罗纪”煤层在长期内外营力作用下而形成的“五彩城”（雅丹式地貌）奇观。还有吉木萨尔野马饲养繁殖基地、唐代北庭都护府城遗址等名胜古迹。

（3）吐鲁番市。中国优秀旅游城市，国家级历史文化名城。古称高昌，为丝绸之路北道上的重镇，位于天山的陷落盆地中，以葡萄之乡闻名于世。盆地中心的艾丁湖湖面低于海平面155m，是世界上仅次于死海的洼地。每年高于40℃的酷热天气有40天左右，绝对最高温达49.6℃。有火焰山、葡萄沟、库姆塔格沙漠、交河故城、高昌故城等风景名胜。

葡萄沟 国家首批5A级旅游景区，全国农业旅游示范点，坐落于市东北11km火焰山西段河谷中。一串串翠绿的、黄绿的、紫红的、微红的、圆形的、鸡心形的、马奶头似的各种葡萄，挂满了枝头棚架。所产的葡萄含糖量高达22%～26%，为世界之冠，被誉为“中国绿珍珠”。以维吾尔族民俗风情和葡萄采摘品尝为中心的农业旅游兴旺发达。

高昌故城 位于吐鲁番市东南约40km处，为全国重点文物保护单位，是古丝绸之路北道上的重镇。因地势高敞，富庶昌盛，故名高昌壁。元代因战乱，古城被废，今仅留有遗址。城内街道、市井、关官衙、神庙、民居、城垣及堡垒等遗址仍清晰可辨。

库姆塔格沙漠 国家重点风景名胜区，位于鄯善县境内，为塔克拉玛干沙漠的一部分，是世界上唯一与城市相连的沙漠。景区面积1880km^2，拥有世界上海拔最低的沙漠植物园，园内生长着40多种沙漠珍稀濒危植物种。开辟有沙疗中心、沙雕艺术主题公园。

（4）哈密市。中国优秀旅游城市，位于东天山的陷落盆地中。绿洲农业发达，以盛产长绒棉、哈密瓜闻名。主要风景名胜有白石头、巴里坤湖、庙尔沟、回王陵、五堡古墓群、拉都乔克古城等。

回王陵 位于市南2km处，这里埋葬了哈密1697～1930年的9代回王及王室成员。其陵墓建筑融阿拉伯、新疆及清朝三种建筑艺术风格于一体，举世罕见。陵墓西面的艾提尕尔清真寺，为四世哈密回王所建，其殿堂能同时容纳3000人做礼拜。

巴里坤湖 位于市北的巴里坤哈萨克自治县，湖面为112km^2，湖周为巴里坤草原，风景秀丽，哈萨克牧人常在湖滨举行弹唱会，民族风情浓郁。

（5）伊宁市。中国优秀旅游城市，国家级历史文化名城。位于伊犁河谷中部，为伊犁哈萨克自治州州府所在地。古为乌孙国国都，古丝绸之路上的重镇。这里气候温和湿润，市区绿树成荫，果木飘香。古老的寺院与新型的现代化建筑和繁华的商市交相辉映，民族风情浓郁。辖区内有优良的天然牧场，为新疆细毛羊和伊犁马故乡。

特克斯 国家级历史文化名城，地处伊犁河上游的特克斯河谷东段，是我国体现易经文化内涵和唯一建筑完整而又正规的八卦城。古城周围有一大批乌孙古墓、古代岩画和草原石人等历史古迹，并有气候宜人、风景如画的牧区、原始森林和温泉分布区。

哈拉峻—库尔德宁 位于伊犁河地带，是新疆天山生物多样性最丰富的区域，是全球雪岭方杉和中亚野果林的最佳生境区与起源地，是温带干旱区山地综合自然景观美的最突出代表，是天山世界自然遗产名录地的重要组成部分。“哈拉峻”为哈萨克语“苍苍莽莽”之意，是风光独特的大草原，被联合国粮农组织命名为“世界五色花高山草甸草原”。

那拉提 国家5A级旅游景区，地处天山北麓，涵盖了那拉提、哈拉峻、库尔德宁、唐布拉百里画廊和昭苏夏特等景区。其中那拉提景区集雪峰、冰川、高山、草甸、森林、草原、河流、峡谷于一体，自然景观组合层次感强，具有独特的立体美学景观价值；哈拉峻是天山草原风光最美的区域，完整地保留了原始纯净的自然风貌；唐布拉百里画廊以森林、草原、温泉、怪石组合为主要特色，为著名避暑胜地。

2. 北疆旅游区

本区是指天山以北介于天山与阿尔泰山之间的准噶尔盆地地区。平均海拔 500m 左右，艾比湖湖面海拔 190m，是北疆最低最大的湖泊。西边的阿拉山口及额尔齐斯河谷地，自古是交通要道，也是西来湿润气流进入北疆的通道。盆地中部的古尔班通古特沙漠为固定或半固定沙漠。在盆地边缘有广阔的绿洲地带，玛纳斯河流域为最著名的农垦区，并孕育有石河子绿洲新城。盆地西部的克拉玛依为著名的石油城，山地有茂密的森林和肥美的草原。

（1）石河子。中国优秀旅游城市，位于准噶尔盆地南缘。原是一片苇湖、沼泽，经几代人的开发建设已发展成为一个新型大城市，因用人工修建的石渠引水入城而得名。为美利奴细毛羊、长绒棉、甜菜、向日葵等农产品产区，并有棉、毛、纺织、制糖、食品加工等新型的轻工业。在这里创造了“人进沙退”的世界奇迹，并以其优美的环境而被称为“戈壁明珠”，是联合国授予的“人居环境改善城市”。

北湖风景区　为玛纳斯河流域修建的第一座平原水库，外观近似城堡，总面积 $10km^2$。水源主要由天山北坡扇缘溢出带众多泉水补给，以及部分玛纳斯河水和地下水入湖。库区南部是沼泽、草滩，常有数十种水鸟翔集；库内是新疆的重要渔业基地，是名副其实的“塞外江南”旅游胜地。

石河子高新技术园区　国家级农业科技园区。在功能上以高新技术示范为主，观光游览为辅。园区规划面积 $200hm^2$，整体上具有军垦农业特色，是大西北旱作农业高科技化的典型代表，已建设成全疆最大的农业观光园区。

石河子军垦博物馆　全国唯一的一家军垦博物馆，占地 $460m^2$。由古代石河子、辉煌的历史、足迹的延伸三部分构成，收藏了数以千计的珍贵军垦文物，展示了石河子从古到今的发展足迹、特别是石河子军垦人艰苦创业的辉煌历程。

桃源农业生态旅游区　全国休闲农业与乡村旅游示范点，为新疆生产建设兵团石河子西部新丝路旅游开发有限公司的下属企业，距市中心仅 18km。主要景点有万亩桃源、民俗风情园、十里红柳、芦苇荡、生态养殖园、千亩辣子地等高品位景点，已成为周边城市奎屯、独山子、克拉玛依，以及乌鲁木齐、石河子等城市居民的休闲胜地。

（2）克拉玛依市。中国优秀旅游城市，位于准噶尔盆地西缘。这里原是一片荒滩戈壁，现已成为一个具有相当规模的新兴石油城。它东与富饶的玛纳斯河绿洲相连，离神话般的游移湖泊玛纳斯湖和艾比湖也不远；北与百口泉、乌尔禾同为一个油带，并有黑油山、魔鬼城等风景名胜。

魔鬼城　典型雅丹地貌景观，位于乌尔禾东南 3km 处。因地处风口，每当大风到来时，大风在风城里激荡回旋，凄厉呼啸，如同鬼哭狼嚎，“魔鬼城”因此而得名。这里地表突兀奇特，地下蕴藏着丰富的石油和天然沥青，随着克拉玛依油田的发展，已成为新兴石油生产基地和现代旅游胜地。

克拉玛依油田　克拉玛依维吾尔语为“黑油”的音译，是新中国成立后勘探开发的第一个大油田。经历了自 20 世纪 50 年代以来三代克拉玛依人的艰苦创业和建设发展，已成为一个新兴的现代化石油城。其旅游区包括石油地质陈列馆、克拉玛依矿史陈列馆、井控培训中心，以及黑油山公园等16个蕴含石油文化成分的景点，为全国以石油为主题的重要工业旅游景区。

（3）博乐市。中国优秀旅游城市。位于新疆西北部，北与哈萨克斯坦接壤，是第二亚欧大陆桥国内段的西桥头堡，拥有国家一类开放口岸——阿拉山口口岸，建立了国家级边境经济合作区。风景名胜以赛里木湖和阿拉山口最胜。

赛里木湖　国家重点风景名胜区，位于市西南93km处。湖面海拔2073m，水域面积458km²，为新疆海拔最高、面积最大的高山内陆湖泊。是一个以湖泊风景为主，湖泊、草原、森林、山岳相结合的湖山型风景区，以神奇秀丽风光和独特民塞民族风光而享誉中外。

阿拉山口　南距博乐73km，历史上这里曾是各民族游牧往来、中西经贸、铁马远征、旅游探险的通道，今已是新亚欧大陆桥中重要桥头堡。并已建成了集进出口贸易、加工业、中转货物为主的口岸新城，为国家铁路与公路并举的一类口岸、新兴旅游热点。

（4）阿勒泰市。中国优秀旅游城市，位于阿尔泰山南麓、额尔齐斯河上游。境内森林茂密，草原广布，湖泊众多，还有著名人文景观千米岩画。主要风景名胜有布尔津县北的喀纳斯湖，富蕴县境内的可可托海矿区及草原风光，福海县境内的乌伦古湖和阿拉善山以及布尔根河狸保护区。

喀纳斯湖　国家5A级旅游景区，位于布尔津县境内，蒙古语为“美丽富饶而神秘”之意。湖呈椭圆形，面积37.7km²，水深90m。湖周峰峦叠嶂，山坡一片葱绿，湖面碧波万顷。湖中盛产红鱼，并有“湖怪”的传说。湖周林海中有雪鸡、银鼠、紫貂、猞猁、雪豹、马鹿等20多种野生动物。

可可托海　国家5A级旅游景区，亦为国家地质公园。由世界地震博物馆卡拉先格尔地震带、北国江南可可苏里、中国第二寒极伊雷木湖和额尔齐斯大峡谷四大景区组成，被誉为“地质矿产博物馆”，集山景、水景、草原、象形山石、温泉等奇观于一体，已成为阿尔泰地区一处旅游胜地。

禾木村　首批中国最具魄力休闲乡村，位于阿勒泰地区禾木哈纳斯蒙古族乡。面积2000km²，全村1395人，是我国保留最完整、历史最悠久的蒙古族图瓦人部落聚集地。图瓦人善骑射，民风豪爽强悍，多信奉藏传佛教和萨满教。该村集河湾滩流、森林草甸、草原民族文化为一体。特色产品有黑蜂蜜、风干肉、手工地毡等。

3. 南疆旅游区

本区概指天山以南介于天山、昆仑山和阿尔金山之间的塔里木盆地地区，为世界上最大的内陆盆地。盆地周缘的绿洲带，为古丝绸之路中道和南道的必经之地，旅游城镇及历史遗存、遗迹高度密集分布；中部的塔克拉玛干沙漠为我国最大沙漠，从周围山地流出的河流汇集而城的塔里木河为我国最大内流河。

（1）喀什市。中国优秀旅游城市，国家历史文化名城，位于盆地西沿的克孜勒河畔。已有两千多年历史，为我国西部最早的国际市场之一，也是南疆最大的城市。喀什还是维吾尔族的最重要发祥地，其维吾尔族特色和民俗风情保留最完整；同时也是我国唯一一座反映伊斯兰文化背景下城市形态的典型城市。主要名胜古迹有艾提尕尔清真寺、香妃墓、佛教石窟三仙洞等。

艾提尕尔清真寺　位于喀什市中心，我国最大的清真寺，为全疆伊斯兰教活动中心，有“小麦加”之称。大寺由入口门楼、讲经堂、礼拜殿组成不对称的四合院，面积约16 800m²，可同时容纳7000名穆斯林做礼拜。该寺礼拜殿内壁画色彩浓郁，富丽堂皇。

（2）阿克苏市。阿克苏行署所在地。位于塔克拉玛干大沙漠西北边缘，塔里木河上游，是古丝绸之路的重要驿站，也是龟兹文化和多浪文化的发源地，素有“塞外江南”美誉。农业发达，是中国著名的“长绒棉之乡”和“温带水果之乡”。境内旅游资源丰富多奇，有天山第一峰托木尔峰、塔克拉玛干沙漠、塔里木河、龟兹古国遗址库车县、始建于两晋时期的克孜尔千佛洞和库木吐拉千佛洞，以及独具特色的古龟兹乐舞等人文风光。

库车及拜城克孜尔千佛洞　库车为中国优秀旅游城市、国家历史文化名城，位于天山南麓中部丝路要道上。石窟艺术、古城遗址、雪山草原、沙漠、胡杨、民间工艺、音乐歌舞是其旅游资源特色。主要风景名胜有库车吐拉千佛洞、克孜尔尕哈千佛洞与烽火台、龟兹古城、库车大寺等。拜城克孜尔千佛洞东距库车仅67km，为我国最早的大型千佛洞。现有洞窟236个，壁画总面积达1万m^2，壁画色彩清新艳丽，是研究古丝路文化及中西关系的宝库。

托木尔峰　为天山第一峰，海拔7443m。在主峰及其周围，海拔6000m以上的高峰达十余座，总面积达10万hm^2，已被列为国家综合自然保护区，也是天山世界自然遗产名录地的重要组成部分。托木尔峰地区有800多条冰川，为世界最大冰川区。除壮观的冰川奇景、动植物奇观外，这里还有许多远近闻名的温泉，每年夏季吸引哈萨克、蒙古、维吾尔、柯尔克孜、俄罗斯等牧民骑马结队前来沐浴和疗养。现在这里已成为旅游登山、科学考察的新型胜地。

（3）库尔勒市。中国优秀旅游城市，位于天山南麓的博斯腾湖畔，为巴音郭楞蒙古自治州州府，中国西部独特、神奇的新兴旅游城市。巴州地区丰富的旅游资源，形成辐射博斯腾湖、巴音布鲁克高山草原、阿尔金山、楼兰古城等旅游区的中心地旅游格局。

博斯腾湖　国家重点风景名胜区。位于博湖县境内，湖面1019km^2，为中国最大的内陆淡水湖。大湖与雪山、湖光、绿洲、沙漠、奇禽、异兽同生共荣，互为映衬，组成了丰富多姿多彩的风景画卷，被誉为沙漠瀚海中的一颗明珠。尤其是湖北岸的和硕乌什塔拉乡南，有绵延2000m的金黄色细沙滩，与清澈见底的湖水相连，被称为新疆的夏威夷，已辟为“金沙滩”旅游度假村。

巴音布鲁克大草原及天鹅湖　巴音布鲁克大草原位于巴音郭楞蒙古自治州境内的北部天山山地区和静县境内。海拔2000～2500m，总面积23 835km^2，为中国最大的高山草原。这里地势平坦，水草丰美，为“焉耆马”、“巴音布鲁克大尾羊”、“新疆细毛羊”、“高原牦牛”草原四宝的故乡。草原中部的天鹅湖，为中国唯一、亚洲最大的天鹅湖自然保护区，面积达1083km^2，栖息有大天鹅、小天鹅、疣鼻天鹅近万只，2013年被评为中国“十大魅力湿地”之一。

罗布泊与楼兰古城遗址　罗布泊古名盐泽、蒲昌海、牢兰海等名称，位于若羌县境内。曾有塔里木河、孔雀河等河注入，历史时期最大面积为5350km^2，后因塔里木河改道东流、孔雀河的水源不断变小乃至萎缩干涸，湖底变成一片沙海，曾一度成为我国原子弹爆炸实验区。湖西曾盛极一时的楼兰古城，是西域古国之一，地处丝绸之路要冲，随着生态环境的变化，最后也消失在沙漠里。

罗布村人山寨　国家级风景名胜区，位于尉犁县城西南35km处，北距库尔勒市仅85km。村寨方圆72km^2，有20多户人家，是我国西部地域面积最大的村庄之一。属琼库勒牧场，为罗布人居住的世外桃源。寨区涵盖塔克拉玛干沙漠、游移湖泊、塔里木河、原始胡杨林、草原和罗布人，并相互交织，极具神秘色彩。

(4) 和田市。古称于阗，位于昆仑山北麓，玉龙喀什河畔，特产有丝绸、玉器、地毯等，为新疆最大的丝绸供应中心。古为西域地区最早的佛教圣地，也是古丝绸之路上我国西部最大的城镇。有拉斯奎乡果园和葡萄长廊、核桃王和无花果王等景观。和田还是中国著名“长寿之乡”之一。

尼雅古城遗址　为西汉时西域三十六国之一的精绝国故址，19 世纪被斯坦因发现，其时许多建筑仍保持着当年废弃时的完好情景。例如，有的房门半开着、有的则张着窗口……仿佛主人随时都可能返回，被称为中国的庞贝。只是意大利的庞贝为火山爆发被埋，而尼雅被黄沙所埋而已。

甘　肃　省

一、旅游资源与旅游环境概貌

甘肃简称甘或陇，旧以甘州（张掖）、肃州（酒泉）两地首字而得省名，面积 43 万 km^2，人口约 2558 万（2010 年）。地处黄土高原、内蒙古高原与青藏高原的交汇处，地形复杂，气候多变，地域差异明显。东南部重峦叠嶂，山高谷深；中、东部黄土覆盖，沟壑纵横；西南部为青藏高原东北边缘，现代冰川分布；河西走廊一带，绿洲与沙漠、戈壁断续分布。甘肃自古是我国东南部通向西北部边疆乃至欧亚各国的古“丝绸之路”必经之地。自然、人文旅游资源并胜，拥有世界文化遗产名录地 1 处、国际重要湿地 1 处、国家级历史文化名城 4 座、国家重点风景名胜区 3 处、国家 5A 级旅游景区 3 处、中国优秀旅游城市 9 个、国家级森林公园 8 个、国家级自然保护区 13 个。兰州牛肉拉面、羊肉泡馍、白兰瓜，敦煌的杏皮水，张掖粉皮面筋、臊子面，天水酿皮、凉粉、苹果，以及酒泉的“夜光杯”等，均为甘肃著名地方风物。

二、旅游开发与规划概要

经多年开发建设，甘肃已基本形成以古丝绸之路为主线，以兰州为中心的西、南、东三大旅游区格局。在今后 10 年，将重点推进旅游开发与西部开发、扶贫开发相结合。重点开发黄河风景、大漠风光、丝路古迹、民族风情、山水风光、黄土风情等具有地方特点和民族特色的旅游资源，着力打造文化甘肃、山水甘肃、民俗甘肃、现代甘肃系列旅游产品。在旅游开发布局上，以兰州、酒泉为依托，继续发展中、西、东三大旅游区，并积极培育敦煌、酒泉与嘉峪关、张掖与武威、兰州与定西、临夏与甘南、天水与陇南、平凉与庆阳 7 个重点景区群。还要进一步发展西线——丝绸之路大漠风情线、南线——回藏风情草原游、东线——丝绸之路胜迹寻根朝觐游等六条旅游线路。

三、主要旅游区建设

1. 以兰州为依托的陇中旅游区

本区包括兰州、白银、临夏、甘南、定西五个市州，旅游资源以黄河文化、丝路文化、回藏民族风情、宗教文化、高原草原风情为特色。

(1) 兰州市。古称金城，甘肃省省会，中国优秀旅游城市。位于陇中黄河沿岸的兰州盆地之中。已有 2000 多年的历史，自古为中原通往西北、西南的交通要冲，为西北地区第二大综合性工业城市。主要风景名胜有五泉山、白塔山、兴隆山等。

五泉山　山麓有惠泉、掬月泉、摹子泉、甘露泉、蒙泉，绿树成荫，寺院和亭阁依山而筑。登山四望，近处楼阁殿宇层层叠叠，远处黄河之水奔流而过，故有“翠微之处起楼台，天外黄河入酒杯”之句，现已辟为综合性公园。

兴隆山　国家级自然保护区。位于市东南60km处的榆中县，园内峰秀谷幽、林木葱郁、清溪淙淙、虹桥飞架，被誉为“甘肃之名山，兰郡之胜景”。自古为兰州及周境居民朝拜祈福的道教名山，最盛时有道观100多处。

(2) 临夏回族自治州。古称枹罕、河州，为丝绸之路、唐蕃古道、甘川要道必经之重镇，有“陇上八州之首”、“河湟雄镇”、“西部旱码头”之称。以回族为主的多民族聚居区，穆斯林风情浓郁，是流传于大西北民歌“花儿”的故乡，被中国文化部命名为“中国花儿之乡”。

刘家峡水库及炳灵寺　刘家峡水电站于1974年建成，当时为全国最大电站，电站大坝拦腰截断奔流而来的黄河，形成碧波荡漾的高峡平湖，景色秀丽。库尾有建在陡峭险峻红砂岸悬壁上的炳灵寺石窟，石窟龛群鳞次栉比，栈道凌空，雄伟壮观。石窟始建于西秦建弘元年（公元420年），现存西汉至明、清各代窟龛212个，石雕泥塑佛像800多尊，浮雕佛塔近40座。

(3) 甘南藏族自治州。地处甘、青、川三省交界之地，为全国10个藏族自治州之一，州府驻地为合作市。境内草原辽阔，森林茂密，河流纵横，名胜古迹众多，并有神奇的宗教节日和民间歌会、草原赛马等传统民间活动。风景名胜以拉卜楞寺最胜。

拉卜楞寺　位处夏河县城西边，我国佛教格鲁派六大名寺之一。拉卜楞寺地形若海螺，藏族视海螺为吉祥之物，故名“扎西依曲”，意为吉祥的福地。寺内的壁画、堆绣、酥油花，巧夺天工。

2. 以酒泉为依托和敦煌为龙头的陇西旅游区

本区包括酒泉、张掖、武威、嘉峪关和金昌五市，位于陇西。北部为北山山地，周境多沙漠、戈壁；南部为祁连山山地，有雪山冰峰，为众多河流源地；中间为干旱河西走廊，但靠祁连山的冰雪融水形成许多绿洲，自古灌溉农业发达，为古代丝绸之路的必经之地。

(1) 酒泉市。中国优秀旅游城市。市境有金泉，据传汉将霍去病将御酒注入泉中，与将士同饮共庆而改名酒泉。酒泉夜光杯因唐诗句“葡萄美酒夜光杯”而名闻中外。它用祁连山玉加工而成，五光十色，对月光辉异常，产品畅销国内外。

中国航天城　位于甘肃东北巴丹吉林沙漠深处，为中国第一个火箭发射试验基地，曾为中国航天事业创造过骄人的八个第一。目前对国内游客开放的景点有卫星发射场、指挥控制中心、长征二号火箭、测试中心、卫星发射中心场史展览馆、革命烈士陵园、东风水渠、沙漠胡杨林8处，为爱国主义教育、国防意识教育和艰苦奋斗教育的理想基地。

嘉峪关　中国优秀旅游城市，国家5A级旅游景区。为万里长城西端，古代军事要地。关城高踞于祁连山和北山之间，地势险要，巍峨雄伟，故称“天下雄关”。关城初建于明洪武五年（1372年），后经200余年的增修，形成一座布局严谨、雄伟壮观的军事关隘。关城呈梯形，由内城、瓮城、罗城、外城、城壕等组成。

(2) 敦煌市。为国家历史文化名城，中国优秀旅游城市。位于省境西端，是古代“丝绸之路”上的重要驿站、著名边防重镇。市内有莫高窟、鸣沙山、月牙泉等名胜古迹。古阳关遗址、汉代烽燧遗址、瓜州县榆林窟、玉门关等，离市区也不远，共同构成了敦煌特色旅游品牌。

莫高窟 俗称千佛洞，为世界文化遗产名录地，我国四大石窟艺术宝库中规模最大、内容最丰富的古代壁画和塑像艺术宝库。始建于前秦建元二年（366年），洞窟凿于鸣沙山东麓断崖上，上下五层，高低错落，鳞次栉比，南北长约1600m。现存各代壁画和塑像的洞窟492个，壁画4.5万m^2，彩塑2400余尊，为世界上现存最宏大的佛教艺术宝库。尤以壁画艺术最高，它布局奇巧，雕刻精致，色彩艳丽，充分显示了古代劳动人民的智慧和才能。

鸣沙山和月牙泉 国家重点风景名胜区，地处市西约10km。鸣沙山因沙动有声而得名。山为流沙积成，沙分红、黄、绿、白、黑五色，“沙岭晴鸣”为古敦煌八景之一。月牙泉，古称沙井，又名药泉，处于鸣沙山环抱之中，其形酷似一弯新月而得名。水质甘冽，澄清如镜，泉水永不干涸，风起沙飞，从不落入泉中，这种沙泉共生的自然现象，确为“天下奇观”。

瓜州榆林窟 位于敦煌市瓜州县城南约75km处的南山，与莫高窟有姊妹窟之称。初唐时大规模营造，后多次续建，现存42个洞窟，分布在南山东西两崖的峭壁之上，有彩塑250多身，壁画4200m^2，精美绝伦。

玉门关和阳关 玉门关位于市西北75km处，现存小方盘城；阳关位于市西南70km处，现名古董滩。两座雄关，遥遥相望，成为古代通往西域的重要关卡。尽管玉门关仅剩城堡遗址和烽燧，阳关已荡然无存，但“春风不度玉门关”、“西出阳关无故人”等名句至今仍在传诵。位于阳关镇西北古阳关脚下的龙勒村为我国最佳葡萄产地之一，以农村自然风光、葡萄田园特色吸引游客观光、休闲、娱乐，被评为全国休闲农业与乡村旅游示范点。

(3) 张掖市。国家历史文化名城，中国优秀旅游城市，位于河西走廊的中部。古时水草丰茂，物产富饶，有“金张掖”之称。自汉武帝元鼎六年（公元前111年）开设河西四郡以来，张掖一直是“丝绸之路”上的重要城市。

大佛寺 始建于西夏，现存大殿为清代重建。楼两层，重檐歇山顶面阔九间、进身七间。正中的释迦牟尼涅槃木胎泥塑卧像，身34.5m，肩宽7.5m，脚长4m，为全国最大室内卧佛。

黑河森林公园 位于市西北郊6km处的黑河滩人工林区。公园内有黑河环绕分流，是以绿洲、水域为背景，融游乐、休闲、度假、避暑、健身功能于一体的生态旅游胜地。园内建有游泳池、跑马场、围猎场、射击场、珍禽观赏园、民族风情帐篷、小木屋、蒙古包、儿童乐园等休闲游乐设施。

(4) 武威市。古称凉州，国家历史文化名城，中国优秀旅游城市。古“丝绸之路”上的要隘，一度曾为北方的佛教中心。文物古迹有天梯山石窟、白塔寺遗址等。尤其是雷台汉墓出土的铜奔马为国家文物珍品，并被作为中国旅游标志；西夏碑为研究西夏历史文化具有重要价值；民勤连古城自然保护区为治沙楷模。

民勤连古城自然保护区 国家级自然保护区。位于市北民勤县境内，面积39万hm^2，有天然林面积约3.4万hm^2，国家重点保护植物13种、重点保护动物12种。民勤国家治沙工程，社会、经济、生态效益显著，为维护荒漠生态系统平衡、改善当地群众生活环境提供了样板。

3. 以天水为依托的陇东旅游区

本区包括天水、平凉、陇南、庆阳四市，区内有历史文化名城天水，神奇的麦积山石窟，道教名山崆峒山，秀美的陇南风光，独具特色的陇东黄土风情、窑洞民居等风景名胜。

（1）天水市。中国历史文化名城，中国优秀旅游城市，位于甘肃东南部，素为陇上名城、古丝绸之路贸易中转站。市境有跑马泉、宫泉、龙泉、涌泉等众多的甘美名泉，故有“天水”之称。天水是甘肃的“东大门”，自古为陇东南地区的经济、文化交流中心。中华民族的人文始祖伏羲、女娲就出生在天水，有“羲皇故里”之称。

麦积山石窟　国家重点风景名胜区，国家5A级旅游景区。位于麦积区中南部，为中国的四大著名石窟之一。开凿于后秦时期，现存194个洞窟，凿于悬崖峭壁，层层相叠，密如蜂房，有泥塑石雕7000余尊、壁画1300m^2，以精美泥塑艺术造像著称于世。当地人依托麦积山和“花牛”苹果原产地优势，发展了以麦积镇后川村为代表的休闲农业与乡村旅游，并被评为首批全国休闲农业与乡村旅游示范县（区）。

伏羲庙及伏羲文化节　伏羲庙，又名太昊庙，位于秦州区西关，是一组具有明代建筑风格、整体宏伟、布局严谨的古建筑群。每年农历五月十三日伏羲诞辰时，都要举行一年一度的大型祭祀典礼的群众性节庆活动，在各种文艺表演中以武山旋鼓队与秦城夹板鼓乐表演更是引人入胜。

（2）平凉市。中国优秀旅游城市。位于陇东，为古“丝绸之路”的必经重镇，有陇上旱码头之称。这里历史悠久，文化灿烂，现有各个时期的古文化遗址465处。尤以崆峒山、伏羲诞生地古成纪等名胜，被誉为“中华之最”。

崆峒山　国家重点风景名胜区，国家首批5A级旅游景区，位于市西郊11km处，为六盘山支脉，景区面积30km^2。相传古仙人广成子在此修炼得道，黄帝曾登崆峒问道于广成子，故此山有“道家第一名山”之称。山上有道教建筑隍城、雄险的上天梯、壮观的五台寺观等人文景观。

（3）陇南市。位于省境南部，地处秦巴山地西部，形成以山地、丘陵和盆地为主的地形。南部山地因河流切割而成为高山深谷区，形成亚热带、温带、寒温带叠次衔接的气候景观，林木茂密，为大熊猫等珍奇动物栖息区域之一。因地势险要，古为战略要地，是三国时期重要的古战场。境内有礼县祁山古堡、成县西峡颂、杜甫草堂、白水江大熊猫繁育中心等风景名胜。

白水江自然保护区　国家级自然保护区，并被纳入世界生物圈保护区，位于文县与武都区境内，主要保护对象为大熊猫等珍贵稀有野生动物及森林生态系统。保护区内物种丰富，是大熊猫分布的最北缘，被誉为岷山东端的物种宝库。

宁夏回族自治区

一、旅游资源与旅游环境概貌

宁夏简称宁，位处我国西北内陆黄河上游。面积6.64万km^2，人口约630万（2010年）。地形以山地、高原为主。贺兰山绵亘于区境西部，阻挡了西北寒冷空气东进和腾格里沙漠东移。介于贺兰山与鄂尔多斯高原、黄土高原之间，为由黄河冲积而成的银川平原，灌溉农业素称发达。宁夏为历史时期的西夏王国所在地，并形成了独特的西夏文化。公元13世纪，蒙古大军西征摧毁西夏，使得大批西域人乘势内迁定居，在吸收汉、维吾尔等民族文化后逐渐形成了一个新的统一民族——回族。特有自然条件和人文环境下，孕育出了宁夏奇特、雄浑、神秘、古老的多姿多彩风物习俗。“花儿”是回族人民最喜爱的民歌，素有“花儿”的故乡和“圣地”之说。回族人勤劳俭朴，不嗜烟酒，喜食牛羊肉、盖碗茶，在服饰上普遍戴白色布制无檐小圆帽。枸杞、发菜、甘草、贺兰石、滩羊皮为宁夏最著名的五大特产。

二、旅游开发与规划概要

经多年的开发建设，宁夏已形成了“宁夏回乡文化旅游”、“宁夏沙文化旅游”、“宁夏西夏文化旅游”、“宁夏黄河文化旅游”、“宁夏红色文化旅游”等品牌。未来5～10年，将要实施旅游兴区战略，以打造“西部独具特色旅游目的地”、“面向阿拉伯国家和穆斯林地区的国际旅游目的地”为目标。整合旅游资源，发挥优势特色，做强“塞上江南·神奇宁夏”旅游品牌。积极发展沙漠旅游、生态旅游、文化旅游、休闲度假旅游和红色旅游，强化品牌景区建设，加大“大六盘”旅游圈开发力度，提高贺兰山旅游带的档次和水平。重点开发建设一批乡村旅游、汽车露营地等新业态旅游项目。在其空间布局上，将突出打造回族风情、西夏文化旅游产业集聚区，重点建设黄河金岸文化旅游、贺兰山历史文化、大六盘红色生态三大文化旅游产业带。

三、主要旅游区建设

1. 贺兰山东麓文化旅游带

包括银川、石嘴山二市及吴忠市部分地区，总目标是树立“雄浑壮丽塞上江南、古老神秘西夏文化、古老神秘的贺兰山岩画、浓郁迷人回乡风情”品牌形象，把贺兰山东麓建设成为国际化一流水准旅游目的地。

（1）银川市。国家级历史文化名城，中国优秀旅游城市，宁夏回族自治区首府。位于银川平原中部，自古引黄灌溉，风景优美。西夏在此建都达190年，保持有西夏王陵、承天寺塔等古迹。民族风情浓郁，塞上风光独特。为营造“最适合人类居住的自然生态环境”，银川市利用现有的25万hm^2湿地和成群的湖泊，大力开展生态保护和生态建设，全力打造“塞上湖城”。

贺兰山　呈东北—西南走向，绵延200余公里，最高海拔超过3000m。坡势陡峻，气势雄浑空灵。西北坡森林植被较好；东南坡多岩石裸露，却有国家二级保护动物岩羊群活跃，也是贺兰山奇石、贺兰山岩画的集中分布区域。贺兰山东麓历史时期为西夏王家宫苑、王家寺庙，以及王陵的集中分布地带，文化积淀深厚。现在的贺兰山正在进行大规模旅游开发，海拔1000～3000m还修建了惊险万状的栈道，登顶即可领略独有的大漠山地风光。

西夏王陵　国家重点风景名胜区，位于银川市西的贺兰山东麓、银川平原西部，由滚钟口、西夏王陵、拜寺口和三关古长城四个景区组成。西夏王朝建都银川，贺兰山当时即作为皇家林苑，山上建有离宫、避暑宫等皇家宫殿和皇家寺院。陵墓群是西夏历代帝王的陵墓，共有9座帝王陵和220多座王侯勋戚陪葬墓。高大雄伟的帝王陵外形像埃及的金字塔，为西夏文物古迹的典型代表。

银川穆斯林国际商贸城　为中国首席穆斯林商贸中心、中阿国际商贸交流大平台，规划投资160亿元，占地206hm^2。商贸城具有五星级国际酒店、高端精品住宅、万人商业广场、国际商贸会议中心、千人餐饮广场、特色博览中心、职业体验馆、室内溜冰场、专业网球馆、智能仓储物流中心、大型地面停车场等先进商业配套，具备大型城市综合体、商贸、会务、消费、休闲、娱乐等功能。

金水旅游区　位于银川东13km处黄河河畔。有距今3万年的水洞沟古人类文化遗址、清代康熙皇帝西征横渡黄河的古渡口、影视基地横城堡。还有明长城、汉墓群、甘露寺等景点。这里是游黄河观大漠，体会休闲、娱乐的好去处。

镇北堡影城 位于金水旅游区之内，原为明王朝屯兵的一个土围子式城堡，屹立于黄土地之上，给人一种渗透着原汁原味的历史苍凉、粗犷而深沉的魄力。现在此建成了影视城，谢晋、张艺谋、陈凯歌等艺术大师先后在此拍摄了《牧马人》、《红高粱》等数十部著名大片，被誉为中国电影的“圣地”。

承天寺塔 俗称西塔，位于银川市老城西南隅。始建于西夏天祐垂圣元年（1050年），塔身十一层。塔室为方形，采用厚壁空心式木板楼层结构；塔形简洁明快，具有较高艺术价值。塔所在的承天寺为西夏时期著名佛教圣地。珍藏有1万多件文物。宁夏博物馆就位于寺内。

塞上江南风光 黄河流出青铜峡后，便进入银川平原。秦汉以来人们就开始利用黄河引水之便，兴修水利，灌溉农田，至今这里沟渠纵横，良田万顷，素有“塞上江南”之称。旅游者到这里可领略“塞上江南”风光，看黄河落日，到回民村庄作客，品尝回族风味食品，了解穆斯林风情。

鸣翠湖国家湿地公园 为“中国最美的六大湿地公园”之一，也是首批全国休闲农业与乡村旅游示范点。位处银川市东南侧，南接孙家大湖，北连清水湖，是历史时期银川“七十二连湖”的组成部分，而今是宁夏回族自治区和银川市政府为提升城市品位，实现塞上湖城建设项目而实施的一项生态建设工程。原名岛嘴湖，至今留存有百年古柳、木制黄河古水车(筒车)、芦苇荡迷宫和30多公顷荷花，已成为一个集旅游、休闲、度假、团体会议、餐饮、娱乐为一体的综合性旅游聚集地。

(2) 石嘴山市。位于自治区北部，因黄河两岸“山石突出如嘴”而得名。煤炭资源蕴藏量大，有“塞上煤城”之称。东境为黄河自流灌溉区，为重要农牧业生产基地。市域内有枸杞、甘草、黄芪等特产。风景名胜以平罗沙湖最胜。

沙湖 国家首批5A级旅游景区，全国十大魅力湿地之一，地处银川和石嘴山二市之间。由12.7km^2沙漠和20.2km^2湖水水面组成的一幅绿水、蓝天、黄河的强烈对比图画。湖面上生长着成片的茂密芦苇，疏落有致，壮观美丽。湖中丰富的鱼类、浮游生物和水草，为白鹤、灰鹤、黑鹤、野雁、天鹅、中华秋沙鸭等十几种珍禽的天堂。旅游者在这里可享受天上飞、沙上滑、苇中荡、水中游的大自然神奇。

2. 中卫—青铜峡旅游区

本区以青铜峡水利枢纽工程为中心，包括中卫、中宁、青铜峡等市（县）。这里既有“塞上江南”卫宁（中卫、中宁）平原，也有腾格里大漠风光，人文风光也独具特色。

(1) 中卫市。位于卫宁平原西部，黄河畔，包兰铁路经过这里，为周围农牧产品加工和集散中心。主要旅游景区有沙坡头、石空寺石窟等。

沙坡头 国家首批5A级旅游景区，位于腾格里大沙漠东南缘，并有黄河穿越，古为中卫“八景”中的“沙坡鸣钟”、“白马拉缰”、“炭山夜照”。如今为全国著名沙漠自然生态保护区，并以大漠孤烟、长河落日与水乡风光交相辉映为主要特征。在这里既可享受沙浴之乐，又可乘羊皮筏漂游黄河，亦可体验沙海风云突变的气候特征和古丝绸之路的沙漠生活情趣。

黄河南长滩村 全国历史文化名村，著名休闲农业与乡村旅游示范景点，并有宁夏黄河第一村、宁夏黄河第一渡、宁夏黄河第一漂之誉。位于中卫市沙坡头区香山乡，地处宁夏、甘肃交界处，村里人都姓拓跋，自称是西夏后裔。全村近200户人家1000余口人，勤劳质朴，依托黄河水的润泽，经数百年艰苦经营，把荒芜的不毛河滩建成了一个以经营农牧业的“世外桃源”。盛产优质红枣和香水梨，至今保存着上千棵树龄达三五百年的梨树和大片枣林。

万亩枸杞观光园 是集生产、旅游、观光于一体的综合性枸杞种植示范园，并被评为全国观光农业示范点。位于离中卫不远的中宁舟塔乡，每当7、8月枸杞成熟之际，酸甜可口的枸杞硕果盈枝，鲜红欲滴，旅游者来此可观、可尝、可摘、可购，令人心旷神怡。

（2）青铜峡市。位于银川平原南端，黄河西岸，为宁夏新兴的工业城市。境内有青铜峡水利枢纽工程、元代所建的一百零八塔建筑群等风景名胜。

一百零八塔 位于青铜峡峡口黄河西岸一个向东的陡峭山坡上，以塔的总数而得名。塔林背山面水，随山势而错落有序，最上是单塔，其他各列塔依三、五、七、九……奇数排列，形成一个三角形大型塔群，总体布局别具匠心，独成一格。形制特大、实心、覆钵式的喇嘛塔位于塔林最上端，其余各塔形制雷同，但体型较小，类同于元代北京妙应寺舍利塔所用的尼泊尔塔形式。

3. 大六盘旅游区

位于自治区南部，以固原市为依托、以六盘山为中心、以宝中铁路为纽带，是一个集黄土高原和六盘山自然风光、丝路文化、红军长征史迹与回族及伊斯兰风情于一体的高品位旅游区。

（1）固原市。位于宁夏南部，处西安、兰州、银川所构成的三角地带中心。属黄河中游黄土高原沟壑地区、南温带半湿润和中温带半干旱气候，为全国重点扶贫区。境内旅游资源品位高、特色浓。

六盘山 位于黄土高原之上，海拔2928m，因古代盘道六重始达山顶，故名。山的东南部有老龙潭胜迹，为泾水源头之一。1935年10月，毛泽东率中国工农红军，从固原县的张易堡驻地出发，沿小水河登上六盘山，写下了气壮山河的诗篇《清平乐·六盘山》。“清凉世界”、丝路古道、回族之乡、“红色旅游”是其四大品牌。

须弥山石窟 国家级风景名胜区。位于固原须弥山南麓、六盘山北端。洞窟始创于北朝及隋唐时期，原有130多处，分别坐落在八座石山之上。其雕塑佛像和各种碑刻都极其珍贵，为古代丝绸之路上一大宗教艺术遗存。

秦国长城遗址 位于市北约5km的明庄附近。一般残高2～4m，最高的超过15m，底宽15m，墩台处高达20～25m，夯筑甚固。城垣外侧的护城壕宽20～25m，深5m，城墙两侧还散落有战国瓦片。

（2）同心。位于宁夏中南部，行政区划上属吴忠市，但与固原市毗邻，处于黄土高原北缘，自然生态环境更与固原相似，乃全国回族人口最多的县。盛产被誉为“黄、白、黑”三宝的甘草、二毛皮、发菜。县境有被誉为旱海明珠的罗山、规模宏大的同心清真大寺等风景名胜。

同心清真大寺 位于县城西北高地上，俗称大寺，为宁夏现存最大的清真寺之一。始建于明代初年，其主体建筑礼拜大殿面阁五间，进深九间，可容纳800人做礼拜。而外部装饰精致，构造严整，图案雕刻细腻，体现了古代工匠精湛的建筑技巧。

内蒙古自治区

一、旅游资源与旅游环境概貌

内蒙古自治区位于祖国北部边疆，面积 118.3 万 km^2，人口约 2471 万（2010 年），有蒙古、汉、达斡尔、鄂伦春等多民族聚居。北与蒙古、俄罗斯相邻，国境线长约 4220km，是我国对外开放的前沿。地形以高原为主，自东至西森林、草原和荒漠广布，以蒙古族为主的少数民族风情浓郁。全区现有自然景观和人文景观旅游景区景点 120 多处；古建筑、古遗址 100 多处，国家级自然保护区 23 处，国家级历史文化名城和国家重点风景名胜区各 1 处、中国优秀旅游城市 11 处、国家 5A 级旅游景区 2 处，以及世界文化遗产名录地 1 处、世界地质公园 2 处、国际重要湿地名录地 2 处、国际生物圈保护网名录 3 处，堪称旅游资源大区。蒙古族分布区的风物习俗丰富多彩，如蒙古族人不论男女老少一年四季都穿长袍，并有腰带、鞭子、首饰等附带性衣饰。常年住蒙古包，坐勒勒车，喜欢喝奶酒，饮奶茶，并喜唱敬酒歌以助兴。烤全羊席、羊五叉席为常见酒席；炸羊尾、炒驼峰、扒驼掌等为其地方风味美食。

二、旅游开发与规划概要

内蒙古新的旅游发展规划要求，要依托草原、沙漠、森林、山地、湖泊、河流、温泉、地质奇观、冰雪以及民俗、古迹、口岸等特色旅游资源的分布与组合，以自治区东中西部的旅游城市布局和交通网络为骨架，对全区的旅游资源进行进一步整合，形成“四大旅游区域、八个核心旅游圈、若干条旅游骨干支线”的旅游发展总体格局。所谓四大旅游区域即为呼伦贝尔—兴安旅游区、锡林郭勒—赤峰—通辽旅游区、呼包鄂—乌兰察布—巴彦淖尔旅游区、乌海—阿拉善旅游区。所谓八个核心旅游圈，即为呼包鄂都市旅游圈、呼伦贝尔核心旅游圈、大兴安岭东麓生态旅游圈、科尔沁文化旅游圈、赤峰南部生态文化旅游圈、锡克乌草原生态旅游圈、锡林郭勒南部草原文化旅游圈、蒙西特色文化旅游圈。还要建设好呼和浩特、海拉尔、赤峰、乌海四大旅游集散中心，从而将内蒙古建设成为世界知名旅游目的地和中国北方重要热点旅游地区。

三、主要旅游区建设

1. “呼和浩特—包头—鄂尔多斯”旅游区

本区包括呼和浩特、包头以及鄂尔多斯等旅游区域，位于内蒙古腹地和交通枢纽地带。旅游资源以草原城市风光、蒙古族风情、塞外风貌、文化古迹为主。

（1）呼和浩特市。国家级历史文化名城，中国优秀旅游城市，内蒙古自治区首府。位于黄河中游的土默川平原。“呼和浩特”蒙古语意为“青色的城”，故别称“青城”。老城为明代所建，清初在其东北建新城，后新旧城合并。建国后经大规模扩建，现已成为一座交通便捷、工业具有一定规模且风景优美的现代化城市，风景名胜资源丰富且独具特色。

昭君墓　位于市南大黑河南岸，墓体高大，顶上有青瓦红柱凉亭。据传深秋时各处草木皆枯，唯昭君墓上坟草青青，故又称“青冢”，“青冢拥黛”为呼和浩特市八景之一。汉代，宫女王昭君自愿下嫁当时北方匈奴族首领呼韩邪单于，对促进匈奴与汉族之间的和平友好及文化交流均具积极作用。唐朝诗人杜甫在此曾留下“一去紫台连朔漠，独留青冢向黄昏”的诗句；前国家副主席董必武也有“昭君自有千秋在，胡汉和亲见识高”的题词，昭君墓被视为民族团结的象征。

大召　蒙语名“伊克召”，意为“大庙”，位于呼和浩特旧城区。始建于明万历七年（1579年）。万历十四年（1586年），达赖三世曾到呼和浩特主持银佛的“开光法会”，大召遂成为内蒙古有名的寺院。

乌兰夫纪念馆　坐落在呼和浩特市西郊植物园内。序厅正面为高3m的乌兰夫汉白玉坐像，左右两壁上为四组大型仿汉白玉浮雕。以参加反帝爱国运动、武装斗争、经济建设和各民族大团结为内容，展示了乌兰夫伟大的一生。

香岛生态农业产业园　首批全国休闲农业与乡村旅游示范点。园区位于呼和浩特新城区保合少镇，包括高科技花卉园、观光旅游区、园区创新中心、设施农业等场所，可以为游客提供观光、休闲、体验、娱乐、度假等服务。

格根塔拉草原　蒙古语言为“避暑胜地”之意，是国家旅游局和自治区投资兴建的蒙古民族风情景点。位于乌兰察布大草原腹地，每当夏秋季节旅游者来此可骑马在广阔的草地上享受草原风情，体验牧民生活，观摩民族风俗。

蒙牛乳业集团　总部设在和林格尔县，拥有液态奶、冰淇淋、奶品三大系列200多个品项。已荣获“中国驰名商标”、世界“最具创造力的中国企业”等称号。建成工业旅游区面积33万m^2，为“中国工业旅游示范点”。

（2）包头市。中国优秀旅游城市。由蒙古语“包克图”的谐音转化而来，即“有鹿的地方”。古时，这里水草丰美，泉水淙淙，鹿群常来这里饮水憩息。现为著名“草原钢城”，也是全国著名的新兴“花园城市”。

五当召　位于包头市东北约50km大青山的深谷——柳树沟中，因蒙古语称柳树为五当，故名五当召。创建于乾隆十四年，依山垒筑，富丽堂皇。全召占地20hm^2，有讲经堂等建筑2500多间，是内蒙古地区现存最大最完整的喇嘛寺庙。

美岱召　位于包头市土默特右旗美岱召乡，为内蒙古城池和寺庙相结合的第一座喇嘛庙。呈长方形，城墙周长681m，城上四角各有角楼一座。建筑风格独特，兼具城堡、寺庙和官邸、民宅功能。

（3）鄂尔多斯市。中国优秀旅游城市，位于内蒙古南部，西、北、东三面为黄河所环绕，海拔大都在1000～1500m，故又称鄂尔多斯高原。境内有毛乌素沙地和库布齐沙漠及鄂尔多斯草原，是著名的蒙古种小马、鄂尔多斯细毛羊的产区。

银肯响沙湾　国家首批5A级旅游景区，位于库布齐沙漠的银肯敖包东端。这里沙海绵延，沙丘累累，沙坡坡面大多为100m左右，坡面倾角大于45°，有利于开展滑沙活动。景区有骆驼可供旅游者租骑游览，体验大漠奇游风光。接待处与景区分立于响沙湾两岸，但有索道相连。接待区有蒙古包式餐厅、歌舞场，吃的是蒙古餐，并有景区剧团的蒙古歌舞表演，还有篝火会，一切都令人陶醉。

成吉思汗陵　国家5A级旅游景区，坐落在鄂尔多斯草原中部的伊金霍洛旗。陵园占地面积达5.5万m^2，正殿高26m，双层屋檐；东西殿高23m，整个大殿像一只振翅高飞的雄鹰。在正殿的陵宫里，有高5m的成吉思汗塑像；两廊有彩绘壁画；后殿寝宫安放灵柩，陈列着成吉思汗生前用过的马鞍等珍贵文物。每年农历三月二十一日在此举行公祭，成为远近各族民众的盛会。

2. “呼伦贝尔—兴安”旅游区

本区包括呼伦贝尔市和兴安盟。旅游资源以草原、森林、冰雪、民族风情、口岸、湖泊为主。呼伦贝尔草原是全国草原生态保护最好的草原，大兴安岭也仍保持着原始森林状态，满洲里口岸是全国最大的陆路口岸。

(1) 海拉尔区。新兴的草原旅游城，呼伦贝尔市的政治、经济、文化和交通中心，位于呼伦贝尔草原中部，伊敏河和海拉尔河环抱，整个市区景色秀美。呼伦贝尔市，以天然高草草原景观为特色，牧草丰美，牛羊肥壮，不少地方已被开发为草原旅游区。

满洲里市　中国优秀旅游城市，位于中俄边境，中国最大的陆路口岸，是中国对俄罗斯等独联体各国联系、通商、旅游的窗口，是中国第一家边境互市贸易区。地毯、工艺美术品、畜产品加工工业发达。城市以恬静幽雅和整齐清洁闻名，其俄式建筑独具风采。市郊有达赉湖等风景名胜。

扎兰屯市　为中国优秀旅游城市、首批全国休闲农业与乡村旅游示范县（市）、国家重点风景名胜区。位处内蒙古自治区东部与黑龙江省的交界处，关东文化、农耕文明、少数民族风情在这里交融，历史文化底蕴深厚。而且这里还位于大兴安岭大林区的雅鲁河畔，山水相依，风景秀丽。著名作家老舍曾以“诗情未尽在苏杭，幽绝扎兰天一方”的诗句盛赞扎兰屯的美好风光。如今扎兰屯人依托其农林畜产品资源优势，开发丰富多彩的休闲农业与乡村旅游产品。

达赉湖　又称呼伦湖，为我国五大淡水湖之一，被列入国际生物圈保护网名录。“达赉”蒙古语意为大海，湖面宽广，烟波浩渺。湖区有丹顶鹤、白鹤、黑鹳等36种珍贵水禽栖息。盛夏这里气候凉爽，是理想的避暑胜地。湖西岸即为新巴尔虎蒙古族牧民聚居区，蒙古包、勒勒车、羊群，以及牛、马、骆驼和牧羊犬与蓝天、白云共同构成了一幅幅“田园牧歌画图”。

(2) 乌兰浩特市。兴安盟行署所在地。位于科尔沁草原腹地，风景优美，有“塞北江南”美誉。城南稻田连片；城北有察尔森水库。所辖兴安盟因地处大兴安岭而得名，境内有莽莽林海、水草丰美牧场，以及草原湿地珍禽、壮观的熔岩地貌和地热温泉。

阿尔山国家地质公园　地处大兴安岭西南麓，主要以火山熔岩地貌和温泉为主要特色。境内有56座火山锥、36个火山湖、76眼温泉和多处堰塞湖，为一处集科考、旅游、科普教育、休闲度假于一体的火山熔岩温泉旅游区。

阿尔山温泉　位于大兴安岭西麓、阿尔山市南。“阿尔山”为蒙古语“圣水”之意。这里分布着48个泉眼，各泉矿物质含量丰富，对多种疾病有良好疗效。附近山林茂密，山珍药材遍地丛生。每当盛夏，内蒙古各地的人都带着帐篷来此沐浴或疗养。

3. “赤峰—锡林郭勒”旅游区

本区包括赤峰市、锡林郭勒盟、通辽市等地，位于内蒙古中部偏东位置。这里草原辽阔，畜牧业发达，东南部地区农业经济具有一定地位。旅游资源以草原，温泉，辽、金、元文化为特色。

(1) 赤峰市。中国优秀旅游城市。因市区东北部有红山而得名。地处燕山北麓、大兴安岭南段、内蒙古高原与辽河平原交接地带，自然生态环境复杂多样，自然风光多奇，是我国“红山文化”的发祥地，也是古代辽王朝的政治、经济和军事中心。

赛罕乌拉自然保护区　为世界人与生物圈保护网名录地，位于巴林右旗北部。总面积10万 hm^2，为中国大兴安岭南部山地的缩影，也是东亚阔叶林向大兴安岭寒温针叶林、草原向森林的交错过渡地带，还是华北植物区系向兴安植物区系的过渡带，成为联系各大植物区系的纽带和桥梁，对研究各大植物区系影响和交流规律具有重大意义。

克什克腾世界地质公园 位于克什克腾旗境内。园区内具有10种类型的地质地貌景观，其中花岗岩山脊上保存完好、形态各异、数量规模大的冰臼群和以奇险著称的花岗岩峰林齐集于一体的地质奇观，为世界所罕见。园区内还有著名的贡格尔草原、大兴安岭原始森林、金长城、乌兰布统古战场等旅游景区。

辽上京遗址 上京为辽朝都城，公元918年为耶律阿保机所建，分南北两城，北为皇城；南为汉城。皇城是契丹贵族居住区，今城垣遗址尚巍然耸立。上京城附近有辽太祖陵、庆陵及辽庆州城、祖州城等遗址。

辽中京遗址 中京为辽五京之一，其遗址在赤峰市宁城县大明乡。公元1004年，辽圣宗及其母萧太后亲率30万大军进逼澶州（今河南濮阳），迫宋签订“澶渊之盟”，宋每年向辽输银10万两。辽即用此款征集燕云地区的汉族工匠仿照汴梁建造中京，历时20年，城墙周长达15km。后中京被金兵攻陷，辽亡，中京被废弃。今城址和外城中两座砖塔尚存。

（2）锡林浩特市。中国优秀旅游城市，史称贝子庙，位于锡林郭勒大草原中部，素有草原明珠之称。所辖锡林郭勒盟水草肥美，是著名锡林郭勒马、乌珠穆沁羊、草原红牛、苏尼特驼、内蒙古细毛羊的产地。

锡林郭勒草原 世界人与生物圈保护网名录地。地处锡林河流域，为中国目前保存最完整的一个典型温带大陆性半干旱草原区域。典型草原的植被类型主要为生长高大的大针茅草原和耐旱、耐寒、耐盐碱的羊草草原。草原上有黄羊、燕隼、红脚隼、游隼等国家级保护动物。

贝子庙 始建于清代，为锡林郭勒草原上最大的喇嘛庙。今仅存部分殿宇，但原布局还依稀可辨。庙宇附近建设了新兴城市，即锡林浩特市。

元上都城遗址 地处正蓝旗的闪电河岸，为蒙哥汗所筑。忽必烈继承汗位后作为临时首都，又名上京。城垣方形，有宫城、皇城和外城三重，规划整齐对称，具有中原传统风格。城于明永乐初年荒废，城垣及建筑台基尚残留地表。

实践演练

一、思考与练习

1. 搜集整理国际古丝绸之路上的主要旅游城市和本区的主要边境口岸城市及其分布。

2. 搜集整理本区的主要少数民族及其分布与主要民族习俗。

3. 小论文习作：“新丝路”建设探索（提示：从背景、可行性、必要性及对策分析）。

二、学习与理解：丝绸之路旅游区

中国与中亚、西亚自古就有着密切的友好往来，“丝绸之路”、“亚欧第二大陆桥”就是古今联系的纽带。1994年4月，国务院总理李鹏访问中亚四国时提出“共建现代丝绸之路，扩大亚欧经济文化交流”；1999年9月“塔什干丝绸之路国际研讨会”期间，中国与中亚各国代表就“推动复兴古老的丝绸之路”达成共识，把发展丝绸之路旅游作为推动复兴古老丝绸之路的一项重要有效举措，并得到了联合国的支持。国家新的旅游发展规划特别将“丝绸之路旅游区”列入需要重点建设的“无障碍区域合作示范区”之一，并要求依托丝绸之路独特的旅游资源，以洛阳、西安、宝鸡、天水、敦煌、张掖、吐鲁番、哈密以及喀什为等沿线城市为载体，在进一步推进申遗工作的同时，通过市场推广，产品提升，基础设施建设，目的地打造以及区域合作机制完善等措施实现知名文化品牌向国际旅游品牌提升；文化观光产品向多元旅游精品提升；国内旅游市场向国际国内市场提升；交通瓶颈制约向便捷立体交通提升；省区各自为战向区域合作发展提升；服务要素薄弱向综合服务体系提升。到“十二五”末将丝绸之路旅游线路打造为国际著名文化精品旅游线路，实际著名文化旅游品牌。更为振奋的是2013年9月，国家主席习近平在访问中亚四国时提出“新丝绸之路经济带”的概念，这是中国最高领导人在公开国际场合正式提出，可由此见其发展前景。

三、探研体验

1. 经典旅游考察线路的设计——内蒙古自然人文风光的高度浓缩。

2002年暑假，全国高师地理、旅游系主任学术年会在呼和浩特市的内蒙古师范大学举行。除美丽的校园、盛情师生、浓厚学术氛围、丰富多彩的会议活动等给人留下美好的回味外，最令人难忘的还是其会议后期高潮迭起的旅行考察生活。整个旅行考察线路为一以呼和浩特为起始点和终极点的环闭圈。即第一站为草原钢城包头。这里气势恢宏的钢铁大道，绿草如茵的城市花园广场，城郊草原上的牛羊和蒙古包里的乳酪、烤羊排、马头琴和蒙古族歌舞等，令人流连忘返。第二站为库布齐沙漠银肯响沙湾。这里的响沙湾索道、大漠的骆驼骑游、沙丘滑沙、蒙古包里的蒙古大餐等，一切令人陶醉，是名副其实的国家首批5A级旅游景区。第三站为高原新城鄂尔多斯市。这里的鄂尔多斯羊绒毛纺厂规模为世界第一，产品远销国内外，观光考察的游客还可在厂里的展览厅内购买到价廉物美的羊绒成衣制品；南向到了伊金霍洛旗的成吉思汗陵瞻仰和观光（图14.2）；东向到了准格尔煤田，考察大型露天煤矿和开采，以及到坑口发电厂进行参观考察。整个行程四天三夜都活动在内蒙古草原和鄂尔多斯高原上。凉爽宜人的气候，草原、大漠、绿洲、矿山、新城、羊群等，一切令人耳目一新。虽时间已过去十多年，但一切的一切仍记忆犹新，感谢内蒙古师范大学地理科学系为我们精心设计了如此精妙的旅行考察精品线路（衡阳师范学院地理旅游系原系主任杨载田回忆片段）。

图14.2 成吉思汗陵

• 探研：①根据旅游者活动行为分析，评价此旅游线路设计的科学性、合理性和实用性；②根据上述旅游线路及活动轨迹，旅游者可以满足一些什么样的旅游体验。

2. 专家论新疆巴州和库尔勒市的旅游深度开发。

库尔勒市这样一个戈壁新城，石油新城，自然条件非常恶劣。但还是勇于争先参加创建中国优秀旅游城市。魄力惊人，成绩喜人，精神感人，所以应当嘉奖。巴州现在已形成一个大的旅游资源格局，如沙漠、戈壁、草原、湖泊、文物等。巴州旅游资源的多样性和旅游业的多元性在全国的优势无法替代。从库尔勒市本身来看，目前已形成的是一种城市型的资源，也就是说，城市本身就是一种资源，库尔勒市和巴州就形成了一个相互促进的关系。对于库尔勒市实际有两点，一是借助巴州大旅游资源，发挥自身城市型资源，形成中心放射的地理格局，如巴音布鲁克草原的开发建设（图14.3），再进一步发展形成中心辐射的功能格局。二是具体发展问题，即一要加强特色建设；二是注意文化内涵；三是提高精品意识。市场和产品应加强两个主要环节。塔里木石油国际化开发格局的形成有助于国际化旅游市场的形成，再加上其他绝无仅有的旅游景点，便形成了巴州和库尔勒市独特的旅游市场。巴州和库尔勒市的产品实际上是四个层次。一是普品；二是专品；三是精品；四是绝品，如楼兰是巴州和库尔勒市的旅游品牌。（摘录并整理至魏小安：《中国旅游目的地发展实证研究》）。

图14.3 巴音布鲁克草原

• 探研：①谈谈你对库尔勒市积极开展旅游深

度开发的看法；②从文化的视角叙述中国西部城市旅游产品创造。

3. “一带一路”新概念

2013 年 9 月，国家主席习近平在哈萨克斯坦纳扎尔巴耶夫大学发表题为“弘扬人民友谊，共建美好未来”重要演讲时提出：“要用创新合作模式倡议与欧亚国家共同建设丝绸之路经济带”；同年 11 月，习近平主席在印度尼西亚国会演讲时提出“中国－东盟命运共同体，以及共同建设 21 世纪海上丝绸之路的倡议”；2013 年 11 月，《中共中央关于全面深化改革重大问题的决定》明确提出，“加快同周边国家和区域基础设施互联互通建设，推进“丝绸之路经济带”、“21 世纪海上丝绸之路”建设，形成全方位开放新格局”；2014 年中央工作会议更加具体提出了丝绸之路“一带一路”举措。其意在要密切中国与世界各国之间的经贸合作，提升中国对外开放水平，促进世界经济共同发展。“一带一路”战略构想的最大特色，就是突出了一个“新”字，是新一届党中央和国务院领导人，在新的历史发展时期提出来并体现出新思维、谋求新发展、开拓新局面、创造新辉煌的重大战略决策，上行下效一呼百应。如国内的西安，利用 2013 年 9 月“欧亚经济论坛”期间如（图 14.4），联合欧亚 13 个城市签署了《共建丝绸之路经济带宣言》，并开通了西安至中亚和欧州的国际货运专列“长安号”，还积极申报了国家级“丝绸之路经济带自由贸易区”；河南洛阳（图 14.5）作为古代“丝绸之路”而与西安并列为东方起始城市的历史地位和“天下为中”的优势区位，于 2013 年 12 月联合欧亚 8 个国家召开了“丝绸之路经济带中欧物流通道建设国际交流会”、2014 年便开通了郑州至欧州大陆腹部地带的“郑新欧”国际铁路货运班列。在国际方面，为加速“丝绸之路经济带”和“21 世纪海上丝绸之路”沿线国家的“互联互通”建设，阿拉伯国家、南亚国家、东南亚国家，以及中亚国家乃至欧州国家都有不约而同的回应。如俄罗斯为跨欧亚铁路建设已经投入了 180 亿美元，科威特正在筹建位于其与伊朗相接的边境地带，计划投资总额 930 亿美元、花 25 年时间建成超大型“丝绸之路城”（图 14.6）。这一切都预示着“一带一路”战略的广阔前景（摘自杨载田等的《试论“一带一路”视域下中国茶叶对外贸易出口新机遇》。探研①“一带一路”与古代丝绸之路的联系和区别；②在调查研究的基础上试述本地区对“一带一路”战略的响应事例）。

图 14.4　2013 欧亚经济论坛

图 14.5　洛阳古城

图 14.6　科威特风光

主要参考文献

保继刚，楚义芳. 2012. 旅游地理学（第三版）. 北京：高等教育出版社
褚绍唐. 1991. 徐霞客游行路线考察图集. 北京：中国地图出版社
段兆麟. 2006. 休闲农业体验的观点. 台湾：伟体书局有限公司
范文澜，蔡美彪. 1983. 中国通史（1～7 册）. 北京：人民出版社
郭焕成，郑健雄，陈田，等. 2008. 乡村旅游与新农村建设. 徐州：中国矿业大学出版社
郭焕成，等. 2005. 休闲农业与乡村旅游发展. 徐州：中国矿业大学出版社
郭来喜. 1984. 旅游地理学（《中国大百科全书·地理卷》）. 北京：中国大百科全书出版社
郭亚军. 2006. 旅游景区管理. 北京：高等教育出版社
国家文物管理事业局. 1981. 中国名胜词典. 上海：上海辞书出版社
蒋和平. 2002. 农业科技园的建设理论与模式探索. 北京：气象出版社
李子贤. 1993. 文化·历史·民俗. 昆明：云南大学出版社
林众. 2006. 中国旅游通典. 北京：社会科学文献出版社
刘国强，等. 2005. 中国地图册. 成都：成都地图出版社
刘沛林，杨载田. 2004. 区域旅游规划个案研究——衡阳市旅游发展规划. 北京：中央编译出版社
刘沛林，杨载田. 2006. 大学生旅游开发与规划创新文集. 北京：言实出版社
刘沛林. 2001. 理想家园——风水环境观的启迪. 上海：上海三联书店
刘沛林. 2006. 区域旅游规划与开发. 北京：华龄出版社
刘沛林. 2007. 古镇名村遗产保护与旅游开发. 北京：现代教育集团出版社
刘天罂，杨载田. 2010. 中国旅游区划教学体系的理论体系探索与实践. 衡阳师范学院学报，31（6）：154-157
陆元鼎. 2001. 中国客家民居与文化. 广州：华南理工大学出版社
罗明义. 2002. 国际旅游导论. 天津：南开大学出版社
彭绍坚. 2004. 旅游区开发与欣赏. 深圳：海天出版社
孙景浩. 2005. 中国民居风水. 上海：上海三联书店
孙婷. 2008. 高速铁路对城市发展的影响. 现代城市研究
孙文昌. 2001. 现代旅游开发学. 青岛：青岛出版社
王晨光. 2005. 旅游目的地营销. 北京：经济科学出版社
王德刚. 2001. 现代旅游区开发与经营管理. 青岛：青岛出版社
王会昌. 1991. 中国文化地理学. 武汉：华中师范大学出版社
王其钧. 2002. 中国民间住宅建筑. 北京：机械工业出版社
魏小安. 2002. 旅游目的地发展实证研究. 北京：中国旅游出版社
吴必虎. 2000. 地方旅游开发与管理. 北京：科学出版社
伍光和，王乃昂，胡双熙，等. 2000. 自然地理学（第三版）. 北京：高等教育出版社
肖平，等. 2002. 中国西部客家第一镇——洛带. 成都：成都地图出版社
徐汎. 2004. 中国旅游市场概论. 北京：中国旅游出版社
徐飞雄. 2007. 旅游规划编制方法与实践. 西安：西安地图出版社
徐弘祖（褚绍唐、吴应寿整理）. 1980. 徐霞客游记. 上海：上海古籍出版社
杨载田，刘天罂. 2011. 高校中国旅游地理教材精品化建设探索. 衡阳师范学院学报，（3）：80-85
杨载田，孙峰华. 2012. 中国旅游地理教学区划规范化探索. 鲁东大学学报，28（1）：59-63

杨载田. 1994. 中国旅游地理. 广州：广东地图出版社
杨载田. 1999. 中国旅游地理. 北京：科学出版社
杨载田. 2004. 21世纪中国旅游地理课程创新建设探索与实践. 衡阳师范学院学报，(3)：75-80
杨载田. 2004. 湖南旅游研究. 北京：中央编译出版社
杨载田. 2004. 中国旅游地理（第二版）. 北京：科学出版社
杨载田. 2004. 中国旅游地理课程创新研究与实践. 北京：中央编译出版社
杨载田. 2005. 徐霞客及其游记研究. 北京：中国文史出版社
杨载田. 2006. 大学生旅游地理论文创新指导的理论与实践. 湖南科技学院学报，27（11）：285-287
杨载田. 2006. 湖南乡村旅游研究. 北京：华龄出版社
杨载田. 2010. 中国旅游地理（第三版）. 北京：科学出版社
杨载田. 2011. 现代旅游概论. 北京：机械工业出版社
杨载田. 2013. 旅游客源国概论（第二版）. 北京：科学出版社
杨载田. 2013. 南岳名山文化. 北京：中国文史出版社
杨载田. 2013. 中国旅游地理课程的精品化建设探索. 成都：电子科技大学出版社
叶恩忠. 2002. 永远的家园——客家土楼漫游. 福州：海潮摄影艺术出版社
易伟新. 2012. 导游实务. 北京：旅游教育出版社
章锐夫. 2008. 湖南古村镇古居民. 长沙：岳麓书社
赵荣，王恩涌，张小林，等. 2006. 人文地理学（第二版）. 北京：高等教育出版社
赵勇. 2008. 中国历史文化名镇名村保护理论与方法. 北京：中国建筑工业出版社
中华人民共和国国家旅游局. 2001. 中国旅游业发展“十五”计划和2015、2020远景目标纲要. 北京：中国旅游出版社
中华人民共和国农业部，国家旅游局. 2012. 全国休闲农业与乡村旅游集萃. 北京：中国农业出版社
钟林生. 2003. 生态旅游原理与方法. 北京：北京工业大学出版社
朱桂凤. 2010. 中外名俗. 北京：高等教育出版社